权威·前沿·原创

皮书系列为
“十二五”国家重点图书出版规划项目

邮轮绿皮书
GREEN BOOK OF CRUISE INDUSTRY

中国邮轮产业发展报告（2015）

ANNUAL REPORT ON CHINA'S CRUISE INDUSTRY (2015)

顾　问／钱永昌
主　编／汪　泓
副主编／史健勇　夏　雨　郑炜航　叶欣梁　邱　羚

社会科学文献出版社
SOCIAL SCIENCES ACADEMIC PRESS (CHINA)

图书在版编目（CIP）数据

中国邮轮产业发展报告. 2015/汪泓主编. —北京：社会科学文献出版社，2015. 10

（邮轮绿皮书）

ISBN 978 - 7 - 5097 - 8143 - 2

Ⅰ. ①中…　Ⅱ. ①汪…　Ⅲ. ①旅游船 - 产业发展 - 研究报告 - 中国 - 2015　Ⅳ. ①F592. 3

中国版本图书馆 CIP 数据核字（2015）第 232679 号

邮轮绿皮书

中国邮轮产业发展报告（2015）

主　　编 / 汪　泓

副 主 编 / 史健勇　夏　雨　郑炜航　叶欣梁　邱　羚

出 版 人 / 谢寿光

项目统筹 / 郑庆寰

责任编辑 / 陈　颖

出　　版 / 社会科学文献出版社 · 皮书出版分社（010）59367127

地址：北京市北三环中路甲 29 号院华龙大厦　邮编：100029

网址：www. ssap. com. cn

发　　行 / 市场营销中心（010）59367081　59367090

读者服务中心（010）59367028

印　　装 / 北京季蜂印刷有限公司

规　　格 / 开　本：787mm × 1092mm　1/16

印　张：21. 75　字　数：365 千字

版　　次 / 2015 年 10 月第 1 版　2015 年 10 月第 1 次印刷

书　　号 / ISBN 978 - 7 - 5097 - 8143 - 2

定　　价 / 89. 00 元

皮书序列号 / B - 2014 - 388

邮轮绿皮书编撰人员

总 报 告 汪 泓 叶欣梁 沈大东 李涛涛 胡 田
闫国东 孙瑞红 陈 珂 李 霞 胡 娟

专题报告 （以专题报告出现先后为序）
金義根 林福顺 黄燕玲 雷锦锦 李泽平
史健勇 叶欣梁 梅俊青 张 林 操志强
吴 静 赵梓卿 王月桥 谈璐熙 李含伟
耿 红 陈 轩 刘广强 翁大涛 孙建伟
陆 键 陈 静 张 毅 彭春露 马颖琦
吴明远 李鹏举 邱 羚 陈心德 施 勇
陈文彬 张明香 丁桂花 孙晓东 冯学钢
万田户 张 吖 夏诗漾 黄和平 吴国清
冷少妃 申军波

主要编撰者简介

汪　泓　上海交通大学企业管理博士、复旦大学应用经济学博士后，现任中共宝山区委书记，上海国际邮轮经济研究中心主任，上海交通大学博士生导师、教授，享受国务院颁发的特殊津贴，上海市第十、十一、十二、十四届人大代表，新世纪千百万人才工程国家级人选。

汪泓教授长期担任教育部高等学校工商管理专业教学指导委员会副主任委员，曾任教育部高等学校管理科学与工程专业教学指导委员会副主任委员。目前为教育部新世纪优秀人才支持计划资助学者，曙光学者和曙光跟踪学者，上海市领军人才，上海市优秀学术带头人。

汪泓教授率先主动对接国内外邮轮产业大发展，创新性开拓“旅游管理”专业教学领域，在全国最早开创“邮轮经济”本科和硕士研究生专业并担任学科带头人；由其领衔的“政产学研用五位一体培养国际邮轮紧缺人才创新实践”项目获得2014年国家级教学成果二等奖、上海市教学成果特等奖；注重科研成果直接向生产力转化和推广，很多成果已直接转化为邮轮公司和政府决策依据。先后主持国家社会科学基金、国家软科学重大项目、国家发改委重大项目6项以及省部级课题30余项，出版专著和发表论文70余部（篇），多篇被EI、ISTP收录，30余项研究成果分别获得上海市政府决策咨询研究成果一等奖、上海市科技进步二等奖、上海市邓小平理论研究和宣传优秀成果奖、上海市哲学社会科学内部探讨优秀成果奖、上海市教学成果一等奖、上海市教育科研成果一等奖等各类省部级奖项。

曾任中华全国总工会执委、全国妇联代表、上海工程技术大学校长、上海市总工会副主席、上海企业管理协会副会长、上海创意产业协会副会长、上海市科学与艺术协会副理事长等职务。

序

2006年第一艘邮轮“爱兰歌娜”号驶入中国，便开启了我国邮轮产业发展的新篇章。随着我国经济的稳步增长，人民收入大幅提高，对消费方式也开始了新的追求。在短短9年间，邮轮产业迅猛成长，邮轮港口布局初显规模，中国已成为亚太地区邮轮航线的重要始发港和环球航线的重要挂靠港，尤其是上海成为亚洲第一大邮轮港，世界第八大邮轮港，邮轮产业国际影响力不断增强。在我国快速增长的邮轮旅游市场的吸引下，国际各大知名邮轮公司纷纷投入中国市场，中国本土邮轮公司开始萌芽发展，世界邮轮产业重心也开始加快向亚洲转移。

但是，邮轮产业在中国本土化发展过程中遭遇到一系列的挑战，如游客对邮轮旅游及邮轮文化缺乏了解，对海上旅游的特点不够理解，如因海上不可抗力因素导致的后果等常引发纠纷，产业链尚不完善、邮轮母港经济拉动效应不明显、政策限制多、相关人才匮乏等。为应对这些挑战，主管部门、邮轮公司、邮轮港口、邮轮行业协会及相关研究机构都从不同方面积极推进和促进我国邮轮产业健康快速发展。

上海国际邮轮经济研究中心2011年进驻上海市宝山区，宝山区通过吴淞口国际邮轮码头大力发展邮轮产业，将其作为区域经济转型的重要抓手。上海国际邮轮经济研究中心于2014年开始推出“邮轮绿皮书”系列，从理论上研究邮轮发展规律，聚焦邮轮业的经济带动效应、邮轮产业政策配套、邮轮经济与管理模式、邮轮旅游资源开发、旅游配套服务与营销等各方面的研究。

2014年“邮轮绿皮书”出版后，旅游学术界和邮轮旅游行业界高度关注，就其研究成果给予高度评价和肯定，认为它是目前最权威的邮轮经济研究著作之一，并将作为政府和企业、邮轮产业制定发展政策和规划的重要理论依据。

我有幸担任“邮轮绿皮书”的编写顾问，对于“邮轮绿皮书”所取得成绩，感到十分欣慰。

2015年“邮轮绿皮书”在上年“邮轮绿皮书”基础上，继续与中国交通运输协会邮轮游艇分会（CCYIA）合作，邀请国内外多位业内顶尖专家，新增多个研究专题，其研究视角更加注重邮轮产业链各个环节的完善，内容不断深化与提升。相信本书的出版将会给我国邮轮产业的发展提供明确的有益的指导方向，并对未来我国邮轮产业的发展具有很大的参考价值。

在此，我对长期关心邮轮产业发展并坚持为该书撰稿的同志们表示诚挚的谢意，对一直关心并给予支持的朋友们表示衷心的感谢。希望大家在发展的实践中，研究和创造更多的更具实用价值的研究成果！

是为序，亦为盼！！

摘　要

《中国邮轮产业发展报告（2015）》是上海国际邮轮经济研究中心组织专家，根据国内邮轮产业发展最新状况进行编写的年度研究报告，纳入社会科学文献出版社的“皮书系列”。本年度“邮轮绿皮书”是该系列出版物的第2本，由总报告（含年度邮轮旅游十大热点）、专题报告组成，相比第一本，内容体系更加丰富完善。本书通过总报告形式概述2015年我国邮轮产业发展全景，下领区域篇、产业篇呈现邮轮区域发展、邮轮产业结构全貌，新增邮轮旅游十大热点。对我国邮轮产业发展过程中凸显的问题予以探讨，并对其未来发展提出相应的政策建议。

2015年是中国“丝绸之路旅游年”，我国沿海各地紧紧依托“一带一路”国家发展战略，紧抓世界邮轮中心快速东移的契机，加快完善各邮轮港口城市建设，不断推进和丰富邮轮产业链延伸发展，逐步建立健全邮轮产业配套体系，有力支撑我国邮轮产业长远可持续发展，总报告对此进行了系统全面的阐述。随着我国邮轮产业发展战略逐步明晰，三大邮轮经济圈格局基本形成，邮轮港口硬件设施建设也将在未来2～3年基本完成。总体来看，我国邮轮母港建设均已接近国际水平，现阶段主要工作仍是继续完善港口硬件基础设施建设，并辅之以制定邮轮港口服务接待标准、提升邮轮港信息化平台、完善出入境游客通关边检手续、加强航道安全管理、构建船供体系、完善承运纠纷响应机制、最大化邮轮旅客自身利益等相关软件设施建设。国家和地方政府对发展邮轮产业的政策性扶持、财政性资助，有助于推动我国邮轮港口城市建设日臻完善，促进民族邮轮品牌不断崛起。

中国的邮轮旅游虽起步晚，但发展迅速，市场规模仍在高速增长。随着中国经济发展的转型升级，邮轮旅游市场的潜力也将被不断释放，如何培育新兴邮轮文化，制定并推广高水准邮轮港口服务接待标准体系，深化并完善邮轮产业链，本书会为各位读者进行详尽的阐述。翘首回顾2014～2015年我国邮轮产业发展历程，预计 2016 年我国邮轮产业发展将更加具有活力，邮轮产品与航线将更加丰富多彩，为满足个性化需求的个性化航线也将被设计并运营。总报告在总结分析 2014～2015 年发展成果与问题的基础上，对 2016 年我国邮轮产业发展做出了系统科学的预测与规划。

分报告主要围绕区域邮轮港口发展建设、邮轮产业发展建设以及政策建议等展开论述分析。其中区域篇中，对我国上海地区、广西地区以及韩国地区整个邮轮产业发展进行专题研究，描绘各区域邮轮港口建设现状，剖析中国区域港口建设运营中存在的问题，以总结发展经验与教训，探索出一条适合中国邮轮产业发展、符合中国国情的邮轮发展之路。在产业篇中，对建设邮轮信息化平台、邮轮游客行为与邮轮文化培育、建立承运纠纷与突发事件响应机制以及邮轮航道安全管理与评价体系等方面进行了系统的研究分析，明确指出在中国今后邮轮产业发展过程中应完成的工作与任务，为进一步完善我国邮轮产业体系指出了方向。在政策建议篇中，主要围绕政府、邮轮公司及港口码头提出建设性意见，明确三方职责，完善邮轮港口各环节管理机制，提高管理效率。

Abstract

Annual Report on China's Cruise Industry (*2015*) is the annual research report that Shanghai International Cruise Economic Research Center organizes experts to compile in light of the latest cruise industry development in China, and is one of important components of "Paper Series" by Social Sciences Academic Press.

This 2015 "Green Book of Cruise Industry", the 2nd book of publication series, consists of the primary report, the annual top ten cruise industry highlights and special reports, which is richer and more consummate than the 1st book in terms of the content system.

The book firstly presents a panorama of the cruise industry development in China in the format of summary report, followed by Section Region and Section Industry to showcase the cruise regional development and cruise industry structure, and what's new in the book is ten cruise tourism highlights.

The book explores prominent problems arising in the development of China's cruise industry and puts forward policy recommendations on its future development.

As 2015 is the Year of Tourism for Maritime Silk Road China Cruise Tourism Program, China coastal areas, closely relying on the national development strategy of the China-proposed Belt and Road Initiative and grasping the opportunity of the world cruise center's fast shift to the East, speed up the cruise port city construction, constantly drive the expansion of the cruise industry chain, gradually establish sound cruise industry supporting system in an effort to buttress the long-term sustainable development of Chinese cruise industry. It is elaborated in the primary report in a systematic and comprehensive manner.

As China's cruise industry development strategy is becoming clear, the pattern of three cruise economy circles has taken shape, with cruise port hardware facilities to be completed in the next 2 – 3 years.

Overall, China cruise home ports' construction is approaching the international standards. At this stage, the main task remains committed to improving the hardware construction in fundamental port facilities , and relevant software construction as auxiliary , such as formulating cruise port service reception standards, upgrading cruise port information platform, improving the customs clearance and border control procedures for visitors, strengthening cruise channel safety management, building the ship supply system, improving disputes response mechanism, and maximizing cruise passengers' interests, etc.

National and local government policy support and fiscal support for the cruise industry are facilitating the gradual improvement of the cruise port city construction and the rise of national cruise brands.

Though Chinese cruise tourism got a late start, it is developing rapidly, with the market still growing at great speed.

With the transformation and upgrading of China's economic development, the cruise market potential will be released. How to nurture emerging cruise culture, develop and promote professional cruise port services reception standards, deepen and improve the cruise industry chain will be expounded in length for readers.

Looking back to the development of the cruise industry in 2014 – 2015 of China, 2016 cruise industry in China will be more dynamic, with cruises and lines more diversified and colorful, and personalized lines to be designed and operated to satisfy individual needs.

Based on the analysis and summary of development achievements and problems in 2014 and 2015 in the primary report, the book conducts a scientific systematic forecasting and planning of the development of China's cruise market in 2016.

special report focus on discussing and analyzing the regional cruise port development construction, cruise industry development and policy recommendations.

In Section Region, it carries out case studies of China's Shanghai and Guangxi and Korean regions throughout the cruise industry. It describes the current regional cruise port construction, analyzes problems in the construction and operation of China's cruise ports, and summarizes experience and lessons to explore a cruise development road in line with China's national conditions and Chinese cruise industry development.

In Section Industry, it makes a systematic research and analysis as to building the cruise information platform, cultivating cruise visitors' behaviors and cruise culture, establishing disputes and emergency response mechanisms, as well as the cruise channel safety management and evaluation system and other aspects, and points out that work and tasks should be identified in the future cruise development in China, which provides guidance for further improving China's cruise industry system.

In Section Policy Recommendations, it puts forward constructive suggestions for the Government, cruise companies and port terminals, defining their own responsibilities, improving cruise port management mechanisms and enhancing the management efficiency.

目 录

G I 总报告

G II 区域篇

G III 产业篇

G Ⅳ　政策建议篇

CONTENTS

GREEN BOOK

G I General Reports

G II Regional Reports

G III Industry Reports

GIV Policy Recommendation Reports

总 报 告

GREEN BOOK

General Reports

G.1

2014～2015年我国邮轮产业发展态势分析与趋势展望

汪 泓　叶欣梁　沈大东　李涛涛

摘 要：随着2015年“中国丝绸之路旅游年”的启动，世界邮轮产业重心不断快速东移，在国家“一带一路”和“515”战略的共同推动下，2015年中国邮轮旅游产业进入发展的黄金时期。2014～2015年，中国邮轮产业继续保持着之前井喷式的发展态势，具体表现为邮轮产业规模加速扩张、邮轮港口建设步伐进一步加快、邮轮旅游消费市场进一步成熟、邮轮旅游业内人才的培养成果丰硕以及政府利好政策相继出台等。由于全球经济整体不断向好发展，对比2014～2015年邮轮产业发展速度及市场成熟度，预测2016年中国邮轮产业将进一步持续稳定向前发展，主要体现在全国接待邮轮艘次将快速增加、出入境游客数量继续快速攀升，以及邮轮旅游航线的选择也日趋丰富和多样化等。

邮轮产业取得可喜发展成果的同时，我们也应看到邮轮产业在发展过程中所面临的一些问题，例如政策服务标准难以制定、港口建设不完善、旅游者空闲时间有限、出游人员素质不高以及旅途过程中纠纷处理等，在今后的发展中都需要进一步的规范、完善和解决。因此在未来的发展中，邮轮业要紧密围绕政府相关政策制定、企业不断提升服务标准、消费者不断提高自身素质等方面，协同制定邮轮产业发展总体规划及指导意见。同时要不断加快培育本土邮轮公司和组建本土邮轮船队，培育和引导中国邮轮旅游消费市场，相信中国邮轮旅游产业的未来必将是一片大好前景。

关键词： 邮轮旅游 中国邮轮产业 邮轮公司 邮轮港口

一 现状解析：中国邮轮产业快速稳步发展

2014～2015 年我国邮轮旅游继续保持“井喷式”发展势头，中国邮轮旅游产业规模、出入境游客、消费市场等都持续爆发性增长，产业结构也进一步得到完善。国家及沿海各地政府都大力扶持邮轮产业的发展，政策上给予扶持，财政上给予更多的邮轮港发展建设投资，加快了我国国际邮轮港口的建设，尤其是青岛、上海等国际邮轮港口的建设均已接近国际水平。

（一）2015年邮轮市场现状

1. 中国邮轮产业规模

进入 2015 年底，在中国运营的国际邮轮公司将会增加到 8 家 13 条船，运营数十条邮轮航线。中国潜在的巨大邮轮市场吸引大量的国际邮轮公司进入中国。2015 年先后有歌诗达“赛琳娜”号、天海“新世纪”号和皇家加勒比“海洋量子”号等新船投入中国市场进行母港运营，并且公主邮轮公司、皇家加勒比邮轮公司、地中海邮轮公司都已宣布，在2016年新的航季将派出新的邮轮来中国进行母港运营。

其中特别引人注目的是，2015年5月，天海邮轮旗下的"天海新世纪号"在青岛港国际邮轮母港顺利首航。天海邮轮由携程旅行网和皇家加勒比公司共同投资组建，是中国第一家本土豪华邮轮公司。天海邮轮定位中高端的同时，以中端价位打开市场，高性价比是业内对"天海新世纪号"体验后最好的评价。天海邮轮采取中西方元素相结合的方式吸引中国游客，例如邮轮上既有异国风情的欧美元素，又有我国的民族特色。天海邮轮正计划推出主题游，打造专门针对孩子、老年人和家庭游客的邮轮产品，其成为中国母港邮轮产品差异化战略的典范。

2. 中国出入境游客

在2014年交通运输部出台《关于促进我国邮轮运输业持续健康发展的指导意见》后，我国邮轮产业获得新的发展机遇，迎来邮轮产业的"高峰年"，预计2020年邮轮旅客数量将达到450万人次，与2014年相比年均增长38%，成为亚太地区最具活力和最大的邮轮市场。2015年，我国接待国际邮轮艘次和接待国际邮轮出入境游客数量在2014年的基础上继续保持快速增长（见表1）。

表1　2010～2014年中国港口接待国际邮轮及出入境游客统计

港口	接待国际邮轮(艘次)					接待国际邮轮出入境游客(万人次)				
	2010年	2011年	2012年	2013年	2014年	2010年	2011年	2012年	2013年	2014年
天津	40	31	35	70	55	10	7.2	11.9	24.9	22.44
大连	11	17	19	18	—	1.98	4.66	2.1	3.03	—
青岛	15	21	10	10	—		3.36	1.5	—	—
上海	107	105	121	195	290	26.2	23.7	35.7	75.9	121.72
厦门	58	11	19	13	21	1.97	1.26	3.6	2.49	5.64
三亚	15	35	86	112	71	3.94	6.9	11.7	15.9	15.59
香港	120	104	98	89	140	24.5	21.4	20	14.56	29.88
花莲	2	28	18	20	—	0.68	1.39	1.32	4.3	—
高雄	8	—	40	39	—	1.65	2.43	3.06	—	—
台中	28	10	—	38	—	3.18	2.85	0.56	—	—
基隆	111	121	—	102	—	34	46	42.8	52.3	57.7

3. 邮轮消费市场

邮轮旅游在中国的出现不到十年时间，虽然乘坐邮轮出游游客的绝对数仍然很小，发展的速度却十分惊人。随着邮轮旅游各方宣传力度的不断加大，开始关注邮轮旅游的人越来越多，他们亲身体验邮轮旅游的海上之旅。邮轮旅游开始逐步成为大众化、常规化的旅游产品。

和欧美游客相比，中国选择邮轮出行的游客更加年轻，平均年龄为 38 岁。北京和上海等一线城市的邮轮游客占全国邮轮游客的 50% 以上，其余 40% 以上的客源遍布于 20 多个省份。70% 以上具有本科以上的高等教育背景，70% 的游客来自月收入在 1 万 ~2 万元的中等收入家庭。公费坐邮轮的情形极少，90% 以上的游客为企业的一般雇员和管理人员，是从事教育、法律、金融行业的职业人士，民营企业的老板，自由职业及退休人士。

（二）2015年邮轮港口建设现状：母港、停靠港及其船供

随着国内邮轮市场需求不断增长，交通运输部 2015 年 4 月 22 日发布了《全国沿海邮轮港口布局规划方案》，提出要在 2030 年之前，在全国沿海形成 2 ~3 个邮轮母港引领、始发港为主体、访问港为补充的港口布局，规划方案提出在全国形成 12 个始发港。这 12 个始发港包括大连港、天津港、青岛港、烟台港、上海港、宁波 – 舟山港、厦门港、深圳港、广州港、三亚港、海口港和北海港。

交通部统计，2014 年沿海港口的到港邮轮达 466 艘次、完成旅客吞吐量 171 万人次。预计到 2030 年，中国沿海邮轮旅客吞吐量将达到 3000 万人次，现有的邮轮港口不能满足市场需求。

1. 上海

上海处在我国海岸线的居中位置和长江的出海口，从整个中国版图上看，它就像中国东方的出海门户，周边呈扇形放射状分布着韩国、日本，中国台湾、中国香港等地，从上海乘坐豪华邮轮可在短时间内到达这些地方进行消费旅游。加之东海岸线纬度跨度较大，明显的季节气候使得上海港具有能够实现邮轮全年进出港的地理位置优势。

目前，上海拥有两个主要的国际邮轮码头，分别为上海吴淞口国际邮轮港和上海港国际客运中心。上海吴淞口国际邮轮港位于上海吴淞口长江岸线的炮台湾水域，即长江、黄浦江交汇入海的地方，也是长三角城市群的水上交通枢

纽。由上海市宝山区政府和上海长江轮船公司2009年共同出资建造，总投资12.6亿元，港口面积超过160万平方米。主要停靠7万吨以上的较大型邮轮，可同时停靠两艘10万～15万吨级的大型邮轮。截止到2014年，上海吴淞口国际邮轮港码头邮轮靠泊量216艘次，接待游客量超过100万人次，分别约占全国的46%和64%，其中母港邮轮艘次和接待游客人数分别约占全国的56%和70%，双双成为亚洲第一，成为亚太地区著名的邮轮旅游枢纽。2015年全年将接靠邮轮276艘次，预计接待游客150万人次，已经成为亚洲最大的邮轮母港。为了有效缓解靠泊压力，2015年6月，吴淞口国际邮轮港开始启动二期项目建设，预计在2017年投入使用后，吴淞口国际邮轮港码头可同时停靠4艘大型邮轮，港务大楼将由现在的2.2万平方米扩充到6万平方米。上海国际客运中心位于黄浦江西岸，靠近外滩，拥有880米黄金沿江岸线，水深9～13米，主要接待7万吨及以下的邮轮，可同时停靠3艘豪华邮轮，码头年通过能力达100万次。上海在发展国际邮轮经济方面与国内其他邮轮港口相比较而言，具有明显的地理区位优势。

目前，上海宝山正在逐步完善邮轮母港功能。邮轮母港不仅仅为邮轮提供靠泊、为游客提供出入境服务，还需要配套物资供应、岸电、船员服务等功能。吴淞口邮轮港公司已经与歌诗达邮轮建立了船供合作，在此基础上，宝山区还将积极争取海关部门支持其建立邮轮物资保税仓库，做大做强邮轮船供平台，努力完善“全球采购、定点集货、统一监管、集中配送”功能，健全邮轮配送市场体系。

2. 天津

2010年6月26日，天津国际邮轮母港正式开港，并迎来第一艘国际豪华邮轮——歌诗达“浪漫号”，由此开启了其在中国的首航。作为中国北方第一个邮轮母港，天津国际邮轮母港正式投入运营，这标志着我国已形成以东、南、北三个邮轮母港为中心的邮轮市场新格局。其以优越的地理位置和经济条件，现已成为国际各大邮轮公司亚洲航线的重点港口。

2012年为适应大型邮轮发展需要，天津港国际邮轮母港启动办理码头二期工程建设手续，并于2013年12月31日通过工程水工部分交工验收。目前该港口已拥有4个邮轮泊位，可同时停靠5万吨级邮轮4艘，或5万～15万吨大型邮轮3艘，码头岸线长1112米。目前，原客运码头的国际客厢班轮及天津至大连航线的班轮已全部移至邮轮母港，实现了天津港客运业务整合，年设计旅客通关能力达 92 万人次。

截至 2015 年 6 月，天津国际邮轮母港已累计接待豪华邮轮超过 230 艘次，接待出入境游客约 80 万人次。美国皇家加勒比邮轮公司、意大利歌诗达邮轮公司、海航邮轮公司均以天津为母港，在这里开辟航线运营，每年还有 10 多艘全球航线访问港邮轮在此挂靠，现已成为带动天津经济发展的一个新的引擎。

天津国际邮轮母港处于环渤海及东北亚邮轮航线的核心地带，近几年快速发展。虽已取得显著的成绩，但相比上海、三亚等其他国际邮轮母港而言，天津国际邮轮母港建设起步较晚，港口基础设施建设还不完善，人员服务等软件配套设施仍需进一步改善。天津国际邮轮母港需利用好国际大力发展邮轮旅游的契机，依托环渤海滨江区开发之势，加快多方合作，完善邮轮产业相关政策，构建环渤海邮轮旅游区域品牌，推动天津邮轮旅游产业快速发展。

3. 三亚

三亚凤凰岛国际邮轮港 2006 年正式建成通航，是中国第一个 8 万吨级国际邮轮码头。自 2006 年 11 月通航以来，该港口目前已经接待邮轮 460 多艘次，进出港旅客超过 80 万人次。三亚凤凰岛国际邮轮港项目一期用地面积 547.8 亩，总建筑面积 480321 平方米。一期工程规划有七大项目：国际邮轮母港、七星级酒店、国际养生度假公寓、国际游艇会、热带风情商业街、商务度假别墅、主题公园。其中，8 万吨国际邮轮港于 2006 年通航，是中国第一个国际邮轮专用港口，可一次性接待 3000 名国际国内游客出入境。

二期邮轮港的出入境联检大厅、服务接待等按照国际标准经过新一轮的港口建设与调整后将成为接待能力亚洲最大乃至世界最大的邮轮母港之一。

三亚作为国家级旅游景区，是我国沿海港口发展邮轮旅游较早的地区，邮轮码头硬件及接待服务软件配套设施比较齐全，功能比较完善。由于三亚地处我国南海区域，而近些年南海已成为国际上的一个热点问题，为贯彻实施海上丝绸之路的国家战略，促进地区和平，三亚凤凰岛应积极开展与周边国家的海上邮轮旅游合作，开发多样化邮轮旅游航线，活跃南海海上邮轮旅游氛围，促进周边各国海上旅游经济发展，维护地区和平。

4. 厦门

厦门国际邮轮中心于 2008 年 6 月 28 日正式投入使用，系国内较早投入运营的综合型国际客运港站。2008～2014年，厦门国际邮轮中心共接待国际邮轮124艘次，旅客吞吐量近25万人次，2015年厦门港邮轮接待量呈井喷式增长，全年预计接待邮轮近40艘次（其中母港航运16艘次），预计旅客吞吐量超过12万人次。

2014年5月，厦门作为中国第四个国际邮轮母港，开始了邮轮母港配套设施建设。此次对邮轮母港的建设，包括改造东渡港区1～4号泊位，建设航站楼（兼顾邮轮、小“三通”、客滚船）、综合体等配套设施。2015年，厦门母港实现常态化运营。福建省政府办公厅正式发布《关于加快推进厦门邮轮母港建设的若干意见》。《意见》提出，力争到2020年，将厦门邮轮母港建成具有国际竞争力的区域性邮轮母港。适时启动厦门国际邮轮中心二期工程，并争取在2017年下半年，全面完成东渡港区功能改造，具备22万吨级邮轮单艘靠泊或4艘中型邮轮同时靠泊的能力。据了解，目前厦门邮轮母港具备18万吨级邮轮单艘靠泊或2艘7万～10万吨级船舶同时靠泊的能力。

5. 青岛

青岛国际邮轮母港地处青岛老城区，总建筑面积约50万平方米，投资约50亿元。青岛国际邮轮母港码头邮轮客运中心，总投资7亿元。青岛国际邮轮母港启动区共有三个邮轮专用泊位，其中有2个原有邮轮停靠泊位码头，另外将新建设一个大型邮轮泊位码头，建成后可停靠目前世界上最大的22.5万吨级的“海洋绿洲”号邮轮。

2015年6月1日，青岛国际邮轮母港正式开港运营。邮轮母港国际客运中心总建筑面积5.9万平方米，建筑高度23米，长338米，宽96米，空间最大跨度60米，主体建筑为地上三层，设计最高通关能力可达到每小时3000～4000人次，规划年游客吞吐量可达到150万人次。2015年，预计将有20条母港航线在青岛运营，3年内母港航线将超过100条。

近几年，由于国内邮轮旅游经济发展势头不断向好，青岛国际邮轮母港也正在联合地方政府和企业积极筹划建设邮轮港城，加速青岛乃至山东半岛邮轮经济产业链的发展。为承接邮轮母港城带来的产业辐射，进一步完善并延伸产业链，青岛市政府出台了《青岛市邮轮产业发展规划（2013－2020）》，提出以邮轮母港为核心、以邮轮延伸产业为依托、以旅游休闲和港航服务两大产业为支柱，以邮轮经济带动老城区改造，着力将青岛打造成为具有全球示范作用的“国际邮轮城”。

青岛邮轮母港的开港，结束了百年老港传统的装卸作业的模式，开启了新的经济发展的时代，也使老港区走上新的转型升级的轨道，为青岛港乃至整个青岛市经济新的增长，提供很好的平台（见表 2）。

表 2　中国邮轮母港规划建设情况

	时间	投资	新增泊位	建成后码头情况	建成时间
上海吴淞口国际邮轮港二期	2015 年	8 亿元	2 个	建成后码头总长度 1600 米、宽度 82 米，可同时靠泊 2 艘 10 万吨级和 2 艘 20 万吨级邮轮。	2016 年
三亚凤凰岛国际邮轮港二期	2014 年	16 亿元	4 个	建成后可同时停靠 5 ~ 7 艘邮轮，可停靠世界上最大的 22.5 万吨的邮轮。1 个 10 万吨泊位、2 个 15 万吨泊位和 1 个 22.5 万吨泊位。	2016 年
厦门国际邮轮母港	2014 年	10 亿元	3 个	建成后具备 22 万吨级邮轮单艘靠泊或 4 艘中型邮轮同时靠泊的能力。	2017 年
深圳蛇口邮轮中心	2015 年	16 亿元	1 个	可停靠 22 万吨级国际上最大型的邮轮	2016 年底

（三）2015年邮轮运力发展情况：公司、邮轮及其航线

1. 邮轮及邮轮公司

邮轮旅游在欧美发达国家已经发展 50 年，而中国邮轮新兴产业于 2006 年开始起步，近 10 年来持续飞速发展。

2014 年是中国邮轮旅游“井喷式”发展年。数据显示，2014 年中国运营邮轮 466 航次，与上年相比增长 14.78%；出入境邮轮旅客 172.34 万人次，与上年相比增长 43.36%。

据中国交通运输协会邮轮游艇分会（CCYIA）预测，2015 年我国邮轮旅游市场将会在之前发展的基础上继续保持快速上升的良好势头，外籍邮轮公司在中国邮轮母港布局的邮轮也会从 2014 年的 8 艘增加到 12 艘左右。预计到

2015 年中国内地游客乘坐邮轮出游人数将超过 100 万人次，内地接待邮轮总量将继续超过新加坡和中国香港，更为重要的是，上海母港将进一步快速发展，成为真正的“亚洲邮轮中心”。

CCYIA 的统计显示，2006 年在中国只有 1 艘 900 舱位的邮轮试水运营，2013 年增加到 5 艘，2014 年达到 8 艘共计 1.8 万个舱位，包括美国嘉年华邮轮集团旗下 3 艘，意大利歌诗达邮轮的“维多利亚”号和“大西洋”号、美国公主邮轮的“蓝宝石公主”号；美国皇家加勒比邮轮集团旗下 2 艘“海洋航行者”号和“海洋水手”号；马来西亚云顶邮轮 1 艘“处女星号”；以及 2 艘中资邮轮“海娜”号和“中华泰山”号。

2015 年，投入中国市场的邮轮数量进一步增加。3 月份，皇家加勒比国际邮轮公司宣布，将于 2016 年在亚洲市场部署皇家量子系列第三艘邮轮“海洋赞礼号”。4 月，歌诗达旗下另一艘旗舰邮轮“歌诗达·赛琳娜号”将开启全年在中国市场的运营。6 月份，巨型豪华邮轮“海洋量子号”也投入中国市场的运营，以上海为母港，开启全年亚洲航线。“海洋量子号”拥有 18 层甲板，总吨位 16.8 万吨，客房双人载客量 4180 人。2015 年 5 月，携程旅行网等投资机构共同组建的中国本土豪华邮轮“天海新世纪号”正式启用，以上海为母港，运营海上出境游航线。该邮轮总吨位 71545 吨，载客量达 1814 人。

2016 年嘉年华邮轮集团将引进 2 艘新船加入其中国舰队，加上之前在中国已布局的 4 艘豪华邮轮，在不久的将来会有 6 艘豪华邮轮在中国运营母港航线，嘉年华集团也将成为在我国运营邮轮母港航线最多的国际邮轮公司。预计到 2016 年，嘉年华集团在中国地区的总运力会较原来提高 64%，进一步巩固其在中国市场的领导地位。目前，中国邮轮市场持续保持着两位数的年回报率，赢利能力十分强，在不久的未来有可能发展成为全球最大的邮轮集团（见表 3）。

表 3　中国目前主要邮轮公司运力

公司	船队	吨位(吨)	客舱数(个)	载客量(人)
歌诗达邮轮有限公司	“维多利亚”号	75166	964	2394
	“大西洋”号	85619	1057	2680
	“赛琳娜”号	114000	1500	3780

续表

公司	船队	吨位(吨)	客舱数(个)	载客量(人)
皇家加勒比邮轮公司	“海洋航行者”号	138000	1577	3144
	“海洋神话”号	70000	900	2074
	“海洋水手”号	138000	1557	3114
	“海洋量子”号	168000	2101	4180
公主邮轮公司	“蓝宝石公主”号	111600	1337	2670
丽星邮轮公司	“宝瓶”号	51039	756	1529
	“双子星”号	19000	356	716
海航旅业邮轮游艇管理有限公司	“海娜”号(2015 年 11 月停止运营)	47000	739	1965
渤海邮轮管理有限公司	“中华泰山”号	24500	385	927
天海邮轮公司	“新世纪”号	71545	907	2114

2. 航线

随着世界邮轮旅游市场中心的快速东移，亚洲作为全球邮轮旅游市场的后起之秀，俨然已成为当今世界邮轮旅游市场上一颗新的耀眼的明珠。在不久的将来，中国沿海将形成“一线三点”式的邮轮母港基本格局，即北部以天津港为中心，以韩日和西伯利亚东海岸为主的航线；中部以上海港为代表，以韩日、中国台港澳为主的航线；南部以厦门、香港、三亚为核心，以东南亚和两岸为主的航线。

（四）2015年邮轮旅行社现状

旅行社对于邮轮销售过程起着举足轻重的作用，购买邮轮旅游产品远比购买机票复杂得多。邮轮旅游不仅是商品，更是一种经历。消费者希望旅行社确保他们从中收益，尽情享受。随着中国旅游市场从观光向休闲度假转型，邮轮旅游的潜力将被进一步开发、释放。与此同时，各旅游机构也在大力争夺邮轮资源，携程、同程、途牛等部分在线旅游企业邮轮游客量与上年相比都实现了一倍左右的增长。

2014 年，中国在线旅行社市场规模约为 429 亿元，其中，市场份额最大的是携程旅行网、同程网和途牛旅游网，三家的体量之和几乎占到整个在线旅行社市场1/2的份额。邮轮旅游线路与资源开发是在线旅行社目前十分关注的重点领域。邮轮旅游凭借其良好的市场前景，已经成为线上线下旅行社共同争夺的焦点。

随着互联网普及与发展，人们的旅游出行方式也越来越智能化、信息化、网络化。如今，越来越多的旅游者从传统的实体消费逐步转向网络消费，网络预订邮轮产品的方式将在不久的未来成为邮轮旅游代理商的新的经营模式。在线旅行社通过平台化、规模化、个性化，将各个邮轮公司的产品进行整合，并通过大数据分析了解游客用户的需求，以提供更适合中国市场和消费者的个性化产品和服务。线上线下各旅行社对邮轮资源的激烈争夺，一方面能够创新邮轮资源开发使用方式，另一方面又能够不断提升行业进入门槛，提高整个行业的效率，有利于行业走向成熟。但从整体来看，OTA对邮轮行业的渗透率还很低，据笔者对规模比较大的几家进行统计，其市场份额不超过20%，所以邮轮目前的主流市场还是线下销售。

二　问题探讨：2015年中国邮轮产业面临的问题

（一）邮轮产业链中上游发展乏力

邮轮产业链的中上游，即邮轮制造和企业运营管理，目前在国内的发展乏力，发展程度还比较低，主要表现为国际市场竞争力低，被外籍邮轮所主导，邮轮制造业瓶颈难以突破等问题。

1. 外籍邮轮主导国内市场

我国邮轮旅游在近几年虽呈现井喷式的发展态势，但在国际邮轮供给市场中的地位仍较低，缺乏竞争力，没有话语权。自2006年至今，中国邮轮市场始终被皇家加勒比、嘉年华、云顶香港三家国际邮轮巨头所把持，它们占据了95%的市场份额。在全球，这三巨头稳稳地控制着80%以上的市场份额。可见我国组建自己的邮轮船队的迫切性和必要性。但值得高兴的是，在国内有越来越多的中资企业开始进军邮轮经营市场，例如渤海邮轮管理有限公司将2014年购入的歌诗达邮轮有限公司的邮轮改装后命名为“中华泰山”号，携程旅游也相继购入了皇家加勒比邮轮公司旗下的精致邮轮公司的3艘7万吨级邮轮，并开始了船队经营管理工作。

2. 国产邮轮制造业瓶颈难以突破

中国自己的邮轮产业才刚刚起步——中资邮轮运营公司于2013年正式登场，至今仍不足5%的市场份额；而在邮轮的设计、制造、装修方面，也几乎一片空白。如果单从造船业来看，近年中国保持着强劲的发展势头，2011年中国就占据了世界船舶建造市场31.2%的份额。但在豪华邮轮这样的附加值高、专业技术强的船舶制造方面，中国在邮轮设计、娱乐设施建造方面还存在一定差距。在邮轮的装修领域，中国还是空白。2014年，携程与皇家加勒比合作购进精致邮轮时，曾想在中国进行装修改造，遍寻市场却发现没有一家企业有能力接单，最后不得不委托一家新加坡公司完成装修。虽然中国造船业有了长足的进步，但由于邮轮制造对资金、技术和装修水平的要求非常高，目前世界邮轮制造业基本上被德国、意大利、芬兰和法国垄断。基于以上原因，中国的邮轮制造业在今后还有很长的路要走。

（二）邮轮产业链下游建设问题

邮轮产业链建设是当前我国发展邮轮产业的一个主要问题，目前产业链的主要内容仍然集中在产业链下游，即邮轮港口与旅游服务，但目前产业链建设的问题突出，解决这类问题是我国邮轮产业发展的关键。

1. 港口配套设施与服务需进一步完善

我国邮轮港口的配套设施主要包括交通设施、旅游接待设施、商业设施等。从目前我国沿海各港口建设现状来看，大部分邮轮港还难以实现港口与周边形成便捷、高效的放射网状形的交通网络，这给港口疏散出入境游客带来了相当程度的压力。同时，大多数邮轮港口周边商业网点的布局还相当分散，难以形成集聚效应、规模效应，使得邮轮产业链向纵深方向延伸受阻，妨碍了邮轮经济的溢出效应。

我国邮轮产业才刚刚起步，沿海各邮轮港口接待服务标准参差不齐，大多数邮轮港在接待服务标准上远低于国际水准，因而产生旅客纠纷、旅客满意度下降等一系列问题。加快制定适应全国各邮轮港口的服务接待标准对于提升我国邮轮港口城市形象，增强我国邮轮港口吸引力、影响力具有关键性作用。

2. 邮轮航线及邮轮产品仍需丰富

在全球邮轮航线中我国远洋航线几乎为零，从我国邮轮港出发的邮轮航线以亚洲短途航线，尤其是日韩航线为主，航线过于单一。我国本土邮轮公司数量小且规模也较小，经营着为数不多的小型邮轮，目前不具备经营大规模邮轮船队进行远洋航行的能力，从其经营航线我们也可以看出，国内的邮轮公司主要布局在我国的南海沿岸，经营定班航线模式。

交通运输部也相继出台了促进国内邮轮旅游的相关扶持性政策，虽然在一定程度上推动了我国邮轮产业向前发展，但出台的政策的约束力和限制力还是十分明显的。国外邮轮在国内进行多点挂靠从性质上来说属于国内运输，因此需经过官方批准后方可开展挂港停靠活动。这与外籍邮轮在其他国际航线上进行多点挂靠的做法不同。开展多点挂靠的本意是增加国内邮轮市场的消费，但政策的相关规定在某些方面限制了邮轮旅客特别是外籍旅客在我国境内进行旅游消费的需求，影响了外籍邮轮选择深入开辟中国邮轮航线的意愿。

目前，国内针对邮轮旅客的岸上旅游产品相对较少，旅游线路选取的标准和品质较低，自愿组合特色不突出，对邮轮旅客的吸引力有限。因此做好邮轮旅客产品开发、丰富邮轮旅客产品市场已成为当前发展邮轮产业的重要一环。

3. 邮轮消费文化尚未形成

欧美等发达国家在邮轮旅游方面经过几十年甚至上百年的发展，市场已经相当成熟，民众对邮轮认知度较高。然而由于我国地大物博，很多人生活在远离海洋的地方，很多游客对邮轮旅游缺乏一定的了解，大多数中国游客主要以内陆景点旅游为主，因此邮轮对于国人来说还是一个比较陌生的概念。加之邮轮旅游产业是一项休闲娱乐产业，是经济发展到一定水平下的产物。中国经济发展势头虽然良好，中产阶级收入群体不断壮大，高收入人群比例也在逐年增加，但由于我国人口基数巨大，中高收入人群所占总人口比重依然较低，有能力参与邮轮旅游活动的人数还是很有限的。在欧美等发达国家，人们普遍喜爱5~12日的航游线路，其中以7日游最为普遍。在中国现行的假期安排制度下，闲暇时间主要集中在“十一”和春节两个黄金周7天时间，对于国内大多数的人来说，除了工作以外，他们还没有足够多的时间参与邮轮旅游体验。

近年来，我国邮轮旅游消费者人数以年均45%左右的速度快速增长，但就国内旅游人数的总量而言，邮轮旅游的消费所占比重还是相对较小，占全球邮轮旅游市场的比例也很低。在旅游活动从观光游览转向休闲度假的过程中，大多数中国游客对旅游的心态并不成熟，认知度并不高，再加上对新近兴起的海上邮轮旅游缺乏了解，因此游客很难对旅游文化特别是邮轮旅游文化形成成熟的认知与理解。就目前而言，国内很多游客选择乘坐邮轮出游的动机在某种程度上并不是感受邮轮海上之旅的过程，更多的是把邮轮当作一种交通工具，以到达目的地进行岸上观光，而不是去享受悠闲的船上时光。加之国内邮轮旅行社对邮轮旅游的宣传力度不够，对邮轮旅游资源全程掌控，使得游客自主选择性不高，在一定程度上影响了游客对邮轮旅游文化的认可。

4. 邮轮专业人才培养需夯实加强

随着邮轮产业在我国的蓬勃发展，其对邮轮管理专业人才及服务人才的需求也越来越大。虽然目前我国多个省市的大专高等院校都开设了相关的邮轮专业，但是我国巨大的邮轮市场仍面临着合格人才供给短缺的状况。一方面邮轮专业培养的毕业生不能满足邮轮市场对人才的需求，人才培养模式不健全；另一方面，公众对邮轮乘务工作的认识不足，很多家长和学生对于专业培养要求、就业方向和工作环境存在一定的误解，加之实训教学条件又不完善，导致我国当前对邮轮专业人才的需求缺口较大。有相关人士预测，到 2020 年，我国邮轮专业人才的需求量将超过 20 万，而根据目前我国 10 多所学校的邮轮专业发展情况，预计到 2020 年该专业的学生人数也不会达到 3 万人，远远不能满足邮轮市场对人才的需求，由此可以看出邮轮人才的匮乏已成为制约我国邮轮产业发展的又一瓶颈。

（三）发展邮轮产业存在的政策法律瓶颈

从国家和地方两个层面指定的关于促进邮轮旅游发展的政策和相关规划来看，对我国邮轮发展的目标、在国际邮轮市场中的定位、港口开放、加强国际合作、引进外资、人才培养等方面都有政策加以促进和引导；但从微观层面来看，我国大型邮轮码头的基础设施仍然不完善，邮轮码头周边的配套设施，比如购物、餐饮、住宿等缺乏合理规划；管理制度与国际邮轮航线不相适应；缺乏与国际标准接轨的出入境监管程序。

1. 邮轮母港建设相关法规不完善

邮轮产业的发展关键在于邮轮母港的建设，母港的建设在宏观上需要得到国家主管部门相关法律法规的批准，微观上对母港的建设、码头的布局、服务场所的设置、出入境通关检疫场所的设置进行统一布局和定位。而目前我国只有交通部下发的《港口建设管理规定》以及交通部和国家发改委联合编制的《全国沿海港口布局规划》，对母港的建设及运营等尚未形成完善的法律制度体系。

2. 邮轮乘客通关相关政策及立法不足

目前政府相关部门已出台一些便利游客口岸通关的相关政策法规，但总体上限制性还很强。游客进行通关检查是确保出境游人身安全的一项重要制度，也是接待入境旅客的一个重要环节。快速、高效、安全地完成整个边检通关流程是对当前地方口岸政府的一大考验。由于我国邮轮业起步较晚，政府采用先硬件后软件的建设路径，导致目前缺乏符合国际惯例的并且适用于我国邮轮港口的出入关程序和口岸管理条例。我国对出入关程序规定得较多以及检查项目也较多，加之国别的差异，使得边检通关的时间过长，对游客乘坐邮轮出游产生了一定的消极影响。

3. 引入国际资本相关的政策及立法瓶颈

中国的造船业主要是资本和技术含量较低的行业，而邮轮制造业属于资金和技术密集型的产业，对资金和技术要求极为严格和苛刻。就目前而言，国际上建造一艘现代化的邮轮，需要5亿～7亿美元，超大型豪华邮轮的造价甚至高达十几亿美元，对金融服务公司的要求很高。中国境内目前还没有相关大企业涉足大型邮轮制造领域，国内的造船公司业务以承接海外邮轮公司的零件组件订单为主，由于技术上的限制，国内目前只能造一些邮轮船体，至于邮轮上的精密设备仪器往往都是在国外安装完成。邮轮产业的国际资本运作是一个复杂的系统，没有法律层面给予的支持和控制，就很难实现邮轮产业链的实质性突破。

4. 旅游服务业外资介入相关立法不足

我国现行的法律规定，国外独资的邮轮公司不允许在境内开设公司并经营出入境游业务，只能通过本土旅行社作为中间代理商进行船票销售业务。以歌诗达邮轮公司为例，其在中国境内的业务通过分散在全国的130家旅行社做代理，其中30家是紧密合作型。这种规定在某种程度上虽然弱化了外资邮轮公司对中国行业垄断的影响力，但国外独资邮轮公司要求中国政府给予相应的优惠政策的呼声越来越高，在开放市场的同时，行业规划及限制性政策也亟待出台，以形成良性市场竞争关系。

三　2016年邮轮产业趋势预测

（一）邮轮旅游消费市场逐步成熟

近几年，中国邮轮旅游的需求呈现爆发式增长，出境旅游市场增长迅猛，且每年增长20%～30%。预计2015年中国出境旅游规模将达到1.2亿～1.3亿人次，其中相当一部分会以邮轮度假作为出境旅游方式。特别是中国的一、二线城市，邮轮旅游需求呈爆发式增长，越来越多的人开始感受到邮轮度假方式的吸引力。

中国交通运输协会会长钱永昌在“2015亚洲邮轮之春——中国邮轮（上海）论坛”上表示，近五年来，我国邮轮市场年均增长率约达45%。到2020年，保守估计我国邮轮市场母港出境游的旅客将达225万人次。

“邮轮旅游”热事实上源于国内GDP的增长、闲暇时间的宽裕以及随之而来的旅游市场繁荣。根据邮轮经济发展成熟国家的经验，当人均GDP为6000～8000美元时，邮轮经济将进入高速增长期。就目前而言，我国已是世界第二大经济体，到2012年为止，我国人均GDP已超过6000美元，中产阶级和富裕阶层不断发展壮大，客观上已经具备发展邮轮经济的良好基础，已经有了庞大的潜在消费群体。

2015年3月，皇家加勒比国际游轮宣布，将于2016年在亚洲市场部署皇家量子系列第三艘邮轮“海洋赞礼”号，以进一步推动中国邮轮市场的发展。2015年6月，巨型豪华邮轮“海洋量子”号也已引入国内市场，以上海为母港，开启全年亚洲航线。同时，作为全球领先的邮轮集团，嘉年华集团已宣布旗下公主邮轮品牌将于2016年开启以天津为母港的邮轮航季，并引入载客量达2600人的“黄金公主”号服务于中国北方市场。公主邮轮曾公布，2016年，公主邮轮将开启以上海为母港的全年航季，共计50个航次，如果再加上天津港的“黄金公主”号，预计2016年公主邮轮将达到70余航次，和2014年相比增加近3倍，总载客量预计将达到18万人次。

（二）邮轮港口建设及管理提升

根据《全国沿海邮轮港口布局规划方案》规划要求，到2016年我国沿海各港口城市的邮轮港建设将进一步得到加强。其中，辽宁沿海的大连港将得到重点发展，主要用于服务东北地区，并开辟东北亚航线。目前，大连港集团国际邮轮中心规划基本成形，包括邮轮码头、基础设施、配套设施等，投资估算近100亿元。津冀沿海，以天津港为始发港，服务华北及其他地区，积极拓展东北亚等始发航线和国际挂靠航线，提升综合服务水平，不断吸引邮轮要素集聚。山东沿海，以青岛港和烟台港为始发港，服务于山东省并丰富东北亚航线。长江三角洲地区，以上海港为始发港，强化长江三角洲及其他地区的服务，巩固东北亚、台湾海峡等始发航线和国际挂靠航线，大力开辟并拓展环球航线，逐步构建完善的航线网络体系，不断健全与完善邮轮服务功能。珠江三角洲，深圳港将得到重点发展，服务珠江三角洲地区，目前深圳太子湾邮轮港口建设相关规划已经完成，根据规划，该项目占地面积约为70万平方米，将集“海陆空铁”于一体，能停泊最高22万吨位的巨型邮轮，目前该项目已经完成一期填海工程，正抓紧启动深圳蛇口邮轮中心联检大楼的规划和建设，预计2021年完成所有工程建设。西南沿海，以三亚港为始发港，目前，二期工程正在建设，总投资约180亿元，计划再建1座47.4万平方米人工岛，新建10万吨泊位1个、15万吨泊位2个和22.5万吨泊位1个，共4个邮轮码头。预计在2016年底完工。

到2016年我国沿海各邮轮港口将会根据自身条件因地制宜地发展与完善基础设施建设和服务，使邮轮产业链不断拓展，到2016年，我国邮轮港口，尤其是上海、天津、三亚等邮轮母港的基础设施将达到国际标准，邮轮码头建设经营及配套服务水平将得到进一步提升。同时我国邮轮港口服务功能不断完善，2016年，我国邮轮母港在继续完善邮轮靠泊、邮轮游客接单功能的同时，进一步提升邮轮母港船供能力，拟建邮轮物资配备物流区，提升邮轮港尤其是邮轮母港的服务能力和国际化水平。

（三）邮轮港口经营与管理

近年来，我国邮轮旅游持续升温，迫切需要邮轮港口经营管理模式创新，到2016年我国各邮轮母港的经营管理模式将明显呈现差异化特征，国际邮轮靠泊的吸引力进一步增强。随着天津国际邮轮母港和三亚凤凰岛国际邮轮码头二期工程的加紧建设，厦门国际邮轮中心也完成向邮轮始发港的转变。到2016年，我国将基本建成东北亚邮轮圈、海峡邮轮圈和东南亚邮轮圈三大邮轮经济圈发展格局，进一步完善我国沿海邮轮区域性、综合性的合理布局。

同时，也将进一步推进上海和天津邮轮试验区建设，深化邮轮港口的基础配套设施建设，在扩大我国邮轮港建设规模的同时，港口的经营与管理水平也将不断迈上新台阶。进一步推进邮轮试验区的发展与建设，将增加至少一个试验区，使得我国邮轮试验区的布局更加合理，充分发挥邮轮发展试验区对各邮轮港建设和发展的示范和引领功能。实现我国沿海三大邮轮经济圈的协调发展、差异化经营，以避免各港口间的恶性竞争。

（四）本土邮轮船队初具影响力

2013年以前，在中国港口航行的邮轮都属于国外的大邮轮公司，从2013年开始，中国企业开始大踏步进军邮轮行业。2013年初，海南航空旗下的旅游集团率先开始运营从美国嘉年华邮轮集团引入并改名为“海娜”号的邮轮，被视为民族品牌进入豪华邮轮业的开始；一年半之后，2014年8月，渤海轮渡自歌诗达邮轮公司购入并改名为“中华泰山”号的邮轮首航，与“海娜”号船长为瑞典人、管理团队成员多来自欧洲不同的是，“中华泰山”号从船长到船员全部是中国人，因此也被称为我国第一艘自主经营、自主管理的豪华邮轮；2014年9月初，携程购入皇家加勒比邮轮公司旗下的“精致世纪”号邮轮，正式进军邮轮业。在购入首艘邮轮后，海航、渤海轮渡和携程也都透露，要在最近几年购入更多邮轮进行规模经营的计划，海航甚至一度表示，10年内可能要扩展到10~12艘邮轮。未来几年，天海邮轮会逐渐增加更多邮轮，组建本土豪华的邮轮船队，积极打造中国本土邮轮生态链体系。

目前，我国包括上海、天津、厦门、海南在内的多个港口和地区都有租船、购买或拟定造船计划组建本土邮轮船队的打算。受国际船舶制造业低迷的影响，欧洲邮轮制造商也在积极寻求与中国客户的合作，开拓中国邮轮市场，今后，我国研发和制造本土邮轮将成为一大趋势。

（五）邮轮人才培养规模不断壮大

中国邮轮产业起步晚，发展中存在诸多不足，特别是中高端人才匮乏。据保守估算，到2020年，中国邮轮旅游的人才需求量将超过30万。就中国邮轮人才配置而言，主要体现在两个层面：邮轮公司层面，需要邮轮一线从业人员；国家和政府层面，需要综合的邮轮运营管理人才，特别是邮轮产业链上的其他人员，如旅游资源开发规划、港口运营等。邮轮人才主要通过校企合作、多方探索的模式培养。

目前，上海工程技术大学、上海海事大学、天津海运职业学院、海南三亚学院等都已开设邮轮专业课程，并培养邮轮专业人才。其中上海工程技术大学是全国率先开设邮轮经济本科专业的高等院校，依托“政府部门指导、行业部门支撑、高等院校主导、研究机构助推”，以职业素养为导向、以核心知识能力为主线，“五位一体”聚焦“国际化、专业性、复合型”的邮轮经营管理人才培养，意图培养国际化复合型邮轮经营管理人才。上海工程技术大学在2013年获高等教育上海市级教学成果特等奖之后，2014年又荣获高等教育教育部教学成果二等奖，揭开了我国邮轮人才专业化培养的新篇章。

2009年，“上海国际邮轮经济研究中心”和“上海国际邮轮人才培养基地”在上海建立，意在加强与世界各大邮轮公司的产学研合作，研究邮轮经济战略、经营管理，为中国的邮轮产业发展培养邮轮专业人才。

上海海事大学成立以“打造高端航运服务人才智库”为目标的高级国际航运学院，意图打造中国领先、国际知名的航运金融教育品牌，构筑具有影响力的航运高端人才输出基地，满足航运金融业发展的需要。2014年3月，上海高级国际航运学院邮轮管理EMBA项目正式启动，成为全球首个具有硕士学位授予资格的邮轮专业高级人才培养项目，旨在打造有影响力的邮轮管理高端人才输出基地。到2016年，我国邮轮人才培养将初具规模。

四　关于邮轮产业健康可持续发展的几点建议

（一）邮轮港口运营与管理层面

1. 加快推进邮轮旅游试验区建设，创新体制机制

抓住当前邮轮旅游的黄金期，以推进中国邮轮旅游试验区先行先试为契

机，形成以实验区试点为载体、以“组合港”为主体，国家、市、区三级合作、多点突破的高层化、综合性创新机制。

2. 简化边检政策，实现便利通关

纵观世界各国发展邮轮经济的历程，其着力点主要放在实施便捷的通关政策、简化签证手续、实施免税购物等措施上。而我国目前的通关政策与签证等手续项目较繁杂，不利于便捷通关和签证手续的快速办理，因此我国应尽快出台与国际接轨的、更加科学便捷的邮轮边检制度与免税制度，便于吸引国内外游客，促进邮轮经济发展。加快落实国际邮轮进出境 24 小时通关保障，并争取过境免签、入境购物免税、无目的地邮轮线路许可政策等国家相关政策支持，吸引更多邮轮游客上岸旅游、消费。此外，部分省市可根据自身条件试行对部分国家公民 72 小时过境免签政策，甚至邮轮游客全程免签政策。

海关、检验检疫、海事和边检等口岸联检单位应按照国际惯例，密切加强合作，相互协调，进一步提升口岸服务水平，不断探索推广信息提前录入、随船办理、登船办理、统一发放登轮证等通关措施以提高邮轮旅客通关效率，探索实施更短时间内过境免签政策，将最大限度地增加游客在陆地旅游景点的观光人次，带动邮轮游客在岸消费，更好地发挥邮轮旅游辐射效应等。

（二）邮轮公司运营层面

1. 开发符合市场需求的邮轮旅游产品

邮轮旅游产品是邮轮旅游市场的衍生物，也是邮轮产业的重要组成部分，邮轮产业除了要做好船上相关服务产品外，还要做好岸上旅游接待。游客们在邮轮上享受的是公司提供的产品，等到上岸时，游客期望感受到服务不一样的岸上旅游活动，因此岸上的旅游活动应该是丰富多彩并富有特色的，除了游览旅游景点、游逛琳琅满目的购物广场、开展多种多样的户外活动外，还可精心安排具有当地文化历史特点的节日活动、打造美食之城、营造浓厚的文化氛围等；还应根据船上游客的来源联合地方城市设置能够适应不同消费需求的他国游客。另外加强区域特色宣传，形成统一品牌意识，积极营销，打造区域邮轮旅游品牌。开发岸上多种旅游产品体系，向游客提供优质的岸上旅游服务。组织内容丰富的近洋和近岸型邮轮旅游，为扩展远洋型邮轮旅游方式奠定基础并使近洋和近岸型邮轮旅游成为远洋型邮轮的一种替代性产品。丰富邮轮游客岸上消费的旅游产品，不但能够有利于邮轮产业的横向延伸，而且能够带动港口周边经济的发展。

2. 市场准入与开放政策

一是允许国外邮轮公司在我国注册设立邮轮公司总部机构、经营性机构，运营国际邮轮航线业务等。二是鼓励、支持国外邮轮公司与国内船轮公司、港口公司、旅游公司合作，合资设立国际邮轮公司。三是鼓励、支持国内有实力、善于经营的企业设立邮轮公司，并给予租船或买船的邮轮公司或组织相应的低息贷款以及税收优惠或财政性补贴。四是对我国注册的邮轮公司、全球或地区总部迁入邮轮试验区的国际邮轮公司给予更多政策支持和鼓励，对以我国为母港长期停靠的邮轮给予优惠。五是对在我国试验区登记船籍且所有权为国内资本的邮轮，开展台湾航线实施常态化审批管理。六是鼓励国内邮轮公司、轮船公司、港口公司与国际著名邮轮公司或国际著名旅游公司组建国际旅行社，经营邮轮旅游和中国公民邮轮出境专项旅游业务。

3. 金融和信贷支持政策

一是在保险、信贷和基金方面要建立完善的邮轮专项目录，使得我国本土邮轮公司在经营邮轮、具体开展金融业务时具有制度性指引。二是试点设立邮轮单船融资租赁公司，并给予企业相关税收优惠，在我国注册的邮轮公司允许其在海外开设离岸账户。三是我国地方政府应支持鼓励并帮助国内邮轮公司通过邮轮信托产品、邮轮产业基金或银行融资等方式解决融资问题，支持开展邮轮金融产品创新。

4. 税收优惠和费用减免政策

争取在实验区内设立免税店和离港退税点，对乘坐邮轮出入境的游客开展免税购物业务。一是那些在我国设立邮轮公司或是总部设在我国的跨国邮轮公司，根据现有的相关政策规定可享受政策优惠，同时邮轮公司总部企业可享受相关开办费及业绩奖励等资金支持政策。二是邮轮企业从境外租赁邮轮时享受税收优惠和减免，给予邮轮码头费、引航费、靠泊费等费用优惠。三是允许在我国注册的邮轮公司设立保税仓库，用于存放本公司邮轮使用的物品，同时，在我国注册的企业向国际邮轮提供淡水、食品、燃油等物资时可享受保税政策。

（三）外籍邮轮管理层面

1. 鼓励外籍邮轮在华开展多点挂靠业务

当前该项业务须经一事一议，手续复杂、费时费力。外籍邮轮的多点挂靠业务，可以提升国内邮轮旅游的消费市场，在一定程度上促进外籍游客在国内的旅游消费。

2. 试行税收及费用优惠政策

目前我国港口对外籍邮轮靠泊收费较多，包括船舶吨税、引航移泊税、拖轮费、系解缆费、停泊费、船舶港务费、船舶代理费、客运代理费等，可降低收费标准，吸引更多的外籍邮轮停靠我国各邮轮港口。

（四）本土邮轮层面

目前不论是国内邮轮市场还是国外邮轮市场，主要都由国外几家寡头邮轮公司所垄断，要想获得一定的市场利润空间，关键在于我国的邮轮公司必须快速成长参与全球邮轮市场的竞争。为此，政府应鼓励支持国内邮轮公司的成长与发展，鼓励国内邮轮公司建立自己的邮轮船队。联合船队形成中国邮轮品牌，发展邮轮旅游。国内相关企业可通过适当的合资、租赁或合伙等形式投资发展邮轮船队，促进邮轮产业体系建设发展与完善，逐步推进邮轮产业活动扎根本土经济，为我国邮轮经济发展注入动力。

（五）进一步完善中国邮轮挂靠的法律法规

1. 制定有关邮轮旅游的专门法律法规

针对邮轮旅游产业具有承载旅客人数多、人员国籍复杂、旅客登陆中国沿海城市频繁等特点，以及邮轮挂靠沿海各港口时间及目的地不尽相同，邮轮上产生的生活污水和垃圾多等问题，中国政府应该制定专门针对邮轮在港情况的法律法规，以确保邮轮能及时顺利地通关，旅客能在邮轮靠港后较短时间内登岸。对整个出入境、挂靠邮轮、行李检查等相关环节应统一管理部门，合并各分部门，各口岸检查单位应实现联网，共享信息化平台，减少由于部门间不协调引起的劳动重复、效率低下甚至是错误的产生。

2. 建立健全并完善机关法律法规

比如监测和收集邮轮港口的突发事件相关信息，定期进行风险分析和风险评价，预测事件发生的概率和严重性，借助国内外经验，对时间做出判断，发布预警信息，采取预防措施。比如针对国际邮轮航线开展博彩业与我国现行的法律存在冲突，邮轮航线演艺项目的报备审批及航线开发运营导致的邮轮跨境偷盗、游客保险，邮轮失事过程中游客遇险赔偿和善后等问题，相应的法律法规还有待制定和完善。

3. 防止邮轮经济发展造成环境污染

邮轮经济最早起源于欧美等发达国家，在邮轮业发展的初期，由于设备简陋，不注重环境的保护，欧美等一些发达国家的近海海域甚至是远离海岸的海域出现不同程度的水域和大气污染。即使像美国如此发达的国家也经历过邮轮发展带来的环境污染问题，这给正处在起步阶段的中国邮轮污染防控起到一个很好的警示作用。我们在发展自身的邮轮经济产业时应充分借鉴国外发展邮轮的历史经验，取其精华，去其糟粕，抱以积极的态度去认真研究分析发展邮轮经济可能带来的环境危害。国家相关部门应组织对邮轮污染的危害性进行调查分析，在邮轮业快速发展之前将邮轮防污染相关内容纳入国家海洋环境保护相关法律；制定针对邮轮生活污水、垃圾对海洋环境污染的专门的法律法规，确保邮轮上的生活污水、垃圾能适时合理地处理；同时确定各相关部门在应对邮轮可能造成的环境污染方面的管理职责，并制定相应的环境管控措施或规章制度，加强邮轮防污染的管理，也要不断加强邮轮防污染宣传教育，提高邮轮乘客对环境的保护意识，自觉保护海域环境。

（六）邮轮人才保障层面

我国邮轮产业起步较晚，邮轮专业人才稀缺，而行业发展离不开专业人才的支撑。加快培养邮轮新型人才对发展我国邮轮产业、提升我国邮轮的国际影响力和知名度有着深远的意义。

1. 邮轮人才培养支撑配套体系

邮轮人才培养的关键在于学校，高校是我国培养邮轮人才的理想摇篮。针对邮轮人才的培养不能追求短平快，而应该注重长期发展与实践锻炼，使得人才的培养符合邮轮发展的需求和要求。为了促进我国邮轮产业可持续发展，制定一套邮轮人才培养支撑体系就显得十分必要。首先高校要有针对性地开设邮轮旅游专业，培养高级邮轮业人才。其次邮轮公司可以与高校、科研机构、政府联合培养、培训专业人才。对相关航运院校开设邮轮航运专业、邮轮运营管理专业的，给予一定的办学补助，对于国家有关部委或国际知名研究机构设立经济研究中心的，给予一定的研究经费资助等；最后邮轮公司可通过引进国外高级邮轮业人才，或选拔优秀有能力的内部人员到欧美等邮轮业发达国家学习深造，学习先进的邮轮管理经验。

2. 探索人才培养新渠道

人才的培养靠实践中的锻炼与理论的熏陶，为此在人才的培养模式上可以大胆创新，改变现有的人才培养模式，实施灵活的培养新模式，比如人才在校时间与实际锻炼时间应设置合理，弹性安排。另外也可通过加强与世界著名邮轮母港的合作，在国内建立长期的战略合作关系。学习欧美等发达国家邮轮产业发展过程中人才培养的模式或吸收其经验教训，结合我国国情因地制宜发展和培养邮轮人才，不断探索出新的灵活模式，为我国邮轮产业的长远发展提供人才保障。有了优秀的邮轮专业人才，邮轮产业才能发展得更好，走得更远。

总之，争取政策先行先试。除落实现有能提供的有关减免税、资金扶持等方面优惠政策外，争取出台针对邮轮产业的各类专项扶持政策，例如在土地招标、项目审批、融资担保等方面开设绿色通道，在引进知名邮轮企业、邮轮人才方面给予扶持，从各个方面完善我国邮轮产业功能结构，推动我国邮轮产业的健康快速可持续发展。

G.2

2014～2015年中国邮轮产业发展十大热点

上海国际邮轮经济研究中心*

摘　要：2014～2015年中国邮轮旅游发展十大热点为：利好政策连续出台，国家战略助推发展；邮轮国际合作多元，多维共赢旅游市场；通关服务政策优化，邮轮市场加速迸发；港口规模大幅提升，国际影响显著增强；外资邮轮转战中国，邮轮旅游极速前进；邮轮航线逐步丰富，远航邮轮备受关注；实验区勇探新路径，新模式开辟大未来；论坛会议精彩纷呈，助推邮轮产业发展；邮轮旅游纠纷频发，制度标准亟待提升；政产学研用五位一体，人才培育成果渐显。

关键词：中国邮轮旅游　十大热点　深度点评　重要启示

2014～2015年，这一年是中国邮轮旅游产业发生深刻变化、不断迅速崛起的一年，也是承前启后、继往开来的一年。这一年中，政策、产业、市场、资本、人力、产品等各个层面均发生诸多重要事件，具体表现为我国邮轮经济圈空间格局基本奠定，海外超大型邮轮相继停靠我国港口，便利游客服务政策陆续出台、邮轮码头规模和接待能级不断提升等。邮轮旅游作为旅游发展的新方向，引起了全社会的高度关注。中国邮轮旅游出现了一些新的可喜的变化。为了能够准确把握和全面解读这些事件，上海国际邮轮经济研究中心于2015

---

* 执笔人：胡田、闫国东、孙瑞红、陈珂、李霞、叶欣梁、李涛涛、胡娟、沈大东、梅俊青。总纂：叶欣梁、沈大东。

年7月组织特约专家和行业内专业人士进行聚焦并遴选，最终确定出2014～2015年中国邮轮旅游发展的十大热点事件，并组织相关专家对热点事件进行深度的挖掘和剖析，探究其深层次的内在逻辑关联，考量其对社会经济的深远影响以及思考其未来发展的动向。

热点事件的遴选，主要是基于其在邮轮旅游发展过程中经常出现、所涉及问题的复杂性，社会对其广泛的关注以及此事件对邮轮旅游未来发展的重大影响。因此，热点事件之间在内容体系上并没有严密的逻辑关联性，保持了正负影响的平衡性，同时笔者也不刻意回避某些热点的交叉性。

2014～2015年中国邮轮旅游十大热点是：

- 热点一：利好政策连续出台，国家战略助推发展
- 热点二：邮轮国际合作多元，多维共赢旅游市场
- 热点三：通关服务政策优化，邮轮市场加速迸发
- 热点四：港口规模大幅提升，国际影响显著增强
- 热点五：外资邮轮转战中国，邮轮旅游极速前进
- 热点六：邮轮航线逐步丰富，远航邮轮备受关注
- 热点七：实验区勇探新路径，新模式开辟大未来
- 热点八：论坛会议精彩纷呈，助推邮轮产业发展
- 热点九：邮轮旅游纠纷频发，制度标准亟待提升
- 热点十：政产学研用五位一体，人才培育成果渐显

热点一：利好政策连续出台，国家战略助推发展

（一）热点事件

2015年8月4日，国务院印发《关于进一步促进旅游投资和消费的若干意见》，明确指出“推动邮轮旅游产业发展”，“支持建立国内大型邮轮研发、设计、建造和自主配套体系”，“到2020年，全国建成10个邮轮始发港”。这是继2014年8月9日国发31号文《关于促进旅游业改革发展的若干意见》明确提出积极发展邮轮旅游之后，国务院出台的又一个指导邮轮旅游产业发展的

纲领性文件。

在国家提出“一带一路”发展战略之后，建设21世纪海上丝绸之路成为邮轮产业发展新的战略机遇，“合作共赢”是其鲜明的主题。2015年4月22日，交通运输部发布《全国沿海邮轮港口布局规划方案》，指导港口合理布局，推进码头设施有序建设，促进我国邮轮旅游业持续、健康发展。

（二）事件点评

在中国经济进入由高速增长转向中高速增长的新常态，经济下行压力加大的形势下，发展旅游业成为拉动内需、稳增长、调结构、惠民生的重要引擎和动力。邮轮旅游在中国方兴未艾，作为新兴旅游产业，邮轮旅游是旅游消费发展的新动力和新引擎，其经济效应已经初步显现。但现阶段的“邮轮经济”还仅仅停留在码头停靠、旅行社票务代理及少量的物资供给上，大规模的经济带动效应并未显现。因此，两个《若干意见》希望通过推动邮轮产业的发展，进一步挖掘邮轮旅游的潜力，将其巨大的经济效应释放出来。

另外，为避免盲目投资、重复建设以及由此带来的资源浪费、恶性竞争等问题，交通运输部出台了指导港口布局和码头建设的规划方案，其目的之一就是要在促进邮轮旅游投资和消费的同时，保持理性和清醒的头脑，建立由邮轮母港、始发港、访问港组成的布局合理的邮轮港口体系，实现邮轮产业的良性和可持续发展。

（三）重要启示

第一，进一步释放邮轮产业的经济效应。现阶段邮轮产业大规模的经济效应还没有显现，邮轮产业价值链尚待延伸，邮轮产业拉动内需的引擎作用尚未发挥出来。下一阶段须根据《若干意见》的原则和要求，改进提升旅游投资和消费环境、丰富完善旅游消费供给，开发适合中国旅游者消费偏好的特色邮轮产品；同时进一步延伸邮轮产业价值链，促进邮轮产业与其他相关产业的融合，进一步发挥邮轮产业拉动内需以及对区域经济的贡献作用。

第二，邮轮产业与国家“一带一路”战略的对接。21世纪海上丝绸之路是邮轮业发展难得的战略机遇，其倡导的“合作共赢”应成为邮轮产业发展的指导思想。现阶段母港航线航次密集游客数增长较快，但挂靠港的数量没有增长甚至还在下降，这也是当地旅游消费并未随之明显增长的原因。下一阶段，邮轮产业应加大开放与合作的力度，密切与国际主要邮轮港口和邮轮城市的合作，优化航线，吸引国际邮轮尤其是精品邮轮挂靠国内邮轮码头。

第三，建立布局合理的邮轮港口体系。邮轮产业投资须保持理性，按照《全国沿海邮轮港口布局规划方案》，明确邮轮港口的分类及各港口的功能定位，避免重复建设，新项目上马前应按照该《规划方案》，对可行性进行科学论证，建立和完善由邮轮母港、始发港、访问港组成的邮轮港口体系，按照市场主导、政府引导的原则，实现港口的差异化竞争。

（执笔人：胡田）

热点二：邮轮国际合作多元，多维共赢旅游市场

（一）热点事件

2014年10月15日，中船集团与美国嘉年华集团签署谅解备忘录，双方将合作在中国从事具有中国特色的豪华邮轮、邮轮旅游、邮轮母港及母港城的运营与建设，其中，中船集团将负责邮轮的设计建造，嘉年华集团负责邮轮的运营管理。在推进合作的过程中，双方一致认为，快速增长的中国邮轮旅游市场为全球邮轮产业发展带来了重要机遇，双方应建立密切的战略合作关系，争取国家与地方政府支持，在中国合作运营并建设豪华邮轮船队，积极推进和引领中国邮轮经济产业发展。无独有偶，2015年7月，同程旅游与全球最大的豪华邮轮集团——嘉年华集团旗下的歌诗达邮轮公司和皇家加勒比公司、天海邮轮公司分别签订了2016年战略合作协议，三方将在2016年加大合作力度，共同开拓中国邮轮旅游市场，双方合作将从以华东为主的领域开始转向在华全母港合作发展，这意味着同程邮轮的销售领域将全面覆盖整个中国，销售航次包括从上海、天津、香港甚至厦门、舟山、青岛等二三线城市港口出发的航次。双方在2016年的合作可能不仅仅限于在华母港的航次，将延伸到亚洲和欧洲等其他地区。中国邮轮国际合作多元化加速形成。2015年10月，歌诗达邮轮公司与上海吴淞口国际邮轮港合作，计划将歌诗达亚洲总部落户上海宝山。

（二）事件点评

8 年来邮轮旅游平均增速 34%，这个增长给邮轮旅游发展提供了很大的发展空间，邮轮经济将拉动 3000 多亿元的产值，如何开拓相关领域获得拓展业务，是我国船舶工业调整产品结构的一次重要机遇。同程旅游与嘉年华集团旗下的歌诗达邮轮公司签订的 2016 年战略合作协议，就是在客源和用户吻合度很高、合作关系良好的前提下，进行的又一次战略调整，合作共赢正在加快形成。同时，豪华邮轮作为一种高附加值船型，其研发和建造技术长期以来主要集中在少数几家欧洲企业手中，世界 80% 以上的豪华邮轮由芬兰、意大利、法国、德国四国船厂建造，给欧洲带来了丰厚的回报。目前，全球造船业中心已转移到中国，从目前的旅游和航运市场发展情况看，专家预测，中国还需要约 50 艘豪华邮轮。成功自主建造出第一艘豪华邮轮对中国来说十分重要。近年来，中国造船业实现了快速发展的目标，技术及建造能力不断增强，作为全球最具实力的造船企业，中国第一大造船集团——中船集团 2015 年的船舶新订单与手持订单已稳居世界第一，中船集团已在邮轮建造核心竞争点及设计能力、整船建造、内饰与客舱建造、项目管理等方面作了充分探索，积累了丰富经验。豪华邮轮绝非简单的运输船，其建造的技术要求甚至比航母还高，能够设计建造豪华邮轮是我国成为造船强国和海洋强国的重要标志，也是我国几代造船人的梦想，要成功自主建造出我国第一艘豪华邮轮，要在邮轮运营、船舶建造、建筑装潢艺术等方面进行充分的融合和创新。中船集团与美国嘉年华集团签署谅解备忘录，自此，中国造船企业迈出自主设计建造豪华邮轮的步伐，标志着中国造船业产品结构调整朝高精尖方向挺进，未来有可能通过国际合作走国际化路线尽快攻克难关，为国家摘下造船皇冠上最后一颗“明珠”，实现中国人自主建造豪华邮轮的梦想。

（三）重要启示

当前，国际邮轮旅游产业重心东移，以中国为核心的亚洲邮轮市场已成为全球最具成长性的市场，预测到 2020 年中国邮轮游客将占全球的 50%，催生出邮轮相关产业更多的需求。近年来，我国邮轮产业发展迅猛，在船舶工业多年积累的基础上，我国在邮轮运营、邮轮设计和建造、邮轮管理、邮轮服务等方面已经具备一定的实力，积累了丰富的经验。为了使邮轮产业更好更快发展，我国应借助国际邮轮巨头的实力，进行国际技术交流合作，突破瓶颈壁垒，加速发展步伐，通过强强联合、优势互补，实现产业融合相互促进。互利共赢已经成为国际共识，要充分借鉴成功经验，激励创新，促进相关领域合作，分享邮轮旅游发展所带来的机遇和红利，同时要注意从国情出发，始终坚持顶层设计与底层建设同步进行，技术、服务、管理协同发展，同时兼顾国际及国内其他省市区互联互动，多元合作优化协调，共同发展。

（执笔人：闫国东）

热点三：通关服务政策优化，邮轮市场加速迸发

（一）热点事件

《中华人民共和国出境入境管理法》第二十二条规定，外籍邮轮游客可享受24小时过境免签政策。各地邮轮港城市纷纷制定相应措施，优化通关体系。在继上海邮轮港采取有效措施（2011年7月，上海浦江边检站正式启用新型装备——“邮轮管控系统”，简化邮轮游客通关手续，缩短通关时间；2014年7月，上海吴淞边检站研发并启用邮轮管控系统实现精确管控，有效提高游客和船员通关速度）之后，2015年7月，天津港在完善优化邮轮游客便利通关手续方面，首推创新之举，实行双检模式，采用边检和海关两大部门对通关游客进行联合检验，确保邮轮出入境游客通关零等待。

（二）事件点评

在我国，邮轮旅游属于新兴旅游产品，相比欧美等发达国家的邮轮产业，我国邮轮产业虽起步晚，但发展快。邮轮业属于新兴的第三产业，以服务邮轮游客为产业发展的中心环节。便利通关手续、缩短通关排队等候时间，是所有乘坐邮轮游客的共同心声，也是其对港口提升服务水平的一致要求。就目前我国各邮轮港口接待游客服务水平而言，尚未满足游客对港口服务质量的要求。2015年，适用我国各邮轮港口的接待服务标准正在制定当中，以期不断优化

提升我国邮轮港口服务水准，优化通关服务政策。

不论是对邮轮游客通关采用多方联检，还是对外籍邮轮游客实施24小时过境免签政策，其出发点是提高通关效率，优化与提升邮轮港口服务水平，改善游客出游体验，提升邮轮游客满意度。通过这些具体举措的制定和实施，以及各方围绕提升邮轮游客通关效率而进行的努力可以看出，邮轮港口通关服务政策正在不断优化，港口软件服务配套设施正在不断改善，不仅能够改善游客乘坐邮轮出游整个过程的体验，同时也将进一步刺激国内邮轮旅游潜在市场，完善邮轮港口功能内涵与服务标准，助推邮轮经济与地方经济的健康可持续发展。

（三）重要启示

政府在邮轮港口通关服务政策优化中扮演着重要的角色，从最近几年政府陆续出台的相关通关政策可知，邮轮产业不仅是产业发展的创新之举，也是地方政府进行产业转型升级的一个方向标，受到政府，尤其是沿海各地方政府的高度认可。通关服务政策的优化是不断提升港口服务水准的具体表现，港口通关效率的提高有赖于国家、地方政府和港口企业三方共同努力进行协作，制定并优化符合各方利益的最优通关服务政策。通关时的心情关系游客对乘坐邮轮出游整个过程的满意度，通关手续繁杂，排队上船等候时间过长，不但影响游客出游的心情，也会影响其对乘坐邮轮出游方式的认可度，不利于邮轮旅游市场的可持续发展。然而通关服务政策优化所带来的潜在吸引力，尤其是对外籍游客而言，有利于刺激其下船登岸进行港口周边旅游消费，而且能够吸引更多的外籍游客选择乘坐邮轮来华旅游，对地方经济无疑起到很好的带动作用。

（执笔人：孙瑞红、沈大东）

热点四：港口规模大幅提升，国际影响显著增强

（一）热点事件

2014年，我国邮轮市场规模迅速增长。据统计，截至2014年12月，上海

邮轮港口接待游客量和游客人次双双创新高，以 57.6 万登轮乘客的规模问鼎亚洲之巅，超过新加坡位居亚洲第一；并一跃成为全球第九大邮轮母港（按母港年发送能力所达到的规模计），逼近登轮乘客规模分别位列全球第七、第八的加尔维斯顿港 Galveston、纽约港的 60 万人/年的规模。

2014 年，我国邮轮港口建设规模进一步扩大。2015 年 6 月，上海吴淞口国际邮轮港后续工程开工，青岛国际邮轮港、舟山国际邮轮港等新码头开港，基本形成东北亚邮轮经济圈、海峡邮轮经济圈和东南亚邮轮经济圈三大邮轮港口集群空间格局。

（二）事件点评

自 2006 年歌诗达“爱兰歌娜”号在上海北外滩靠泊，正式拉开中国现代邮轮旅游业发展序幕以来，到 2015 年经过十年的发展，游客人数逐年快速增长，邮轮产业发展不断深化，邮轮产业的区域经济、社会发展的促进效应开始显现，我国邮轮产业国际影响力快速提升。

2014 年上海邮轮港成为国内游客接待量第一、亚洲第一大邮轮港、世界第九大邮轮港，其反映了以长三角地区为代表的沿海及沿江地区具有优质的游客资源、巨大的邮轮旅游市场潜力、高度成长的邮轮游客品牌渗透力。与此同时，快速发展的邮轮旅游市场，加速了外籍邮轮公司进驻中国市场，它们增派邮轮船只，丰富邮轮航线，也加速了世界邮轮经济重心向亚洲转移，中国将成为新的邮轮经济的中心。但是，在邮轮港规模扩大的同时，中国邮轮母港产业不完善、邮轮产业单调、邮轮服务附加值低，邮轮母港经济带动效应低的缺陷逐渐凸显。

此外，上海邮轮母港的建设和运营，促使了邮轮公司商务形成、邮轮旅游旅行社的设立以及其他相关产业的集群，不仅有效解决了当地就业，也促进当地经济发展。因此，在面对经济转型发展压力时，兴建邮轮港、发展邮轮产业受到沿海大港口省市政府重视，出现了邮轮港口建设热潮，初步形成三大邮轮经济圈的空间格局，但是港口建设缺乏整体布局规划，港口间缺乏有效合作，以及受游客的文化习惯、邮轮旅游市场开发水平以及地理位置影响，各邮轮港口经营水平不平衡，从而影响我国邮轮产业发展的整体水平。

（三）重要启示

中国邮轮港规模的快速提升、国际影响力增强，不仅展现了我国近 10 年邮轮产业发展的成绩，也呈现了我国邮轮产业发展的未来前景以及存在的不足。因此，笔者建议：①对接上海自由贸易区，引入制度创新成果，吸引国际资本，拓展邮轮母港产业链；②对接“一带一路”国家战略，简化邮轮港口城市间邮轮旅游通关手续，密切邮轮港口间合作，交流运营经验；③对接亚洲投资银行，吸收基础投资资金支持，完善邮轮港口基础设施及商业配套，提升邮轮港口服务水平；④落实《全国沿海邮轮港口布局规划方案》、《关于外国籍邮轮在华特许开展多点挂靠业务的公告》，促进我国邮轮港口合理布局，加强港口间合作，避免不良竞争；⑤培育游客邮轮旅游意识及行为，加强邮轮游客市场开发，提高我国邮轮旅游市场渗透力，以促进我国邮轮产业健康发展。

（执笔人：李涛涛）

热点五：外资邮轮转战中国，邮轮旅游极速前进

（一）热点事件

2015 年在我国母港运营的邮轮公司包括歌诗达、皇家加勒比、公主、天海、海航、丽星、中华泰山等多家外资和中资邮轮。特别是 6 月，皇家加勒比将旗下最新、最高科技的“海洋量子”号邮轮部署中国，受到国内游客的一致追捧。同时，全球最大的邮轮集团——嘉年华集团在意大利芬坎蒂尼船厂为公主邮轮旗下第三艘新世代邮轮举行了龙骨铺设仪式，标志着为中国市场量身定制的新船时代到来。

（二）事件点评

越来越多的世界级邮轮公司看好中国市场，它们在欧美市场趋于饱和的大环境下，将发展重点转移到亚洲地区，将中国作为重要战略性发展地区。纵观近几年，随着我国消费观念的转变和可支配收入的不断增加，我国邮轮旅游已经步入快速发展的轨道。无论是我国邮轮母港出发的邮轮船次，还是我国邮轮游客数量，都呈现高速增长态势，邮轮旅游必将发展成为一种重要的旅游业态。然而，国内游客在这种新兴旅游方式上的行为表现，无论是其邮轮认知还

是消费行为等，与国外成熟旅游市场相比存在一定差距。目前国内游客在选择邮轮旅游产品时，比较注重以下几类问题：一是邮轮上的餐饮与服务是否理想；二是岸上观光景点如何；三是是否有购物等附加服务，更多地表现为价格敏感型。基于此国外邮轮公司多多少少有些“水土不服”。因此，为了降低运营风险，国际邮轮公司在中国的舱位销售大多采取旅行社分包的方式，仍然以旅行团的方式运作，与欧美国家自由享受的出游方式不同，这在一定程度上弱化了邮轮公司的品牌影响，不利于国内邮轮产业的大力推广和长远发展。

（三）重要启示

随着国内邮轮旅游的快速发展，准确把握邮轮旅游市场特征及发展变化趋势是有效发展邮轮产业的关键。目前国内邮轮旅游市场尚不成熟，消费者对于邮轮品牌与文化了解甚少，较少关注邮轮公司与邮轮品牌。为了实现国内邮轮旅游的良性发展，未来邮轮公司在中国市场的发展需注意以下两点：一是细分市场与品牌推广。国际邮轮公司初始进入国内市场，为了市场的培育与壮大，尚没有明确的目标市场战略，然而随着各邮轮公司业务的广泛开展，未来国内邮轮市场竞争更多的是在于目标市场细分，它们纷纷加大品牌推广，通过凸显各自邮轮品牌的价值和差异化赢得目标市场。二是邮轮本土化运营与管理。由于国内游客独特的邮轮消费行为特征和习惯，邮轮公司需根据国内游客需求调整服务内容和服务形式，针对国内游客饮食口味和娱乐喜好配备专门的管理团队，保证游客享受到符合中国人习惯的餐饮和服务。至于邮轮服务项目中融入中国元素与中国文化，这是未来国际邮轮公司开拓中国市场更值得思考的问题。

（执笔人：李霞）

热点六：邮轮航线逐步丰富，远航邮轮备受关注

（一）热点事件

2015 年 3 月 1 日，歌诗达邮轮“大西洋”号作为首艘从中国出发的环球邮轮，从上海宝山吴淞口国际邮轮码头扬帆起航，历时 86 天，跨越三大洋

（印度洋、大西洋、太平洋），途经18个国家和地区、28个目的地，穿过两大运河（苏伊士运河、巴拿马运河），最终回到上海。在全球各停靠目的地，大西洋号邮轮均受到当地政府及民众的热烈欢迎，乘客代表受邀与政府领导及驻当地大使共进午餐，并由其陪同参观当地标志性建筑景观。在希腊等国，游客更享受到当地政府最高规格的欢迎仪式，环球邮轮作为一个历史性事件也被当地各大新闻媒体纷纷直播和报道。作为邮轮行业内的一大盛事，歌诗达邮轮"大西洋"号在行至纽约、罗马、巴塞罗那等国际都市时，还获得邮轮业内最高规格的礼遇——水幕欢迎仪式。

2016年，歌诗达邮轮·大西洋号还将推出"环游太平洋——46天绝美海岛之旅"，访问2大洲、9个国家、13座岛屿、14个目的地。此举又将为广大中国游客开启一次前所未有的旅程，既能够体验最纯净的岛屿景色与人文风情，又能够将航海环游之梦变为现实。2015年11月，丽星邮轮"处女星"号将从香港起航，漫游东南亚，穿越赤道，探索南半球，开启南半球心动47天之旅。

（二）事件点评

歌诗达邮轮·大西洋号环球游是首条专为中国市场量身定制的环球邮轮航线，完美实现了许多中国游客环游世界的愿望，给中国邮轮史增添浓墨重彩的创新一笔。环球邮轮航线的推出不仅开创了中国邮轮行业的首次环球旅行，也践行了歌诗达邮轮对中国市场的承诺，更体现了歌诗达在整个中国邮轮行业的先锋地位。

歌诗达邮轮自2006年在上海开启第一条母港运营的国际邮轮航线以来，不断挑战自我、精益求精，致力于向中国市场提供更新颖的邮轮度假产品。近年来，歌诗达邮轮与中国邮轮行业携手共进，见证了中国邮轮市场的蓬勃发展，并在当地政府的政策支持与指导下，同邮轮产业链的各个环节展开积极合作，推动中国邮轮市场成为全球最具活力的市场之一。

首个从中国出发环球邮轮航行的顺利完成，是歌诗达邮轮及其中国地区行业伙伴的心血凝聚，对歌诗达邮轮及整个中国邮轮行业来说都是一个重要里程碑。同时，在政府的高瞻远瞩和大力支持下，这一划时代的邮轮产品最终获得完美呈现和圆满成功。飞速发展的亚太市场在邮轮全球战略中占有举足轻重的地位，歌诗达邮轮的大胆尝试必将吸引全球范围内更多的邮轮公司继续加大在这一市场的投资力度，有助于为中国市场带来更加丰富的创新思路和邮轮度假产品。

（三）重要启示

在中国政府积极倡导并推动“一带一路”战略构想，不断促进与沿线国家在旅游、商贸、文化、教育和交通等领域合作的重要时期，歌诗达邮轮率先做出尝试，首次以远航邮轮的方式搭载600余名中国乘客，游走新时代“海上丝绸之路”，全方位展示了一次绝佳的邮轮体验。首个中国出发环球邮轮的胜利返航，标志着中国邮轮行业正式进入环球时代。

2014年，从上海出发的邮轮游客达到122万人次，比上年增长60%。2015年，预计将有150万以上人次游客从上海母港出发。目前，上海吴淞口国际邮轮码头正在进行二期扩建，将新建2个泊位，开辟4条通道，预计2017年建成。到2020年，上海将成为亚太地区新的邮轮中心。因此，无论从客源还是港口来说，中国都将成为未来全球最大的邮轮市场，这也是歌诗达邮轮·大西洋号在中国开启环球之旅的原因。

通过此次环球邮轮航行，我们可以感觉到国人对精彩世界和海上假期的美好憧憬，以及对于放松身心和“慢”生活的强烈追求。随着邮轮航线的逐步丰富，中国游客将到访更多梦寐以求的旅行目的地，并享受到探索世界的新方式，从而拥有独一无二的人生经历。

（执笔人：陈珂）

热点七：实验区勇探新路径，新模式开辟大未来

（一）热点事件

2015年，中国（上海）和中国（天津）邮轮旅游发展实验区取得多项突破，推动我国邮轮产业迈上新台阶。以上海为例：

1. 邮轮及游客接待量取得新突破。2014年上海接待国际邮轮靠泊269艘次，同比增长35.2%；邮轮旅客吞吐量达到121.52万人次，同比增长60.6%。以上海为母港的邮轮240艘次，同比增长42.9%；接待出入境游客120.4万人次，同比增长73.4%，游客接待量居亚洲首位。

2. 游客通关效率取得新突破。2014 年，上海边检总站推行外籍旅客 24 小时直接国境免签政策覆盖邮轮口岸，简化邮轮边检手续，提升邮轮口岸通关效率；研发并推广使用邮轮管控系统实现精确管控，有效提高旅客和船员通关速度。上海海关进一步优化监管服务，形成无随船监管下两船同靠通关机制。

3. 区港联动取得新进展。上海市旅游局积极推进自贸区中外合资社经营出境游业务的开放与管理工作，邮轮船供等业务发展迅速，吴淞口邮轮港公司已全面代理歌诗达船供业务，并开展与皇家加勒比和公主邮轮的合作。歌诗达邮轮公司也将与宝山合作，将亚太地区总部落户宝山。绿地集团、中船集团、皇家加勒比邮轮公司、携程等企业均希望参与宝山邮轮港及周边土地开发。此外，宝山已经引进了上海大昂邮轮旅游有限公司等多家船务公司、邮轮海旅行网等邮轮相关企业，邮轮母港企业集聚效应正逐步显现。

4. 邮轮产业影响力提升。上海创立了“上海邮轮旅游节”，举办了“中国邮轮经济发展高峰论坛”，承办了“中国邮轮产业发展大会”和市政府决策咨询邮轮经济专项课题招标，发布了“邮轮发展绿皮书”，发起成立了“亚洲邮轮港口协会”，发布了亚洲邮轮港口《吴淞口宣言》。

（二）事件点评

2012 年 10 月，经国家旅游局批准，上海正式设立我国首个邮轮旅游发展实验区，2013 年 4 月，天津滨海新区挂牌成立中国第二个邮轮旅游发展实验区。自邮轮旅游发展实验区成立以来，上海和天津积极争取中央给予的先行先试政策，积极推进邮轮经济相关体制、机制、政策、法规、标准等创新，寻求产业、服务、市场等方面的改革突破；不断创新邮轮旅游发展模式，探索邮轮旅游发展新思路，对于我国邮轮产业的发展起到了很好的示范功能和引领作用。在推进完善邮轮产业政策体系、促进母港建设管理能力、提升邮轮产业服务质量、培育本土邮轮服务力量、提升邮轮经济产业水平等方面，上海和天津为我国邮轮旅游持续、快速、健康发展不断积累经验。

但与国际优秀邮轮港相比，上海和天津在邮轮经济发展方面还存在一定的问题，如资源整合力度欠缺，不能满足游客多样化需求、大型邮轮靠泊需求和游客量快速增长的需求，接待能力趋于紧张、邮轮港运营软实力有待提升、衍生业务运营仍需积极拓展等问题。上海发展邮轮旅游还需积极借鉴国际著名邮轮港的发展模式，基于我国邮轮产业的发展环境进行更高层次、更全面的探索。

（三）重要启示

邮轮产业作为我国的战略性新兴产业，必须借助中国邮轮旅游发展实验区的政策支持，不断创新转型发展，发挥行业领导者作用。要从以硬件建设为主，转向“软硬融合、形成邮轮产业链”；从港口建设为重点，转向邮轮发展与城市功能提升、经济结构转型相融合。应以邮轮母港为核心，注重整合上下游产业链，注重综合服务功能培育；建立具有竞争优势的产业链体系，注重综合服务功能和高端产业环节。以推进完善邮轮产业政策体系、增强母港建设管理能力、提升邮轮产业服务质量、培育本土邮轮服务力量、提高邮轮经济产业水平等为重点进行探索试验，为我国邮轮旅游持续、快速、健康发展积累经验，发挥示范引领作用。

（执笔人：叶欣梁、梅俊青）

热点八：论坛会议精彩纷呈，助推邮轮产业发展

（一）热点事件

各类年度论坛会议精彩纷呈，大力推动邮轮产业健康发展。2015 年 5 月 20 日，由上海国际邮轮经济研究中心主办的“2015 邮轮经济高峰论坛”在上海宝山举办，论坛秉承共商、共建、共享原则，以“21 世纪海上丝绸之路邮轮发展与合作”为主题，宝山区政府与上海海关、上海出入境检验检疫局、上海海事局、上海出入境边防总站等 4 家联检单位签订“区港联动”战略合作协议，服务“一带一路”国家战略，推进区港联动制度创新，实现区域转型功能提升。上海吴淞口国际邮轮港发展有限公司董事长王友农与韩国济州、釜山、仁川、江元道、全罗南道五省（直辖市、特区）签署友好合作协议。上海国际邮轮经济研究中心常务副主任史健勇与韩国济州邮轮产业协会会长金义根签署友好合作交流协议。论坛期间，还举办了港区联动专家咨询研讨会和邮轮人才培养青年论坛等活动。2014 年 10 月 15 ~ 17 日，由国家旅游局、天津

市人民政府、中国交通运输协会共同主办，中国交通运输协会邮轮游艇分会（CCYIA）等联合承办的第九届中国邮轮产业发展大会暨国际邮轮博览会在天津滨海新区举办，年会主题是“邮轮经济与区域发展”，包括行业政策论坛、行业领导者论坛、邮轮城市论坛、区域发展与合作论坛、邮轮修造论坛、邮轮人才论坛以及政府与邮轮企业圆桌对话会等多项专业活动，来自10个国家、国内20多个省市的400多位专业人士出席大会。同期举办的国际邮轮博览会吸引了100多家国内外参展商，嘉年华、皇家加勒比、云顶、地中海等国际邮轮集团一致看好中国市场，纷纷在大会上发布了中国及亚洲区域最新的市场战略和运营部署；海航邮轮、渤海邮轮等本土邮轮公司介绍了立足国内消费群体的经营模式、发展方向。2015年5月28日，由中国港口协会、世界旅游城市联合会主办，青岛市旅游局、青岛市北区人民政府、青岛市贸促会、青岛港（集团）有限公司等单位支持举办2015东北亚邮轮产业国际合作论坛暨第三届中国（青岛）国际邮轮峰会，论坛以“邮轮旅游开启二十一世纪海上丝绸之路”为主题，论坛期间举行了开幕式、国际邮轮公司与旅行社合作签约仪式、主题论坛、行业领导者论坛、邮轮港口城市国际合作论坛、邮轮旅游论坛、邮轮人才论坛、青岛邮轮母港开港暨天海“新世纪”号邮轮首航仪式等系列活动，各类年度论坛会议精彩纷呈，大力推动邮轮产业健康发展。

（二）事件点评

邮轮业素有“水道上的黄金产业”之称，自1980年以来，全球邮轮旅游市场一直保持年均8.6%的增速。据国际邮轮协会预测，2020年全球邮轮游客数量可达3000万人次。亚太地区将是未来发展最快的区域，凭借其丰富的旅游资源和不断兴建的专业邮轮港口，亚太地区渐渐成为全球主要的邮轮旅游目的地之一，这已经成为新世纪国际邮轮市场发展的趋势。我国“一带一路”建设的国家战略，为开辟“21世纪海上丝绸之路”搭建了平台，为发展邮轮产业提供了广阔空间，我国邮轮市场从零起步，实现了全球最快速度的增长，发展成为从东北亚到东南亚邮轮线路的重要中心，也成为亚太地区邮轮航线的重要始发港和环球航线的重要挂靠港，2015年中国预计母港航线的运力增长率将超过100%，中国已成为亚太地区最具有活力和最大的邮轮市场。研究机构预测，2020年中国邮轮旅客数量将达到450万人次，并有望成为世界上最大的邮轮消费市场。在此背景下，中国邮轮产业发展趋势与新动态、邮轮产业发展模式、国际邮轮公司在华战略部署、邮轮码头基础设施建设与运营、邮轮航线及客源市场拓展、邮轮人才的供需与培养、旅行社邮轮旅游业务销售等领域急需良好的交流互动平台，政府部门、行业协会、邮轮企业、邮轮港口、旅游机构、邮轮院校及研究中心等相关领域专家共同探讨协商，致力于推动中国邮轮市场快速发展，各类年度论坛和产业大会，已经成为助推我国邮轮各行业紧密互利合作迈向新高度的重要载体，同时也成为邮轮业内群英荟萃沟通交流的全新平台。

（三）重要启示

2015 年 3 月，国家发改委、外交部、商务部联合发布了《推动共建丝绸之路经济带和 21 世纪海上丝绸之路的愿景与行动》，明确“推动 21 世纪海上丝绸之路邮轮旅游合作”。在中国邮轮产业快速发展的背景下，在邮轮相关产业急需互动互通互联的大趋势下，各类年度论坛和产业大会在一定程度上实现了平台和载体的重要功能，但是，从可持续发展的角度看，未来的年度论坛和产业大会可以拓展其内联和外延，创新组织形式和更新观念，充分运用大数据大集群，整合资源并共享资源。笔者建议由相关管理机构、行业协会等联合打造中国邮轮产业论坛和产业大会的大平台，将产业论坛和产业大会常规化、专业化、规模化，以联盟形式，搭建全国邮轮合作平台，使各邮轮母港及城市间强强联合，打造全国邮轮经济网络，积极倡导推广互通互联、资源共享、系统开放的发展模式，更加全面系统地助推邮轮产业，登上 21 世纪海上丝绸之路邮轮发展与合作的新高度。

（执笔人：闫国东）

热点九：邮轮旅游纠纷频发，制度标准亟待提升

（一）热点事件

2015 年，韩国 MERS 疫情使得邮轮公司纷纷更改邮轮线路，游客要求全额退团。然而根据双方协议“如遇不可抗力因素，邮轮公司有权更改行程，所产生的损失，我司及邮轮公司概不负责”，游客则认为上述内容为霸王条

款。无独有偶，今年 8 月 23 日受台风“天鹅”影响，原定前往日本停靠港口的“海洋量子”号，基于安全考虑，将本航次停靠港口临时更改为韩国仁川、釜山，引发很多游客的投诉。“遇到台风或其他天气等不可抗力原因，船长秉承‘生命权高于一切’原则，更改停靠港口、调整航线很常见。邮轮公司、旅行社并不因此承担违约责任，不需要做出赔偿，这是目前国际邮轮产业通行做法。”邮轮公司并不认可消费者的投诉。而对于消费者来说，在旅游法和旅游合同相关规定中，明确提及“在行前遇到不可抗力或意外事件的，双方经协商可以取消行程或延期出行。取消行程的，旅行社向旅游者全额退还旅游费用。已发生旅游费用的，应当由双方协商后合理分担”。

（二）事件点评

据上海市质量技术监督局的统计数据显示，2010 ~2014 年，邮轮旅游项目每年的投诉量呈递增趋势，从投诉内容看，超过半数的投诉系“受台风、大雾等天气影响或船只机械故障，导致邮轮变更行程，取消部分停靠港口”。邮轮旅游已成为游客投诉的重灾区。邮轮旅游投诉呈现上升趋势，与其独特运营模式相关。由于国内的邮轮旅游采用分销方式，即由旅行社包船，再与第三方机构进行分销。在合作过程中，由于运营邮轮的大多为外国公司，因此买卖双方的合作须遵循邮轮公司所在地的法律法规；而旅行社与游客签署的合同则要遵循我国的法律法规，这就形成监管不协调现象。一旦发生纠纷，消费者大多只能投诉旅行社，而无法投诉或起诉邮轮公司。同样，遭到投诉后，旅行社也大多无法从邮轮公司处获得妥善的解决方案，因而给消费者的维权带来不便。邮轮消费者发生纠纷后维权难的另一个重要原因是多头管辖所致，由于邮轮旅游涉及邮轮公司与旅行社、邮轮公司与港口、邮轮公司与消费者、旅行社与消费者之间的法律关系，同时涉及海事、旅游等政府监管，若没有明确厘清各方责任，明确由谁牵头，消费者很难依法维权。

（三）重要启示

邮轮产品投诉频发，已成为中国邮轮产业的一大障碍。国内邮轮旅游市场亟待解决以下四大问题：一是明确邮轮旅游性质，到底是旅游还是运输。邮轮到底是旅游目的地，还是仅仅作为交通运输工具？若大家一致认同“邮轮即目的地”的国际惯例，游客购买相关产品主要为了在邮轮上游玩，那么更改航线而引发的纠纷会由此减少。二是明确邮轮旅游的管辖单位。只有明确了邮轮旅游的主管部门，才能够建立行之有效的监管制度，以约束邮轮旅游相关经营主体。三是出台适用的邮轮旅游法律法规。依据我国相关法律法规，建立有关邮轮旅游服务质量的标准化和相关管理制度，针对邮轮旅游活动过程中的各类纠纷，建立快速有效的沟通、协调、赔偿机制，从而保障邮轮旅游全程服务质量。四是加大邮轮旅游相关保险，如由不可抗力引发的邮轮旅游延误险类产品，通过第三方赔付降低顾客的相关投诉量。

（执笔人：李霞）

热点十：政产学研用五位一体，人才培育成果渐显

（一）重要事件

上海工程技术大学于2005年在全国率先创办邮轮经济本科专业，2012年设立硕士专业，在十年的办学历程中，该高校重点培养能从事邮轮公司运营管理、邮轮母港管理、邮轮市场营销的国际化复合型邮轮经营管理人才，逐步总结出“政产学研用”五位一体的培养模式，打破了传统培养模式，实现学科产业对接、理论实践并重、国际合作密切，实现邮轮人才的“知识＋素养＋能力”的有机融合。上海工程技术大学的《政产学研用“五位一体”培养国际邮轮卓越人才的创新实践》在2013年获得高等教育上海市级教学成果特等奖之后，2014年又荣获高等教育教育部教学成果二等奖，成为我国唯一一所旅游专业获得二等奖以上的本科院校，揭开了我国邮轮人才专业化培养的新篇章。

（二）事件点评

随着邮轮产业经济东移，我国邮轮产业在2013年起进入迅猛发展阶段。据相关预测，到2020年我国通过邮轮出境旅游的人数将达到500万人次以上。快速增长的邮轮旅游市场，加剧了我国邮轮专业人才的需求缺口。据估计，未来10年内我国对邮轮人才的需求量约为30万。与此同时，我国设有邮轮专业的学校仅有10所，成建制硕士研究生培养层次的高校仅有上海工程技术大学

一所。邮轮专业人才“质”和“量”的需求日益凸显。

政产学研用“五位一体”培养模式荣获教学成果奖，表明邮轮人才培养的两个方向：第一，邮轮人才的培养岗位定位。上海工程技术大学根据自身条件，与政府、企业通力合作，培养具有全球视野和职业素养、通晓邮轮管理规则、熟悉现代邮轮文化、掌握邮轮管理知识，能从事邮轮公司运营管理、邮轮母港管理、邮轮市场营销的国际化复合型邮轮经营管理人才。实现邮轮经营管理紧缺人才培养的“知识＋素养＋能力”有机融合。第二，邮轮人才与实践相结合。政产学研用“五位一体”培养模式在全面分析现代国际邮轮产业特征和国内外邮轮游客需求的基础上，以职业素养为导向、以核心知识能力为主线，整合社会多方教学资源，创建实施政府、行业、高校、研究机构、用人单位的政产学研用“五位一体”的培养模式。全新的培养模式对我国邮轮专业人才的培养起到示范引领作用。

（三）重要启示

面临邮轮专业人才的紧缺，政府既要注重邮轮人才“量”的培养，也应更加注重“质”的提高。

1. 制定邮轮岗位定位，实现差异化培养。邮轮产业不仅需要高端的管理人才，也需要具有高素养的服务人员。在人才培养中首先要对人员进行岗位定位，有针对性地培养邮轮专业人才。

2. 实现与邮轮产业的对接。采用政府、高校、国际邮轮公司、国际邮轮港、旅游公司、旅行社等官产学研结合的多渠道办学模式，实施理论与教育相结合、学历学位教育与职业资格培训相结合的培养方案。培养出“知识＋能力＋素质”的复合型邮轮专业人才。

3. 提高邮轮专业培养层次。目前邮轮专业的培养大多是专科院校，培养的大多是邮轮服务人员。但随着邮轮经济在中国的不断发展，邮轮经济运行分析、邮轮产业建设、邮轮战略规划、邮轮运营管理、邮轮文化构建等方面都需要大量的专业人才。而目前我国邮轮人才的培养层次、知识结构都不能满足未来邮轮经济产业发展的需要。

（执笔人：叶欣梁、胡娟）

区　域　篇

Regional Reports

G.3

韩国邮轮产业的现状与发展战略

金義根　林福顺*

一　绪论

中国正在大力推进世界消费市场，同时在世界旅游市场中也有相当大的影响力。2012 年我国海外旅游支出规模超过美国和德国，占据了世界第一的位置。中国在东亚邮轮产业的整体性发展中也占有重要地位。邮轮观光是海上交通、旅行和休闲等多种观光活动结合起来的具有代表性的融合性产业，有 75% 的邮轮船舶设有度假设施。邮轮旅游创造了非常大的经济效益。

在东亚地区，邮轮旅游产业虽然一直在发展，但其并不是仅在中国国内实现的旅游，因为其需要通过与周边国家合作来实现发展，所以相关部门需要了解周边国家的邮轮产业发展状况，这对中国的邮轮产业发展方向以及东亚地区国家间的合作体系的建立有很大帮助。

* 金義根，济州国际大学旅游经营学教授，济州邮轮产业协会会长；林福顺，中国南京金审学院酒店管理系（邮轮专业）教授，中韩研究所所长。

就邮轮产业与世界经济增长而言，在过去的30年间全世界增长最多的观光产业领域中，仅邮轮产业一项就保有年增长8%以上的增长率（Hung & Petrick，2010）。被评为21世纪高附加值产业的邮轮产业对航空、海运、造船、港口、旅游等关联性产业具有积极影响和巨大的经济波及效应。另外，在停泊地购物、观光等旅游消费，钱币兑换及船舶出入港，靠岸费等的航费收入，以及船舶运营相关服务，燃料、物品、食材购买等消费支出较高，这些都会带动地区经济发展。同时，专用航道建设、周边亲水区（waterfront）的营造等对相对落后的港口周边地区进行开发，也会给周边地区旅游地的开发产生积极效果，比如改善市民地区生活环境，为市民提供休息空间等。（Petrick，2005；Lois，Wang，Wall & Ruxton，2004）

2014年，世界邮轮市场有2140万名邮轮游客，按地区划分的话，市场占有率分别为北美61.2%、欧洲29.9%、亚太平洋地区8.9%，但是最近澳洲地区的增长十分迅速。亚洲地区，从1990年代起，东南亚市场上邮轮技术发展迅速，最近以中国为中心的东北亚市场也呈现迅速扩大的态势。

北美与欧洲大型邮轮公司进驻亚洲地区进行积极探索的同时，将东北亚地区灿烂的历史文化遗产一并作为邮轮观光产品来开发，也是东北亚地区邮轮市场增长的潜在条件和判断依据。

因此东北亚地区的韩国、中国、日本这些国家，要充分利用作为海洋国家，太平洋横断的连接点、旅游魅力的互补性等优势。同时，如果开发东北亚邮轮商品，各国充分的协作效果也令人期待。

产业界与学界已实现对邮轮产业的多样化研究，最近针对邮轮观光市场的扩张研究和有关港口地区与岛的巨大影响的研究也正在进行中。（Weaver，2005）

本文主要是考察最近邮轮产业中占据重要位置的东北亚路线，重点考虑韩国邮轮产业，并探讨与中国的合作方案与未来发展战略。

二　对于邮轮的一般理解

（一）邮轮的概念与分类

邮轮是对于通过船舶在有许多景点的江、河、湖、岸的地方航行，提供设施齐备的住宿和娱乐条件以及休闲活动，以能实现较长距离的旅游为目标的游船的一般称呼。从提供多种多样的设施与高质量的服务来说，邮轮可以与陆上度假村相比较，被称为“漂移的度假村”（CLIA，1995）。

韩国海运法规定，若使用符合总统令要求且达到一定规模以上的游船（总吨位2000吨以上），相关船舶内的住宿设施、餐饮设施、娱乐设施等建设要严格按照航客运事业的规定进行，并以观光作为目的在海上往返运行（包括航行国外的旅游地），被定义为海上客运事业。在韩国旅游促进法中，按照海运法规定，只有获得巡航客运事业或复合海上客运事业许可的邮轮，且相关船只内住宿设施、娱乐设施等便利设施齐全的船舶才被允许营业。另外，根据韩国的出入境管理法，将观光作为目的进行韩国与外国海上国际往返运行的客运船中，邮轮被定义为法务部令规定的船舶。在韩国针对邮轮的法律标准各不相同，韩国政府为了促进邮轮产业的发展而制定各种政策并对邮轮的法律用语进行了统一的定义。

从之前对于邮轮船只的研究来看，邮轮旅游是给那些追求娱乐享受的游客配备住宿、饮食、娱乐设施等各种完备设施的船只，以提供高质量服务和观光为目的的船舶旅行。邮轮旅游的意义是航行在历史名城、港口城市、休养地，自然景观怡人等休养身心的观光地，同时进行安全航运的船舶观光。邮轮旅行可以船只规模、航海地域、航海目的为基准来分类。一般邮轮旅游的通用意义虽然是海洋邮轮，但是按照主要的航海地域来划分，包括海洋邮轮观光（ocean cruise）、沿海邮轮观光（coastal cruise）、河流邮轮观光（river cruise）等。

此外，邮轮观光的类型还有场所和活动范围的划分。根据运航场所的不同，在内陆湖、河流运行的内陆邮轮，和在海上旅游地、海岸运行的海洋邮轮相区别。根据活动范围的不同，只在国内领海运行的国内邮轮观光，国内及国外往返游览的国际邮轮观光也可以区分。

同时，根据运航类型不同划分，小型船只包括以主要港口为中心进行周边运航的港口邮轮观光，还有在景色优美的岛屿往返享受海洋休闲的岛屿运航的邮轮观光，使用租赁船只开展特别活动的宴会邮轮观光，以及以美食为主题的市内大规模河流游览的餐厅邮轮观光。大型船只包括各种完备的便利设施和食宿设施及长距离运航的长途邮轮观光，以及拥有娱乐设施的外港邮轮观光。

（二）邮轮观光的特征

邮轮观光具有在船上观光和在各个国家穿梭运行观光两种截然不同的特点。

第一，可以在船上实现既方便又多样的船上服务与观光活动。观光邮轮配有游客在运航中需要的几乎所有便利设施，提供起航地的信息，并针对不同年龄层开展不同的活动。邮轮观光在白天和夜间都可以在起航地开展旅游观光，还可以在船上利用各种设施享受休闲假日，或者进行商务活动。另外，游客能以超低的价格享受特级酒店的服务，观看来自世界各国的表演活动。同时，游客每天还能品尝到各国风味美食，2 日以上长期日程的邮轮还将享有观光套餐。

第二，邮轮本身是一个旅游商品。被称为“移动的海上酒店”的邮轮与商船不同，从构建阶段开始邮轮构造和功能都是按照酒店和度假村（船舶 + 酒店·度假可能）的形态来设计的。将邮轮实际规模与相似的酒店相比较的话，邮轮拥有与酒店相匹配的同样设施，同时具备度假村具有的大规模娱乐设施。近年来在邮轮上增加了如购物、溜冰、攀岩、体育馆、赌场、表演场等各种娱乐设施，而邮轮本身也渐渐变成一个旅游的商品（尹洙，2015）。

第三，商品与价格的多样性。满足邮轮上各种生活模式的游客 2 ~ 7 天短期旅游需求的邮轮观光商品，改变了过去在中间停泊地无法乘船或下船的状况，使得各种邮轮观光商品的提供与选择变成可能。乘坐邮轮观光时，船舱是决定观光商品价格的最重要因素之一，但由于每个船只不同，价格也会有差别。例如，船舶内侧位置价格相对低廉的内部船舱，能看到外部景色的外部船舱，船舶上层多种附带设施及位于接近海面的高级船舱等船舱因为设施和位置的不同，价格也有很大的差异。此外，船舱的类型可以分为单独旅行者、以家族为单位的观光客等，各种阶层都能享受到便利服务。

第四，便利的移动与住宿。邮轮观光是通过邮轮船只提供到达起航地的移动手段与住宿手段，因此住宿费与景点移动的附加交通费并不会增加，一般来说邮轮与起航地都在航空运输便利的地区，为旅客提供行动的便利。

第五，多种景点的文化体验。邮轮观光者在起航地能有很多机会接触到多样的独特文化以及异域居民。也就是说，通过邮轮观光行程，游客能体验到世界各地多样的历史文化、生活方式和自然景观等，各个起航地提供的衔接旅游商品为这种文化体验提供了更多的机会。

第六，与多样产业群衔接的邮轮特殊性。邮轮采用的是一般商船使用的所有配件以使震动最小化，具有与客房装修，厨房、厕所、卧室用品等多个产业群相关联的特殊性。所以，邮轮的建造与修理、邮轮的运航、邮轮的起航与停泊涉及多种产业的相互协作与配合。

第七，高附加值邮轮的经济辐射效果。邮轮产业是通过邮轮与相关联的物资和服务创造附加值的复合型产业，带动地域经济发展，并随着就业机会的增加，对海运、造船、文化与艺术等其他产业产生巨大辐射效应的大产业。

三　世界与亚洲邮轮产业发展现状

（一）世界邮轮产业发展现状

随着世界旅游市场的持续扩大，1990～2017 年世界邮轮乘客增加率以年平均 7% 的纪录维持在预想的水平。与 1990 年代到 2000 年代后半期的高增长率相比，2010 年以后，邮轮游客最低增长率在 3% 左右，但仍然在低速地增长着。2012 年，世界邮轮游客有 2033 万，2013 年增加到了 2097 万，2014 年 2162 万。初步预计，2015 年达到 2229 万、2016 年 2298 万、2017 年 2369 万，呈持续增加态势（Cruise Industry News，2013）。

从世界主要邮轮地区与主要港口来看，笔者认为主要港口地区为加勒比海与地中海地区，其将来主要的邮轮目的地市场有可能扩张到亚洲地区与大洋洲地区。从世界邮轮的总现状来看，以 2014 年为基准世界总邮轮船舶数量有 292 艘，其中停靠在北美港口的船只有 151 艘，占邮轮总数的 51.7%。世界邮轮总营业额约 33.48 兆韩元，其中北美地区营业额约 20 兆韩元，占总营业额的 59.7%。无论从船舶的数量还是从营业额来说，北美地区都比其他地区要高出许多（Cruise Industry News，2014）。

从世界主要航海地区载客量来看，加勒比/巴哈马群岛 2013 年度占比高达 39.5%，亚洲/太平洋地区虽只有 8.0%。但是就亚洲/太平洋地区的各年占有率来看，2009 年 6.0%，2010 年 7.1%，2011 年 5.8%，2012 年 6.0%，2013 年 8.0%，虽然不是大幅增长，但是对比 2009 年，2013 年有了 2 个百分点的增长（Cruise Industry News，2013）。

根据主要商品的不同，从世界收容力比率来看，一般配套商品在 2013 年以 76.0% 的比例占据最高位置，高端商品占 14.7% 的比例。2018 年一般配套商品预计维持在 75.5% 的比例，廉价商品预计稍有增加，在 6.0% 的水平。

从全世界邮轮乘客数量情况来看，2004 年以后出现了持续增长，以 2012 年为基准，北美地区以 1170 万名的数量高居首位，欧洲 613.9 万名，亚洲/太平洋地区 116.5 万名。世界邮轮市场因为增加的需求和适当的供给均衡在不断扩大，随着邮轮船舶（GT）的大型化与船舱（berths）容量的扩大，开发更多地区港口，满足消费者的新 on-board（船上）/on-shore（陆地）活动的开展等多样化需求，邮轮市场在不断发生着变化。

从世界四大邮轮公司现状来看，仅世界四大邮轮公司就有 170 个船舶在运营，占有世界邮轮市场 83.9% 的比例。可以说是世界四大邮轮公司在左右着世界邮轮市场。其中 Carnival Corporation 占整个邮轮市场 45.8% 的份额。亚洲/太平洋地区的邮轮以 2013 年为基准，共有 28 艘船只，占总船只数的 9.5%，占邮轮乘客数的 9.3%，占邮轮营业额的 9.1%。全世界邮轮市场中需求量最高的地区是北美地区，按 2013 年的基准是邮轮市场 61.2% 的占有率，欧洲 29.9%，亚洲/太平洋地区 8.9%。北美地区已经形成比较成熟的邮轮市场，增长率停留在 2%，但另外邮轮市场最近主要在亚洲与其他地域扩大，增长率约为 5% 左右（Cruise Industry News，2014）。

形成世界最大邮轮市场的北美地区增长钝化，而其他地区不断在增长，有向包括亚洲地区在内的其他地区扩大的倾向。因此，笔者对于包括韩国的东北亚地区今后将成为邮轮主要地域的发展十分期待。

（二）亚洲邮轮产业现状

2012～2014 年，中国邮轮游客以年均 79% 的速度不断增长，亚洲邮轮游客的 77 万名中就有 69.7 万是中国游客。2015 年在亚洲地区运航的邮轮达到 52 艘，比 2010 年增长了 10%。

按照亚洲邮轮协会（ACA）的说法，2020年亚洲邮轮市场规模预计能增加到约394万名游客，其中中国市场的规模约占42.6%。因此世界主要邮轮公司为了满足激增的中国游客，提出向东北亚市场增加超大型船舶等快速应对措施等方案。

亚洲邮轮市场的主要特征之一是，91%的目的地是以亚洲为中心的邮轮观光活动。我国邮轮观光市场因为与北美地区不同，通常情况下并没有很长的假期，所以可以利用以亚洲地区为中心的短期邮轮旅游。从2014年亚洲邮轮商品来看，邮轮游客中48%的选择都是为期4～6日的旅游产品，38%的选择是2～3日的短期邮轮观光。其中2/5的人是小于40岁的比较年轻的邮轮游客。

亚洲邮轮市场分为大东南亚套餐和东北亚套餐，上海航线的中国、韩国、日本三国的中日韩套餐，以及新加坡航线的马来西亚、泰国停泊的东南亚套餐，从香港开往越南的套餐，以这些为代表性套餐分类。

东南亚地区的主要邮轮停泊地是越南、缅甸、柬埔寨、泰国、马来西亚、文莱、新加坡、印尼、菲律宾等，东北亚的代表性邮轮停泊地主要包括中国的香港、澳门、台湾地区和韩国、日本。

亚洲是多样种族分布的地区，亚洲各国互通文化的短期商品越来越多，现在就邮轮市场的趋势来看，亚洲邮轮市场的商品价值将变得更高，亚洲目前未被开发的港口很多，符合那些喜欢冒险和体验新奇的世界邮轮游客的好奇心理，被认为是亚洲邮轮市场可塑性最高的地区。

从世界主要各地区普及率来看，与北美地区、欧洲地区相比较，亚洲太平洋地区的邮轮普及率不超过0.1%，邮轮市场中亚太地区所占的市场虽然不大，但是考虑到其潜在需求，亚太地区有可能发展成邮轮中心市场。

随着我国经济的高速增长，亚洲邮轮市场的增长主要表现在皇家加勒比邮轮、Costa邮轮、Star邮轮等国际邮轮公司在天津、上海、香港、新加坡等地区设立公司及分公司，在邮轮上添加邮轮观光商品，Costa邮轮设立了上海事务所，管理亚洲·太平洋地区分部的Costa邮轮，2006年第一次将韩国的济州与日本的长崎和上海联结起来，组成韩中日路线，新设了与香港、海南岛等东南亚路线合并的定期邮轮路线。皇家加勒比邮轮为了强化亚洲的商业活动，

2007 年在新加坡设置了亚洲 - 太平洋产业分部，并持续增加了邮轮船舶的投入和运营。

亚洲邮轮市场的现状主要表现在船舶数、船舱数、收容力等方面，从 1990 年到 2004 年该地区船舶数持续减少，从 2009 年至今又出现了持续的增加，今后增加率应该不会出现大幅度的变化。2013 年亚太地区共有邮轮 28 艘，船舱 351999 间，收容力 1902697 名。

亚太地区中尤其是东北亚的邮轮市场拥有巨大的开发潜力。东北亚邮轮观光开发潜力表现在产业推进条件与外部环境条件上。首先从韩国方面来说，仁川港、釜山港、济州港等目前虽不尽如人意，但是其为改善现状而修缮的邮轮总站已完成或仍在施工。今后如果需要进行产业转型，自主建造邮轮船只也是可行的，同时可以设立贩卖点，并通过各种活动销售邮轮商品，对于韩国政府的邮轮产业具有强烈的指导作用。我国的邮轮旅游市场现在处于初始发展阶段，以后会逐步进入高速发展阶段。从外部环境条件来说，包括韩国在内的东北亚国家，具有作为半岛与海洋国家的地理优势，太平洋横断的连接支点、旅游吸引力的互补性等条件，使其有潜力发展成为今后世界性的邮轮旅游观光地。尤其是东北亚地区优异的历史性与文化性相衔接，还有散落在周边的多样的各具魅力的港湾，邮轮业可以开发东北亚地区独特的主题套餐。（金启泰，2014）

四 韩国邮轮产业现状

（一）韩国邮轮的相关政策

韩国的邮轮观光培养政策在 1990 年后半期提出了“东北亚邮轮构想”的探讨和金刚山邮轮建设的相关政策。初期邮轮观光产业因为邮轮专用总站或停泊地观光项目不理想，未能进行大范围活动。邮轮观光活动政策根据海洋水产部、文化体育观光部以及法务部、规划财政部等多个关联部署的安排，特定部门的政策推进出现了限制。海洋水产部希望通过邮轮产业进行地区经济活动，创造就业岗位，外国邮轮更频繁地在国内泊航，培养国内邮轮线路等。2013 年 7 月有关部门一起开始推行“邮轮产业活动综合对策”。2015 年出于邮轮产业活动的制度考虑，关于邮轮产业培养与支援的法律在2月被制定出台，并在8月开始实行。

意识到邮轮观光产业的重要性，为了推进邮轮观光产业的发展，韩国政府不断改进产业制度。

表1　韩国主要邮轮观光培养政策变化趋势

时间	主要内容	备注
2000年代	•东·西·南海岸观光带,旅游促进计划与衔接“东北亚邮轮构想”发表	文化观光部
2005年	•签订海洋旅游活动的业务合作协议书	文化观光部 海洋水产部
2007年	•发表《海洋邮轮观光产业活动方案》 •开放东三洞国际邮轮总站 •增加济州、丽水、仁川等邮轮始发站专用总站	文化观光部 海洋水产部
2009年	•第三届旅游促进5年计划书(2009~2013) 《邮轮产业发展依据构建及宣传活动方案》	文化体育观光部
2010年	•发表《2010邮轮观光活动方案》 •发表《旅游·休闲产业培养方案》(培养邮轮产业) •开发邮轮产业专用码头:开发6个港口	文化体育观光部
2011年	•第三届旅游开发基本计划:包括邮轮观光培养·海洋旅游·休闲活动方案发表:培养邮轮观光等	文化体育观光部 有关部门联合
2012年	•提高邮轮游客入境便利度,通过招商扩大游客量,旅游产业活动施行“旅游登陆许可制”	法务部
2013年	•关于培养海洋新产业与创造就业岗位　提出邮轮产业活动对策 •第一届旅游促进会议时发表邮轮观光活动对策	有关部门联合
2014年	•第二届旅游促进扩大会议时发表关于提高邮轮观光便利性与辅助性的基础设施改善措施 •制定培养邮轮产业的法律条文以及建立推进培养邮轮产业的基本计划	有关部门联合 海洋水产部
2015年	•关于邮轮产业的培养与支援的法律制定与施行	海洋水产部

2015年2月制定的“邮轮产业培养与支援法律”根据邮轮产业的培养与支援必需的事项规定，努力把邮轮产业的基础设施建设与增强竞争力的健全发

展相结合，以做出贡献为目标。法律规定了10项基本计划，以及必须实行的规定，但是内容规定的是邮轮产业培养的基本方向、邮轮产业的动向分析、邮轮产业活动的基本构成、邮轮产业的竞争力强化、邮轮产业专门人才的养成、邮轮产业的培养投资扩大、邮轮产业相关的国际活动等的招商、国外船只的泊航扩大、国家间邮轮产业的合作，以及除此之外邮轮产业培养需要等事项（海洋水产部，www. mof. go. kr）。

（二）韩国的邮轮观光现状

韩国邮轮观光业尚不成熟，同时实现的是依存海外游客的船上中心的邮轮观光。2010年访问韩国的邮轮游客有18.7万名，占所有访问韩国游客量2%以上。但从这之后，邮轮游客转移到济州为中心的地区，对于之后从中国出发的邮轮数量增加影响很大。

韩国外来邮轮游客从2013年69.8万名到2014年增长了36%，达到95.4万，2015年预计将达到105万。按这样的增长趋势，最近邮轮规模的大型化，以中国为中心的东北亚邮轮市场扩大，由于中日关系僵化，韩国入港的乘客增多。但是2015年因为韩国发生的MERS，邮轮观光受到很大的影响，因此邮轮游客数估计会大幅减少。

表2　各年份韩国邮轮进航次数及游客数

年份	2010	2011	2012	2013	2014
进航次数(航次)	147	149	223	433	462
游客数(名)	154479	153193	278369	698945	954685

资料源：海洋水产部（www. mof. go. kr）。

韩国主要起航地是济州港、仁川港、釜山港，至2016年为止，游客专用总站码头建设等与游客相关的基础设施产业在不断推进完善。

东北亚邮轮主要的路线大部分是从济州、仁川、釜山等地出发开往上海港口，济州242航次，2015年将达到344航次（预计）航行记录。

在韩国允许入航的总计12个邮轮港口中，济州入航邮轮的增加量最大，从中国出发的途经韩国的邮轮也是济州港占的比例最高。

表 3 各年度济州邮轮游客数

年份	2010	2011	2012	2013	2014
入航数(航次)	49	69	80	184	242
游客数(名)	55243	64995	140670	386139	590301

资料源：济州旅游公司（http：//www. ijto. or. kr）。

邮轮游客从 2010 年 49 航次、5.5 万名增加到 2014 年的 242 航次、59 万名。2014 年以后的 4 年间邮轮游客数量增长了 10 倍以上，济州从 2013 年开始占据亚洲起航地的第一位。这种状态一直在持续，同时济州邮轮运行几乎达到极限状态，船位扩充与西归浦位置的民军综合港开放后，是否可以保障稳定的起航地很值得期待。

根据《2014 年外来邮轮游客实况调查》，通过邮轮观光去韩国旅游的中国游客每人的平均购物费用为 1625 美元，是过去三年以来最大金额。

在《2013 年外来游客实况调查》中，一般中国游客每人的平均购物费用高达 1431 美元。虽然国内邮轮提供以商品免税店为主的购物游为中心，但中国游客邮轮观光中重视购物是因素之一，邮轮与飞机不同，游客的包裹重量或个数没有限制，对于购物游的游客来说也是一种吸引。

韩国的外来邮轮旅游市场虽然在不断增长，但目前还有很多不成熟的地方。第一，在停泊地停留的时间较短，对于想体验多种旅游活动的游客来说有限制。韩国国内大部分停泊地是从邮轮总站到观光地，移动所需时间很长，游客需要缩短行程。第二，人们意识到免税店为主的旅游观光对地区经济没有实质性的帮助。中国游客首选免税店购物游，因此出于需求游客会流入地域商圈成为潜在市场。第三，中国邮轮游客激增，使韩国起航地旅行社之间为了争夺资源而出现过度竞争，导致抛价旅游、低价旅游等乱象。造成韩国起航地旅游的满意度下降，今后也会导致国家形象受损。

根据 2014 年亚洲邮轮协会（ACA）的材料，以到访韩国的中国（上海）邮轮游客为对象的满意度调查中，比起起航地项目，船上项目的满意度更高，因此韩国有必要提高起航地旅游项目的质量水准。

韩国旅游公司在 2014 年进行的外来邮轮游客实况调查显示，中国与日本旅游市场基于旅游的目标需求，邮轮旅游本身的独特性，旅游经验的认知在不断提高的同时，发现对起航地的旅游项目的关心度相比较而言有所下降。中国游客因为邮轮市场处于投入阶段，会根据首先经历过邮轮旅游的人们得出的最多的特征来作为判断。据调查，访问韩国的外来邮轮游客中，邮轮商品的主要信息源来自家人与朋友的最多，占51.0%，通过旅行社途径的占46.0%，购买商品时考虑到的最重要的因素即出入境的便利性占27.7%。在旅游类型与起航地方面，将船上项目与独特冒险项目作为邮轮旅游目的的人数占52.9%，起航地停留时间平均有8.9小时。在起航地的体验旅游中，商场与免税店购物最多，达到59.0%，传统/历史教育的旅游占37.2%。每人平均支出费用中购物1035美元，其他费用22美元，购物清单中第一的是化妆品与香水，占39.9%的比例。

（三）韩国邮轮港口设施现状

韩国具有代表性的邮轮港口是仁川、釜山、济州、广阳/玉水，仁川的新港作为集装箱专用码头在使用，釜山是鹰岛港，济州是济州外港，广阳/玉水是广阳港作为主要港口在使用。

为了邮轮的停泊，每个地区都在进行港口的扩大与新港的施工，为了提升邮轮游客的满意度，邮轮专用总站的新规正在酝酿。但是就现在邮轮运用的情况来看，扩大开往济州的邮轮路线是最有利的，于是根据其他地区的邮轮总站运营对收益活动提出了很多问题。

韩国港口通过与各个团体的合作，对邮轮的持有与邮轮的发展做出指导。港口与其所在城市的特征不同，以及邮轮港的发展指向点各不相同，大部分港口作为长期邮轮港导向。在起航港发展为起航地的过程中，会存在一定程度的差异性，同样程度的设施投资费用也会不同。另外，各港口变化的情况也各不相同。考虑到这种情况，各港口必须设定好合适的邮轮港口发展导向（Jang, Huh & Chung，2011）。

在韩国的港口中，仁川港的新港集装箱专用码头正在使用，南港的工程正在施工。另外，在南港一带正在施工建设国际游客总站，包含这个总站在内的黄金港口开发计划在2015年3月被确定。黄金港口开发计划同时适用于港口法与经济自由区域法，不仅是国际游客总站，还将打造包括综合购物、综合度假等核心设施的酒店、城市娱乐中心（Urban Entertainment Center）、水上乐园、公寓、写字楼、赌场等设施。整个项目占地规模约40万平方米，新国际游客总站完工之后，到 2018 年，以第一阶段划区设施等开始营业为目标进行产业推进（www. icpa. or. kr）。

釜山港的鹰岛港作为邮轮码头在使用中，现在副港已完工，在准备开港使用。随着副港的开发与衔接，新国际游客总站于 2015 年 1 月竣工。新建立的国际游客总站是釜山港口工程副港的基础 3、4 号码头一带的国际游客总站（78802 平方米），正门与岗哨亭（815 平方米），舷门（8669 平方米），水彩画仓库（3045 平方米），员工休息室，免税店引渡场等（2600 平方米）。

济州的济州港与外港作为邮轮码头在运营中，西归浦地区新增加的江亭港正在施工，济州外港国际游客总站在施工中，江亭港邮轮总站预计开始施工。济州港国际游客总站将建成地上两层总面积 9885 平方米，能容纳 1000 名以上游客同时出入境，1～2 层同时使用 CIQ，审查所需时间可以缩减为原来的一半，如此便利，值得期待（www. busanpa. com）。

广阳/玉水的广阳港在运营中，玉水邮轮码头虽然在 2014 年已经完工，但目前在休业中。现有的 8 万吨级邮轮靠岸设施是参考 15 万吨级船舶的靠岸设施的玉水新港邮轮码头实施扩建的。但是 2014 年通过广阳港进港的邮轮共 12 艘，保持在 37000 名游客，但是 2015 年没有任何邮轮入港计划。

五　结论

按照之前韩国各邮轮的分析来看，各起航地的邮轮产业发展方向提案如下。

首先，就仁川来说，人均收入较高，以总人口数在不断增加的首尔作为腹地、坐拥韩国最大机场的仁川港成为总港口的可能性很高。与此同时，以釜山、蔚山、京畿道南部圈作为腹地的釜山港也因为有金海机场，有可能被定为总港口。将人均收入较高的仁川与腹地居住人口较多的釜山相比较，仁川港比釜山港更有可能成为韩国的总港。济州港腹地没有大规模人口的同时，人均收入也比较低，因此如果其作为总港将有不少问题。但是如果创造 fly&cruise 条件的话，济州也有可能作为总港来发展，但需要实现很多制度方面的变化和交通条件上的变化。

其次，就各起航地邮轮发展战略来看，济州港有充分的优势来作为出航地。韩国人坐邮轮到济州是有困难的，外国人坐邮轮直达济州目前也是有困难的，考虑到这些，济州港作为东亚代表邮轮港享有的经济效果需要持续强化。为此，出于对游客考虑，需要开发各种旅游项目。

釜山港作为韩国的代表港口，需要建立将全体韩国国民作为潜在顾客的总港发展导向。虽然釜山港不如仁川港更适合做总港，但是前者拥有与首都圈相连接的便利交通，因此釜山港发展为总港还是有可能的。出于韩国进出口海上货物从釜山港处理的方面考虑，如果把比釜山港更多的邮轮公司保持在釜山，釜山将成为韩国代表性的邮轮总港。

比起停靠港，仁川港作为起航港的地位不断强化，并合力将仁川港发展为准总港。仁川港不断吸引潜在邮轮客户，它处在首都圈地区腹地，并依托仁川机场的航空网络，有作总港的足够条件。但是仁川港脱离了东北亚期间航路，从这里出发的邮轮可能远航。不过，中国北部地区港口与仁川以短距离邮轮路线为中心的条件也有助于仁川港成为总港。利用好大规模潜在顾客与大规模机场布局的优势，朝着总港规划发展，可以作为仁川港的长期邮轮港发展方向。

最后，就韩国邮轮发展与前进方向来说，有以下几点可资借鉴。

（1）人才培养：游客观光活动的前提条件，是服务提供者需具备较高专业素养。为了巩固邮轮旅游产业的国家发展战略，首先需要培养具有服务资质的专业人才。邮轮航海地区、船舶的大小、邮轮的性质、邮轮抵达目的地等都不尽相同，从业人员需要对邮轮的特征与船内项目等知识非常熟悉。特别是邮轮游客的出境游和外来游客的入境游对从业者的语言能力要求非常高，在意外情况下要具有应对能力等。

（2）培养品牌：要想邮轮观光能成功，首先必须有邮轮路线、行程、港口、市场等四个要素，其次是附加的与航空、地上交通衔接所形成的能够招揽大规模游客的能力，并且港口周围需要有能让游客享受风光的旅游地。首先从需求方面说，韩国经济条件现在并不成熟。但是邮轮市场现在多数并不是以大众为对象的大众市场，而是目标市场，符合这一点的品牌培养是发展市场必需的条件。邮轮观光并不经常有，因此游客们很期待特别的服务。培养需求对各顾客来说，可以体验不平凡的差别化品牌。

（3）新商品开发：邮轮的评价标准分为船舶（25%）、服务（20%）、活动与经验（17.5%）、其他（15%）、客房（15%）、娱乐（7.5%）等。邮轮等级的决定性因素是乘客与乘务员数量，人力与船舱数，硬件设施、船上活动项目与餐厅服务等软件设施。邮轮商品是由船舶的安全度、知名度、船舶构造、日程停泊处、旅行时长、航海期间服务、乘务员亲切度、饮食服务活动、起航地活动、船上活动设施、船内设施、餐厅设施、乘客便利设施等基础商品构成的。以这些基础构成要素为基本的邮轮新商品开发，可提升潜在顾客的好感度与培养邮轮吸引力。

（4）减免税收：邮轮观光产业除了游客的直接消费获得收益之外，还通过其所供给的各种物品与服务等获得税收、扩大就业，创造额外的经济社会效益。此外，亚洲地区作为世界邮轮市场的主要目的地在迅速增长。在国际大型邮轮公司推进新规划路线改善的情况下，韩国能够为外国船舶提供必需的便利。从这方面来说，国内港口作为出发港或者作为常规的起航地的邮轮港，将成为现行邮轮观光产业运营中负担费用最大的部分，即对出入港手续相关的税收等邮轮运营相关的航税进行免除，是需要探讨的。

（5）促进邮轮相关产业增长：海洋水产部与产业通商资源部需要逐步推进日用品流通中心建立，并支援相关产业的培养。另外船舶的修理与邮轮线建造产业需要扩大范围。为此，需要培养修理邮轮的专门人才以及设立器材供给等邮轮修理支援计划。为了给停滞的造船业增加活力并为中长期国内造船厂创造新增长动力，需要确保阶段性邮轮建造的力量。

⑥支援国家邮轮通航：环东海圈的韩国、俄罗斯、日本需要提供在主要景点起航的韩国线邮轮型号，需要开发与提供邮轮乘用券销售市场等外国邮轮文化有差别的内容。

通过分析韩国邮轮产业现状来研究东北亚邮轮产业发展的方案。第一，需要建立政府与民间团体的合作。邮轮观光国际合作产业的个性鲜明，为了邮轮产业的成功，需要促进国家与民间共同合作团体的有效合作。这种共同合作团体对于东北亚连接邮轮观光产业、促进直接关联，不仅能起到很好的作用，更能去除各种障碍环境因素，努力扮演好整个东北亚的旅游合作机构。另外，开发连接俄罗斯的邮轮观光商品能够给东北亚的邮轮观光发展提供很大的帮助。第二，东北亚地区邮轮观光商品开发与宣传。作为邮轮观光目的地，东北亚地区应提高自身吸引力。现有的亚洲邮轮商品主要是以东南亚地区多样的文化与自然资源为中心，而东北亚邮轮观光连接商品开发，特别是具有悠久历史与文化的中韩日为中心的部分可以与之区别开来。另外，需要持续推进东北亚邮轮观光商品的战略性市场与宣传体系化。特别是国内邮轮产业促进不仅需要企业家更需要政府官员的宣传支持。

参考文献

CLIA（Cruise Lines International Association）.（1995）. The Cruise Industry: An Overview. New York: Cruise Lines International Association.

Cruise Industry News（2013）. 2013 State of the Industry Report. 26th Edition.

Cruise Industry News（2014），2014 State of the Industry Report，27th Edition.

Hung，K. & Petrick，J. F.（2010）. Developing a Measurement Scale for Constraints to Cruising. Annals of Tourism Research，37（1），206 – 228.

Jang，Junho，Huh，Mumyoung & Chung，Ikjoon（2011）. Status and Futuristic Strategy of Cruise Tourism Industry in Korea. *Journal of Korea Port Economic Association*，27（4），109 – 127.

Kim，Kitae（2014）. An Exploratory Study on the Developing Strategy of Korean Cruise Ports. *Journal of Korea Port Economic Association*，30（2），51 – 75.

Lois，P.，Wang，J.，Wall，A.，& Ruxton，T.（2004）. Formal Safety Assessment of Cruise Ships. Tourism Management，25（1），93 – 109.

Petrick，J. F.（2005）. Segmenting Cruise Passengers with Price Sensitivity. Tourism Management，26（5），Tourism Management，753 – 762.

Weaver. A.（2005）. the McDonaldization Thesis and Cruise Tourism. Annals of Tourism Research，32（2），346 – 366.

尹洙：《游客与同步增长的东北亚邮轮与国内市场》，《铁道杂志》2015年第3期。

韩国旅游公司：《2014 外来邮轮游客实况调查》，2014。

www. mof. go. kr.

www. ijto. or. kr.

www. icpa. or. kr.

www. busanpa. com.

G.4

“一带一路”视野下广西邮轮旅游发展战略研究

黄燕玲　雷锦锦　李泽平*

摘　要：邮轮旅游是海洋经济的一个重要组成部分，国际邮轮旅游飞速发展，发展重心开始转向亚太地区，中国逐渐变成世界邮轮市场关注的核心。广西面临着北部湾经济开发、中国—东盟自由贸易区建设、“一带一路”等多重机遇，具有漫长海岸线与丰富旅游资源的广西应抓住机遇充分发挥优势，积极发展邮轮旅游及相关产业链。本文从政策—法律环境、经济—市场环境、社会—文化环境、生态—技术环境四个方面对广西邮轮旅游发展进行优势分析，指出存在的劣势与不足，面临的外部机会和威胁。广西结合自身发展条件，提出邮轮旅游发展的战略目标及相关建议，如设计符合广西发展现状的邮轮航线；完善邮轮港口功能；加大营销宣传力度；培养高水平的邮轮专业人才等。

关键词：邮轮旅游　“一带一路”战略　广西

一　研究背景分析

邮轮旅游是“漂浮在海上的黄金产业”，能以高于1∶10的比例带动其他产业发展。国际邮轮旅游在最近几年发展迅速，其重点开始转向亚太地区，中

---

* 黄燕玲，桂林理工大学旅游学院教授，主要研究方向为邮轮旅游与酒店管理、旅游心理与行为；雷锦锦、李泽平，桂林理工大学旅游学院研究生。

国逐渐成为全球邮轮市场关注的焦点。2014 年，我国邮轮乘客数量高达 120 万人次，增长率为103%。根据预测，到2020 年，邮轮旅游给我国带来的经济价值将高达 510 亿元。

广西作为东盟唯一的陆海相邻省份，是"一带一路"上重要的节点。广西应当抓住机遇，充分发挥自身海岸线漫长与旅游资源丰富的优势，快速发展邮轮旅游。

国际上对邮轮旅游的学术研究较多。以"cruise tourism"、"cruise tourist"、"cruise line" 为关键词对 WEB OF SECIENCE 核心数据库2000 年以来的文献进行收集，共有 648 篇相关论文，运用 CITESPACE 软件对其进行分析。从研究地域上发现发文量国家或地区分布前五位的是美国、中国、德国、英国与法国，作者国籍占 10 篇以上的分布情况如图 1 所示，图中显示欧美国家是邮轮旅游研究的重要区域，同时随着中国对新兴旅游形式的持续鼓励，邮轮旅游的研究在升温，但与其他国家的合作研究明显不足。国际邮轮研究的热点主要涉及邮轮旅游、游客满意度、模型分析、邮轮管理、产业发展等，近年来尤其强调游客体验与服务质量评价，详见图 2。

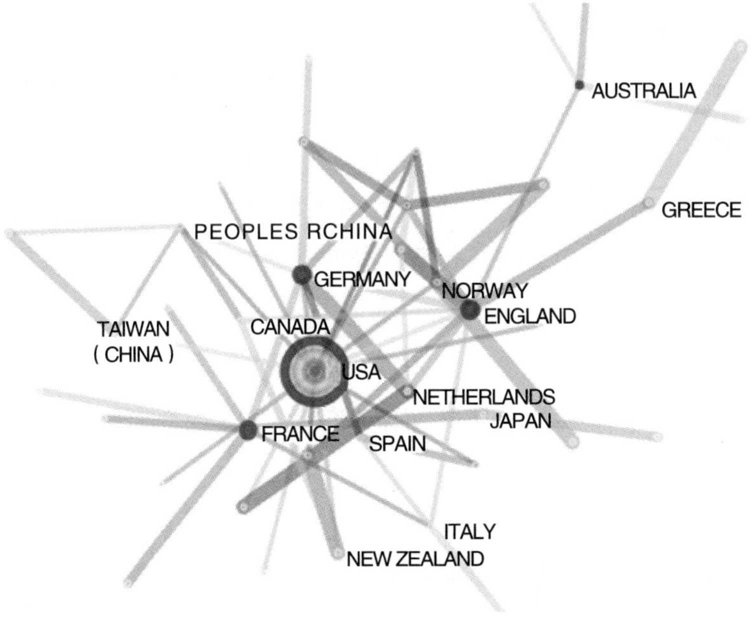

图 1　发文国家或地区的分布与合作网络分析（以出现 10 次为门槛点）

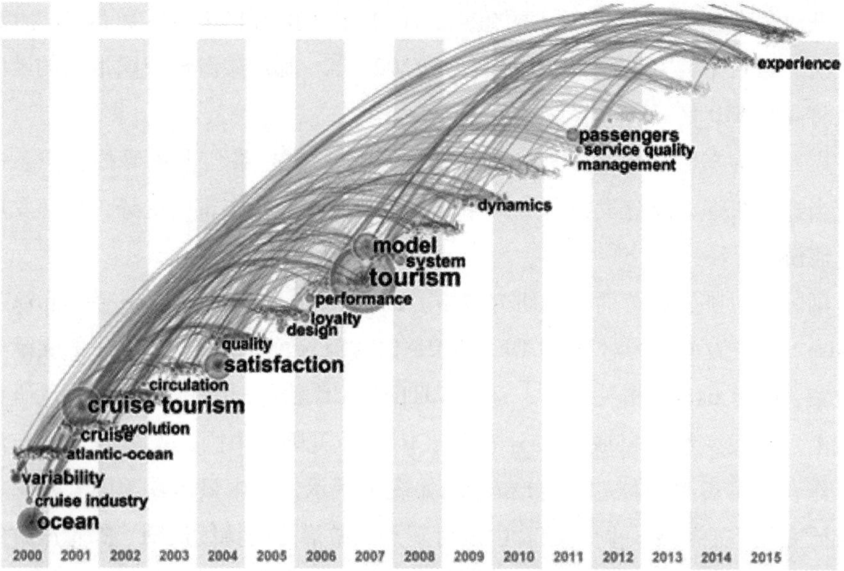

图 2　研究主题、关键词或者领域的频次情况与年度演变（以出现 10 次为门槛点）

国内研究有待加强，截止到2015 年6 月，中文 CNKI 数据库中收录的研究文献中，以“邮轮”为题名检索《旅游学刊》、《旅游科学》和《旅游论坛》这三大旅游研究期刊上的相关文献，只有 13 篇与邮轮旅游相关联，科研成果远不能满足中国邮轮旅游快速发展的需要。本文将从政策—法律环境、经济—市场环境、社会—文化环境、生态—技术环境四个方面阐述广西邮轮旅游发展优势，并指出其存在的劣势以及外部存在的机会和威胁。在此基础上，结合广西自身的发展条件，提出广西邮轮旅游战略发展建议，以期能对广西发展其特色邮轮旅游做出贡献。

二　广西发展邮轮旅游的战略态势分析

（一）优势分析

广西发展邮轮旅游具有得天独厚的优势，正面临着提升旅游产业能级的转变机遇。

1. 政策—法律环境优势

（1）广西具备良好的国际关系发展环境

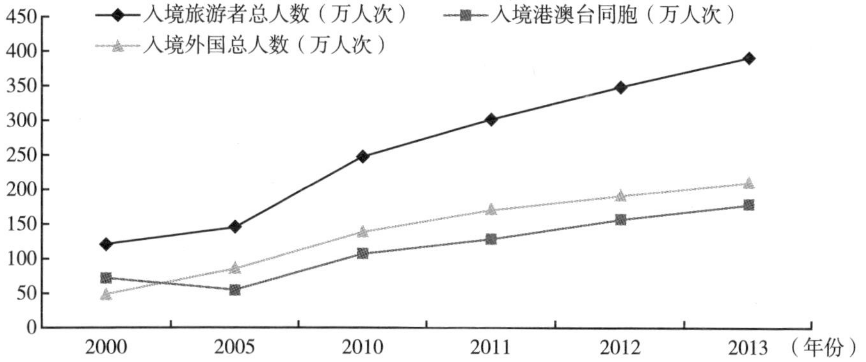

图3　广西2000~2013年入境旅游人数情况

资料来源：《广西统计年鉴》。

如图3所示，2000~2013年，广西接待入境旅游者总人数从124.0265万人次持续增长到391.5435万人次，增长了216%；广西入境港澳台同胞人数从73.0706万人次增长到179.2289万人次，增长了145%；广西入境外国旅游者从50.6288万人次增长到212.3146万人次，增长了319%，广西入境外国旅游者人数占全国的8.08%。除此之外，广西拥有18个国家一级口岸，并开通了15条通往东盟的国际航线，反映出广西与国外许多城市间往来关系越来越密切，这为广西发展邮轮旅游奠定良好的国际和客源基础。

（2）广西政府对邮轮旅游发展的积极倡导

《深化桂琼战略合作2014~2015年重点工作》指出，海南、广西两地将加强与东盟七国联合，推出南海国际邮轮旅游环海路线。2015年公布的《北海政府工作报告》指出，北海市将努力做好“一带一路”战略规划，加快与东盟的合作发展。这一系列政策文件的发布反映出广西政府对其发展邮轮旅游的大力支持和积极倡导，情况详见表1。

2. 经济—市场环境优势

（1）整体经济水平良好

2005~2014年，广西GDP连续9年保持两位数增长，在近十年经济迅猛发展，这为广西发展邮轮旅游经济提供了可靠的必要条件（见图4）。

表 1　广西邮轮旅游相关文件统计

发文/主办单位	时间	文件名称
广西代表团	2005 年 3 月 6 日	《关于请求国家支持加快推进构建环北部湾经济合作圈的议案》
广西壮族自治区人民政府	2006 年 1 月 16 日	《广西壮族自治区国民经济和社会发展第十一个五年规划纲要》
国务院	2008 年 1 月 16 日	《广西北部湾经济区发展规划》
广西壮族自治区人民政府	2013 年 7 月 3 日	《广西国民旅游休闲纲要(2013～2020 年)实施细则》
海南与广西	2014 年 10 月 13 日	《深化桂琼战略合作 2014～2015 年重点工作》
中共广西壮族自治区委员会、广西壮族自治区人民政府	2014 年 10 月 25 日	《关于深化北部湾经济区改革若干问题的决定》
北海市人民政府	2015 年 2 月 28 日	北海市《2015 年政府工作报告》

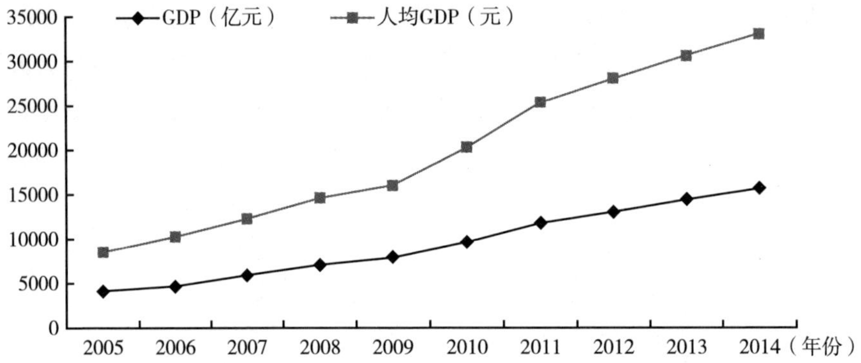

图 4　广西 2005～2014 年 GDP 总量

资料来源：《广西统计年鉴》。

（2）经济结构日趋优化

从产业结构和新兴产业构成分析来看，广西的产业结构也在不断优化之中。

如图 5 所示，第三产业由 2005 年的 1560.92 亿元增加到 2014 年的 5925.16 亿元，总共增长了 280%。据世界大都市的产业结构特征，第三产业增加值在 80% 以上，而广西截至 2014 年，第三产业增加值只有 37.80%。这

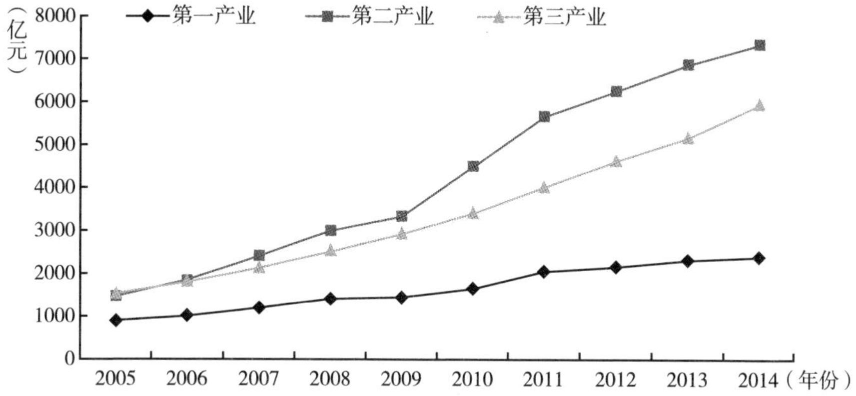

图5　广西2005～2014年一、二、三产业生产总值

资料来源:《广西统计年鉴》。

意味着，广西在新一轮经济发展中，现代服务业将会快速发展，包括会展、旅游、信息、物流等，而邮轮旅游经济将得益于这些产业的发展。

（3）沿海港口城市旅游经济发展良好

广西有四个沿海港口城市，分别为北海、防城港、梧州和钦州（见表2）。在区位上，广西独特的“沿海、沿边、沿江”优势为中国与东盟的贸易合作发展提供了绝佳机遇；在交通上，广西动车组列车有90对，构成以南宁为焦点的高速铁路主干网络，官方预计到2017年，高速铁路将覆盖广西14个地级市；在邮轮旅游资源上，其漫长的海岸线、丰富的码头泊位及庞大的货物吞吐量对广西邮轮旅游发展起到重要的支撑作用。广西独特的区位优势、便利的交通条件以及丰富的邮轮旅游资源为其沿海港口城市旅游经济的发展起到重要的促进作用。

表2　广西港口城市基本情况

城市名称	码头泊位	海岸线长度	2014年货物吞吐量	区位优势
北海	共55个(万吨级以上泊位11个,万吨级以下、1000吨级以上泊位29个,1000吨级以下泊位15个。)	87.591公里	2275.55万吨	中国西部唯一列入全国首批14个进一步对外开放的沿海城市,也是中国西部唯一同时拥有深水海港、全天候机场、铁路和高速公路的城市

续表

城市名称	码头泊位	海岸线长度	2014 年货物吞吐量	区位优势
防城港	共 34 个(万吨级以上泊位 29 个)	580 公里	1.15 亿吨	中国唯一与东盟海陆相连的门户城市,中国大陆海岸线最南端的深水海港,也是中国西南第一大港,拥有 4 个国家级口岸
钦州	目前投入使用的泊位有 7 个(其中万吨级泊位 4 个,5000 吨专用液化气泊位 1 个)	562.64 公里	6450 万吨	我国大西南内陆出海距离最短的深水良港,也是西南物资出海的最佳通道,拥有中国西部沿海唯一的保税港区——钦州保税港区
梧州	生产泊位共 75 个(300 吨级以下的泊位 26 个,300 ~ 500 吨级泊位 33 个、500 ~ 1000 吨级泊位 16 个)	—	3015 万吨	作为广西的东大门,地处“三圈一带”(珠三角经济圈、北部湾经济圈、大西南经济圈和西江经济带)交汇节点。广西最大的内河港口,也是广西内河港口集装箱吞吐量第一大港

3. 社会—文化环境优势

(1)广西特有的文化氛围有利于发展邮轮旅游

广西沿海的北海市有丰富的海上丝绸之路遗存。依照《汉书·地理志》中的记录,合浦县(即现在的北海市)原本是早期海上丝绸之路上一个重要的始发港,最终演化成我国抵达东南亚和南亚途中的重要港口。北海作为广西至关重要的港口城市,在“一带一路”的建设中占有举足轻重的地位,对广西邮轮旅游发展起了极大的推动作用。此外,广西多民族文化经过不断融合,形成一种和谐的文化氛围。广西独特而又多姿多彩的少数民族文化吸引了世界各地的游客驻足停留,对广西旅游发展产生了重大的影响。

(2)广西具备良好的专业技能教育与培训

近年来,广西在专业技能教育与培训上做出许多努力。据统计,广西开展旅游管理专业的院校共有 47 所,其中本科院校有 17 所,专科院校有 30 所;开展酒店管理专业的院校共有 33 所,其中本科院校有 3 所,专科院校有 30 所;有 7 所高校开设了会展管理专业;有 10 所高校开设了涉外旅游专业。另外，桂林旅游学院和南宁职业技术学院均开设了国际邮轮乘务专业。广西教育高等专科学校、广西大学外国语学院等高校均和邮轮公司开展邮轮乘务方向合作办学，实现校企合作，共同培养当前急需的邮轮旅游方面的专业人才。

4. 生态—技术环境优势

近几年来，广西修造船工业发展也十分迅速。2009 年，全区共有 80 家维修和造船企业，其中 64 家是内陆企业、16 家是沿海企业，全年工业生产总值达到 38 亿元。比如，中船桂江公司与华南船舶机械有限公司不仅是梧州修造船企业的领导者，而且在整个广西也占据了重要位置。像中船桂江公司研发的三体船建造技术，还有荣获 7 项国家专利的华南船舶机械有限公司开发的船专用辅助发动机、船舶甲板机械设备等高科技产品，不仅为广西邮轮旅游发展奠定了技术基础，也提供了技术保障。

（二）劣势分析

1. 缺乏统一的邮轮旅游部门协调机制

中国周边国家如韩国、印度等都已经制定出一套规范、统一的邮轮旅游发展规划，而我国各地邮轮旅游发展水平参差不齐，缺乏整体规划和区域协调。由于邮轮旅游涉及诸多部门，因此，一个统一的协调管理机制亟须建立，以保证邮轮旅游发展有序进行。

2. 邮轮港口服务亟须完善

广西港口功能布局有待完善；港口设施如相关配套的候车厅、邮轮给养中心、餐饮及购物区等建设都有待加强；港口码头周边地区公共交通设施还不完善；港口运营效率和出入境服务都需要不断改善。

3. 营销宣传力度不够

在旅游营销宣传方面，首先，广西各市区仍在单方筹集策划，宣传力度不强，缺乏区域联合营销宣传。其次，随着“互联网 +”大数据时代的到来，网络营销成为非常重要的推广方式。广西目前仍在采取传统的旅游实体操作模式，对消费者的真实旅行需求不够重视，不能很好地实现“在线”和“离线”的完美结合。最后，需增强国内游客对邮轮旅游的认知，同时，广西各港口城市的国际宣传力度也亟须加强。

4. 客源市场有待拓展

根据目前广西客源市场情况，需要根据国内居民消费倾向，以此吸引更多的游客到广西旅游；另外，针对广西邻近国家游客消费特点，凭借国家出台相关政策，设计符合国外邮轮旅客特点的旅游产品，吸引他们到广西观光，不断扩大国内和国际客源市场。

5. 理论研究及专业人才欠缺

邮轮旅游在中国仍属于旅游新业态，有关邮轮旅游的理论体系和专业人才都十分欠缺。邮轮旅游专业性强，产业链长，航线多且大多需季节性地变更，不同产品涉及不同的邮轮，每艘邮轮上的设施和环境都不同等，如果要求从业人员对所有这些信息了如指掌，无疑对旅行社从业人员的素质提出很高要求。

6. 港口城市区域合作有待深化

在旅游业竞争日益激烈的今天，地区间开展区域旅游至关重要。开展区域旅游对提升目的地整体旅游形象、提升知名度，带动区域经济发展都起到促进作用。目前，广西区域旅游资源有待进一步整合、提升。比如，广西各港口城市区域内合作有待深化，广西周边各港口城市以及广西航海沿线城市区域间合作有待加强。

7. 信息服务平台不健全

在高科技如此发达的情况下，信息已成为旅游业发展的一个重要因素。无论是邮轮旅游的营销宣传，还是邮轮旅游产品的推广，建立合理的旅游信息服务平台渠道都显得至关重要。而目前广西旅游信息服务平台还不健全，相关机制还有待深化。

8. 邮轮旅游产品缺乏特色

目前广西邮轮旅游产品缺乏特色。单一的线路、窄小的船体，缺乏创新度和舒适性，严重影响了广西邮轮旅游发展。广西海洋旅游可与海洋渔业相结合，加强北海、防城港、钦州等几个港口城市之间的合作与交流，设计出精品邮轮旅游度假线路产品，以符合现代社会人们的个性化需求。

9. 出入境相关手续复杂

办理出入境手续的繁简程度对邮轮旅游的发展起着重要的作用。目前，广西办理通关的手续有待简化，如证件签发管理体系有待优化，组织人员业务系统操作有待加强。另外，出入境接待大厅相关服务设施有待更新、完善。

（三）外部机会分析

1. 国家新政策的支持

近年来，国务院出台了多项关于邮轮旅游的文件（见表3），由此可见国家对邮轮旅游发展的高度重视。《全国沿海邮轮港口布局规划方案》指出，在西南沿海地区，以三亚港为始发港的基础上，重点发展海口港以及北海港，并且，2015年北海港一些新的邮轮泊位也正在建造当中。这为加快广西邮轮旅游的发展提供了有利的政策环境。

表3　国家新出台邮轮旅游文件统计

发文/主办单位	时间	文件名称
国家发改委	2008年	《关于促进我国邮轮经济发展的指导意见》
国家质量监督检验检疫局	2009年3月	《国际航行邮轮群体性疾病突发事件应急处置技术方案》
国务院	2009年11月	《国务院关于加快发展旅游业的意见》
国家旅游局	2010年6月	《国际邮轮口岸旅游服务规范》
交通运输部	2011年12月	《中国国际邮轮船队建设与经营政策研究》
国务院	2013年2月	《国民旅游休闲纲要(2013~2020年)》
中央政治局	2013年10月	《中共中央关于全面深化改革若干重大问题的决定》
国务院	2014年8月	《关于促进旅游业改革发展的若干意见》
国家发改委、外交部、商务部联合发布	2015年3月	《推动共建丝绸之路经济带和21世纪海上丝绸之路的愿景与行动》
交通运输部	2015年4月	《全国沿海邮轮港口布局规划方案》

2. 潜在消费群体的增加

最近几年，更多的游客开始尝试邮轮旅游。伴随着中国老龄化阶段的到来以及消费人群里中产阶级的比例增加，邮轮旅游产品越来越受欢迎，而邮轮旅游的潜在消费群体也越来越庞大。

3. 亚太邮轮市场快速崛起

不同区域邮轮市场渗透率的高低可以间接反映出区域发展潜力。对世界各大洲的邮轮旅游市场渗透率进行统计：北美洲为3.2%，欧洲为2%，亚太区还不足0.05%。这表明了中国邮轮市场具有很强的发展潜力。

据《中国邮轮产业发展报告》发布的数据统计，2014 年，我国出入境游客数高达 120 万人次。据预测，在 2015 年，国内邮轮数量将翻倍增长，游客数量也将达到百万人次；到 2020 年，中国预期成为亚太地区最大的邮轮旅游市场。

三　广西发展邮轮旅游的战略目标构建

（一）指导思想

“十三五”期间，广西应积极贯彻《中共中央关于全面深化改革若干重大问题的决定》、《国务院关于促进旅游业改革发展的若干意见》（国发〔2014〕31 号）、《国务院办公厅关于进一步促进旅游投资和消费的若干意见》（国办发〔2015〕62 号）文件精神，坚持“改革创新、融合发展、提质增效”发展新要求，围绕“十三五”国民经济和社会发展的总体要求以及广西服务产业发展中的服务“一带一路”建设、推动产业结构转型升级、促进居民消费升级三条主线，发挥区位优势、突出广西特色，积极顺应国内外邮轮经济发展形式，大力发展海洋服务业、邮轮旅游新业态，优化邮轮旅游发展新政策，进一步对接区域性国际航运中心、国际旅游目的地和国家养老服务业综合改革试验区建设，努力推进广西邮轮产业健康发展。

（二）发展定位与目标

以“服务引领、区域突破、协调联动、特色发展”为统领，不断完善广西港口基础设施及相关配套服务体系，培育邮轮消费市场和环境，培育和延伸邮轮经济产业链，通过大力推进与海洋、文体、商业、工农业等相关的产业和传统旅游业态的融合发展，将邮轮旅游培育成为国民休闲度假阶段“体验慢生活、享受水生活”的新型旅游业态，成为广西加快推进与东盟合作的新亮点、服务产业发展的重要支柱点、旅游业转型发展战略的落脚点。

积极推进广西邮轮产业发展与竞争力提升，以国际化引领、产业化推进、生态化保障、现代化改造、和谐化发展为方向，助推广西“四中心一目的地一试验区”建设，形成“一带一路”有机衔接的重要门户，建成南海旅游邮轮母港、北部湾游轮游艇母港基地，促进广西海港城市发展成为东盟区域一流的邮轮旅游、商业及娱乐休闲区。

四　广西发展邮轮旅游的建议

（一）设计特色东盟邮轮航线

广西在保持中国－越南航线稳定发展的前提下，要重点加强中国与东盟间的环海航线建设，开发出点线结合、各具特色的邮轮旅游航线。例如，开发广西—越南—马来西亚—菲律宾跨国旅游航线，设立广西—韩国跨国旅游航线，加强与海南、上海、香港等沿海港口城市的互通往来，增设国内邮轮旅游航线。

（二）完善邮轮港口功能

建设相关的口岸检验大楼、候车大厅、邮轮维修中心、文化广场、会展中心、餐饮及购物区服务设施。促进餐饮、住宿、休闲、娱乐、购物、医疗、建设、维护和巡航、生活用品和生活垃圾收集等方面的发展，以满足邮轮停泊需求。同时，为了给游客营造更加舒适的环境，提供更为便捷的服务，政府宜对港口码头及所在城市增设公共交通设施。

（三）加大营销宣传力度

首先，加强区域联合营销宣传。比如加强对广西各港口城市间或者区域（比如泛北部湾旅游区）进行整体旅游营销宣传，采取同样的标志、主题、口号去吸引游客。

其次，开展“互联网＋邮轮旅游”营销模式。在结合旅游大数据画像、旅游舆情分析等高科技方法的基础上，建立广西邮轮旅游数据库。比如广西政府可以加强与新媒体的合作，像携程、去哪儿、途牛、去啊、马蜂窝、大众点评、百度地图、微信、微博等，通过对线上和线下的各种渠道和方式进行分析，对邮轮旅游客源市场进行定位，从而提高广西品牌影响力、实现邮轮旅游精准化营销。

最后，通过不断加大在国内普及邮轮旅游知识的力度，加强国内游客对邮轮旅游的认知。同时，重视与国内外邮轮旅游专家的交流合作，参与国际性邮轮旅游会议论坛，塑造广西在国际上良好的旅游形象。

（四）大力拓展客源市场

首先，打造符合我国邮轮游客特点的特色邮轮旅游产品，以吸引越来越多的游客前来广西旅游。其次，广西政府应加大对广西滨海城市在国内外的宣传推广力度，传播广西独特的海洋文化。最后，对入驻广西的国际邮轮，制定优惠的扶持政策，以扩展国内外邮轮旅游客源市场。

（五）培养高素质邮轮专业人才

广西邮轮旅游人才非常缺乏，特别是邮轮维修、邮轮市场推广等方面的专业人才。在引进国外高端的邮轮管理人才的同时，也要不断完善国内邮轮培训和考核标准体系。鼓励支持广西各大高校增设与邮轮旅游专业有关的课程，采取“高校+邮轮公司”合作办学的体制，培养高水平的邮轮旅游专业人才。

（六）区域内有序合作协同发展

在加强区域内各港口城市合作的同时，也要注意有重点、有先后的协同发展。目前，广西可以在各个港口城市共同发展的基础上，以北海市的邮轮旅游发展为重点，以北部湾经济区为支撑，使北海邮轮港成为符合国际标准的邮轮母港，把北海市发展成为邮轮母港城市，把广西打造成国际邮轮旅游大省。

（七）区域间合作实现互利共赢

不断加深与国内外沿海港口城市的区域间合作，实现互利共赢。例如，加深海南、广西、广东三省之间的区域合作，实现北部湾地区城市间联合发展；强化广西的桂林、防城港与越南下龙之间的跨国合作，实现强强联合；着重面向广西－东盟区域间合作，推动泛北部湾地区邮轮旅游快速发展。

（八）完善信息服务平台建设

在广西各市县搭建优质邮轮旅游信息服务平台。比如不断完善、更新广西各市县政府官网、旅游局及旅游企业相关网页信息，建立邮轮旅游相关管理系统，在广西自治区内形成网站群，实现旅游信息共享。在广西—东盟沿线各国构建邮轮旅游信息通道。比如在广西—东盟沿线各国建立多语种的旅游宣传推广网站，共同搭建邮轮旅游信息数据库，以便为各国旅游管理部门、旅游企业以及旅游消费者提供更为便捷的信息服务，促进各地旅游业共同发展。

（九）推出优质邮轮旅游项目

邮轮旅游为休闲旅游的一种，游客不仅可以通过邮轮旅游体验到不同的旅游项目，更加注重旅游过程中的舒适、便捷的服务。因此，提供多样化的服务项目、娱乐设施和细致周到的服务就显得格外重要。比如，完善食宿、休闲等配套服务设施；根据游客不同的消费特点，设立不同标准的住宿房间；安排各种丰富多彩的活动，如化装舞会、Cosplay 换装秀等。还可设置特色定制化服务，针对不同类型的游客设置个性化服务。

（十）简化办理出入境相关手续

不断完善和创新出入境服务，简化办理出入境手续。一方面，设立边境旅游管理组织，实现审批流程智能化，为出入境游客办理证件手续提供方便；另一方面，严格按照相关标准对业务人员进行培训，强化业务人员网络操作能力，为游客申请办理出入境手续节省时间。

参考文献

孙瑞红、叶欣梁：《上海邮轮旅游市场开发的对策研究》，《经济问题探索》2007 年第 3 期。

叶欣梁、黄燕玲、丁培毅：《中国邮轮母港旅游服务接待质量与标准体系探析——以上海吴淞口国际邮轮港为例》，《北京第二外国语学院学报》2014 年第 2 期。

孙晓东、冯学钢：《中国邮轮旅游产业：研究现状与展望》，《旅游学刊》2012 年第 2 期。

丛剑梅：《基于 SWOT 分析的中国邮轮旅游发展策略研究》，大连海事大学硕士学位论文，2012。

梁涛:《利用区位优势发展广西旅游业的构想》,《广西社会科学》2003 年第 11 期。

潘勤奋:《国际邮轮经济发展模式及对我国的启示》,《科技和产业》2007 年第 10 期。

王峰:《天津国际邮轮母港多元化发展战略研究》,大连海事大学,2014。

谢吉红:《厦门邮轮旅游业发展研究》,《辽宁行政学院学报》2014 年第 12 期。

从剑梅、张树民、程爵浩:《我国邮轮旅游产业发展对策研究》,《旅游学刊》2012 年第 6 期。

王璐:《厦门邮轮旅游业人才培养现状研究》,《湖北科技学院学报》2012 年第 10 期。

刘利娜、孔洁:《中国邮轮旅游产业发展研究》,《武汉职业技术学院学报》2014 年第 3 期。

王逸、廖一祯:《地方政府竞争视角下的广西北部湾经济区产业治理》,《沿海企业与科技》2013 年第 6 期。

姜秀敏:《上海邮轮经济发展的潜力研究》,上海海事大学硕士学位论文,2006。

韦红萍:《广西参与“泛珠三角”区域旅游合作研究》,中央民族大学硕士学位论文,2007。

崔俊涛:《广西与东盟旅游合作研究》,广西大学硕士学位论文,2005。

唐碧艳:《构建广西—东盟旅游经济区研究》,中央民族大学硕士学位论文,2010。

赵岩、李悦铮、江海旭:《大连市邮轮旅游开发 SWOT 分析及策略探讨》,《海洋开发与管理》2014 年第 1 期。

Papathanassis A, Beckmann I. Assessing the ‘Poverty of Cruise Theory’ Hypothesis [J]. Annals of Tourism Research, 2011, 38 (1): 153 – 174.

Ying Wang, Kyung – Ae Jung, Gi – Tae Yeo, Chen – Chang Chou. Selecting a Cruise Port of Call Location Using the Fuzzy – AHP Method: A Case Study in East Asia Original Research Article [J] . Tourism Management, 2014, 42 (1): 262 – 270.

James F. Petrick. Cruise Operations Management: Hospitality Perspectives [J] . Annals of Tourism Research, 2013, 43 (2): 655 – 657.

Ma Jesús Bonilla – Priego, Xavier Font, Ma del Rosario Pacheco – Olivares. Corporate Sustainability Reporting Index and Baseline Data for the Cruise Industry. Original Research Article [J] . Tourism Management, 2014, 44 (3): 149 – 160.

G.5

中国（上海）邮轮旅游发展实验区的实践与研究

上海国际邮轮经济研究中心*

摘　要：邮轮市场近年来成为国际旅游市场增长最快、发展潜力巨大的高端旅游市场，邮轮经济正在逐渐成为港口城市经济发展新的增长极。作为中国大陆邮轮旅游发展的先驱和旗舰型城市，上海一直是我国邮轮旅游发展的引领者和开创者。2012年上海成立中国首个邮轮旅游发展实验区，在发展过程中上海不断创新邮轮旅游发展模式，探索邮轮旅游发展新思路，对我国邮轮产业的发展发挥了很好的示范功能和引领作用。本文基于上海中国邮轮旅游发展实验区的发展实践，总结发展经验，并根据政策发展新思路、行业发展新环境，对上海中国邮轮旅游发展实验区的发展进行进一步的创新，抓住发展新机遇，探索更加符合时代发展趋向的新模式，为邮轮旅游实验区的发展注入更为强劲的动力，更好更快地推动上海国际航运中心目标的发展。

关键词：上海邮轮旅游发展实验区　发展实践　创新探索

引　言

我国以优越的地理位置、独具魅力的东方文化、丰富的旅游资源和潜力巨

---

* 本报告执笔人：史健勇、叶欣梁、梅俊青。

大的客源市场成为亚洲邮轮市场的核心组成部分，越来越受到国际各大邮轮公司的重视。“一带一路”的战略构想构建了中国开放的全方位新格局，为我国全面深化改革开放规划了全新的美好蓝图，为亚欧区域合作注入了新的活力，我国也将会利用此次契机全面推进新一轮的对外开放，这为国际邮轮产业的发展提供了良好的发展机遇。上海作为我国的国际化大都市，邮轮产业也是上海新兴战略性产业，作为亚太地区第一的邮轮港口，上海必将极大地推动区域经济的发展。

上海一直是我国经济发展的排头兵，是我国创新发展的试点城市，更是我国邮轮产业发展的先行者，上海率先成立中国邮轮旅游发展实验区。要以推进完善邮轮产业政策体系、提高母港建设管理能力、提升邮轮产业服务质量、培育本土邮轮服务力量、扩大邮轮经济产业水平等方面为主要内容，在重点领域加强研究，探索试验，并与其他邮轮旅游城市积极配合，为我国邮轮旅游持续、快速、健康发展不断积累经验，充分发挥示范功能和引领作用。邮轮旅游实验区先期主要在 72 小时游客过境免签、提供更多免税商品、（邮轮）服务标准提升、对接自贸区政策、开发满足家庭需要的邮轮产品等方面先试先行，围绕打造“世界著名旅游城市”的目标，推动上海成为国际一流的邮轮母港、长三角国际邮轮组合母港和中国邮轮门户港。

上海中国邮轮旅游发展实验区被赋予四种内涵：一是先行先试，突出创新功能。争取中央给予先行先试政策，积极推进邮轮经济相关体制、机制、政策、法规、标准等创新，寻求产业、服务、市场等方面的改革突破。二是示范引领，突出带动功能。从以硬件建设为主转向“软硬融合、形成邮轮产业链”，从港口建设为重点转向邮轮发展与城市功能提升、经济结构转型相融合。三是政策聚焦，突出点面结合。着眼于政策的差异化和针对性，在局部区域实行力度更强的政策聚焦；兼顾政策的共享化和延伸性，在更广范围内放大政策效应。四是功能培育，突出价值引导。以邮轮母港为核心，注重整合上下游产业链，注重综合服务功能培育；建立具有竞争优势的产业链体系，注重综合服务功能和高端产业环节。

以推进完善邮轮产业政策体系、增强母港建设管理能力、提升邮轮产业服务质量、培育本土邮轮服务力量、提高邮轮经济产业水平等为重点进行探索试验，为我国邮轮旅游持续、快速、健康发展积累经验，发挥示范功能和引领作用。

一　上海中国邮轮旅游发展实验区的发展实践

2014 年，上海邮轮旅游坚持攻坚克难、改革创新，保持高速发展，发展势头强劲，经济效益显著提升，上海邮轮旅游继续占据中国邮轮市场的半壁江山。上海邮轮产业在全国处于龙头地位，抓住国际邮轮市场加速东移亚洲的机遇和国家支持邮轮产业发展的政策，依托优越的地理位置和客源市场优势，上海邮轮母港已经超过纽约成为全球排名第 8 的世界级邮轮母港，成为亚洲接待游客人数最多的邮轮母港。据统计，全年接待国际邮轮靠泊 271 艘次，同比增长 38.3%；邮轮旅客吞吐量达到 122.81 万人次，同比增长 62.3%。以上海为母港的邮轮 242 艘次，同比增长 44.9%；接待出入境游客 116.36 万人次，同比增长 66.75%。

在发展过程中，宝山创立了“上海邮轮旅游节”，举办了“中国邮轮经济发展高峰论坛”，承办了“中国邮轮产业发展大会”和市政府决策咨询邮轮经济专项课题招标，发布了“邮轮发展绿皮书”，发起成立了“亚洲邮轮港口协会”，发布了亚洲邮轮港口“吴淞口宣言”，宝山成为中国邮轮产业乃至亚洲邮轮业界协同发展的倡导者、推动者和领导者。

（一）积极推进上海邮轮港基础设施建设

为改善上海邮轮港口接待服务水平，宝山区在市交通委等部门的支持下，启动吴淞邮轮港后续工程前期工作，确定了扩建两个泊位及相关配套设施的建设方案，并完成项目备案、行业审查以及相关专项评估工作。同时，积极推进邮轮母港配套功能项目，完成零点广场、宝杨路大修等配套项目，进一步优化邮轮港核心区发展规划，形成陆上客运中心、滨水活力中心和绿色商务中心的邮轮港核心区功能布局。上海海事局制定了降低吴淞口邮轮港后续工程通航安全风险的措施，保障邮轮港后续工程的顺利实施。

（二）进一步提升邮轮码头综合服务管理水平

市口岸办会同上海边检总站等部门开展邮轮口岸自助通关试点课题调研，已启动在吴淞安装 20 条自助通关通道、在国客中心安装 10 条通道等项目。上海边检总站加强推行外籍旅客24小时直接过境免签政策覆盖邮轮口岸，并简化邮轮检查手续以提升邮轮口岸通关效率。同时研发邮轮管控系统实现精确管控，有效提高旅客和船员通关速度，2014年7月，该系统作为公安部便利邮轮通关的重要措施在全国进行推广。市口岸办会同邮轮口岸各单位研究解决两船同靠大客流期间邮轮运营和通关问题。上海海关进一步优化监管服务，形成无随船监管下两船同靠通关机制。上海海事局从“保安全、促发展、国际化”三方面，研究制定了14项针对性服务对策措施。市气象局初步完成《吴淞国际邮轮港及滨江带气象灾害风险研判及监测预警系统建设方案研究》的课题项目，建立主要气象灾害风险评估指标体系，完成吴淞口国际邮轮港及滨江带的风险研判，并在此基础上构建了监测预警系统建设方案。市食品药品监督管理局加强食品安全日常监管，定期对邮轮供餐单位及实验区食品经营单位进行食品安全检查，确保邮轮实验区食品安全。

（三）积极推进上海邮轮旅游市场发展工作

市交通委会同市公安局、市旅游局、市口岸办、上海海关等部门制定了《关于上海试点邮轮无目的地航线（公海游）的工作方案》，并获得交通部和商务部认可，待公安部审批后实施。交通委会同市旅游局论证后，国客中心邮轮票务电子商务平台已上线试运行，可对邮轮航线、航班、订仓、价格等信息做到及时更新，确保数据准确、完整，提高邮轮运营效益，扩大邮轮的销售渠道。市交通委、上海检验检疫局积极推进上海邮轮食品配送中心建设，并成立领导小组和工作小组，明确建设时间节点，加强对邮轮物流现状和监管模式的研究，突出简化手续，及时制定实施相关措施。宝山区继续举办“2014上海邮轮旅游节”，该旅游节成为上海独具特色的节庆品牌。会同上海国际邮轮经济研究中心，成功举办“中国邮轮经济发展高峰论坛”，开展市政府决策咨询邮轮方面8个专项课题招标，发布中国首部邮轮绿皮书——《中国邮轮产业发展报告（2014）》，加强邮轮领域的研究，搭建国内外邮轮产业交流合作平台。推动上海首个本土自主豪华邮轮品牌——天海邮轮在宝山注册成立“上海大昂天海邮轮管理有限公司”。公主邮轮公司旗下“蓝宝石公主号”在吴淞口首航，上海邮轮旅游产品更加丰富。为母港运行亚洲邮轮航线，推动上海邮轮经济高速发展，虹口区积极推进“邮游通”平台上线，该平台通过在线服务功能提高邮轮产品分销效率；同时大力发展代理社，扩大辐射区域。

（四）不断完善邮轮运营保障工作

在旅游局和市口岸办的指导下，宝山区建立并实施“邮轮船期计划沟通协作机制”、“政府与查验单位沟通合作机制”、“日常运行保障工作机制”、“突发事件应急处置机制”等“四大”工作机制，并举办第一届邮轮港运营业务骨干培训班，提升邮轮港运营服务水平。上海海事局完成以上海为母港邮轮的搜救合作计划书编制与审核工作，定期开展多形式的单科目演习，并研究制定《大型国际邮轮港口国监督检查手册》，统一实施大型国际邮轮港口国监督检查。市旅游局积极整合市人社局资源，争取到上海市“专业技术人才知识更新工程”项目支持。成功举办“邮轮经济与中国邮轮旅游发展试验区建设高级研修班”、“2014 国际邮轮旅游销售人员培训班”和“2014 年全国第三届邮轮专业师资培训班”。编写出版《国际邮轮服务英语》教材。上海出入境检验检疫局针对新的疫情及时更新制定口岸疫情防控措施，并保障亚信峰会期间“蓝宝石公主号”邮轮首航酒会食品安全。市统计局建立邮轮经济发展的统计指标研究体系，并已经完成《上海邮轮经济统计指标体系研究》初稿。市文化执法总队会同宝山、虹口等单位建立了一系列联络机制，实现信息共享，确保日常合作常态化。市海洋局按照“保护优先、合理利用、因地制宜、低碳环保、协调发展”原则，编制完成《上海市海岸保护与利用规划》。

（五）在邮轮旅游发展政策方面取得新突破

上海边检总站积极推进随邮轮来沪外籍旅客入境免签政策的可行性研究。市口岸办牵头上海边检总站、市出入境管理局、市旅游局、市外办等部门提出的 72 小时过境免签政策延伸至邮轮口岸，以及对邮轮团队游客试点入境免签等政策建议，目前已报请国务院批准，公安部正会同外交部研究制定具体政策意见。市旅游局积极推进自贸区中外合资社经营出境游业务的开放与管理工作，上海自贸区首家中外合资旅行社——地中海邮轮国旅获得出境游资质。市财政会同市旅游局积极向国家财政部争取，将境外游客购物离境退税政策的适用范围扩大至邮轮口岸。上海海关会同市口岸办、市财政局等部门推动扩大邮轮码头出境免税店经营范围，并积极研究放开入境免税店经营业务的政策。

二　上海中国邮轮旅游发展实验区存在的主要矛盾和发展瓶颈

（一）资源整合力度欠缺，不能满足游客多样化需求

邮轮港口配套服务设施包括交通设施、旅游设施、商业设施等。从目前情况看，吴淞口国际邮轮港目前尚未形成完善的公共交通体系。附近可提供的公共交通方式较少，公交方面仅轨道3号线宝杨路站距离码头最近，即便如此，还有近3公里距离需要短驳。此外，公共交通衔接有断点，引桥要走1公里，难以与周边地区形成便捷的交通网络，未能实现邮轮与高铁、邮轮与航空联运。同时，邮轮港口及其周边城市在满足邮轮游客观光、购物、餐饮、娱乐等活动上，还需要提高服务的诚信、便捷程度和质量来满足邮轮游客的个性化需求。邮轮港口利益仅仅依靠服务邮轮、接待游客来实现。这样单一的服务很难为港口带来高收益。

（二）大型邮轮靠泊需求和游客量快速增长，接待能力趋于紧张

面临第二个五年战略的趋势，对吴淞口国际邮轮母港基础设施能力提出新的挑战，三船、四船同靠需求迫切，未来需求跟承载能力之间的矛盾会越来越突出。要综合考虑软硬件环境设施、交通等的承载能力，科学合理规划母港未来的承载容量。码头后续工程建设将贯穿整个第二个五年战略实施期，如何解决运营与建设同步的过渡期问题将是吴淞口国际邮轮港的主要挑战之一。

（三）产业发展受环境制约压力较大，节能减排要求高

据统计，一艘普通集装箱货轮排放的大气污染物相当于100～300辆集卡。邮轮船舶由于吨位大、耗能高，一艘邮轮排放的大气污染物相当于2200辆汽车给大气造成的污染，尤其是每条邮轮旅游线路每天的温室气体排放量相当于

1.5 万辆汽车给空气造成的污染。在当前重度雾霾多发的气候下，需要更加重视邮轮母港的节能减排和生态保护问题，加大邮轮和邮轮码头节能减排技术的应用。

（四）邮轮港运营软实力有待提升

邮轮产业作为国内的一个新兴产业，并没有形成非常成熟的港口管理机制。多数管理体系仍沿用货运码头经验，许多地方需要“摸着石头过河”，由公司自行探索。由于缺乏足够的邮轮港口经营管理经验以及国内邮轮旅游市场成熟度偏低等因素，目前国内各邮轮港口的经营管理效率仍然处在低水平，邮轮港口的运营管理水平亟待提升。

（五）邮轮港硬件设施不足问题日益凸显

目前上海的邮轮码头供需不平衡矛盾突出，邮轮经济规模的跨越式发展远远超过预期，邮轮泊位、航线等已无法满足快速增长的市场需求，换乘游客服务设施没有保障，吴淞口国际邮轮港接待能力和通关设施能力日趋饱和。目前吴淞口国际邮轮港可同时满足两艘大型邮轮的停靠，仅能满足每年最多 300 多艘次邮轮的靠泊。而在 2014 年的船期计划中，两船同靠已经成为常态，三船甚至四船同靠的需求已经出现。其中，吴淞国际邮轮港全年共出现两船同靠 44 艘次，并且集中在旅游旺季的 4～10 月。

2014 年上海邮轮游客已达到 124.61 万人次左右，未来还将持续增长，虽然目前上海已形成“两主一备”的邮轮码头布局，但是邮轮大型化的趋势越来越明显，越来越多 7 万吨以上的邮轮将靠泊上海港，进一步加大吴淞口国际邮轮港的接待压力。就目前的邮轮基础设施而言，未来需求跟承载能力之间的矛盾将越来越突出。

（六）企业信息化战略发展缓慢

21 世纪是信息时代，实体产业信息化、网络化是大势所趋。邮轮产业本身在中国也属新兴产业，近年来虽发展迅速，但是仍暴露出信息化发展不足的问题。比如船公司、旅行社和游客之间出现信息不对称，三者之间缺乏交流的平台来实现信息的共享。除此以外，邮轮港口自身的信息化管理方式也较为传统、落后，难以适应未来邮轮产业的发展。为此，公司应加快信息化建设的步伐，顺应时代的潮流，以更加充足的准备迎接市场的挑战和机遇。

（七）衍生业务运营仍需积极拓展

吴淞口邮轮港近年主营业务发展态势强劲，但是难掩衍生产业发展缓慢的不足。邮轮港公司2014年船供业务、票务销售及内贸船只靠泊等相关产业发展刚刚起步，而对邮轮经济产业链上众多衍生业务尚未涉足。这既是邮轮港面对的现实问题，也是我们的发展机遇和市场新空间。因为，集团化的运营模式是邮轮港口未来的发展方向，邮轮产业的发展也不能仅仅依赖靠泊邮轮，而是需要通过整个邮轮产业链经济要素的共同发展来实现产业的良性循环。

三　上海中国邮轮旅游发展实验区发展创新探索

在邮轮旅游方面，随着消费观念的转变和可支配收入的不断增加，人们对邮轮旅游的选择日趋普遍。随着邮轮市场的不断升温，2015年上海邮轮旅游发展将会迎来新的飞跃，全年预计将接待邮轮靠泊410艘次，同比增加51.9%；接待出入境游客174万人次，同比增加44.48%。其中，将有10艘邮轮运营上海始发的母港航线，共计靠泊391航次，同比增加60.25%，接待出入境游客171万人次，同比增加47.76%。

表1　2014年吴淞口码头到港邮轮情况

到港邮轮船名	船舶总吨数（GT）	载客量（人次）	备注
玛丽女王2	148528	2800	访问港邮轮
歌诗达维多利亚	75166	2394	母港邮轮
奥罗拉	76152	2050	访问港邮轮
维多利亚女王	90049	2208	访问港邮轮
钻石公主	115875	3100	访问港邮轮
海洋航行者号	137276	2840	母港邮轮
千禧年	90228	2454	母港邮轮

续表

到港邮轮船名	船舶总吨数(GT)	载客量(人次)	备注
海洋水手号	137276	3800	母港邮轮
歌诗达大西洋号	85619	2680	母港邮轮
蓝宝石公主	115875	3286	母港邮轮
水晶平静	68870	2000	访问港邮轮

经过近年来的市场拓展，上海港国际邮轮的航线航班基本稳定，母港航线主要是东北亚的日、韩地区，过境邮轮主要以台湾航线居多。由于受气候及地理位置特点的影响，邮轮靠泊多集中在 3 ~ 10 月，但随着邮轮市场的不断培育和开发，淡旺季的区分日益模糊。2015 年，世界邮轮巨头纷纷加速布局上海市场，歌诗达邮轮大西洋号从吴淞口邮轮港开启环球之旅，皇家加勒比最新邮轮海洋量子号进入吴淞口邮轮港开启母港运营，天海邮轮天海号投入运营。

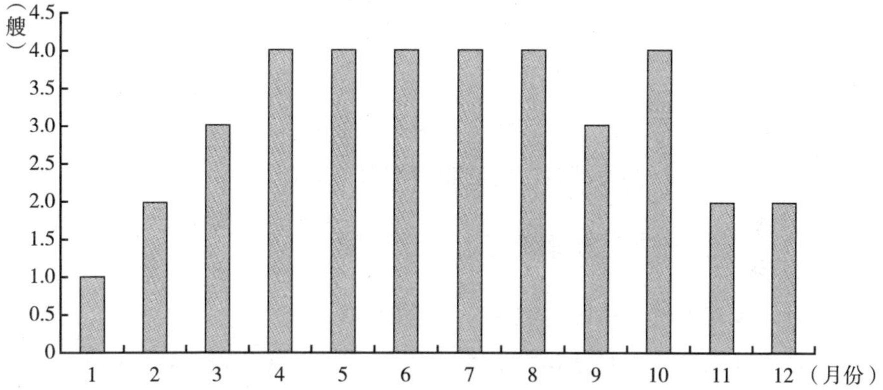

图 1　2014 年单泊位周靠泊艘次情况

无论是经济实力、消费观念、区域优势，还是政策倾斜，长三角地区提升邮轮旅游渗透率的潜力远高于国内其他地区。若今后能够达到北美市场 3.3% 的渗透率，则长三角地区邮轮游客人数将超过 520 万人次，作为长三角地区龙头的上海市发展邮轮经济前景非常可观。

（一）完善上海邮轮港基础服务设施

1. 继续推进吴淞口国际邮轮港后续工程建设。吴淞口国际邮轮港后续工程和海事船舶交管中心正式开工。加快推进邮轮港周边水域、上海十四区整体转型水域和上港九区、十区等区域的水域开发，打造长江口游艇服务基地。

2. 完成零点广场的办公用房分配和招商工作并正式启动运营。

3. 将宝杨路崇明码头调整为吴淞口邮轮港陆上客运服务中心，完善吴淞国际邮轮港的候客设施，解决两船同靠时码头容纳能力不足的问题。

4. 通过机制的建设，促进虹口和宝山两大主体区的邮轮产业功能协调。

5. 制订和完善邮轮码头服务标准，围绕邮轮母港物资配送中心和邮轮服务综合服务区的建设，为邮轮提供船舶修理、燃料供应、物资配送、废弃物接收等在港服务。

6. 完善船舶岸电供给，争取上海市对邮轮使用岸电、使用绿色能源的政策扶持。推动完善船舶靠泊岸电供给，鼓励港航企业优先选用技术先进、能耗低、安全环保的设施设备。邮轮码头、船舶使用岸电，降低邮轮靠港用电成本，提升游客在船体验舒适度，减少邮轮靠港柴油发电排放。

7. 在北外滩公用型保税仓库，增加“供船专用型保税仓库”资质，进一步完善保税仓功能。

8. 做好海洋预报工作，加强海洋预警报业务能力。

9. 丰富邮轮旅游发展实验区内的旅游项目。

（二）推进提升上海邮轮港运营管理水平

1. 进一步完善《上海邮轮经济统计指标体系》。

2. 加强邮轮港公司日常运营管理，优化港口运营流程，简化母港邮轮检查手续，提升服务质量和工作效率，打造邮轮港服务升级版。

3. 结合智慧城市建设，以信息化的模式构建邮轮游客服务平台、邮轮船舶服务平台和邮轮港安全保障平台等三大平台，实施“智慧邮轮港”项目。

4. 全力推进邮轮口岸自助通关建设，在上海港国际客运中心检查大厅及吴淞口国际邮轮港各建设10条自助通道。

5. 建立过境邮轮食品供应链检验检疫监管机制，推动邮轮配送中心建设，向国家质检总局提出上海邮轮供应链的实际需求，力争确立“以过境检疫为原则，以整进整出和物流全程监管为基础”的国际邮轮船供食品监管模式。

6. 制定邮轮维修检验检疫监管方案，保障船舶维修行业发展。

7. 进一步完善气象监测网，打造针对邮轮港气象服务特点的网站性平台，拓展气象信息产品，提升气象服务的效果和专业性。

（三）优化邮轮旅游安全管理与应急机制

1. 继续优化邮轮港运营保障、突发事件应急处置、船期计划协商和区政府与检验单位定期沟通等“四大”工作机制，确保邮轮港运营安全平稳有序。

2. 完善市（区）政府、职能部门、企业（集团）三级邮轮旅游应急预案。

3. 做好邮轮港外围交通组织、内部管理运营、应急处置流程等各方面预案，全力以赴做好每艘次邮轮靠泊服务工作，保障邮轮港运营平稳有序。

4. 研究建立邮轮信用等级管理制度，针对邮轮发生投诉、误船和滞船等事件的实际情况进行等级划分，通过提高靠泊费、减少航班等措施对等级低的邮轮进行相应处理。

5. 探索建立邮轮旅游保险项目，力争年内引入，利用市场化手段解决邮轮旅游纠纷事件。

6. 按照国家旅游局《游客不文明行为记录管理暂行办法》要求，研究建立游客不文明行为记录，探索对不文明旅游现象的管理约束，加强文明旅游宣传。

（四）进一步拓展上海邮轮旅游市场发展工作

1. 引入战略投资者，实行股份制改造，加快推进吴淞口国际邮轮港公司上市，全面提升邮轮港公司的国际化、市场化和专业化水平。

2. 组建上海邮轮物资配送中心，注册成立上海邮轮物资配送中心有限公司，并开展业务工作。

3. 深化与皇家加勒比公司及歌诗达邮轮公司之间的合作，签订合作意向书，深化在港口运营、产业发展、人才培养等方面的合作。

4. 加强与招商局集团合作，开发邮轮港周边土地；加强与中船集团建设邮轮修造业以及与携程打造全球邮轮运营中心等战略合作。

5. 积极与各旅游景点和旅游服务企业对接，在宾馆、旅游景点探索运营“邮轮直通车”项目，实现服务直达邮轮港，提升游玩体验，推动邮轮港与区域旅游资源联动发展，扩大邮轮经济的带动和辐射作用。

6. 继续举办“2015上海邮轮旅游节”和“2015中国邮轮经济发展高峰论坛”，打造上海独具特色的邮轮服务品牌，夯实上海在中国邮轮业界领导者和推动者的地位。

7. 完成本土邮轮公司组建，并协助做好市场开发、日常运营管理等工作。

8. 结合台湾海峡、南海诸岛及其他国内沿海旅游资源开发，依托各地自然风光、历史古迹、民族民俗文化、爱国教育等特色，积极设计和开发内涵丰富、主题鲜明的邮轮产品，打造具有特色的邮轮航线和邮轮目的地。

9. 充分发挥上海工程技术大学、上海海事大学在邮轮人才培养、输送上的经验优势，推动打造上海邮轮人才服务中心。以“上海国际邮轮旅游人才培训基地”为抓手，继续开展好邮轮旅游销售与邮轮旅游师资人才的相关培训，推动培训基地与相关院校、旅行社和邮轮公司的合作，完善培训基地的各项公共服务，持续开发适用于行业的邮轮旅游培训教材，推动上海邮轮旅游人力资源平台和人才队伍建设。

（五）深化部门联动创新　促进上海邮轮发展

1. 积极将自贸实验区改革试点经验复制、推广至上海中国邮轮旅游发展实验区，推动自贸区与邮轮旅游发展实验区的区港联动，完善贸易便利化监管措施，鼓励邮轮金融服务与产品创新，延伸、优化和完善邮轮旅游产业链。

2. 继续争取邮轮过境免签政策落地，积极探索推进邮轮港口72小时过境免签、境外游客搭乘邮轮入境团体免签、持一次签证空港入境、搭乘邮轮出境可再次入境等政策实施。加强与上海空港合作，探索建立境外游客海港空港联动机制，落实相应的入境便利化措施，不断优化邮轮港口岸监管服务环境。

3. 依托上海港国际客运中心邮轮信息服务业务，继续完善“邮游通”平台建设，争取年内正式启动运行该系统，通过建立全国邮轮订舱信息平台，扩大邮轮销售渠道，完善邮轮旅游服务功能。

4. 力争无目的地航线（公海游）尽快试点，待交通部、公安部书面通知后，开展试点工作，并做好监管、评估工作。

5. 探索实验邮轮食品配送的具体操作模式。按照《上海出入境检验检疫局　上海交通委员会关于共同推进邮轮食品配送中心建设的通知》要求，向国家质检总局寻求政策支持，推动邮轮食品配送中心建设。

6. 研究推进国内商品供给配送国际邮轮的有关工作。

7. 积极推进建立中国邮轮旅游跨境商品交易中心及电商平台。加强与亚洲主要邮轮港口企业之间的合作，探索在吴淞口邮轮港核心区设立针对邮轮游客的保税品展示交易平台。同时，建立中国邮轮旅游跨境商品电商平台，完善支付体系，提升邮轮游客的购物服务体验，延伸上海邮轮产业链。

8. 积极构建邮轮经济产学研合作平台，继续发挥上海国际邮轮经济研究中心在邮轮产业研究方面的先发优势，通过举办中国邮轮经济发展高峰论坛、参与举办中国邮轮产业发展大会等活动，集聚行业研究资源和专家智慧，加强邮轮领域发展研究，构建中国邮轮产业生态链。

四　结论

上海邮轮产业无论在地理位置还是在经济环境方面都具有得天独厚的优势，发展邮轮旅游更好地推动了上海成为国际著名旅游城市、国际航运中心，中国邮轮旅游发展实验区更是为上海发展邮轮旅游带来了更好的政策优势和绝佳的发展机遇。在良好政策的推动下，邮轮游客数量不断提升，对地方经济的带动效应日渐明显。港口基础设施得到改进，综合服务水平得到大幅度的提升，管理水平得到大幅度的提升，邮轮产业领域的合作不断增多，政府对邮轮产业的发展支持力度不断加大，对邮轮产业的发展日益重视，各项有关邮轮经济的研究不断增多、不断深入。在新模式、新思路探索方面，积极加强各部门之间的合作，统筹规划，加大投入力度，提升现代化经营管理水平，制订和完善邮轮码头服务标准，不断延伸邮轮产业价值链，提升附加价值水平，丰富实验区旅游项目，提升旅游项目的对接水平，积极推进跨境交易中心及平台建设，培养高素质、国际化邮轮人才等，在充分发挥实验区的政策优势的基础上，不断创新发展思维，探索发展新模式，使上海中国邮轮旅游发展实验区成为国内领先的旅游发展实验区，并更好地起到示范带头作用。但由于我国邮轮产业处于发展初级阶段，发展模式还在不断地探索，在未来的发展过程中，上海必须更多借鉴国际著名邮轮港的发展模式，在具体环境条件下进行不断创新，更大限度地提升上海邮轮产业发展的国际化水平。

产 业 篇

Industry Reports

G.6
建立邮轮承运纠纷与突发事件的响应机制研究

上海市交通港航发展研究中心 *

摘 要： 近年来，伴随国内邮轮旅游业的快速发展，相关行业标准、法律法规、服务合同和保险产品等方面出现了一定的滞后，邮轮承运纠纷和突发事件的数量有所增加。为了促进邮轮运营安全和行业健康发展，本文将对邮轮承运纠纷与突发事件的响应机制进行研究。由于邮轮承运纠纷和突发事件涵盖的范围较广，本文仅对部分影响较大的事件种类进行研究，对现行机制进行梳理，参考其他国家和地区经验，总结存在的问题，提出响应机制建设和应急预案相关建议。

关键词： 邮轮承运纠纷　突发事件　应急响应机制

* 本文由上海市交通港航发展研究中心“建立邮轮承运纠纷与突发事件的响应机制研究”课题组完成，课题组成员：张林、操志强、吴静、赵梓卿。

一　绪论

（一）上海邮轮行业发展概况

上海是我国最早发展邮轮经济的港口城市，1995 年，首艘国际邮轮访问上海港，开启了中国邮轮旅游的里程碑。经过近十年的建设，上海邮轮业务强劲增长。目前已经建成上海港国际客运中心和吴淞口国际邮轮港两个设施完备的邮轮码头，外高桥还预备了特殊情况下的备用码头，共同形成“两主一备”的邮轮码头格局。

2013 年，上海港共接待国际邮轮 197 艘次，比 2012 年同比增长 62.8%，占全国总量 50.1%，邮轮游客吞吐量 75.7 万人次，同比增长 116%，占全国总量 64.9%，规模和增速均居全国首位，对全国邮轮业发展起到重要引领和示范作用。

（二）开展邮轮承运纠纷与突发事件研究的意义

随着国内邮轮行业快速发展以及旅游者消费能力的不断提高，邮轮行业的配套服务和规范发展并未完全与发展速度和规模相匹配。较之国外百年邮轮发展历程，国内邮轮行业起步相对较晚，无论是政府管理部门还是社会各界都对邮轮产品的定位和相关政策服务配套方面认识不足。种种原因使得邮轮承运纠纷和突发事件有时无法得到及时有效处置，造成不良后果。邮轮承运纠纷与突发事件，尤其是群体性事件损害的不仅仅是单个航次的运营，由于邮轮运营的连续性，因此经常会对船舶的下一个航次，甚至同港口的其他邮轮造成影响，严重的可能出现连锁反应，进而损害整个邮轮市场的秩序和声誉。因此有必要对这个问题及时展开研究，建立和完善相关机制，有效减少邮轮承运纠纷与突发事件的发生，确保邮轮运营安全和行业健康发展。

（三）研究范围及相关概念界定

邮轮承运纠纷和突发事件涵盖的范围较广，本次研究并不包括所有内容，仅对目前没有相应处理机制以及影响较大的部分进行研究。

邮轮承运纠纷：邮轮承运过程的主体包括邮轮公司、旅行社和游客，任何两个主体间有问题出现，均可产生邮轮承运纠纷。本次研究将纠纷界定在邮轮乘客与邮轮公司、旅行社之间，不对邮轮公司与旅行社之间的商业承运纠纷进行讨论，主要关注与邮轮本身相关纠纷的响应机制，对仅在乘客与旅行社之间产生的纠纷不做讨论。

突发事件：在交通港航行业，根据《上海市交通运输和港口管理局处置交通港航行业突发事件应急预案》，突发事件是指由自然灾害、事故灾害、公共卫生事件、社会安全事件引发的，造成或者可能造成城市交通、航道或港口以及重要客运枢纽出现中断、阻塞，并导致重大人员伤亡、重大财产损失，生态环境破坏和严重社会危害，以及由于社会经济异常波动造成重要物资、旅客运输紧张，需要政府提供应急运输保障的紧急事件。

在邮轮中，突发事件主要包括船舶严重损伤、火灾、船上食物安全事故、群体性疾病、游客集体“霸船”等多项内容。本文研究重点为游客集体“霸船”（即邮轮到港后，游客拒绝下船，要求船公司或者旅行社答应己方的赔偿要求）这一突发事件，以及船舶损伤、火灾、集体食物中毒等问题。对此，欧美邮轮业经过长年的发展，船方已有比较成熟的处理机制，国内邮轮业需要做的是借鉴和利用这些机制。这属于执行方面的问题，下文将根据实际情况做简单探讨。

在实际经营过程中，邮轮承运纠纷和突发事件并不是完全割裂的两个概念，不同的承运纠纷和突发事件之间可互相转化，严重的承运纠纷可能会引发诸如“霸船”类的突发事件，船舶损伤、食物安全、群体性疾病等突发事件造成的旅程不顺也往往会带来承运纠纷；或者一个突发事件引发新的突发事件。因此在本文中，笔者虽然对突发事件与承运纠纷分别进行研究，但在实务操作中需要联合考虑。

二　上海邮轮突发事件的响应机制

突发事件包括自然灾害、事故灾难、公共卫生事件和社会安全事件几大类，以下将根据邮轮特点，探讨海上搜救、公共卫生事件、游客集体“霸船”等问题。

（一）“霸船”突发事件

所谓“霸船”，是指邮轮靠港后，游客拒绝下船，以此要求船公司和旅行社答应自己的赔偿要求。在邮轮航行过程中，有时会因气候等不可抗力导致邮轮延误、行程临时变更。如果处理不当，就会引发邮轮公司与游客之间的冲突，严重的可发展为“霸船”事件。据统计，仅2012年发生在上海水域的“霸船”事件就多达3起，2013年最严重一次涉及近400人，“僵持”9个小时，造成严重影响，引起相关部门高度重视。

1. 典型案例及分析

2013年4月5日，歌诗达邮轮“维多利亚号”从上海港出发，由于天气原因，航道被封闭，邮轮行驶半小时后返回。当晚11点45分左右，大雾天气有所缓解，邮轮在得到港务局通知后重新起航。原定行程为“济州＋仁川/首尔”团队游线路延迟了7个小时出发，为了不影响后续航次，邮轮临时取消了济州港停靠的行程。“维多利亚号”邮轮抵沪后，200多名游客拒绝下船，在僵持9个多小时后，通过各方协调，同意赔偿滞留的游客每人一千余元，“霸船”游客才携带行李下船。

“维多利亚号”事件的主要原因是气候恶劣造成预定行程改变，具有较强代表性。除了预定行程没有完成这一根本原因之外，我们还可以总结出推动事件发展的另外一些重要原因。

（1）船方与游客的信息沟通渠道

“维多利亚号”事件中，由于风浪、长江口大雾等天气原因，邮轮无法出港，直到7小时后气象条件好转才被允许离港，之后也未停靠济州港。而船方始终未直接就延误和航线变更之事对游客进行告知，许多游客直至发现邮轮行驶时间远远超过到达济州港需要的时间后，才得知邮轮已经放弃停靠济州港，这直接导致游客情绪上的不满，以致拒绝接受船方关于航线变更的解释。

而2012年“海洋航行者号”邮轮同样遭遇台风，面临无法在济州岛靠岸的情况，船方立刻利用广播和大屏幕，及时向游客报告情况，并随时报告台风动向。在决定更改航线后，船方除了向游客口头致歉以及详细介绍改后方案，还在每个房间发放了书面的致歉信，上面写明了赔偿方案。邮轮返回上海港后，没有出现游客拒绝下船的现象。两次事件经过相似，结局截然不同，可见船方与游客保持充分的信息畅通十分重要。

（2）特殊情况时的邮轮服务

邮轮上晕船药可以免费领取，但船医收费高昂，每次需要支付100～200美元不等，由于风浪太大，“维多利亚号”上许多游客出现晕船及其他不适症状，但是邮轮并没有针对这种状况做出调整，仍然刻板地按照规定收取费用，引起游客情绪上强烈的不满。

（3）旅行社对游客的引导作用

旅行社在游客情绪稳定上有着重要的作用。“维多利亚号”改航最终导致数百名游客“霸船”事件，和某些旅行社的不作为有很大关系。在部分游客表示不愿意下船后，带队的导游自己先行下船离开，使得游客与邮轮之间失去缓冲的空间，直接产生冲突，进一步造成事态恶化。

2. 响应机制缺失及存在的问题

目前上海并没有针对“霸船”事件的响应机制。当出现“霸船”事件时，现行的做法是船方通过码头和船公司联系交通主管部门，领队通过旅行社联系旅游主管部门，再加上当地政府联系公安部门，多管齐下共同解决问题。邮轮公司首先起的是联络人的作用，其次便是在船上对游客进行劝说和安抚，制定赔偿方案，和游客进行谈判。码头主要工作是准备场地、餐饮等，并配合邮轮公司、旅行社和政府部门工作。旅行社大多担任直接与游客交涉的角色，对游客进行安抚和劝说。并且在之后的赔偿过程中，旅行社在邮轮公司和游客之间起到桥梁作用，邮轮公司将赔偿金付给旅行社，旅行社再分配给各个游客。政府管理部门承担了处理纠纷和突发事件的许多现场工作，包括公安部门维持现场秩序、上船进行劝说，交通部门和旅游管理部门组织谈判、进行交通调度等。

近年来的几次事件虽然最终都得以解决，但是目前的处理方式存在一些问题，主要有以下方面。

（1）缺乏固定的应急制度

霸船事件发生后，处理需要牵涉多个部门。现在采取的做法是“一事一议”，需要人工逐个召集商议，各部门无法根据情况及时启动应急机制，缺乏效率，造成时间和人力上的浪费。

（2）公安缺乏执法权限

“霸船”在某种程度上与“霸机”类似，都是以占据交通工具为手段。

《民用航空安全保卫条例》第十六条对“霸机”行为有明确规定，机场内禁止强行登、占航空器，对违反第十六条，构成违反治安管理行为的，由民航公安机关依照《治安管理处罚法》有关规定予以处罚。《中华人民共和国治安管理处罚法》第二十条，对扰乱车站、港口、码头、机场、商场、公园、展览馆或者其他公共场所秩序的，扰乱公共汽车、电车、火车、船舶、航空器或者其他公共交通工具上的秩序的，非法拦截或者强登、扒乘机动车、船舶、航空器以及其他交通工具，影响交通工具正常行驶的，处警告或者二百元以下罚款；情节较重的，处五日以上十日以下拘留，可以并处五百元以下罚款。

现在邮轮运输业中缺乏类似《民用航空安全保卫条例》这样的法律条款把“霸船”行为和《中华人民共和国治安管理处罚法》连接起来，公安部门没有执法权限。如果游客身处邮轮上，公安部门仅能对其进行劝说，不能强行带离，使得执法效果与投入人力不相匹配。

（二）突发海上搜救事件

1. 典型案例

2013 年 4 月 19 日，“双子星号”原定于下午 6 点起航，但由于大雾影响，延至当晚 12 点开船，20 日下午，“双子星号”行驶至长江口海域时发生螺旋桨缠绕渔网，船舶抛锚失去动力，当时现场风力 7 ~ 8 级，船舶有倾覆危险。经多方联系，东海救助局和打捞局派出拖轮和救助船实施救助，最终“双子星号”于22 日安全停靠吴淞港。

2. 响应机制缺失及存在的问题

目前上海并无专门针对邮轮的海上搜救应急预案，已有的船舶救助的应急预案为《上海海上搜救和船舶污染事故专项应急预案》，预案适用于在上海海上搜救责任区域内开展的海上搜救和船舶污染事故等海上突发事件的应急处置工作，由上海海上搜救中心负责责任区域内海上搜救和船舶污染事故应急处置行动的组织、指挥、协调和监督工作，工作机构包括上海海上搜救中心、应急处置指挥部、上海海事局、东海救助局、上海打捞局、交通委、公安局、气象局、卫生局、上港集团等多家单位。

在实践中，上海大型邮轮救助的经验并不丰富，近年来仅有 2013 年的“双子星”号事件一例。这次事件虽然救助成功，但反映出上海邮轮在需要海上搜救时响应机制存在一些问题。

（1）险情发生时联络渠道不通畅

虽然《上海海上搜救和船舶污染事故专项应急预案》覆盖了交通、救助、气象、安全等多个部门，但没有包括旅游部门。邮轮业并没有明确的主管部门，但是在日常运营中，带有很强的旅游性质。旅游业务的主管部门是旅游局，但是旅游局无法通过工作流程启动海上救助应急预案，这就造成事故与救助之间的脱节。比如“双子星号”事件发生时旅行社、代理和船公司不能在第一时间联系到可以救助的机构，政府部门之间相互推诿，最后还是码头工作人员以个人联络的方式才联系到救助。

（2）缺乏事后评估和回顾程序

虽然按照应急预案，搜救后应当进行评估，围绕遇险主体情况及现场环境，对海上搜救行动的预警预防、险情的分级上报、应急响应与处置、后期处置、应急保障等相关环节进行客观总结分析与评价。但在“双子星”号事件中，并没有单位去负责完成这些工作。在调研过程中相关人员仅能根据各方描述得知事件发生的过程，没有详细完整的报告，至今也没有机构给出结论，邮轮被渔网缠绕究竟是因为渔网漂流还是因为航道偏移。缺乏事后评估和回顾程序导致责任无法清算，进而给费用结算带来障碍。

（三）突发公共卫生事件

对涉及人身健康安全的突发事件，上海应对经验较丰富。2010 年国际邮轮卫生检疫工作组成立，上海出入境检验检疫局作为组长单位，牵头起草了《国际邮轮卫生检疫管理办法》及《入出境邮轮卫生监督规程》《入境邮轮随船检疫技术规程》和《入境邮轮信息直报规程》3 个技术规程。近年来上海已成功处置多起邮轮突发公共卫生事件。

三　上海邮轮承运纠纷相关机制

（一）上海邮轮承运纠纷情况概述

在邮轮航行过程中，邮轮承运纠纷可能性伴随着邮轮航行全过程，阶段不同，产生纠纷的原因也有所不同。据上海市旅游质量监督所的统计数据显示，自2010年1月至2013年12月，共接到与邮轮有关的投诉31起，其中最多的为路线未成行和行程取消、变更及延误，这两种原因引发的纠纷均为7起，占投诉总数的近半数；其次为邮轮上餐饮住宿问题，共5起；其余投诉原因分别为签证问题、导游服务问题、陆上游景点问题和费用问题，与邮轮旅游本身关系不大。

虽然从旅游质量监督所的数据来看，投诉数量并不多，但实际影响不可小视。当出现行程取消、变更以及延误等问题时，不良后果波及的往往是全船游客，虽然显示的投诉数量很少，但造成的影响范围很大。

（二）邮轮承运纠纷中各主体之间的法律关系

邮轮承运纠纷理论上主体应该是邮轮公司和乘客，但是在国内通常包括邮轮公司、旅行社、乘客三个主体。原因主要有以下三个方面。

首先，由于目前特有的销售模式，邮轮公司的许多航次在公布初期即被旅行社包下，乘客无法直接向邮轮公司购买船票，只能通过旅行社操作。

其次，我国法律对外资旅行社经营中国内地居民出境游业务有所限制。《旅行社条例》第二十三条规定，外商投资旅行社不得经营中国内地居民出国旅游业务以及赴香港特别行政区、澳门特别行政区和台湾地区旅游的业务。《中外合资经营旅行社试点经营出境旅游业务监管暂行办法》第二条规定，国家在试点的基础上，逐步对外商投资旅行社开放经营中国内地居民出境旅游业务。邮轮公司成立的旅行社在通常情况下不能经营邮轮出境游业务。

再次，目前许多国家办理签证需要一定的手续，所以多数中国游客会将这些事务交由旅行社去办理。

由于上述三个原因，国内多数邮轮业务主体包括邮轮公司、旅行社、乘客三方，但也有少数乘客直接向邮轮公司或者通过代理商购买船票，在这种模式中，业务主体就只有邮轮公司和乘客两方。以下将分别就两者之间的关系略作分析。

1. 旅行社和乘客之间

按照《中华人民共和国旅游法》第五十七条，旅行社组织和安排旅游活动，应当与旅游者订立合同。在实务中，一般使用《上海市出境旅游合同示范文本》辅以补充条款。两者之间是明确的旅游合同关系。

2. 旅行社和邮轮公司之间

旅行社和邮轮公司之间的关系根据销售模式可分为两种。一种是单纯的代理销售合同关系，邮轮公司制定销售价格，旅行社代为销售，根据销售情况邮轮公司向旅行社支付佣金；另一种是旅行社包船，邮轮公司以折扣价的方式将船票卖予旅行社，旅行社支付货款后，按照自己的方式和价格进行销售。

3. 邮轮公司和乘客之间

在乘客直接向邮轮公司或者通过代理购买船票的情况下，乘客与邮轮公司之间为直接合同关系。但如果乘客与旅行社签订了旅游合同的，表面上看旅行社是邮轮旅游的组织方，邮轮公司与乘客之间并没有直接的合同关系。但是根据《中华人民共和国海商法》第一百一十条，旅客客票是海上旅客运输合同成立的凭证，乘客的船票是由邮轮公司提供的，在邮轮上获得旅游服务也完全是由邮轮公司组织和提供的，旅行社并不参与。因此如果仅凭表面的文书来认定邮轮公司和乘客之间无合同关系的话，对旅行社来说是不公平的，应当认定邮轮公司和乘客之间存在运输合同关系和旅游合同关系。

（三）上海邮轮纠纷主要原因分析

据邮轮公司、旅行社等从业人士反映，国内邮轮的纠纷数量高于欧美，例如因不可抗力造成延误、行程减少时，欧美游客通常不会发生纠纷，而在国内邮轮纠纷中，此原因占了很大部分。造成这种差异的主要原因有下述几方面。

1. 游客对邮轮旅游认知尚不成熟

在欧美等邮轮业较成熟的区域，邮轮是一种“慢速旅游”，行程时间较长，乘坐邮轮的游客年龄多偏大，在邮轮度过时光是旅行的主要目的，陆上旅游仅是一种补充。因此即使出现如不可抗力造成的气候变化、航行风险导致的邮轮无法靠港、航程缩短或改变等情况，游客也能够在船上以其他娱乐方式弥补。而且经过多年邮轮旅游宣传和熏陶，许多欧美乘客认为海上航行本来就是一种冒险的行为，邮轮公司为了安全选择路线改变是可以理解的，因此不易与邮轮等方面产生纠纷。

国内邮轮仍然处于初级发展的阶段，许多乘客对海上航行的风险认识较浅，而且很多游客把邮轮旅游等同于乘船“境外游”，将邮轮定位为提供吃住的交通工具。为了配合国内假期，目前邮轮多为短期产品，国内游客需要在有限的时间内完成完整的邮轮休闲，境外船下观光、购物等内容，因此一旦因不可抗力原因造成旅游时间减少，游客消费心理受到很大的负面影响，纠纷也因此而发生。

2. 销售模式差异

欧美邮轮销售模式为首先由邮轮公司发布航线和价格，之后船票由代理商进行销售或者船公司直销，乘客以散客为主，在代理商或船公司处购买船票，船公司根据销售情况返回代理商佣金。价格方面为单船票的价格体系，船公司制定指导价格，舱房价格等级清晰，一般来说越早订购价格越优惠。

国内销售模式与欧美邮轮销售模式有很大的不同。首先船公司发布航线，接下来只有少部分航次采取和欧美相似的销售方式，绝大多数航次被旅行社以包船（购买一个航次的全部舱位）或者切舱（购买一个航次的部分舱位）的方式向船公司买断，然后再通过旅行社同行分销或者票务代理分销，船票销售成为旅行社向乘客提供的出境游服务中的一部分。价格由包船或者切舱方制定，舱房等级也是自定，通常越临近船期价格越低。

这种旅行社包船（或切舱）的方式已经成为国内邮轮销售模式的主流。但是它有着不少弊端。

（1）销售渠道、产品种类、信息资源均受到限制

销售渠道受到限制。由于邮轮基本为出境游，因此包船（切舱）的基本上为有组织出境游资格的旅行社，但出境社数量有限，如上海仅 90 家出境旅行社，因此船票销售的渠道受到限制。

产品种类受到限制。由于出境社每家都自有包船航次，有的甚至包十几个航次。这些旅行社只能把所有精力放在自有航次的销售上。消费者往往会被刻意引导到包船航次，甚至有些旅行社直接拒绝消费者的其他航次需求。尤其是 Fly cruise（“飞机 + 邮轮”组合模式，即邮轮乘客飞往某一港口登上邮轮或离开邮轮后再飞往另一地）受到旅行社打包能力限制。

信息资源受到限制。旅行社包船销售模式下，大型旅行社通过包船、切舱进行邮轮票务销售，中、小型旅行社需要通过 QQ 群、打电话等方式获取邮轮产品信息及价格，市场上没有一个载体可以实时查询所有航次所有价格。

（2）价格混乱

在中国目前的邮轮包船销售体系下，由于旅行社对舱位进行买断，船公司

失去定价权，包船方和切舱方都可以定价，每一个旅行社根据自己的能力定价，各家打包产品价格不一，甚至舱房等级也被打乱。此外，上客率是邮轮公司服务评价中的一项重要指标，因此在包船合同中邮轮公司会对上客率提出要求，并在合同中提出一定的惩罚条款。旅行社在既定时间内完不成销售的情况下往往会进行甩卖，或者船票售出到达一定数量满足旅行社盈利需求后，旅行社将剩下的船票以较低价格抛售，以便尽快回流资金，以上原因造成邮轮产品价格混乱，同一艘邮轮上不同游客的票价相差较大，在部分非热门航次中，抛售价格甚至仅为原始价格的40%。如果发生需要赔偿的事项，不仅赔偿方案难以制定，而且在同样的条件下，高价购买船票的游客容易产生不平衡的心理，进而引发纠纷。

3. 船方对风险的宣传和告知不足

船公司和游客之间的合同关系是由船票来证明的，邮轮方和游客方的权利和义务均体现在船票内容中。我国目前船票由各船公司自行提供，但是完整的船票内容冗长，并不符合一般公众对“船票”的认知。以歌诗达邮轮船票为例，一份完整的船票长达8页，而丽星邮轮的船票有4页，而且是英文版，中国游客很难看完全部的说明。

（四）承运纠纷解决的响应机制及存在的问题

目前并没有针对邮轮承运纠纷解决的响应机制，解决途径是参照一般旅游纠纷处理，包括以下几种。

（1）协商。游客与旅行社进行谈判，自行达成协议。

（2）调解。根据合同，游客向上海市旅游质量监督所、上海市消费者申（投）诉举报中心和上海市文化市场行政执法总队进行投诉，由相关组织进行调解。

（3）仲裁。合同中有相应仲裁条款的，可提起仲裁。

（4）起诉。游客可向人民法院提起诉讼，目前上海市高级人民法院和上海市旅游局建立了“上海市旅游纠纷诉调对接工作机制”，将旅游纠纷的旅游行政管理部门调解处理方式与人民法院的诉讼处理方式有机结合。人民法院受理的涉及旅游纠纷案件，可以经当事人同意后，将争议委托、委派旅游质监机构进行调解，也可以邀请旅游局推荐的专家、专业人员共同参与调解。经旅游质监机构调解达成的调解协议，经人民法院确认有效的，可以申请强制执行；

旅游质监机构调解人员，经旅游局推荐和人民法院审查并认可，可以作为法院“诉调对接中心”调解员。

现行邮轮承运纠纷的解决机制主要存在以下问题。

1. 船方和旅行社的责任难以划清，缺乏针对船公司的投诉途径

在包船（切舱）的销售模式下，旅行社实际上是将自己从单纯的代为销售船票变成某种意义上邮轮的承租人。为了达到船公司提出的上客率，旅行社承担了大量宣传工作，在销售过程中还要负责分舱管理，而这些本该是邮轮公司来负责的。同时这种做法还造成船方和旅行社的责任无法清晰分割。如果旅行社只是代理销售邮轮票务，那么邮轮上发生纠纷即应当由邮轮公司负责，旅行社仅仅需要负责岸上旅游部分；如果旅行社是承租人，那么旅行社也应当对邮轮上的纠纷负责。而这个问题的答案在当前的销售模式下是不清的。此外，旅游部门只接受针对旅行社的投诉，游客无法通过旅游部门的途径投诉船公司，因此处理上经常出现障碍。

根据数据显示，歌诗达大西洋号冬季（2013 年 11 月至 2014 年 2 月）共销售了 25 个航次，在这航行时段接近、船舶业态相同、同一艘船舶的 25 个航次中，包船和散卖的满载率差异极大。散卖的 10 个航次中，只有 1 个航次达到 107. 14%，其余 9 个航次平均满载率仅有 49. 98%，不足一半；而包船的 15 个航次中，仅有 1 个航次为 96. 64%，未达到 100%，其余 14 个航次满载率均在 100% 以上，15 个航次平均满载率为 113. 08%。

通过这些数据我们可以得出这样的结论，目前邮轮公司在上海投入的宣传和销售力度远远不及旅行社，通过包船销售模式，邮轮公司在航线发布早期即能收到票款，不仅避开销售风险，宣传工作也一并转移，并通过这些乘客在邮轮上的消费得到额外收入。而旅行社承担了本属于邮轮公司的工作，如果还要他们为在邮轮上因船公司提供的服务发生的纠纷承担责任，这是不公平的。

2. 船公司、旅行社、游客三方之间的合同无法对接，缺乏邮轮专用合同

如果认可上一条的结论，认为船方承担责任的话，按照合同关系，正常的途径应当是旅行社与邮轮公司在合同中事先做出约定，纠纷发生后游客与旅行社达成赔偿方案，邮轮公司按照约定向旅行社支付赔偿金。但在实务操作中，双方签订合同阶段，旅行社并没有太大的议价能力，合同往往按照邮轮公司所在地的法律法规制定，而旅行社、游客双方合同需遵循我国法律法规，二者无

法完全对接。

旅行社和游客之间采用的是旅游局推出的标准合同，由于旅游局的标准合同中并没有邮轮专用的合同，因此使用的是境外旅游合同的模板。境外旅游合同针对的是陆上旅游，对此各旅行社通过在标准合同后增加附加条款来明确双方的权利义务，但是这些条款没有得到官方权威的解读，在纠纷发生时容易引起争论。

3. 赔偿机制不健全

在赔偿方案达成后，游客得到赔偿金的途径分为两种，一种是保险金，另一种是邮轮公司和旅行社赔付的赔偿金。这两种赔偿方式各自存在一些问题。

（1）通过保险方式赔偿

这种方式目前的弊端有下述方面。

首先，保险责任单一，缺乏针对邮轮旅游的保险制度。恶劣天气造成行程延误和取消是邮轮纠纷发生的重要原因之一，但是目前对此类事件的险种极少。游客购买的基本上是一般的境外旅游保险，保险责任集中在人身伤害、突发疾病、死亡之类事件上，并无针对行程延误、取消等情形的条款，因此发生这些情况时，游客无法通过保险方式得到赔偿。现在已有保险公司制作关于邮轮旅游行程延误的保险方案，但邮轮行程延误与一般旅游保险中发生受伤、生病不同，一旦延误，影响的是全船的旅客，如果这些旅客均购买了此类保险，保险公司将付出高额的赔偿金。为保障己方利益，保险公司必然会提高此类保险的保费，从而造成旅客放弃此类险种，转向选择一般性的旅游保险。

其次，部分保险后续赔偿程序冗长。现在的保险流程总体来说比较顺畅，如果游客购买的是旅行社代理的保险，许多事宜可由旅行社代办。但也有后续过程持续较长时间的情况出现，在赔付额不高的情况下，有些游客会放弃保险。

（2）通过赔偿金方式赔偿

在旅游合同中，通常赋予乙方有在不可抗力或者意外事件情况下紧急变更合同的权力，因此在理论上游客得不到任何经济赔偿。但为了公司声誉或者尽快正常运作，有时邮轮公司会通过旅行社赔付，或者旅行社直接对游客支付赔偿金。这种赔偿方式的弊端有下述方面。

首先，没有事先约定，赔偿过程混乱。通过调查发现，乘客和邮轮公司对赔偿项目的认知有较大差异。当遇到因台风、自然灾害等不可抗力问题导致延误或者行程取消时，邮轮公司认为，按照国际惯例，这种情况是按时间退还未发生的费用，包括港务费、船上的住宿费、餐饮费等。但国内许多游客认为，行程变化带来的费用也属于赔偿范围，如返程时间变更造成机票变更的费用、额外产生的陆上住宿费用等。除了赔偿项目外，在合同中通常也没有条款对赔偿方、金额、付款方式等做出约定，整个过程比较混乱，造成时间、人力的大量浪费。

其次，游客拿到的赔款金额不一，不利于建立健康的纠纷处理模式。邮轮公司、旅行社支付赔偿金的整个过程是与其游客的谈判过程同时进行的，在谈判过程中，为了尽快息事宁人，容易出现这样的怪象，即服从邮轮安排早早下船的游客拿到的金额少，强行留在船上影响邮轮营运的游客拿到的金额多；态度良好造成影响少的游客拿的金额少，态度恶劣造成影响大的游客拿的金额多。例如上文提到的“维多利亚号”事件，坚持留在船上的游客最后每人额外拿到了一千余元的赔偿费。这种结果容易给游客造成观念上的误导，十分不利于建立健康的纠纷处理模式。

现在有邮轮公司和部分保险公司已经达成协议，由邮轮公司购买保险，在跳港、延误等情况发生时，保险公司向游客直接赔付，但实际执行效果尚未得到市场的检验。

四　其他国家和地区应对邮轮承运纠纷与突发事件的经验借鉴

（一）美国有关立法

美国是世界上最大的邮轮客源地，拥有全球最多的邮轮码头，嘉年华、皇家加勒比等知名邮轮公司均在美国成长和发展，因此美国在邮轮纠纷处理中有着丰富的经验。

1.《美国2010年邮轮安全和安保法案》

《美国 2010 年邮轮安全和安保法案》是迄今为止在邮轮突发事件中让国

家暴力机构迅速介入的成功立法，它赋予美国海岸警卫队、联邦调查局、海事局、领事馆等不同程度参与调查的权力。关于案件的信息，船东需向上述主体汇报。船上一旦发生谋杀、嫌疑死亡、美国人口失踪、绑架、严重人身伤害，船方应当立刻电话联系最近的美国联邦调查局驻当地的办公室或者法律分支机构，报告事故。因此，邮轮途经美国遭遇上述威胁时，通过法律获得国家暴力机器的援助。一旦船东自身无法处理，美国强制法的公职人员可以上船对嫌疑分子采取措施。

2. 美国残疾人协会和美国残疾人保护法

美国针对残疾人成立了专门的协会，并进行立法。法案规定所有靠近美国港口的外国游船必须遵守美国残疾人保护法，禁止歧视并要求为残障人士提供良好的环境设施。邮轮需专门为残障人士设立附属舱位空间和设施。

（二）中国台湾地区的有关立法

1. 台湾地区相关“霸船”事件

2010 年 8 月 8 日，丽星邮轮公司天秤星号载 1590 名旅客从基隆港出发，原定航程四天三夜，分别靠泊日本石垣岛及冲绳那霸港。出发前因石垣岛已因台风宣布封港，天秤星号告知乘客将直接前往那霸港靠泊两夜，丽星公司提供每舱房 1200 元（新台币，下同）的补偿。但天秤星号航往那霸港途中，得到通知：那霸港受电母台风影响 9 号封港。最终四天三夜停泊日本两港的行程更改为不靠岸的三天两夜公海游。

航行过程中，船公司提出退一半舱房费，及未来舱房费 6.5 折优惠的赔偿方法，但乘客并不接受，要求全额退费，10 日下午一点半，天秤星号接近基隆港，大批乘客聚集拒绝下船。其间，基隆港务局、港警局等单位组成专案小组进驻基隆港旅客大厅，并征得船长同意，如有必要港警局员警将登轮执法。经过近三小时协调，双方达成共识，不愿退费一半的乘客可以选择一年内搭天秤星号同航程、同等级舱房费全免的优惠，所有乘客可免费搭乘昨晚出海的两天一夜公海航程，聚集乘客于六点半左右下船。

2. 台湾《客船乘客与运送人纠纷调处程序》

我国台湾地区邮轮旅游兴起较内陆港口更早，因此处理突发事件和纠纷的经验也相对丰富，台湾地区“立法委”向当局提出建议后，即开始酝酿进入立法阶段，但是也经过一些波折，最终由交通部门制定了条例，即《客船乘客与运送人纠纷调处程序》，作为特别的处理方式流程和依据，以维护港口正常的安全的营运秩序。

《客船乘客与运送人纠纷调处程序》的主要内容包括以下方面。

（1）明确了政府方面的主管部门，“港务局”应当对客船上乘客与运送人之间的纠纷进行全程协调处理。

（2）明确了运送方，即船公司的义务。在客船无法依预定时间启程、靠泊以及航线和靠泊地点变更时，船公司有义务及时告知乘客，并对乘客提供协助，当船公司未履行规定的义务时，港务局有权依规定进行处理。

（3）赋予执法机关上船执法的权力。当船舶遇到乘客拒绝实时离船时，明确可由“港务局”、港务警察主管人员到场协助处理。乘客在调解时，受到离船要求后仍留滞于客船中的，运送人经“港务局”主管人员同意，得请求港务警察所派员劝导乘客离开船舶。港务警察劝导乘客离开船舶时，“港务局”及承运人应配合采取必要措施。

（4）确立运送方和乘客标准法律文书，防范后续纠纷的产生。乘客离船时需在港务局主管人员见证下签署《客船乘客离船协议见证表》，如运送方和乘客未按协议在“港务局”安排的场所继续协商，“港务局”有权依法规处理；乘客有个人意见时，得填具乘客个人申诉书交运送人尽速妥善处理，承运人应将处理结果呈报港务局。

3.《客船乘客与运送人纠纷调处程序》的启示

从之前所举的丽星天秤星号案例中可以看出，台湾的“霸船”事件发展经过与上海十分相似，因此相较于与中国差异较大的美国法律系统，台湾的《客船乘客与运送人纠纷调处程序》在实务操作中有着更大的意义，结合程序内容与案例来看，上海可借鉴的主要有以下几点。

（1）明确一个主管部门，并参与全程处理。从规定中可以看出，在台湾地区，“港务局”是处理乘客与运送人双方纠纷的唯一主管部门，参与的目的不仅限于维持港口正常运行，而是负责监督整个纠纷的处理全程。“港务局”需要见证乘客推选代表与运送人协商，需要为协商提供场所，如乘客与运送人未在提供场所继续协商的，“港务局”可依法处理，乘客对集体协商有个人意见提出申诉时，运送人需要将申诉处理结果通报“港务局”，如乘客与运送人无法达成协议，双方可以提请港务局进行调处。这些后期的工作看似与维护港口运作已无多大关系，但是有利于整个纠纷的处理，避免在环节中出现断裂，以致无处申诉的局面，也符合现在所说的“一口式服务”的通行做法。

（2）执法权力与执法力度的权衡。按照《客船乘客与运送人纠纷调处程序》的规定，对滞留在船上的乘客，港务警察所可派员上船劝导乘客离开船舶。在丽星天秤星号案例中，其间警务人员一直在现场，随时准备登轮，但乘客仍在滞留三个多小时后方离开船舶。由此可以看出，虽然执法机关有权上船执法，但在实际情况中，仍然可能出于各种考虑不行使权力。对乘客进行劝说和采取强制行动的界限需要主管部门自行掌握，但首先，应当赋予执法机关执法权，这点是毋庸置疑的。

（3）综合考虑运送方和乘客的权益保护。通常来说，法律制定时要注重对弱势群体的保护，但是运送方和乘客在地位强弱上并不是一直不变的。当乘客群体滞留在船舶上拒绝离开时，乘客作为整体相对船方来说是强势的，船方（甚至是执法部门）很难以强制手段要求其离开，但是当乘客离开船舶开始维权时，即转为弱势地位，船公司的资金量、专业水平和时间精力远大于乘客个体。《客船乘客与运送人纠纷调处程序》在让乘客离开船舶方面，维护的是运送方的权益，但其并没有忽视维护乘客方的权益，乘客无论是推举代表表达集体意见，或者以个人身份提出异议，均在港务局的管辖范围之内。

五　关于建立上海邮轮承运纠纷与突发事件的响应机制的对策与建议

（一）建立牵头部门，建立应急机制，加强邮轮与现有应急机制的对接

建立邮轮管理牵头部门（建议由旅游局担任），负责邮轮相关突发事件总体的协调和联络工作，以及事件解决之后的回顾和评估。

通过对旅行社、船公司、码头等机构的调研，以及对现有处理案例总结，笔者提出以下针对霸船事件的处理流程。

建议建立邮轮突发事件应急机制，在总体协调的基础上，根据突发事件性

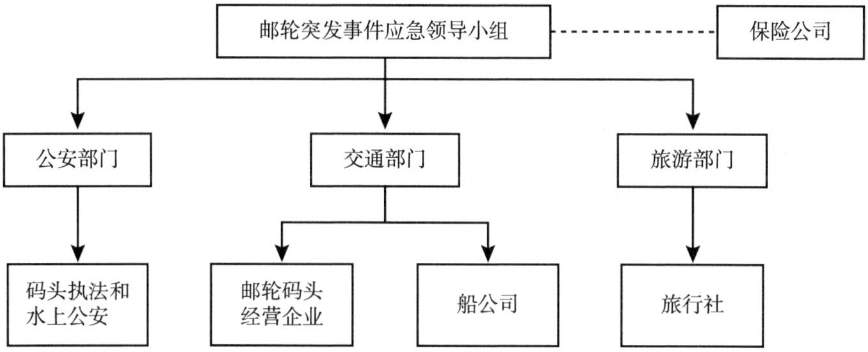

图 1　邮轮纠纷联合解决机制示意

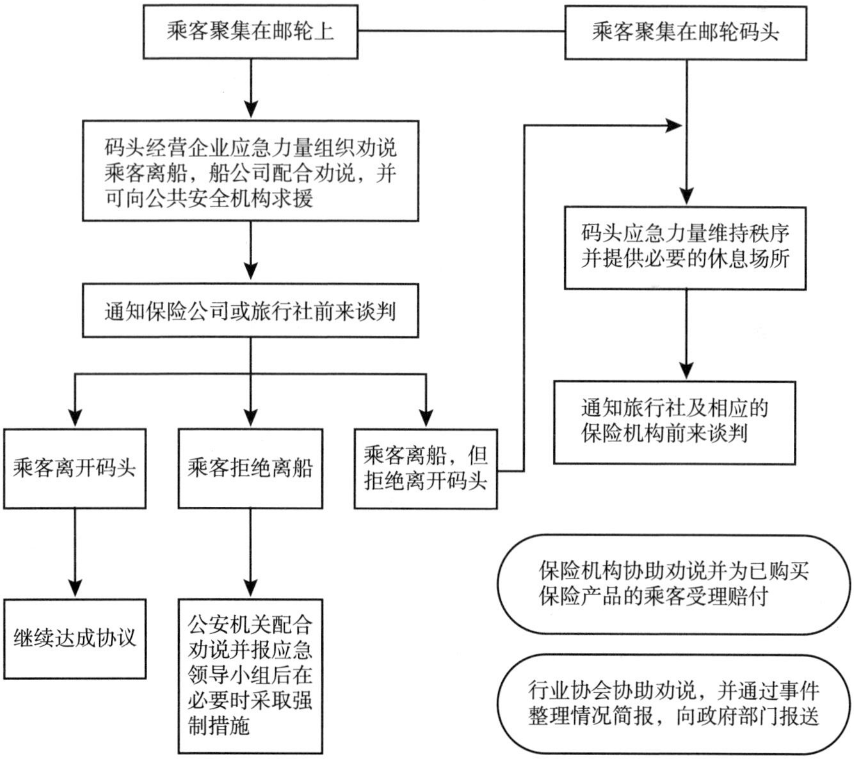

图 2　涉及人数较多、程度较严重的“霸船”事件处理流程

注：保险机构和行业协会的行动随整体事件同步进行。

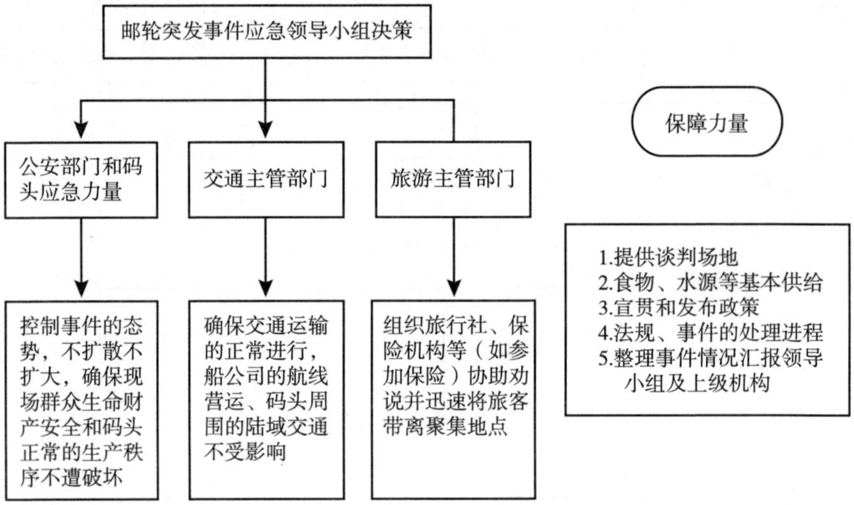

图 3　涉及人数较少、程度较轻的“霸船”事件处理流程

质不同分别建立模块。对尚未有应急机制的突发事件领域（如“霸船”），建议在现有做法的基础上将其制度化，并根据实际情况进行调整，待处理方法成熟后建立相应的应急机制；对已有应急机制的突发事件领域（如海上搜救、公共卫生突发事件等），加强邮轮和现有应急机制的对接条款，当发生突发事件后，牵头部门可根据对接条款启动相应机制，并在现有机制中增强旅游局的职能。

（二）研究制定“反霸船”条款

建议研究制定“反霸船”条款，可参考《民用航空安全保卫条例》做法，制定特别条款，将“霸船”行为与《中华人民共和国治安管理处罚法》中的处罚联系起来，使公安部门拥有上船执法的权力；或者参考美国《2010 年邮轮安全和安保法案》及我国台湾《客船乘客与运送人纠纷调处程序》的做法，直接赋予公安部门在特定情况下上船强制执法的权力

（三）明确船票及船票代理定性的问题，实行船票制度

建议管理部门划清旅行社和邮轮公司的责任，认可将船票销售与旅游打包产品销售分离，明确旅行社船票销售代理性质。

建议对旅行社和票务机构的产品转包、分包加以监管，如果旅行社在转包过程中扰乱了市场、引发矛盾和纠纷，甚至有欺诈消费者的行为，应限制其经营出境、涉外或国内相关航线的资质，并处以相应的经济处罚或给予社会通报，促使旅行社加强内部管理，为船公司在选择合作旅行社的时候提供参考。

建议实行船票制度，定义邮轮船票的法律地位，集中所有航线经营船舶的客票进行备案机制，明确船票为双方权利义务关系的初步证明，为纠纷的解决提供初步的依据。建议在推行船票制度时除了完整版船票外，加用简短的纸质船票，除个人信息外，重点印制船公司因不可抗力改变航线的免责说明，并且对船票印制规模、尺寸、语言和条款文字做出限定。如果船公司的做法符合规定，则可在解决纠纷时拒绝游客“没有看到相关条款”的辩护理由。

（四）建议旅游局制定邮轮旅游专用合同，并成立邮轮专门投诉机制

建议旅游局制定邮轮旅游专用合同，包括旅行社与邮轮公司之间的标准合同、旅行社与游客之间的合同，注意两者之间权利和义务的对接，由政府做出权威解释，并在行业内进行宣讲。在合同中明确邮轮、旅行社、游客等各方的责任义务。

建议旅游局联合其他部门建立邮轮旅游的专门投诉处理机制，接受并处理与邮轮旅游相关的投诉，除了旅行社之外，同时接受针对邮轮公司的投诉。当合同各方违反了合同义务时，应当有相应的处罚机制。通过各机构联合成立专门投诉机构，让交通部门、海关边检部门等均参与到纠纷管理和处罚中来，可以解除旅游部门对邮轮公司无处罚权力、游客没有途径投诉邮轮公司的困境。

（五）采取保险理赔方式，保障各方权益

通过保险理赔解决问题在国外是一种普遍实行的方式。游客通过购买保险，事先得知其在因为误点、未能停靠预定港口或是未能进行岸上旅游的情况发生时能够得到多少赔偿，这样在保险中预设的情况真实发生时，可以促使游客尽快离船。

建议保险公司完善制定专业的邮轮保险方案，可将邮轮专门条款与一般境外旅游保险分离销售，以避免总体保费较高的问题，或者通过联合保险的形式

降低保费。

完善保险流程，降低游客理赔难度，针对行程延误或取消这类群体性的赔保，建议简化游客提交的材料，仅需个人资料证明自己在当时的邮轮上即可。

（六）加强宣传引导，树立正确的消费观和维权观

邮轮产品本身应当是一种高消费、高品位的娱乐活动，游客乘坐邮轮，在茫茫大海上这样一个相对封闭的环境中，进行各种休闲活动和社交，体验“慢速旅游”的时光。但是国内邮轮发展仅仅数年，游客对邮轮旅游的认识尚停留在表层，不少人仍然将其定位为“可以购物吃喝住宿的交通工具”。媒体需要对邮轮旅游本身进行宣传，包括乘坐邮轮的礼仪、消费方式、娱乐方法等，使游客对邮轮有更深层次的理解和体验。

针对部分游客无视已经签订的合同过度维权的现象，政府需要通过媒体加强引导和宣传，尤其是邮轮船舶面临的是海上航行的特有风险，当船舶为了全体乘客的安全改变和缩短航线时，这种行为应当得到乘客的理解，官方和民间机构应当宣传正确的维权观，使民众遵守合约，理性维权。

G.7 中国邮轮旅游信息平台建设研究

上海美华系统有限公司*

摘　要： 2014年3月交通运输部发文明确提出促进和规划邮轮产业发展。而中国邮轮产业目前处于起步阶段，远未建立起一套完善而成熟的行业规范管理体系和促进行业成长发展的长远制度安排。因此，中国邮轮旅游信息平台建设研究，是促进我国邮轮产业发展的现实需要，有利于强化邮轮港口城市整体对外服务能力、提升中国邮轮行业整体管理水平。通过建设中国邮轮旅游信息平台来帮助提升邮轮服务和管理水平，强化其市场导向，使中国的邮轮旅游在亚洲和世界邮轮发展新格局中处于更加有利的地位。

关键词： 邮轮旅游　邮轮产业信息化　大数据中心

一　课题研究概述

（一）研究背景及其必要性

1. 课题研究背景

2014年3月18日，交通运输部发布《关于促进我国邮轮运输业持续健康发展的指导意见》，《意见》指出现阶段我国邮轮产业发展的主要任务有如下方面。

---

* 本研究报告由上海美华系统有限公司副总经理王月桥牵头并指导完成，由其他项目组成员：史健勇、谈璐熙、叶欣梁、李含伟进行研究和撰写工作。

（1）加强邮轮运输行业监管。引入竞争机制，打破市场垄断，防止恶性竞争，形成统一开放、竞争有序的市场体系。

（2）提升邮轮服务水平。建立和完善邮轮运输服务标准体系，全面提升邮轮运输服务质量。

（3）促进邮轮经济发展。做大做强核心产业、带动相关产业发展。

（4）强化组织协调。各级交通运输主管部门应充分认识邮轮运输业在邮轮产业发展中的关键作用，重视和加强组织协调工作，推动建立口岸管理部门间的协调机制，形成合力，强化服务，共同推进邮轮产业持续健康发展。

2014 年 3 月由国家旅游局牵头，委托中国交通运输协会邮轮游艇分会编制《中国邮轮旅游发展总体规划》的工作正式启动。《中国邮轮旅游总体规划》将就 2014 ~ 2025 年中国邮轮的发展定位、发展目标、发展阶段、邮轮旅游线路等方面进行总体规划，以便充分组合国内邮轮旅游资源，有效指导各地协调发展，使中国的邮轮旅游在亚洲邮轮发展新格局中处于更加有利的地位。

2. 必要性

中国邮轮旅游信息平台建设研究，是促进我国邮轮产业发展的现实需要：2014 年 3 月交通运输部发文明确提出促进和规划邮轮产业发展。中国邮轮产业目前处于起步阶段，远未建立起一套完善而成熟的行业规范管理体系和促进行业成长发展的长远制度安排。世界上发达的邮轮经济国家与地区，不仅具备理想的市场和港口接待条件，而且对包括邮轮营运与管理、港口城市营销以及行业信息系统等在内的复杂行业管理体系也具有相当高的要求。从行业管理职能所对应的多个角度出发，探索形成我国邮轮产业发展所需的行业信息管理架构是促进邮轮产业发展的必由之路。

中国邮轮旅游信息平台建设研究，有利于强化邮轮港口城市整体对外服务能力。邮轮旅游信息平台建设将提高口岸通关效率，便于邮轮信息的流动与共享，改善邮轮港口整体对外服务。与此同时，邮轮旅游信息平台还有利于邮轮信息的实时采集、加工和处理，为邮轮行业管理提供便利并满足有关各方对邮轮信息的多种需求。

中国邮轮旅游信息平台建设研究，有助于提升中国邮轮行业整体管理水平。信息化建设是当今世界各行各业提高管理水平的重要手段和不可或缺的管理载体。信息系统在邮轮产业的应用也将丰富完善航运产业信息，提升服务和管理水平，强化其市场导向，使中国的邮轮旅游在亚洲和世界邮轮发展新格局中处于更加有利的地位。

（二）概念界定

1. 信息系统

信息系统是由计算机硬件、网络和通信设备、计算机软件、信息资源、信息用户和规章制度组成的以处理信息流为目的的人机一体化系统。

信息系统具有五个基本功能：输入、存储、处理、输出和控制。

输入功能是指信息系统的输入功能决定于系统所要达到的目的及系统的能力和信息环境的许可。

存储功能指的是系统存储各种信息资料和数据的能力。

处理功能即为数据处理工具，基于数据仓库技术的联机分析处理（OLAP）和数据挖掘（DM）技术。

输出功能，信息系统的各种功能都是为了保证最终实现最佳的输出功能。

控制功能是指对构成系统的各种信息处理设备进行控制和管理，对整个信息加工、处理、传输、输出等环节通过各种程序进行控制。

2. 邮轮产业

邮轮产业（或邮轮业，Cruise Industry）指的是以大型豪华海上邮轮为载体，通过远近洋与环球航行的方式，以海上观光旅游为主要诉求，为乘客提供旅游观光、餐饮住宿、娱乐、探险等服务的海上观光与休闲产业。

3. 邮轮经济

邮轮经济（Economic of Cruise Industry）是由于邮轮产业的运行与发展而推动、拉动相关产业的发展，形成多产业共同发展的经济现象。

邮轮经济有广义与狭义之分：广义的邮轮经济是指邮轮建造及其相关产业、邮轮产业、邮轮码头区域的相关产业，涉及所有与邮轮相关的产业。狭义的邮轮经济指的是因邮轮的抵达、停靠和离开所引发的邮轮码头一系列产品和服务的交易而促使相关产业受益的集合。本文采用狭义的邮轮经济概念。

二　邮轮产业分析

（一）邮轮产业构成

现在的邮轮产业实际上是一种边缘产业，它由交通运输业、观光与休闲业以及旅行业三个产业交叉构成（见图1）。

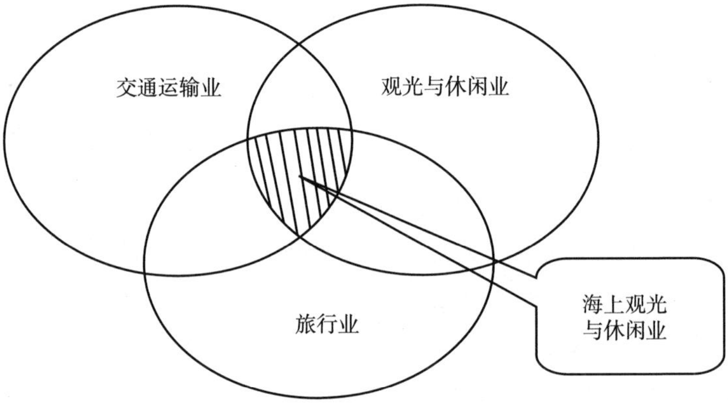

图1　邮轮产业构成示意

首先是运输业，通过邮轮把乘客从一地带到另一地（原意上的邮轮仅有此功能）；现代邮轮旅游出现的“飞机 + 邮轮”（Fly + Cruise）组合模式是一种新的旅游方式，使邮轮乘客飞往某一港口登上邮轮或离开邮轮后再飞往另一地，此时邮轮承担一部分的运输功能。

其次是观光休闲，邮轮乘客可在邮轮上观看海景、娱乐休闲，邮轮本身承担的功能为“流动的旅游目的地”。

最后为旅行业，在一次邮轮航线上，邮轮停靠多个观光景区附近的港口，实际上为乘客提供观光游览服务。

（二）邮轮产业运作模式

1. 邮轮旅游运营方式

邮轮旅游主要的经济来源是通过组合式旅游产品的销售和高质量的邮轮服

务获取收益。其中服务范围又分为船上和岸上两块，包括海上和岸上两部分活动。

海上活动：主要包括在邮轮上的娱乐活动、住宿、餐饮等，一般这些活动的费用都包含在邮轮船票内，除部分特色付费项目，如美容美发、酒吧、赌场、网吧等。

岸上活动：主要包含客人与船员的消费。客人在到达岸上后，由邮轮或旅行公司指定服务活动内容，主要是餐饮、住宿和景点参观等活动。

2. 邮轮港口业务运行模式

世界上除了少数邮轮母港外，大多数邮轮港口的规模不大。通常情况下，一般大型港口的设施均可以满足邮轮停靠的基本需要，只有在邮轮频繁地停靠时，邮轮专用泊位的建设才有必要。根据世界的惯例，邮轮港口通常分为母港（Homeport）和停靠港（Ports of Call）两类。

（三）邮轮经济运行规律

1. 邮轮经济活动

邮轮在抵达港口之前抵达、停靠和离开邮轮码头，会引发一系列产品和服务的交易，这就构成邮轮经济的各种活动。

从消费支出主体的角度来看，邮轮经济的活动构成可分为乘客的支出和邮轮公司的支出两大部分（见表1）。

表1　邮轮经济的活动构成

邮轮活动顺序	邮轮经济活动构成
邮轮抵达之前	主要有邮轮公司在当地办事机构的日常运作、销售、服务； 准备上邮轮的乘客到达时的交通、住宿、餐饮、购物与旅游休闲活动等
抵达	主要包括港口部门的引航，乘客上岸时的关检与港口服务； 辞别邮轮的乘客引发的交通、住宿、餐饮、购物与旅游休闲活动等
停靠	包括邮轮泊位，邮轮补给、补充与废物处置、邮轮维护； 邮轮乘客与船员上岸时的餐饮、景点、交通和购物休闲活动等
离开	乘客上邮轮时的关检与港口服务；邮轮出港时的引航

2. 邮轮经济运行系统结构

邮轮经济是一个由各类相关产业与管理系统（见图2）相互衔接和支持而

构成的庞大集合体。其中，邮轮相关产业是邮轮经济运行的主体，而管理系统则是运行的保障。

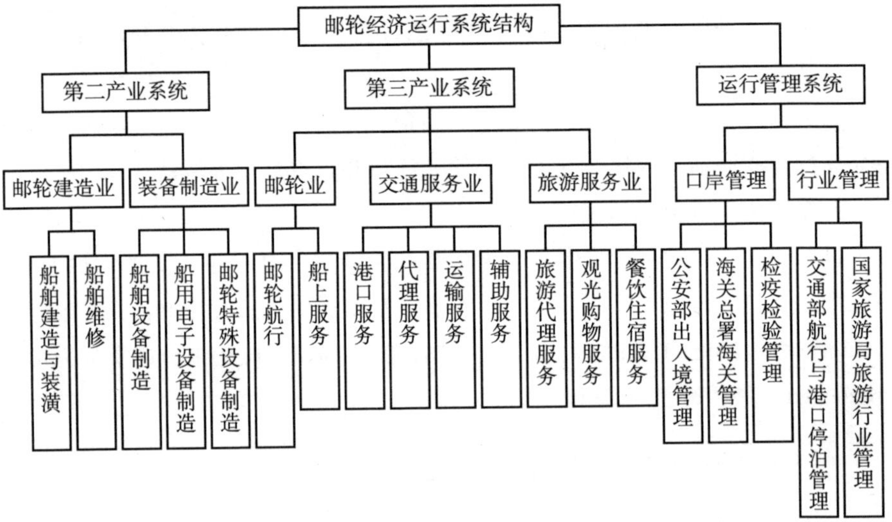

图 2　邮轮经济运行系统结构

（四）国际邮轮管理机构

我国现行行政管理体制下，对与国际邮轮运营有关的事务行使管理监督职能的机构主要涉及交通运输部、国家公安部出入境管理局、海关总署、国家旅游局、国家质量监督检验检疫总局以及国家海事局等（见图 3）。

三　国际邮轮产业信息化发展趋势与经验

（一）发展趋势

1. 邮轮船舶管理：信息集成化

目前，位于德国汉堡的菲德利邮轮软件公司（Fidelio Cruise Software GmbH），服务于全球 41 家著名邮轮公司旗下的 200 多艘邮轮，是提供先进的信息系统解决方案的专业软件服务商（见表 2）。

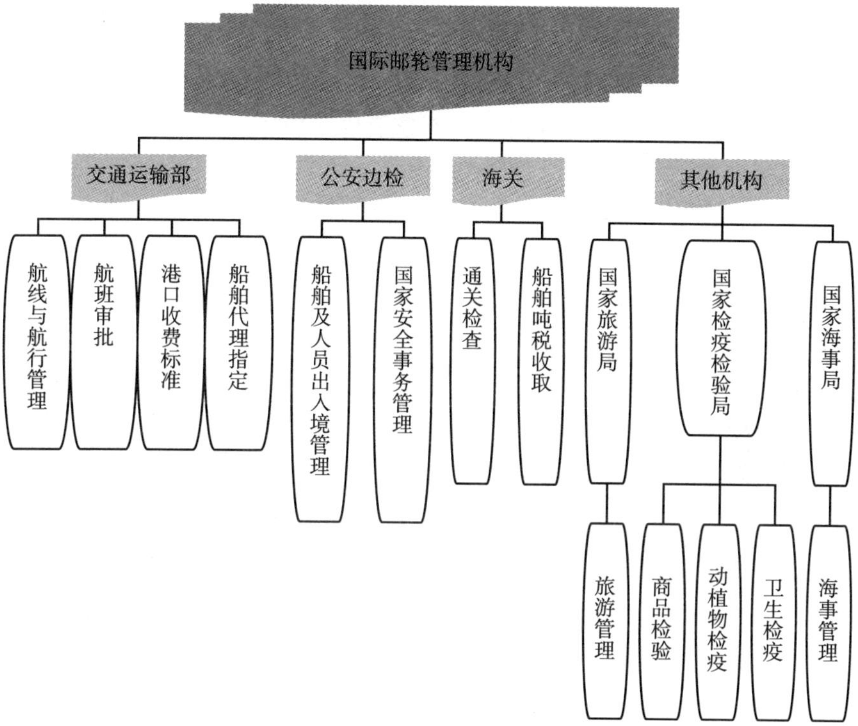

图 3　国际邮轮相关事务管理机构

表 2　菲德利邮轮软件公司（Fidelio Cruise Software）总部情况

欧洲 · 德国总部　Europe	
1	Fidelio Cruise Software GmbH
2	Borselstrasse 16c 22765 Hamburg, Germany
3	Tel: +49(40)39807 0
4	Fax: +49(40)39807 300
美国 · 佛州总部　United States of America	
1	Fidelio Cruise, Inc. 5300 NW
2	33rd Avenus Suite 102 Fort Lauderdale, Florida 33309, USA
3	Tel: +1(954)977 0808
4	Fax: +1(954)977 9892

资料来源：www. fideliocruise. com。

面向全球各地邮轮公司客户，菲德利邮轮软件公司主要提供集成化的六大信息管理模块产品，分别为：船舶资产管理系统模块（SPMS）；材料管理系统模块（MMS）；邮轮船队管理系统模块（FMS）；微软自动收款模块（POS）；船员管理系统模块（CMS）；膳食计数系统模块（MCS）。

借助从航空业取得的一流信息服务经验，汉莎系统公司（Lufthansa Systems）近些年逐渐涉足包括邮轮、保健、传媒、能源、物流和金融等许多行业在内的信息服务领域，专长于邮轮内部的IP监控与预警功能的安全管理系统（Security Services）、网络化集成管理、视频系统管理、舱室能耗节约控制、客户关系管理（CRM）和邮轮资产管理（PMS）等方面的标准组件式、模块化（Modularity）管理的信息解决方案，并且在智能化服务、生命周期服务、数据中心服务和网络服务等领域也相当擅长（见表3）。

表3　汉莎信息系统公司（Lufthansa Systems）总部情况

欧洲·德国总部　EU	
1	Lufthansa Systems AG
2	Marketing & Communications
3	Am Weiher 24 65451 Kelsterbach Germay
4	Tel. +49(0)69 - 696 90000
5	Fax +49(0)69 - 696 95959
美国·佛州总部　USA	
1	Lufthansa Systems Americas Inc.
2	801 Brickell Avenus Suitc 520
3	Miami, FL 33131 USA
4	Tel. +1 305 - 536 8910
5	Fax +1 305 - 536 8908

资料来源：www. LHsystems. com。

2. 邮轮产品销售：信息平台化

邮轮销售信息平台是邮轮市场运行的重要基础。欧美发达的邮轮市场很大程度上得益于一批有竞争力的高效率的邮轮电子商务信息平台。这些平台主要有艾玛迪斯邮轮电子商务平台（Amadeus e - Cruise Platform）、全美最大邮轮旅游服务商 CruisesOnly（CruisesOnly. com）和在欧洲具有领先优势的 Traveltek 公司邮轮在线预订信息平台（Traveltek's Cruise Platform – Online Cruise Booking Solutions）等。其中，艾玛迪斯经营 B2B、B2C 两类业务，CruisesOnly 是一家拥有 20 多年分销经验的邮轮产品电子商务平台，Traveltek 公司是英国市场邮轮产品分销业的翘楚。

3. 邮轮港口宣传：信息复合化

在邮轮港口和邮轮协会层面，欧美国家均具有较丰富的邮轮信息化建设经验。在欧美港口的官方网站上，一般均有“Cruise”业务信息的链接，信息内容侧重于码头信息、港口交通指示、港口规划建设信息、停车设施信息、港口服务信息、游客服务信息、邮轮公司及其邮轮班期等；还有一种越来越普遍的情况是，在邮轮业务属当地重点发展业务的港口，当地港口单位会建设专门的邮轮信息官方网站，成为邮轮港口的信息平台（如阿姆斯特丹港的 www. amsterdamcruise. nl；纽约港的 www. nycruise. com 和德国汉堡港的 www. hamburgcruisecenter. de 等等），这类网站包含的信息内容比较全面而丰富。邮轮协会的信息化建设主要体现在行业动态、统计数据的发布、研究分析与区域规划等方面。由港口组成的协会，其信息侧重港口邮轮产业与经济发展的综合信息，由邮轮公司组成的协会则侧重于邮轮市场信息。

（二）基本经验

分析发现，西方发达国家邮轮产业的信息化建设重在公共信息与市场信息的提供，未见政府层面建设涵盖全行业的邮轮业综合信息中心或平台的案例。区域层面的邮轮信息平台，多由国际行业协会或者区域行业协会进行建设，统筹邮轮行业的信息收集、统计、研究分析和发布，这些协会多属于非营利组织。

四　中国邮轮产业及信息化现状

（一）上海邮轮产业及信息化现状

目前，上海拥有北外滩、吴淞口两个国际邮轮码头。北外滩作为国际邮轮母港，主要服务7万吨级以下国际邮轮，而吴淞口国际邮轮码头的功能定位则是可靠泊7万吨级以上的大型或超大型国际邮轮。据规划，处于黄浦江沿岸不同位置的北外滩国际客运中心与吴淞口国际邮轮港将形成“功能互补、错位发展”的格局。

上海邮轮产业的信息化建设还处于起步阶段，综合状况正在逐步改善，总体表现为信息发布机构“各自为政”、“条块分割”，信息源分散，信息收集处理及信息管理服务水平落后，缺乏一个统摄全局、统一的邮轮行业信息管理平台，与上海建设国际一流航运中心的要求还存在较大的差距，亟待建立推进合作机制，加强信息系统建设。

上海邮轮产业信息化建设的情况具体如表4所示。

表4　上海邮轮产业信息化建设现状

	主要邮轮机构/单位	邮轮信息平台（官方网站）	功能	信息化建设情况
	北外滩上海港国际客运中心	www. cruiseshanghai. com	邮轮停靠旅游集散	已建立基本框架
	吴淞口国际邮轮港	www. chinassly. co 或其他		—
	上海市口岸服务办公室	www. shport. gov. cn	口岸管理协调	较完备
	上海海关	shanghai. customs. gov. cn 邮轮旅客行李物品与入出境物品的查验		电子通关系统较完备
	上海边检总站	www. sh – immigration. gov. cn 邮轮与人员出入境检查		国际航行船舶网上报检程序/网上报检系统完备
	上海检验检疫局	www. shciq. gov. cn 对进出上海口岸的商品、动植物及其产品、出入境旅客等实施检验检疫和监督管理		网上办事系统
	上海海事局	www. shmsa. gov. cn 邮轮安全监督管理与综合服务		电子审批/网上办理
	上海市交通运输和港口管理局	www. shanghaiport. gov. cn 国际邮轮航行管理/行业数据统计等		—

续表

	主要邮轮机构/单位	邮轮信息平台（官方网站）	功能	信息化建设情况
	上海市旅游局	http://lyw. sh. gov. cn	邮轮旅行社审批/旅游行业数据统计等	—
	中国上海外轮代理有限公司	www. penavico. sh. cn	邮轮代理服务	货物网上服务系统完备/邮轮网上服务系统待建
	上海港引航管理站	www. sh – pilots. com. cn	邮轮引航服务	船代网上申报平台
	上海港复兴船务公司	www. fxcw. com	邮轮港务服务	—
	皇家加勒比国际游轮	www. rcclchina. com. cn	邮轮公司	网上查询预订
	Costa Crociere S. p. A.	www. costachina. com	邮轮公司	网上查询预订

资料来源：根据相关机构的官方网站进行整理。

上述与邮轮业务相关的各行政主管部门信息化建设情况差异较大。如图 3 所示，现行管理体制下与国际邮轮运营有关的机构均为中央直属行政管理机构，包括交通运输部、国家公安部出入境管理局、海关总署、国家旅游局、国家质量监督检验检疫总局以及国家海事局等，这些中央直属机构大多已建立起较完善的网上信息平台（具有网上申报、网上业务办理、信息发布等功能）；但在地方政府各职能管理部门与具体业务操作层面，由于邮轮产业发展尚处于初期阶段，其信息化建设几近空白。

（二）天津邮轮产业及信息化建设情况

天津国际邮轮母港的国内客流人数仅次于上海。2012 年新建的两个泊位投入使用后，预计年客流量将达 30 万人次。除了硬件设施的完备外，天津邮轮母港所在的东疆保税港区独享的政策优势也使天津邮轮产业的发展如虎添翼。

为满足邮轮产业的发展需要，天津国际邮轮母港去年已动工新建两个泊位，满足国际豪华邮轮及国际、国内航线班轮等客运船舶停泊需求。2015 年上半年具备使用条件后，现有天津港客运码头客运业务将转移至邮轮母港，完成天津港客运业务的整合。届时，邮轮母港的客运功能将进一步增强，到 2015 年，天津国际邮轮母港预计将每年接待国际邮轮 100 艘次，邮轮旅客将达 25 万 ~ 30 万人。

面对这块潜力巨大的市场蛋糕，天津港集团与香港招商局合资设立的天津国际邮轮母港有限公司正在积极延伸邮轮经济黄金产业链。天津港集团相关负责人表示，借鉴国际一流邮轮码头的先进经验，结合天津实际情况，制定完善的邮轮服务标准体系，大力提高航线密度。促进天津邮轮经济健康快速发展将是今后一段时期的发展重点。

（三）青岛邮轮产业及信息化现状

目前，青岛国际邮轮母港正加快规划建设，2014 年青岛港区邮轮码头主体工程已建设完成并通过竣工验收，青岛邮轮母港启动区共规划 3 个邮轮泊位，其中新建超大型邮轮泊位 1 个，利用 6 号码头现有泊位 2 个。新建超大型邮轮泊位，可全天候自由进出 22.5 万吨级海洋绿洲号和海洋魅力号邮轮。2 个原有泊位可同时停靠 2 艘中小型邮轮。而邮轮母港客运中心正在加紧建设，最高通关能力可达每小时 3000 ~ 4000 人次。

预计明年初青岛国际邮轮母港基本建成并实现正常运营，青岛港区港口功能届时将转化为邮轮母港和配套服务，周边辐射城区规划建设成为集金融、商贸、旅游、餐饮、酒店、居住、办公于一体的“蓝色 CBD”。

（四）中国邮轮信息化建设面临的问题

经过多年建设，邮轮信息化已经初步形成一定的信息集群，主要包括：政府电子口岸系统、港航 EDI 系统，商业网站、官方网站，航运相关报刊类媒体，航运交易所和航运类大专院校、研究所的信息服务系统，境外航运信息咨询公司在上海的分支机构等。

目前信息化建设工作虽然在硬件建设方面稳步推进，成效显著，但在信息化软环境、软实力方面，与境外著名的国际航运中心信息系统相比，中国邮轮信息系统存在着明显的不足，主要表现在以下方面。

一是信息收集渠道、基础信息的详尽程度不够，覆盖面小。

二是信息产品的深度和多样性较差。

三是信息传播的国际化程度和信息咨询的国际认可程度低。

四是信息、咨询业与相关产业的融合度低。

上述问题中，最突出的是信息受到部门和企业的局限，不同部门和企业的信息未能有效融合，没有形成信息服务链，这在邮轮信息服务中也相当突出。为解决这一问题，根据国务院和相关部委发文要求，中国邮轮旅游信息平台努力打造成全球供应链服务的节点，综合资源配置，集有形商品，资本、技术、信息为核心竞争力的邮轮旅游信息平台。

五　中国邮轮旅游信息平台信息规划

（一）邮轮产业信息构成

邮轮产业的信息由以下五类构成。

A 类：邮轮信息。指的是船舶自身的综合信息与数据。

B 类：邮轮出入境经营（备案）信息。主要包括邮轮港口业务与旅游业务代理机构信息、停靠港口信息及邮轮航班与航线信息。

C 类：邮轮抵离港信息。与邮轮抵离港口有关的港口、停泊码头泊位、航道状况、天气状况、靠泊时间以及待补给物资、物流服务、港务服务和待处理的污水废物等系列信息。

D 类：邮轮旅游安排信息。岸上旅游接待部门机构、活动内容、观光游览路线与接待人员信息。

E 类：出入境邮轮乘客与船员及行李信息。反映人员各类状况的综合信息。

（二）邮轮产业信息系统结构

与网络协议中的七层结构相似，邮轮信息系统也有自身的七层结构信息系统（见表 5）。一般而言，用户在第 1、2 层上工作，程序员在第 3 层上工作，信息系统分析员在第 4 层上工作，DBA 与系统管理员在第 5、6 层上工作，硬件安装与维护人员在第 7 层上工作。

七层信息系统之间的相互关系是：下一层是上一层的基础，上一层是下一层的实现目标。由上向下是系统分析的过程，而由下向上是系统实现的过程。

表 5　邮轮产业信息系统的七层结构

层号	名称	说明
1	用户层	用户面向对象操作
2	业务层	信息系统业务模型
3	功能层	信息系统功能模型
4	数据层	信息系统功能模型
5	工具层	信息系统开发工具
6	OS 层	网络操作系统
7	物理层	网络与通讯硬件

（三）邮轮产业信息流向路径

1. 邮轮拟入境状态

处于拟入境状态的邮轮信息包括：入境之前一段时期内向国家各口岸查验监管部门提交的经营许可、航线和邮轮进港申请、报备与审批信息（AB）→即将入境前状态的信息（ACDE）→进入领海范围临界状态→引航（AB）→靠泊码头（CDE）→口岸入境（E）。

2. 邮轮在港停靠状态

（乘客/船员）到岸入境信息流向：邮轮→到岸专用通道→入境候检大厅→邮轮乘客和船员入境检疫检验查验→签证→边防检查→海关检查→行李提取→入境大厅→开始岸上活动过程；

邮轮废物污水处理流向：废物污水→专用通道→废物污水处理设施设备→岸上处理场所；

乘客/船员行李信息流向：行李装卸设备→行李车→邮轮行李房。

邮轮物资补给信息流向：物资供应车辆→码头物流服务区域→装卸机械设备→邮轮。

（乘客/船员）离岸出境信息流向：结束岸上活动过程→出境候检大厅→办理登轮手续与行李托运→检疫检验查验→海关检查→边防检查→出境候船大厅→离岸专用通道→邮轮→离岸。

3. 邮轮拟出境状态

处于拟出境状态的邮轮信息包括：出境之前一段时间邮轮经营主体向各口岸查验监管部门确认乘客和船员与船舶的出港信息（ABCE）→离开码头泊位（BC）→引航（AB）→驶出领海范围临界状态→出境。

（四）邮轮产业信息的特征

1. 信息服务对象的综合性

邮轮产业信息的服务对象既涉及海关、边检、国检等口岸查验监管部门，还涉及海事部门、邮轮港口管理部门和旅游管理部门，而信息源包括邮轮、旅游产品、物流和客流乃至资金流等。其中，客流信息更为复杂。

2. 信息流的复杂性

邮轮产业运行的流程按照时间顺序可分解为相对独立的五类，第一类是涉及邮轮航线设计、审批、申报，港口代理环节的邮轮运营申请流程；第二类为岸上旅游产品开发设计流程；第三类为邮轮进出港口、靠泊码头的操作规程；第四类为与出境物资补给有关的物流；第五类就是出入境乘客和船员构成的客流。这五大流程中会产生相应的信息流。

3. 信息要素源的多元性

邮轮、岸上观光产品、物资和乘客/船员是邮轮产业信息源的四大构成要素，多元化的要素会各自产生彼此不同的信息流，这就使邮轮产业信息系统的建设难度加大并提出更高的要求。

4. 其他特征

全球邮轮大型化发展趋势不仅要求邮轮产业信息系统具有较高的邮轮乘客出入境口岸通关效率，而且对查验设施设备的可靠性、准确性要求高；同时，大型邮轮母港还要求邮轮港口物流服务的水平和效率与大量物资供应要实现高度匹配。因此，邮轮产业信息还具有即时性、准确性和可靠性的要求。

六　中国邮轮旅游信息平台设计方案

（一）建设目标

中国邮轮旅游信息平台的建设，有效整合“一关三检”等各口岸管理部门信息和资源，通过信息收集、信息发布、信息沟通交换、信息处理和信息输出，发展成为我国邮轮业界第一个具有全国示范作用的邮轮行业信息共享平台，在为邮轮经济发展保驾护航的同时，以高效的信息服务助推中国邮轮产业发展迈上新台阶。

（二）用户分类

根据上述邮轮产业链分析可知，中国邮轮旅游信息平台主要有如下几类用户。

邮轮游客：乘坐邮轮进行旅游观光的游客；

邮轮工作人员：邮轮上为游客进行服务的工作人员与管理人员；

邮轮产业上下游经营单位：包括但不限于邮轮公司、代理机构、船上物资供应商、邮轮部件供应商、邮轮维修保养公司、游轮生产商、码头、物流公司；

岸上旅游经营单位：主要是邮轮港当地的餐饮、旅游、住宿、交通、娱乐、银行等企业；

口岸监管单位：海关、检验检疫、海事局、边防局、交港局、口岸办、港务局、航道局、外汇管理局、旅游局等；

普通公众：普通公众，潜在消费者；

行业组织：邮轮行业的社会化组织或团体，如行业协会或研究中心等。

（三）需求分析

上述每类用户的需求分析汇总如下。

表 6　各类用户需求分析

序号	角色名称	需求分析	备注
1	邮轮游客	a. 购买船票 b. 办理护照及签证	
2	邮轮工作人员	a. 办理相关证照	
3	邮轮产业上下游经营单位	a. 进出境申报 b. 发布广告及宣传信息	
4	岸上旅游经营单位	a. 获悉邮轮进出境信息 b. 发布广告及宣传信息	

续表

序号	角色名称	需求分析	备注
5	口岸监管单位	a. 对进出境的邮轮及船上工作人员进行监管 b. 对外发布进出境相关政策法规 c. 对外公布相关统计数据	各监管单位监管的对象和侧重点不同
6	普通公众	浏览并获悉邮轮相关的政策、行业、新闻及促销信息	
7	行业组织	发布行业资讯	

（四）设计方案

1. 整体架构

系统功能构架如下。

门户网站包括信息发布子系统、邮轮市场服务子系统、邮轮出行产品交易子系统、邮轮码头车辆进港申报子系统和运营管理子系统五大子系统。

为保证系统易于使用、易于管理，需要提供面向用户的统一接入系统，实现单点登录、全网漫游，并实现统一的身份认证和权限管理，实现对应用系统的统一的安全防护，同时避免用户在使用不同系统时多次输入用户名和密码带来的烦琐性问题，提高系统易用性。

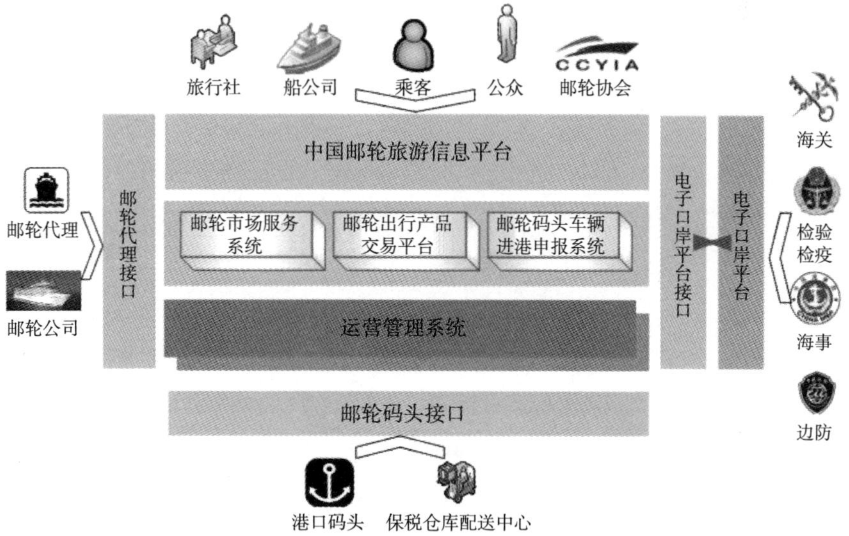

图 4　中国邮轮旅游信息平台整体架构

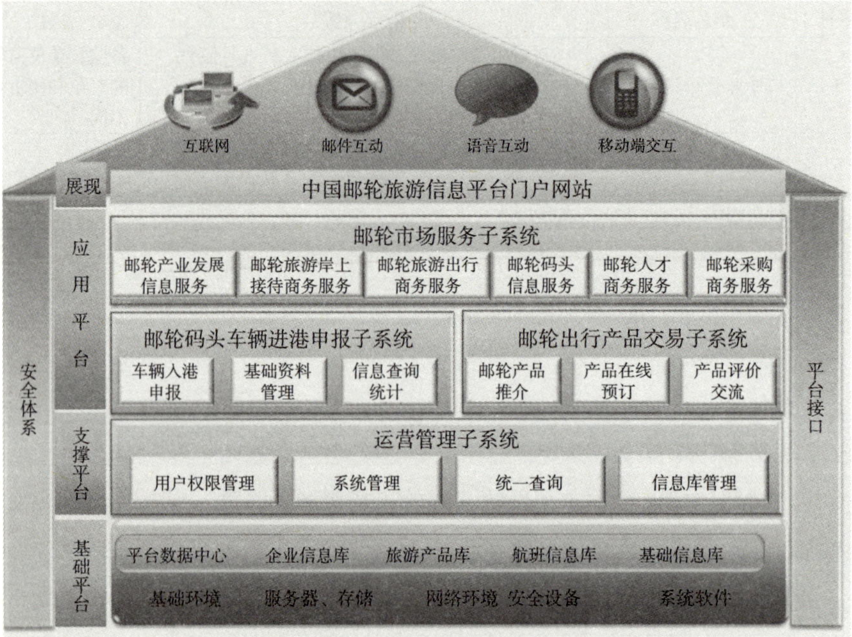

图 5　中国邮轮旅游信息平台系统功能架构

2. 应用系统设计

（1）邮轮信息发布子系统

①作为平台官网，以统一形象打造邮轮品牌，成为中国邮轮对外宣传窗口之一，提供邮轮航班计划，进出港动态、码头交通、登船指南、港口设施信息、码头服务信息等。

②邮轮改革示范区的宣传窗口

整合汇聚行业协会、专业研究机构、行业管理机构信息，提供全面、权威的邮轮产业发展布局、政策法规、行业动态、研究分析资讯帮助相关单位和公众及时了解市场信息，引导投资和消费。

③各种邮轮产业商务和信息协同应用入口

a. 信息展现

表 7　信息展示栏目内容

一级栏目	二级栏目
首页	资讯信息　产业发展　邮轮码头　邮轮出行　邮轮旅游　邮轮人才　口岸服务
产业发展	首页 国内新闻　国外新闻　邮轮经济　政策法规 邮轮产业发展布局　产业政策　行业动态　研究分析资讯　邮轮人物　电子杂志　行业协会
邮轮码头	首页 邮轮航线　登船指南　码头交通 旅客服务　邮轮服务　码头风采　联系我们
邮轮出行	首页 出行规划　旅游商务　邮轮船队 邮轮目的地　邮轮生活　特别优惠
邮轮采购	首页 市场动态　采购商　采购目录　供应商 产品目录　产品展示　手册下载
邮轮人才	首页 企业招聘　人才库　培训课程　应聘准备 行业英语　企业招聘　培训课程
口岸服务	首页 邮轮相关企业　中国游客　外国游客
页脚	设为首页　加入收藏　关于我们 网站声明　网站地图　联系我们

b. 内容采编管理

信息采编主要提供内容管理、模板管理、专题管理、文档管理、统计管理、发布管理、用户组织和权限管理等基本功能，通过这些功能本身或者功能的扩充以及功能之间的组合实现信息发布的频道模板管理、网络信息发布管理、文档管理、公告发布管理和在线调查管理。

为了使门户功能和信息服务更加完善，系统建设重点包括以下方面。

强大的系统平台，使该平台具有较强的扩展性，提供支持大量并发访问的手段。

保证系统稳定性，防止突发事件导致网站瘫痪。

保证来自不同信息源的信息在此系统中得以统一。

综合运用多媒体技术，在传统的文字新闻、图片、图表新闻的基础上，增加音频、视频、交互式新闻、Flash 新闻等多媒体资源，使新闻服务多样化。

提供手工录入、自动导入、数据抽取、定时更新、使用 API 等多种信息采集方式。

实现对信息的存储、分类、索引、编辑、审批、权限控制等一系列处理。

系统采用动态发布机制，提供手工发布、自动发布等发布方式。

充分利用信息，提供浏览、查询、订阅、统计、检索等信息服务。

加强个性化服务，包括提供个性化新闻订阅、个性化新闻搜索引擎等。

（2）邮轮市场服务子系统

①邮轮产业发展信息服务

中国邮轮旅游信息平台将整合汇聚行业协会、专业研究机构、行业管理机构信息，提供全面、权威的邮轮产业发展布局、政策法规、行业动态、研究分析资讯，帮助相关单位和公众及时了解市场动态信息，引导投资和消费。

②邮轮旅游接待商务服务

面向到港游客，围绕“到港游客岸上游”牵线搭桥，促进上岸游客的到港消费。重点进行中国各邮轮港旅游资源介绍（景点、美食、购物、休闲、旅游服务设施），整合岸上旅游产品（短途特色线路、酒店、交通、特产）服务网络，建立服务单位和服务产品数据库，提供企业端的信息发布和查询功能。支持多语种版本。

③邮轮旅游出行商务服务

面向母港游客，围绕“国内游客出境游”，宣传邮轮旅游，介绍邮轮船队、航线、目的地和邮轮旅行知识。

④邮轮码头信息服务

作为平台官网，为邮轮旅客提供邮轮航线船期计划、进出港动态查询、港区地图、交通指南、登船指南、旅客服务设施等信息服务。此模块主要是港口公共信息的内容发布功能和船期计划以及进出港动态的结构化查询功能。

⑤邮轮人才商务服务

搭建邮轮产业各类需求企业、培训机构与邮轮人才之间的信息交流平台，包括邮轮人才政策法规宣传、企业招聘需求发布、邮轮人才信息查询、教育培训信息发布和查询、人才认证、人才引进服务信息等信息交互功能。

⑥邮轮采购商务服务

为邮轮公司及供应企业搭建一个专业的供需交流、产品展示平台，包括企业采购目录，产品展示，采购需求的信息发布、查询和交互功能。

（3）邮轮出行产品交易子系统

作为邮轮电子商务平台试点，整合各邮轮旅行社的分销平台和销售网络信息，为邮轮旅客提供一站式的邮轮出行产品展示（单船、空水联运、水水联运、套装）、查询和交易平台，推动邮轮产品研发和邮轮销售服务专业化、特色化发展。

邮轮出行产品交易平台面向广大国内邮轮潜在消费者，提供上海邮轮旅游产品的市场宣传和交易服务，一方面，向社会公众提供邮轮知识咨询和相关旅游实用信息，让潜在消费者更好地了解邮轮旅游，培育潜在的邮轮消费群体；另一方面，通过对多家旅行社精品邮轮产品的整合，提供更具针对性的邮轮主题的产品宣传推广及销售服务，为邮轮消费者提供更丰富的产品选择和便捷可靠的服务。

本系统主要包括以下功能：邮轮产品推介、在线预订、产品评价交流功能。

（4）邮轮码头车辆进港申报子系统

配合邮轮综合示范区的港口服务功能，建设邮轮保障服务协同应用服务试点。为码头、邮轮公司及上下游服务企业实现高效协作提供便利服务。

车辆进港申报业务协同服务功能，企业可以通过系统进行进港申报，提高码头服务水平。

车辆进港申报系统提供了地接社向邮轮码头进行申报的单一窗口，简化了车辆进港申报操作流程，提高了各方协作效率。

通过系统邮轮码头可提前掌握进港车辆的需求动态，实现在线审核与办理，服务于相关旅游大巴、物料供应车辆及其他有需求的车辆企业，提高邮轮码头运作效率。

车辆进港申报：车辆企业、车型、车辆行驶证、驾驶员证、联系电话、进港时间、接团名称人数、车载物料清单、海关单证号等。

码头企业核准：核准号（条形码）或PDF格式《进港通行证》。

系统功能结构如图6所示。

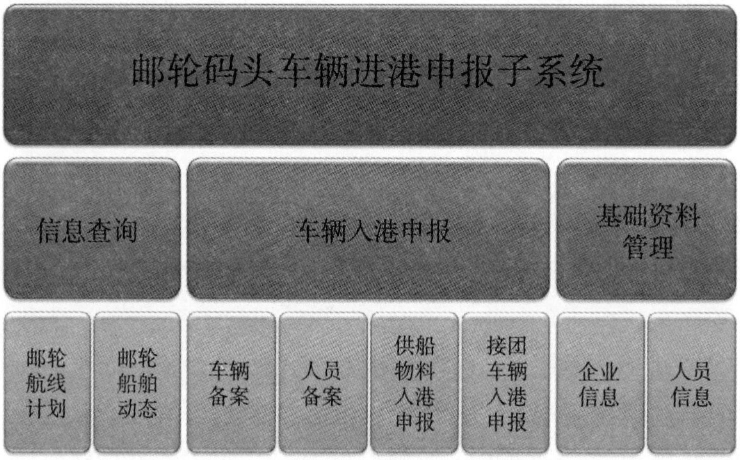

图6　邮轮码头车辆进港申报子系统功能结构

①信息查询

a. 邮轮航线计划

能够动态查询到停靠在上海港的所有邮轮航线，从现有海事船期表中邮轮的船期单独剥离查询。

分码头显示，区分停靠港（C）和母港（H），可显示详细航线信息介绍，可链接到具体邮轮公司网站。

b. 邮轮船舶动态

显示邮轮的船舶动态信息，可根据邮轮名称，查看具体的船舶动态详细信息，包括字段如下。

邮轮的计划抵离港时间，下船旅客的数量，散客数量。

由于邮轮目前不是每天都有，因此，港口及交通主管部门可以据此预先安排接驳大巴及出租车到港接客，做好旅客疏散工作。

②车辆入港申报

a. 备案申报表

表 8　车辆入港备案申请表

<table>
<tr><td rowspan="2">申办人员信息</td><td colspan="2">姓　名</td><td></td><td colspan="2">工作单位</td><td></td></tr>
<tr><td colspan="2">联系方式</td><td></td><td colspan="2">职　务</td><td></td></tr>
<tr><td rowspan="8">申请备案单位信息</td><td colspan="2">单位名称</td><td colspan="4"></td></tr>
<tr><td colspan="2">单位地址</td><td colspan="4"></td></tr>
<tr><td colspan="2">单位法人代表签名</td><td colspan="4"></td></tr>
<tr><td colspan="2">业务联系人</td><td></td><td colspan="2">24 小时联系方式</td><td></td></tr>
<tr><td colspan="2" rowspan="2">原备案业务类别(√)</td><td>船舶</td><td colspan="3">船舶代理、船舶公司、船舶供应
船舶修理、船舶服务、船舶清洁
船舶检测、船舶废弃物回收、其他</td></tr>
<tr><td>港区</td><td colspan="3">物资物品提供、修理、维护、土建、绿化、清洁等</td></tr>
<tr><td colspan="2">特殊业务类别</td><td colspan="4">危险化学品(易燃易爆、有毒、压缩气体等);食品</td></tr>
<tr><td colspan="2">业务变更情况说明</td><td>是□否□</td><td colspan="3">如有变更,须提供变更后的证照复印件</td></tr>
<tr><td rowspan="3">申请备案单位承诺</td><td colspan="5">申请备案单位承诺事项</td><td>单位负责人签名</td></tr>
<tr><td colspan="5">已签《安全生产、安保、防火安全协议》顺延至 2010 年底</td><td></td></tr>
<tr><td colspan="5">已签《船供物料入港安全、保安协议》顺延至 2010 年底</td><td></td></tr>
<tr><td rowspan="5">申请备案车辆信息</td><td colspan="2">申请进入区域(√)</td><td colspan="4">生活区封闭区边检限定区生产辅助区</td></tr>
<tr><td colspan="2">原备案车牌号</td><td colspan="2">变更车牌号</td><td colspan="2">2010 年边检证号</td></tr>
<tr><td colspan="2">原备案车牌号</td><td colspan="2">变更车牌号</td><td colspan="2">2010 年边检证号</td></tr>
<tr><td colspan="2">原备案车牌号</td><td colspan="2">变更车牌号</td><td colspan="2">2010 年边检证号</td></tr>
<tr><td colspan="2">通行证编号 1:</td><td colspan="2">通行证编号 2:</td><td colspan="2">通行证编号 3:</td></tr>
<tr><td rowspan="6">申领出入证人员备案信息</td><td colspan="3">已持出入证信息</td><td colspan="3">申领出入证信息</td></tr>
<tr><td>编号</td><td>姓名</td><td>身份证号</td><td>编号</td><td>姓名</td><td>身份证号</td></tr>
<tr><td></td><td></td><td></td><td></td><td></td><td></td></tr>
<tr><td></td><td></td><td></td><td></td><td></td><td></td></tr>
<tr><td></td><td></td><td></td><td></td><td></td><td></td></tr>
<tr><td colspan="6">注:驻港单位工作人员可申请备案并提供身份证复印件。</td></tr>
</table>

b. 备案信息管理

车辆/人员备案信息查看

车辆/人员备案信息修改

车辆/人员备案信息保存

车辆/人员备案信息新增

c. 附件上传

供船物料入港申报

a）入港申报

· 新增一个申报，提交码头；

· 码头保安部门接收申报信息后返回审核调度结果信息；

· 核准的申报单可以在线打印车辆入港证；

· 凭车辆入港证进港，如果入港证超过有效期，显示过期。

b）修改保存

可查看已录入的申报信息，具体包括供船物料航次、进港车辆、人员信息等，保存后回到列表页面。

c）入港证打印

打印入港证，弹出 pdf 文件，每辆车生成一张入港证。入港证上有二维条码，进入港区时进行扫描登录进出情况。

d）进出港记录查看

可以查看每辆车的实际进出港情况。

接团车辆入港申报

a）车辆入港申报

新增一个申报，提交码头；

码头保安部门接收申报信息后返回审核调度结果信息；

核准的申报单可以在线打印车辆入港证；

凭车辆入港证进港，如果入港证超过有效期，显示过期。

b）修改保存

可查看已录入的申报信息，具体包括接团航次、进港车辆、人员信息等，保存后回到列表页面。

c）入港证打印

打印入港证，弹出 pdf 文件，每辆车生成一张入港证。入港证上有二维条码，进入港区时进行扫描登录进出情况。

d）进出港记录查看

可以查看每辆车的实际进出港情况。

基础资料管理

企业信息管理

企业信息查看

企业信息修改

信息保存

企业信息新增

人员信息管理

人员信息查看

人员信息修改

信息保存

人员信息新增

（5）运营管理子系统

用户权限管理

统一权限管理

统一用户管理

组织管理

注册管理

用户中心

用户中心管理系统流程描述：

用户登录用户管理系统

用户添加企业名称

用户添加企业的组织机构

根据企业的需要，可以在组织机构下面再添加组织机构

在第二级及更低层次的组织机构添加用户

系统管理

计划任务监控管理

该模块可监控管理所有网站后台运行的计划任务。

主要功能为使相关人员一目了然地查看系统中后台运行的任务，并可以设置这些任务的执行周期以及立即执行这些任务。

参数管理

网站管理员使用本模块进行分公司自助服务网页基本参数的设置。系统管理员可以设定网页文档和附件文档的文件类型、文件的大小范围、域名和链接域名、Log 导出路径，网页镜像路径等。

日志管理

信息库管理

信息存储

信息库管理主要任务是提供信息的存储和管理。

信息库管理范围处于应用（应用、文档）和设备（存储，压缩和计算机技术）之间。

存储介质可以是计算机集成部件，也可以是外部设备，另外，只读（如 CD - ROM）、可写一次和多次可写的存储媒体也能被使用。

数据查询

数据的查询应基于一个描述性的、面向对象查询格式。

在数据库中，同一数据能被几个应用程序通过不同的查询方式访问到（甚至同时）。

稳定的访问共享数据（例如，几个用户共同编辑文档）是必须实现的。

数据传输

数据的读和写操作必须实时完成，连续数据的传输应优于其他数据库的管理行为。

数据传输应该支持实时传输连续数据。

数据分析

对数据库中数据的存储和操作应提供细致分析。

数据组织

明确何种信息在条目结构中需要处理成信息条目是很重要的。具体功能包括：

数据目录整理

数据分类

统一查询

简单查询

描述：直接输入条件，获得所需查询信息

通过增值信息服务以多种形态提供给客户有关每次报关和结关的报关单号、报关日期、核销单号、退税单号、船名航次、提运单号数据以及手册料件、成品的每次进出口详情。

统计分析

信息增值服务把口岸监管和港口作业的第一手原始数据提供给广大用户，就是让企业能够保留这些数据，并阶段性地进行统计，横向、纵向地对本企业通关、提货绩效和货代物流服务公司的通关、物流绩效进行分析比较。

导出文件

以所获得的数据为基础形成若干分析报告，以供企业或监管单位信息共享。

七　中国邮轮旅游信息平台实施策略

（一）分步实施策略

信息平台的建设不可能一蹴而就，尤其是在市场与需求变幻莫测的情况下。信息平台应在统一调研、分析与设计的基础上，按照需求的轻重缓急分若干期分步实现，这样可缓解资金压力，同时规避一些建设与运营风险。

（二）部门联动策略

邮轮行业的信息广泛散布在邮轮公司、邮轮港口码头、口岸办、邮轮引航代理、海事局、边检、海关、检验检疫以及交通港口局和旅游局等相关口岸监管和业务运营部门，邮轮产业信息系统建设切实需要这些相关部门建立无缝对接的协作联动机制，依靠协作联动机制的建立实现信息的及时交换、动态更新和共享。

（三）功能整合策略

接下来，分散的邮轮信息必须在形成部门信息对接机制的基础上通过构建一个信息平台，从职责分工、管理运行和信息流等角度进行整合，使之“职责分工明晰、管理运行高效、信息流动畅通”，从而实现信息的归口收集、分析、处理、定向发布和行业共享等功能。

（四）模块集成策略

虽然邮轮信息来源是分散的，但按照信息类型和功能及用途的不同可以进行模块化归并和集成，形成航行信息通告、邮轮（公司、港口）信息、航务管理、邮轮业务申请、法律法规、目的地旅游信息、行业概况等若干信息功能模块。

八　中国邮轮旅游信息平台发展展望

2008年的北京奥运会和2010年上海世界博览会，在极大地提升我国国际影响力的同时，也必将招来更多的游客来中国观光，这将对我国邮轮经济发展起到极大的助推作用。在欧美市场已经基本饱和的情况下，亚洲尤其是中国已经成为全球邮轮产业最具潜力的市场。据权威机构预测，到2020年，东北亚、东南亚、台湾海峡、南海诸岛等邮轮航线、航班显著增加，沿海邮轮运输市场初步形成，旅客数量高速增长，预计2020年中国邮轮旅客数量达到450万人次，与2013年相比年均增长33%，成为亚太地区最具活力和最大的邮轮市场。

中国邮轮旅游信息平台旨在为政府监管部门、邮轮游客、船员、运输工具、邮轮经济上下游企业、岸上经营企业等多种角色提供一个信息分享与互动平台。未来，信息平台还可在如下方面进一步拓展。

（1）中国与国外港口，中国国内不同邮轮港之间的信息共享：通过电子化单证方式保证信息的准确、安全与一致性。

（2）与口岸监管单位的信息深度协作：邮轮进出境（港）要向海关、检验检疫、海事、边防、港务局、航道局等多个口岸监管单位进行申报，加深平台与口岸监管单位系统的深层次数据协作，有助于改善口岸通关环境，提升服务水平，提高管理效率。

（3）构建邮轮大数据中心：构建国家或地区层面的邮轮大数据中心，设计邮轮产业相关数据指标，通过各种途径与手段收集基础数据，汇总形成不同的主题库，以便进行深度数据挖掘，作预测与预警使用。

（4）与邮轮港当地旅游项目进行合作：将邮轮观光与岸上特色旅游项目

进行联动，在丰富游客消费体验的同时，进一步推动当地经济发展，提升就业率。

（5）根据政企及公众客户需求，开发个性化 APP：眼下移动互联网如火如荼地发展，在 Web 平台取得一定影响力后，可针对特定业务推出移动应用，进一步巩固平台行业地位与影响力。

参考文献

闵德权：《基于邮轮经济下的大连邮轮母港建设》，商向东：《辽宁港航业发展高层论坛论文集》，大连海事大学出版社，2005。

干哲新、梁廷威：《邮轮业发展趋势与邮轮码头区规划设计——以厦门国际旅游客运码头规划设计为例》，中国城市规划学会：《城市规划面对面——2005 城市规划年会论文集》（上），中国水利水电出版社，2005。

于得全：《大连邮轮母港竞争力研究》，大连海事大学硕士学位论文，2008。

刘虹、李伟：《天津港辟建邮轮母港的构想》，《港口经济》2007 年第 7 期。

马彦勇、史济辰：《深圳蛇口客运港区邮轮母港建设规模研究》，《水运工程》2009 年第 6 期。

买又红、金文征、纪永波：《控制邮轮码头投资风险的措施》，《水运科学研究》2008 年第 2 期。

钱立明、张志明、王海霞：《邮轮中心建设中的若干问题探讨》，《水运工程》2006 年第 10 期。

沈瑞光、谢新联：《不确定多属性决策方法在邮船母港选址中的应用》，《大连海事大学学报》2007 年第 33（1）期。

王葳、张文玉：《邮轮母港规划设计》，《水运工程》2008 年第 12 期。

许婷、孙连成、李铁良：《天津港国际邮轮码头工程泥沙数模试验研究》，《水道港口》2008 年第 2 期。

张黎：《上海港建设邮轮母港的 SWOT 分析及竞争战略》，《航海技术》2008 年第 S2 期。

郑斌、廖慧敏：《深圳港蛇口客运码头建设国际邮轮母港的规划设想》，《水运工程》2006 年第 9 期。

G.8

上海邮轮航道安全管理研究

交通运输部科学研究院*

摘　要： 邮轮航道的安全管理事关邮轮乘客的生命安全和财产安全，目前上海港邮轮航道通航环境复杂，邮轮航道相关法律法规不健全，一定程度上可能对上海邮轮产业发展产生严重影响。

本项目基于上海邮轮经济发展与上海邮轮通航现状，从通航安全角度进行分析，全面识别上海邮轮航道安全存在的问题，将其归纳为两大问题：其一是航道现状、船舶通航情况以及通航安全管理要求，对航道安全管理自身产生的压力；二是由于航道资源的限制，航道安全管理与船舶营运效率所产生的矛盾。

本项目通过借鉴国内外邮轮安全管理措施和大型特种船舶通航安全管理要求，分析现行的通航安全管理规定，研究相关的技术规范，最终提出保障大型邮轮在长江深水航道和黄浦江水道航行安全的对策和建议，并从航道资源、航道安全管理要求和船舶的运营效率三个方面提出建议，以期为上海邮轮经济发展提供决策支持，实现上海港港口航运业、旅游业的可持续发展。

关键词： 邮轮经济发展　航道安全管理　航道资源限制　船舶营运效率

---

* 本项目由交通运输部科学研究院交通环保与安全研究中心完成。项目负责人：耿红；项目组成员：陈轩、刘广强、翁大涛、孙建伟；本报告执笔人：刘广强。

一 前言

（一）研究背景

1. 上海邮轮经济发展迅速

上海位于我国海岸线中部，发展邮轮旅游的地理位置优势非常明显。以上海为中心，邮轮可在48个小时内通达日韩、新加坡及我国香港、台湾等地区；上海夏季可开发北部沿海乃至日韩俄航线，冬季可开发南部沿海乃至东南亚航线，最大化邮轮旅游效应。

2006年以来，国务院、国家发展改革委员会、交通运输部发布了一系列文件促进邮轮经济发展。2010年1月《交通运输部、上海市人民政府加快推进国际航运中心建设合作备忘录》提出要促进和规范邮轮产业发展，推进上海邮轮母港建设，加快完善邮轮产业发展的金融服务体系，标志着部、市合作推进上海国际航运中心建设进入一个新阶段。2012年9月国家旅游局批复，在上海市宝山区、虹口区分别以吴淞口和北外滩为中心，设立“中国邮轮旅游发展实验区”。自此，上海邮轮经济发展逐步走向成熟，并推动相关港口、造船、建筑、商贸、交通、保险、餐饮、住宿等众多产业发展。

2. 上海邮轮航道安全管理面临严峻挑战

邮轮产业的发展在推动上海经济发展的同时，也给上海邮轮航道安全管理带来系列问题，如新建邮轮码头与附近水域通航船舶相互干扰，邮轮靠离泊回旋水域与航道部分重叠等；邮轮艘次增加进一步导致航道拥堵严重，也增大了锚地使用负担；大型邮轮超宽特点增大了船舶交会风险，导致航道航行秩序复杂化。此外，邮轮准时准点的特点给上海深水航道的通航管理带来了新的问题。为解决这些问题，一般情况下海事主管部门采取邮轮优先通行的方案，但是对邮轮的优先通行和单向通航管制措施又使得原本已经非常紧张的深水航道通航组织工作面临更大压力，甚至会导致大型集装箱船的滞期，进而影响其他产业经济的发展。

（二）研究目的

邮轮航道的安全管理事关乘客的生命安全和财产安全，目前上海港邮轮航道通航环境复杂，邮轮航道相关法律法规不健全，在一定程度上影响了上海邮轮产业的发展。本文将基于上海邮轮经济发展与上海邮轮通航现状，从通航安全角度进行分析，全面识别上海邮轮航道安全存在的问题，并针对主要问题，通过借鉴国内外邮轮安全管理措施和大型特种船舶通航安全管理要求，分析现行的通航安全管理规定，研究相关的技术规范，最终提出保障大型邮轮在长江深水航道和黄浦江水道航行安全的对策和建议，为上海邮轮经济发展提供决策支持，实现上海港港口航运业、旅游业的可持续发展。

（三）研究内容

（1）邮轮进入长江、黄浦江水道的安全状况与潜在威胁分析；

（2）国内大型特种船舶（包括邮轮）通航安全保障经验研究；

（3）长江深水航道船舶与邮轮在交会、追越、不良天气状况下的通航安全管理研究；

（4）改善和保障邮轮安全行驶的政策与对策。

二　上海邮轮航道安全问题分析

（一）邮轮特性分析

邮轮安全是一个系统工程，涉及自然、港口、航道、船舶本身等多方面的因素。目前邮轮安全的研究大多是关于航行操纵方面，在研究中很少结合邮轮的特性进行分析，而邮轮的特性对于邮轮的安全与效率有较大的影响。为更准确地进行邮轮航道安全管理研究，本节首先对邮轮特性进行分析。

1. 邮轮的结构特性

邮轮因其旅游的用途配有专业的安全设施，包括双层船底、横向防水密封舱、船体采用合金钢等；从船体结构看，邮轮的结构特性一是上层建筑高，二是船体宽。

表 1　部分邮轮的船宽和甲板层数统计

邮轮名称	全宽(米)	甲板楼层
海洋水手号邮轮	48	15
海洋绿洲号邮轮	65	16
辉煌号邮轮	37	13
新维多利亚号邮轮	30	14
玛丽女王号邮轮	41	13
伊丽莎白女王号邮轮	32	14
伊丽莎白女王 2 号邮轮	32. 3	12
大西洋号邮轮	32	15
炫目号邮轮	32	11
经典号邮轮	30	13
精钻旅行者号邮轮	28. 96	11
精钻探索号邮轮	28. 96	9
嘉年华感知号邮轮	31	10
水晶交响号邮轮	30. 2	12

2. 超大型邮轮进出港的特殊要求

对邮轮来说，安全性是首要考虑，邮轮进出港的安全关系船上数以千计的乘客安全。此外，邮轮是为旅客提供运输和服务的船舶，靠港时间有限，靠泊后的活动、开船时间均提前安排好，准点性对其特别重要。

3. 超大型邮轮的操作特性

通常邮轮的操作性能要优于一般的货轮，但超大型邮轮也有其明显的对操作不利的特性，如受风面积大、与尾机型船的操纵方法差异大、对两侧特别是船尾方向瞭望比较困难等。

（二）上海邮轮通航安全状况分析

1. 邮轮进入长江的安全状况分析

（1）外高桥航道拥堵影响邮轮准点抵达

外高桥航道是外海通往长江诸港口、罗泾港区、宝钢码头、宝山港池及黄浦江（上海港内港）的必经之路，相当于咽喉通道。

根据大型船舶靠泊、过浅滩操纵时对潮汐、潮流流向等要求，进靠宝钢码头及黄浦江中、下游的船舶需要在外高桥航道淌航、滞航等候潮流待平流时才能靠泊，驶向长江诸港的船舶与去黄浦江上游的船舶需快速通过外高桥航道，可能形成追越局面。同时在此时段常有多艘进口大型船舶因候流而在航道中排队滞航、淌航，再加上黄浦江的大型出口船在此水域与进口船形成对遇交会局面，航道秩序十分混乱，造成进口去长江诸港及黄浦江上游的船舶无法快速通过，形成拥堵局面，影响邮轮准点抵达泊位，严重的甚至会错过最佳的安全靠泊时段。

（2）吴淞码头前沿水域密集的船舶流量影响了邮轮通航安全

上海建筑行业所需的黄砂几乎全部从长江中游开采，通过水路运输来沪。据现场观察的资料分析，吴淞低潮前 1 小时至低潮时至低潮后 1 小时是长江下驶黄砂建材船船舶流量密集时段，共计 121 艘次，平均每分钟 1 艘次，占当日下驶小船流量的 31.8%。在特定的时间段内，吴淞口邮轮码头前沿水域船舶主要是以长江下驶无序航行的黄砂建材船为主，邮轮如在船舶流量密集时段内靠离泊，存在较高的事故风险。

此外，邮轮码头附近的各码头船舶进出也必须途经吴淞码头前沿水域，吴淞码头附近码头、泊位统计见表2。密集的船舶流量不仅对邮轮通航安全带来潜在风险，也对邮轮准点靠泊以及其他码头的集装箱船、散杂货船等带来效率问题。

表 2　吴淞码头附近码头、泊位统计

相邻方向	码头	吨级	泊位(个)
西侧 宝山港池	国际港务公司	万吨	3
		2000 吨	2
	SCT 集装箱码头	万吨	3
	宝钢成品码头	万吨	5
上游	宝钢综合码头	4 万吨	1
后侧炮台湾船舶基地水域	锚泊驳船 68 艘,2 万吨级泊位 2 个,甲级浮筒 23 只,可系驳船 72 艘		
后侧宝杨路码头	往来上海、崇明专用班轮码头有高速客轮、普通客轮		

（3）恶劣天气影响邮轮安全航行

邮轮航行在上海港外港或者停泊在码头期间，会受到恶劣自然气候的影响，严重时会造成邮轮在航行中偏离航线，形成紧迫局面，靠泊期间会造成断

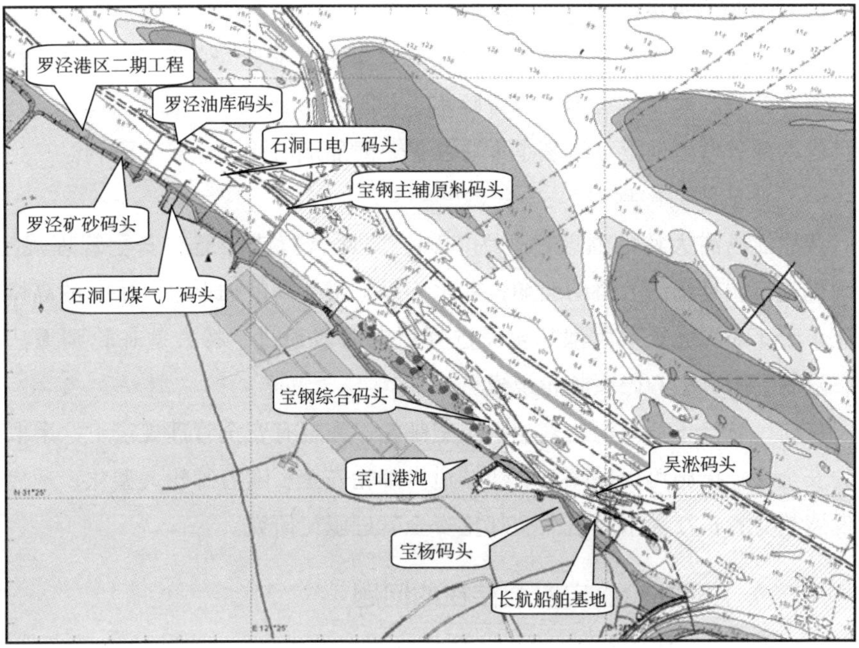

图1　吴淞码头附近的水工设施

缆飘离码头，使船舶处于危险境地。

雾霾大潮会在较长时间内对邮轮航行造成影响，严重情况下，当视程小于规定的通航要求时，邮轮只能靠泊停航或航行中抛锚停航，进而影响邮轮的航班计划。

宝山支航道主要供下行小型船舶航行，在涨潮前后航道中布满小型机动船舶。能见度不良情况下小船不听指挥，在封航条件下，仍有100条左右的小船通航，且不服从VTS指挥。而且有些小船没有雷达，在大雾天气下看不到其他船舶。部分小船的这种无序行为对于邮轮的航行和停泊安全有较大影响。

2. 邮轮进入黄浦江的安全影响分析

（1）航道宽度的影响

国客中心码头邮轮进出经过的航道内船舶拥挤，操纵可用水域受限，航宽较窄。航宽主要影响邮轮航道超宽交会和码头前沿船舶的靠离泊操纵安全。

针对黄浦江航道狭窄、通航资源有限的客观实际，对船舶靠泊码头的并靠宽度进行了限定，严禁船舶超宽靠泊。

（2）航道弯曲的影响

黄浦江航道弯曲多变，易发生事故的弯头主要有张华浜弯头、高桥弯头、陆家嘴弯头等。弯曲航道内常有背脑水、扫弯水、斜流和回流等不正常水流，并且进入部分弯道前上下游基本无法互见，对船舶航行安全非常不利。

（3）碍航物的影响

黄浦江杨浦大桥的通航净高为52m，因此《黄浦江通航安全管理规定》明确规定，航经杨浦大桥的船舶，其水面以上最大高度加上过大桥时的高桥潮位应小于52m。这导致大型邮轮需选择低潮时段通过，特大型邮轮则无法驶入，限制了国客中心码头邮轮规模。

目前，航行于黄浦江的多为中小型邮轮，在现有安全管理规定下，采取一定的安全保障措施可以保障黄浦江航道内邮轮安全。随着邮轮大型化、现代化的发展趋势，长江深水航道大型邮轮安全管理亟待研究。

（三）上海邮轮航道安全存在的问题

1. 邮轮航道安全管理存在的问题

（1）邮轮在能见度不良、交会等情况下安全保障有待加强

大型邮轮进出港一般有特殊要求，主要为安全性与准点性。

对于长江深水航道来说，航道多为狭水道，航道交叉，警戒区多。在吴淞码头前沿，与南槽的小船船舶流交会，需要海事局的海巡艇和拖轮一起拦截和引导小船流，一般要等待10～20分钟（最多要等待1个小时）才能靠泊。并且在能见度不良情况下小船不听指挥，在封航条件下，仍有小船通航，这样严重影响了邮轮的安全。

大型集装箱船、散货船和大型邮轮会遇时，对于超宽交会有严格限制（不准超过90米），15万吨级及以上吨级邮轮双向通航或者与5万吨级集装箱船交会时实行交通管制下单向通航。散货船、集装箱船的安全运营影响邮轮的准点准时。

长江深水航道及延伸段由于船舶流量大，易形成拥堵局面，影响邮轮准点抵达泊位，严重的甚至会错过最佳的安全靠泊时段。根据《长江口深水航道（12.5米）延伸段试通航暂行规定》，当深水航道延伸段外侧水域通航环境及水深允许时，追越船舶可选择深水航道延伸段外侧水域实施追越，被追越船也

可选择深水航道延伸段外侧水域宽让追越船。为了保障邮轮准点抵达码头，实施追越的条件以及追越过程中的安全管理和注意事项需要进一步研究。

在现有的安全管理规定下，邮轮的安全保障还有待加强。随着上海长江深水航道大力发展邮轮经济，大型邮轮具有安全性与准点性等特殊要求，势必给长江深水航道带来通航安全的压力。特别是在船舶与邮轮交会、追越，不良天气状况下对通航安全提出新的管理要求。

（2）缺乏针对邮轮特性的安全管理规定

根据上海邮轮进出港航道及上海通航安全管理规定适用范围，目前长江深水航道已经实施的规定和办法有《长江口深水航道（12.5 米）试通航期间通航安全管理办法》、《长江口深水航道（12.5 米）延伸段试通航暂行规定》和《长江口深水航道船舶超宽交会通航安全管理办法（暂行）》等，但是这些规定办法没有涉及邮轮。

虽然目前有许多邮轮通航安全管理措施，包括交通管制、单向通航、海巡艇护航等，但还没有成文的邮轮通航相关法律法规，不能为邮轮经济发展保驾护航。目前国内邮轮安全管理规章制度不健全，没有针对邮轮特性提出相关通航安全管理规定，制约上海港及上海邮轮经济的发展。

在《长江口深水航道（12.5 米）试通航期间通航安全管理办法》与《长江口深水航道（12.5 米）延伸段试通航暂行规定》制定时，上海还没有大力发展邮轮经济。但当邮轮经济已经确立并快速发展的时候，上海应考虑邮轮通航的特性，这就对管理办法提出了新的要求。

2. 邮轮安全与港口营运效率冲突的问题

（1）锚地资源稀缺影响船舶营运效率

上海港外港水域中靠近吴淞码头的锚地是吴淞口锚地，它划分成 10 个锚区。它的服务对象主要是内港水域（黄浦江）与外港水域的外高桥码头、宝山港池及宝钢等已运营多年的码头船舶，各锚区对停泊的船型、国籍、航线等进行了分类，有的还规定了锚泊时间限制。

由于吴淞口锚地已基本处于饱和状态，而吴淞口国际邮轮码头的船舶也到吴淞口锚地锚泊，因邮轮的锚泊半径（8 万吨为 469m，15 万吨为 528m）大于锚地设计的 R＝380m 与 250m，故一个锚区只能锚泊一艘邮轮，将大大增加锚地的负担，打破了现有的平衡状态，使锚地不堪重负，影响其他船舶营运和锚泊，进而降低港口营运效率。

（2）大型邮轮超宽船体和准点性与其他大型船舶运营存在矛盾

为了保障船舶和生命财产安全，提高长江口深水航道的通航能力，服务上海国际航运中心建设，促进长江流域和长三角地区的经济发展，上海海事局制定了《长江口深水航道船舶超宽交会通航安全管理办法（暂行）》，其中“超宽交会”是指在长江口深水航道内交会的两艘船舶总宽度 $80 < B1 + B2 \leqslant 90$（米）的情形。

目前在邮轮航道方面面临的突出问题是在超宽交会的安全管理要求下，大型邮轮的通航常常需要单向通航，影响了大型集装箱船、散货船的运营效率。

长江口深水航道的通航重点是5万吨级集装箱船、散货船双向通航。大于5万吨级的船舶如影响与5万吨级集装箱船交会，海事部门将做专题处理，进行评估及采取相应安全措施。按照《海港总平面设计规范》及相关规定计算，吴淞口国际邮轮码头的设计邮轮船型与5万吨级集装箱船交会分析见表3。

表3　吴淞口国际邮轮码头设计邮轮船型与5万吨级集装箱船交会分析

种类	船型	船型尺度(m)			设定风力≤7级		船迹带宽度A(m)	与5万吨集装箱船交会所需航道宽度(m)	深水航道宽度350m能否交会
		总长L	型宽B	满载吃水T	Y	n			
集装箱船	50000 DWT	293	32.3	—	7	1.69	115	310.8	能
邮轮	80000 GT	280	36	8.1	7	1.69	118.5	320.7	能
	150000 GT	339	47.4	8.8	7	1.69	149.5	372.1	否

注：15万吨级邮轮按提供尺度计算，未按驾驶台两翼B=53.5米计算。

通过表3的分析计算结果，我们可知8万吨级邮轮能在长江口深水航道与5万吨级集装箱船进行交会，15万吨级邮轮不能在长江口深水航道内与5万吨级集装箱船交会。

大型邮轮不仅超宽，而且要求准时准点，从而给深水航道的通航管理带来新的问题。

宝钢大型散货船和大型集装箱船与吴淞口国际邮轮码头的邮轮共同使用长

江口深水航道，各码头分布及船舶航线见图 2。

吴淞口国际邮轮码头靠泊的 15 万吨级及以上邮轮属于超宽船舶，特别是某些邮轮的船宽达到近 50 米，超出《长江口深水航道船舶超宽交会通航安全管理办法（暂行）》对超宽交会的限制，常常需要对深水航道进行交通管制单向通航。而且邮轮要求准时准点，在目前的通航管理中，上海海事局考虑到邮轮的特殊要求，一般情况下采取邮轮优先通行的方案，但是对邮轮的优先通行和单向通航管制使得原本已经非常紧张的深水航道通航组织工作面临更大压力，可能导致大型集装箱船的滞期。

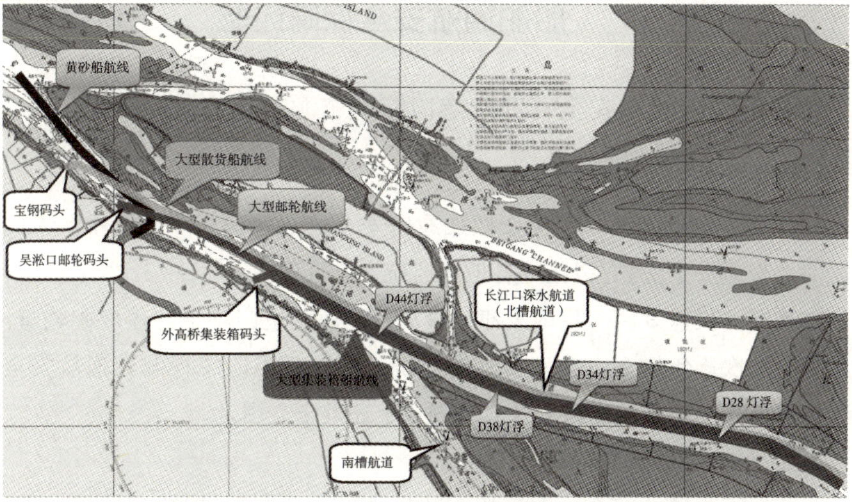

图 2　码头及航道分布情况示意

（四）小结

（1）根据以上分析，在现有安全管理规定下，采取一定的安全保障措施，黄浦江航道内邮轮安全是可以保障的。但是，大型邮轮在长江深水航道内交会、追越、能见度不良等情况下的安全保障，需要进行研究；同时，目前的管理规定解决不了大型邮轮通航影响船舶运营效率的问题，也需要进行研究。

（2）邮轮进出港的特殊要求包括安全性和准点性，虽然目前已经有许多规定办法在长江口深水航道中得到应用，但邮轮作为一种特种船舶，它有着自身的特性。目前没有专门针对邮轮安全的管理规定，现有的管理办法制定时没有考虑邮轮的特殊需求。

因此，亟须重点研究长江深水航道船舶与邮轮交会、追越、不良天气状况下通航安全管理，以及在航道资源有限和相应的航道安全管理要求下，对大型邮轮与其他大型船舶营运效率之间的矛盾提出对策和建议。

三　国内邮轮安全管理和大型特种船舶通航安全保障经验

（一）国内邮轮安全管理及港口航道资源利用方式

1. 邮轮通航安全管理规定

1983年我国制定第一部关于船舶通航安全的法律法规——《中华人民共和国海上交通安全法》，以指导各地区通航安全管理。

随着经济快速发展，我国天津、青岛、上海、厦门等地已建成邮轮母港，进港邮轮班次逐年增多。在发展邮轮经济的同时，不能忽视邮轮通航安全问题。但目前我国在邮轮通航安全管理规定上还处于空白。

2. 邮轮安全管理措施

为了保障邮轮的安全，上海相关部门已经采取多种措施，如邮轮的“交通管制”措施——单向通航、海巡艇护航。同时通航的服务手段更加先进多样，其中一个亮点就是引航员加入的社会协管，引航员参与VTS值班，有助于与船员的沟通。船舶通过效率得到提高，基本上6分钟放行一艘船，而且信息公开，可以查询船舶的排队情况。此外邮轮享有优先权，按照雾航规定，在恢复通航时，给予大型邮轮有限航行权。

3. 港口航道船舶安全与效率

目前国内已经开展许多关于港口航道船舶安全与效率的研究，以烟台港为例，其港口航道为单向航道，船舶航行安全与效率之间存在矛盾。根据烟台港水上交通特性和实际工作需要，确立了船舶优先等级，确定“重点区域、重点船舶、重点时段”，提高了船舶安全与效率。

（1）航道使用管理：部分航道水域禁止任何船舶交会、适当控制部分航道的船舶流量以防止航道阻塞、设立船舶临时等候区以避免船舶在狭窄航道会遇等。

（2）船舶交通组织：先重点后一般、先“四客一危”船后其他船、先出港后进港；禁止船舶在同一港池或同一航道内会遇；严格执行船舶计划；确立船舶优先权，保证各类船舶的班期；强化重点船舶的监管，严格执行港口船舶航行管理规定，杜绝船舶的违法行为。设立“VTS 船舶黑名单”，降低或取消违法船舶进出港“优先权”。

4. 航道边坡利用

以深圳港铜鼓航道为例，航道长 23.7km，有效宽度为 210m，航道底标高 -15.8m，设计为 10 万吨级（8000TEU）集装箱船全天候不乘潮通航单向航道。载重 11.5 万吨的船舶需要“一船一议”。每艘超大型船舶通过铜鼓航道时，在必须减小船舶吃水前提下，可利用边坡航道宽度通航，但需明确航行限制条件，确保超大型船舶航行安全。

（二）大型特种船舶进出港通航安全保障经验借鉴

1. 大型 LNG 船舶进出港通航安全保障措施

LNG 船舶属于高危船舶，一旦发生燃爆安全事故，后果不堪设想。LNG 船舶进出港时要实施交通管制，海事部门利用 VTS、CCTV、VHF 等，对各船舶进行监控指挥，控制该水域船舶交通量，甚至实施清道封航。鉴于 LNG 船舶航行的特殊危险性，LNG 船舶通航方式可以分为独占式和非独占式两种。

（1）LNG 船舶独占式航行是指 LNG 船舶单向通过双向航道时，与其同向船舶需保持在安全区外航行，与其逆向船舶需等待 LNG 船舶通过航道方可正常航行。该形式使用较为普遍，但仅适用于航道资源富裕港口水域。

（2）LNG 船舶非独占式航行是指 LNG 船舶单向通过单向航道，或双向通过双向航道时，其他船舶在 LNG 船舶安全区外航行，虽在一定程度上提高了航道的利用率和通过能力，但同时也带来一定安全隐患。

2. VLCC 船舶进出港通航安全保障措施

（1）VLCC 船舶交通安全保障系统

VLCC 船舶惯性大、舵效差、反应迟钝、狭水道效应大、受风流影响大，一旦发生紧急情况难以采取有效的措施。VLCC 船舶的海事监管也是与通航安全息息相关的关键问题之一。在我国渤海海域，针对 VLCC 船舶的安全通航建立了由安全监督、航行保障、应急处置、信息通讯等子系统组成的 VLCC 船舶交通安全保障系统。

（2）VLCC 船舶监管手段

VLCC 船舶监管手段包括建立和运行船舶运动的优先级别、交通流空间分隔或分配（船舶定线制）、特定区域内的船舶动态报告、控制航速制、设定 VLCC 船舶临时应急锚地等。这几种形式或其组合在一定程度上能提高 VLCC 船舶通航安全水平。

①船舶运动优先级别：一是确保 VLCC 船舶优先使用深水航道；二是当 VLCC 船舶在航路中与其他船舶航行存在相互冲突时，VLCC 船舶具有优先权。

②船舶定线制：针对 VLCC 船舶的航行特点，建立供 VLCC 船舶进出港使用的推荐航路。

③船舶动态报告：VTS 中心可依据船舶动态报告获取的交通信息为 VLCC 提供安全高效的船舶通航策略。

④VLCC 船舶应急锚地：是指供 VLCC 船舶因特定原因而暂时不能进港时的临时锚泊地点。

（四）小结

本文通过对国内邮轮通航安全管理措施分析，结合 LNG 船舶和 VLCC 船舶两种大型特种船舶的通航安全保障措施，提出邮轮码头营运及进出港航行的建议如下。

（1）为提高通航效率，防止航道阻塞，应适当控制和保持航道的船舶流量。

（2）由于上海港主要进出港航道交通繁忙，若进行清道封航会对航道的整体通过能力造成很大影响，因此，建议邮轮进出上海港借鉴 LNG 船舶进出港的非独占式航行方式，同时开展邮轮航行安全航速和船舶领域的相关研究，在保障邮轮航行安全的前提下，尽可能降低其对航道内整体交通流效率的影响。

（3）借鉴 VLCC 船舶进出港交通组织模式，建立并完善邮轮监管体系，充分利用码头前沿的 CCTV、VTS 等监管手段，保障邮轮进出港的安全。

（4）建议开展邮轮与其他船舶进出港优先级理论研究，从安全、效率、收益等方面分析船舶进出港航行的效益优先性，并以法规的形式确定各类船舶进出港的优先级标准。

（5）建议探索并规划可供邮轮进出港使用的应急锚地。

四　邮轮航道典型场景安全管理研究

（一）长江深水航道邮轮与其他船舶交会研究

1. 长江深水航道邮轮交会宽度的理论计算

目前第六代集装箱船的宽度为43m，10万吨级以上的散货船的宽度都在45m左右，超大型邮轮宽度也在45m以上。按照目前规定，当交会两船的最大宽度之和为80 < B1 + B2 ≤90（米）时，应参照《长江口深水航道船舶超宽交会通航安全管理办法》的规定执行。而该《办法》中超宽交会只针对一艘船舶为集装箱船，另一艘船舶可为集装箱船或散货船的交会，没有提出有关邮轮超宽交会的管理办法。为保障大型邮轮交会安全，需要从交会宽度、船舶操纵模拟等方面分析邮轮与集装箱、散货船的交会问题，为以后制定（完善）邮轮交会管理规定打好基础。

（1）船舶交会宽度的理论计算

根据规范，航道有效宽度由航迹带宽度、船舶间富余宽度、船舶与航道底边之间的富余宽度组成，如图3所示。

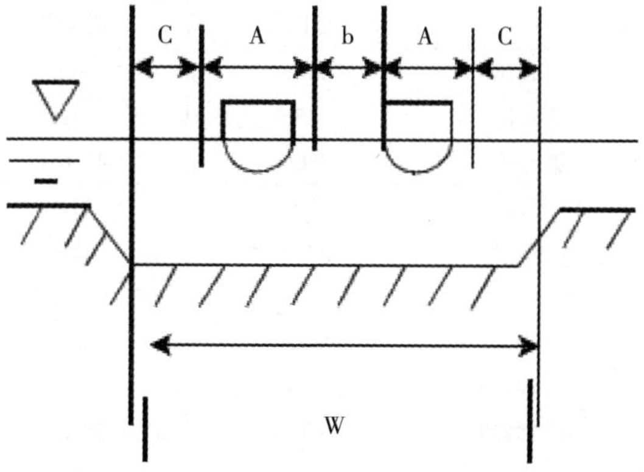

图3　航道有效宽度示意

航迹带宽度 A 按下式确定：

$$A = n(L\sin\gamma + B)$$

式中：A——航迹带宽度（m）；

n——船舶漂移倍数；

γ——风、流压偏角（°），按规范取值（见表4）

L、B——设计船长、船宽（m）。

表4　满载船舶漂移系数 n 和风、流压偏角 γ 值

风力	横风≤7级			
横流 V(m/s)	$V \leqslant 0.25$	$0.25 < V \leqslant 0.50$	$0.50 < V \leqslant 0.75$	$0.75 < V \leqslant 1.0$
n	1.81	1.69	1.59	1.45
γ(°)	3°	7°	10°	14°

风力取7级以下，横流取 $V \leqslant 0.25$，即 $n = 1.81$，$\gamma = 3°$。

典型船舶的船宽与长度的比值如表5所示。据此，集装箱船 B/L = 0.14，散货船 $B/L = 0.16$，邮轮 $B/L = 0.12$，计算航迹带宽度 A：

散货船：$A = 1.81(B/0.16 \times \sin 3^{\circ} + B) = 2.4B$

集装箱船：$A = 1.81(B/0.14 \times \sin 3^{\circ} + B) = 2.5B$

邮轮：$A = 1.81(B/0.12 \times \sin 3^{\circ} + B) = 2.6B$

表5　典型船舶的船宽与长度的比值 B/L

船型		船长 L	船宽 B	B/L
集装箱	第五代	280m	40m	0.143
	第六代	335m	43m	0.135
	第七代	350m	45.6m	0.130
散货船	10万吨级	270m	43m	0.159
	15万吨级	289m	45m	0.156
	20万吨级	312m	50m	0.160
邮轮	8万吨级	280m	32.2m	0.115
	15万吨级	345m	41m	0.119
	16万吨级	339m	38.6m	0.114
	22万吨级	360m	47m	0.131

船舶与航道底边之间的富余间距按表6取值，集装箱船取0.75B，散货船取B，邮轮取1.5B。

表6　船舶与航道底边间的富余宽度C

船种	集装箱船		散货船		邮轮	
航速(kn/h)	>6	>6	>6	>6	≤6	>6
C(m)	0.5B	0.75B	0.75B	B	B	1.50B

根据规范可计算出双向通航航道的宽度为：

集装箱船和邮轮：W = 0.75B + 2.5B + B + 2.6B + 1.5B = 7.35B

散货船和邮轮：W = B + 2.4B + B + 2.6B + 1.5B = 7.5B

北槽深水航道的底宽为350m，所以会遇船舶允许总宽度为350/7.5×2 = 93.34m（这里取7.5B）。

根据理论计算，若考虑邮轮与集装箱船、散货船交会，通航船舶宽度为93.34m是符合规范要求的。

2. 长江口深水航道超宽船舶交会模拟试验

双向通航时，航道宽度的组成如图4所示，下文将通过模拟试验来采集相关数据。

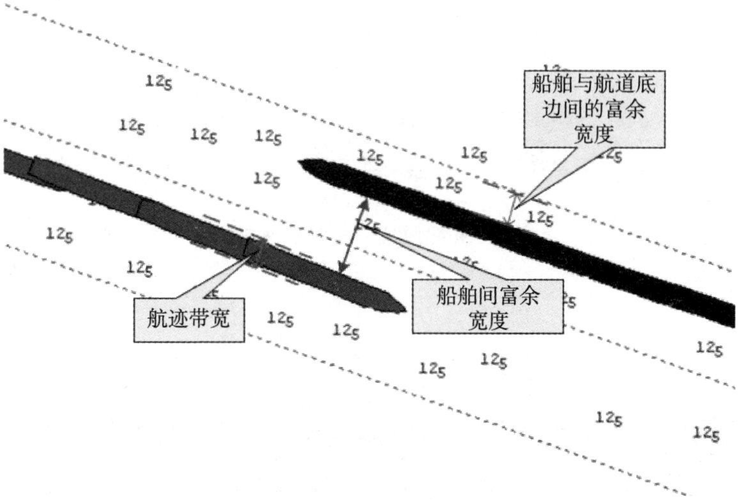

图4　双向通航航迹带宽度示意

根据《海港总平面设计规范》（以下简称《规范》），双向通航所需航道宽度 $W = 2A + b + 2c$，双向通航试验船型为邮轮 + 集装箱船、邮轮 + 散货船、邮轮 + 邮轮以及邮轮 + 油船，式中 c 根据《规范》取值。

试验船型在 6 级风（风向为 45°或 135°）和涨落潮 2.0kn 流速情况下，航迹带宽度、船舶间的富余宽度数据及所需航道宽度计算如表 7 ~ 表 10 所示，航道宽度的分布如图 5 ~ 图 8 所示。

表 7　6 级风况——邮轮 + 集装箱船

单位：m

序号	风		流 涨潮/落潮	航迹带宽		船舶间富余宽度	航道间富余宽度		双向通航宽度
				A1	A2	b	c1	c2	
1	45°	6 级	涨潮 2.0kn	70	62	66	50	80	330
2	45°	6 级	落潮 2.0kn	86	66	60	58	69	339
3	135°	6 级	涨潮 2.0kn	78	64	65	60	62	329
4	135°	6 级	落潮 2.0kn	80	70	59	55	63	327

表 8　6 级风况——邮轮 + 散货船

单位：m

序号	风		流 涨潮/落潮	航迹带宽		船舶间富余宽度	船舶与航道间富余宽度		双向通航宽度
				A1	A2	b	c1	c2	
1	45°	6 级	涨潮 2.0kn	72	60	74	70	66	342
2	45°	6 级	落潮 2.0kn	76	56	67	71	69	339
3	135°	6 级	涨潮 2.0kn	71	63	72	66	68	340
4	135°	6 级	落潮 2.0kn	82	58	60	63	65	328

表 9　6 级风况——邮轮 + 邮轮

单位：m

序号	风		流 涨潮/落潮	航迹带宽		富余宽度	航道间富余宽度		双向通航宽度
				A1	A2	b	c1	c2	
1	45°	6 级	涨潮 2.0kn	76	71	70	62	65	344
2	45°	6 级	落潮 2.0kn	78	75	65	60	59	337
3	135°	6 级	涨潮 2.0kn	86	72	60	55	63	336
4	135°	6 级	落潮 2.0kn	75	85	65	58	58	341

表 10　6 级风况——邮轮 + 油轮

单位：m

序号	风		流	航迹带宽		船舶间富余宽度	船舶与航道间富余宽度		双向通航宽度
			涨潮/落潮	A1	A2	b	c1	c2	
1	45°	6 级	涨潮 2.0kn	77	69	70	52	68	336
2	45°	6 级	落潮 2.0kn	78	77	55	61	72	343
3	135°	6 级	涨潮 2.0kn	81	73	62	55	70	341
4	135°	6 级	落潮 2.0kn	74	81	51	59	80	345

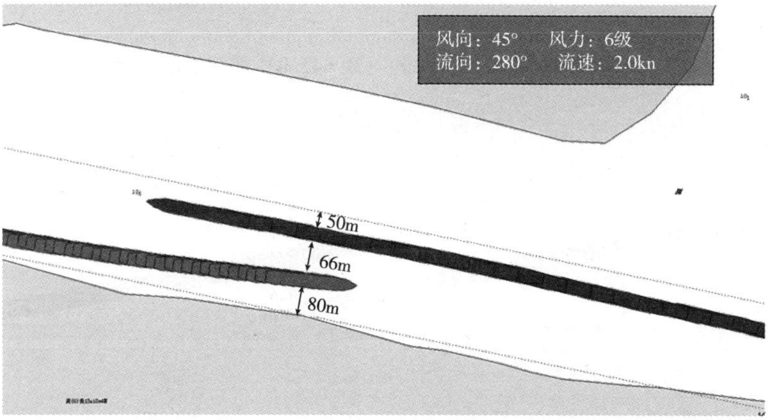

图 5　邮轮（B = 47.4）+ 集装箱船（B = 40.3）模拟试验会遇轨迹

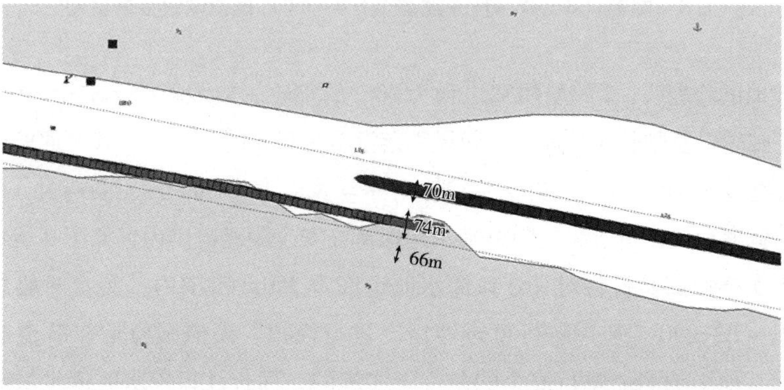

图 6　邮轮（B = 47.4）+ 散货船（B = 43.0）模拟试验会遇轨迹

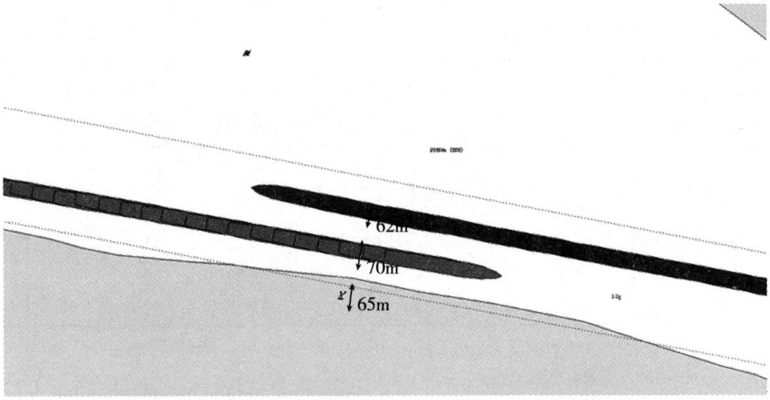

图 7　邮轮（B =45. 0）＋邮轮（B =45. 0）模拟试验会遇轨迹

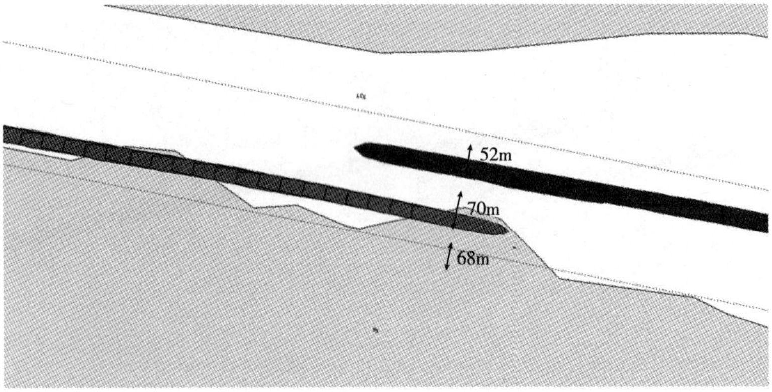

图 8　邮轮（B =47. 4）＋油船（B =43. 0）模拟试验会遇轨迹

模拟试验表明，2 艘船船宽之和为 90m 的邮轮＋集装箱船、邮轮＋散货船、邮轮＋邮轮以及邮轮＋油船在 6 级风涨落潮流 2. 0kn 的条件下，双向通航所需航道最大宽度为 345m、最小宽度为 327m、平均宽度为 337m。两船会遇时，船舶间的富余宽度和与航道边缘的距离基本能保持在安全距离范围内，如图 9 所示。

本次模拟试验旨在对长江口深水航道底宽 350m 范围内，交会两船总宽度 80 < B1 + B2 ≤90（米）航行可行性情况进行模拟。模拟试验是在航道航行过程中无其他影响船舶航行安全的条件下实施的，而长江口深水航道水域船舶交通流量极大、通航环境复杂，本次两船超宽交会模拟试验仅仅起到抛砖引玉之

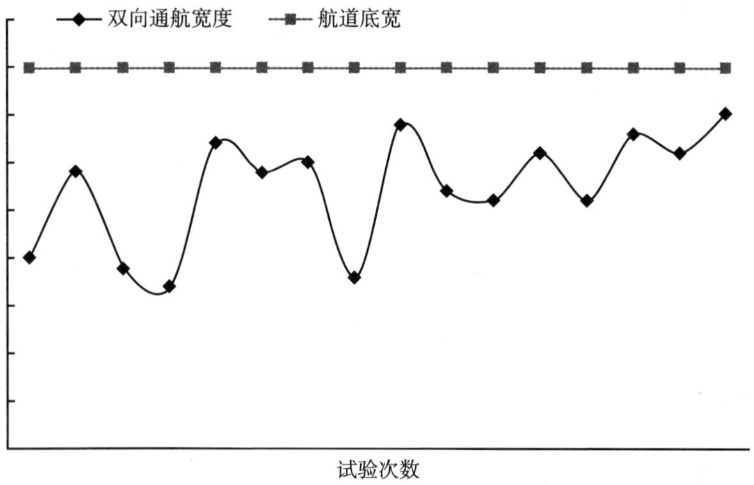

图 9　双向通航所需宽度（B1 + B2 = 90m、风力 6 级、流速 2.0kn）

作用，有关长江口深水航道船舶超宽交会问题还需进一步深入研究。

3. 长江深水航道交会操纵安全事项

（1）侧壁效应的影响

超大型船舶深水航道航行时可能会受到侧壁效应影响，因此在航行时可把船位控制在中心线右边一点，同时减慢航速。

（2）对驶会遇的影响

船舶航行时可能产生兴波，并且交会时两船间会产生相互作用，因此对驶会遇前应减速行驶。

4. 措施与建议

（1）大型邮轮也属于超宽交会船舶的范畴，建议纳入《长江口深水航道船舶超宽交会通航安全管理办法（暂行）》中或者开展针对邮轮的超宽交会通航安全管理的研究。

（2）根据理论计算邮轮与集装箱船、散货船交会宽度可以达到 93.34m，管理办法中“超宽交会”规定的是两艘船舶总宽度 $80 < B1 + B2 \leq 90$（米）情形。需要根据邮轮船体宽、吃水深度的特点，对邮轮的超宽交会进行深入的研究。

（3）邮轮与其他船舶交会应该合理地选择交会时间和地点，应当掌握交会航段及两侧水域的情况，运用良好的船艺，谨慎驾驶。

（4）超大型邮轮深水航道航行时会受到侧壁效应影响，在航行过程中要控制好船位，不要太靠近槽壁。

（二）长江深水航道船舶与邮轮追越的通航安全管理研究

1. 船舶追越安全风险分析

（1）船间效应明显

两船追越过程中可能产生船间效应，改变船舶运动状态，使船舶失去控制，导致事故发生。

（2）船吸作用

两船在追越过程中可能发生船吸作用，并且随着航速加快和两船间横距减小，这种作用会急剧增大。

（3）灯光信号受阻，瞭望比较困难

邮轮具有上层建筑高大、船体宽的特点，其他船舶在追越过程中，视线容易受到邮轮的阻挡，难以把握前方的船舶航行态势，并且一些中小型船舶追越时可能难以识别邮轮上的灯光信号，对航行安全有较大影响。

2. 船舶追越安全横距的理论分析

假如 A、B 两船船舶长度分别为 l_A 和 l_B，当船 B 追至与船 A 并航时，横剖面图如图 10 所示。

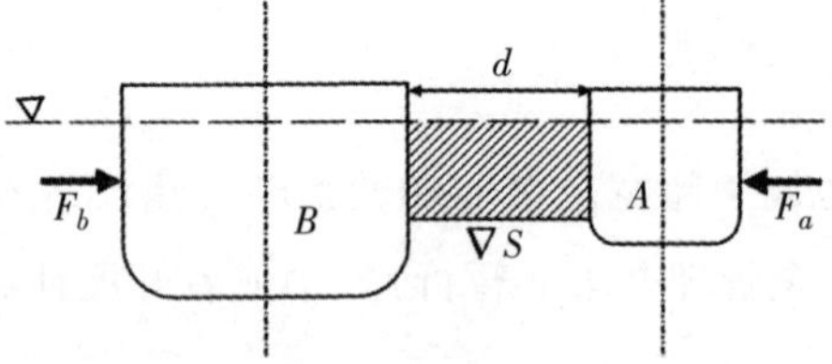

图 10　追越过程中船间作用剖面

船舶追越的安全横距计算公式如下：

$$d \geqslant \frac{(l_A \times v_B + l_B \times v_A) \times \sin\alpha}{v_B - v_A \times \cos\alpha} \tag{1}$$

其中：l_A ——被追越船船长；

v_A——被追越船船速；

l_B ——追越船船长；

v_B——追越船船速；

α ——被追越船偏航后的航线与追越船航线的夹角。

从追越横距计算公式可以看出，安全横距与两船长、速度以及航向夹角有关。

$$d_{min} = \frac{(l_A \times v_B + l_B \times v_A) \times \sin\alpha}{v_B - v_A \times \cos\alpha} \tag{2}$$

当 $cos\alpha = \frac{v_A}{v_B}$时为 d_{min} 的极大值点。

由式（2）可以看出 d_{min} 随着两船长的增加而增大，随着速度比的增大而增大。随着船舶大型化和高速化的发展，长江深水航道船舶与邮轮追越时对安全横距要求更高。

3. 邮轮在航道外侧追越的限制条件

根据规定，邮轮在航道外侧水域追越，首先必须满足水深要求。根据《规范》，邮轮航行时航道通航水深按下式计算：

$$D_0 = T + Z_0 + Z_1 + Z_2 + Z_3 \tag{3}$$

式（3）中：D_0 ——航道通航水深；

T ——设计船型满载吃水；

Z_0 ——船舶航行时船体下沉值；

Z_1 ——航行时龙骨下最小富余深度；

Z_2 ——波浪富余深度；

Z_3 ——船舶装载纵倾富余深度。

对于设计邮轮船型 80000GT 所需航道通航水深为 9.40 米，150000GT 所需航道通航水深为 10.17 米。

影响邮轮追越安全的因素很多，而航道外侧追越时所需水深是一个重要限制条件。

4. 措施与建议

（1）为了保障邮轮的安全，禁止邮轮在深水航道内追越。当航道外侧水域满足吃水条件时，可选择性地实施追越。

（2）邮轮上层建筑高，船舶在追越时瞭望视角可能会受阻，特别是长江深水航道内的船舶流量大，因此船舶应及早采取避让措施。

（3）追越时尽可能平行追越，并保持足够的横向距离。

（4）在狭窄水道尽量不要强行追越，船舶密集、环境复杂、前方航道不明时不进行追越。

（三）不良天气条件下长江深水航道邮轮通航安全研究

1. 能见度不良对邮轮航道通航安全的影响分析

（1）船舶不可进行目测定位，影响船舶航行安全。

（2）信号的传播会受到影响。

（3）雾航时航行时间延长，易使船员产生疲劳、疏于瞭望。

（4）VTS 监管能力下降。

2. 邮轮在能见度不良时通航安全问题分析

为保障船期，船主认为邮轮可以在大型船舶能见度不良等天气条件下通航。

但是吴淞邮轮码头处在长江和黄浦江交汇水域，多条航路在附近交汇，该水域是上海长江段通航密度最大、通航环境最为复杂同时也是水上事故多发区域。并且在封航条件下，仍有 100 条左右的小船通航，且不服从 VTS 指挥。而且有些小船没有雷达，在大雾天气下看不到其他船舶。大型邮轮在能见度不良等不良天气下能够识别、联系其他船舶，但是难以预防与诸多不听指挥、没有雷达的小船发生碰撞。

3. 邮轮航行能见度限制条件

目前大多数能见度通航标准在 500 ~ 1000 米时给予限制，但能见度受制的临界值在《内河避碰规则》中并未做出定量规定。目前长江上普遍倾向于以白天能见距离下降到 1500m 以下、夜晚能见距离下降到 1. 5nmile 以下，并且能见距离有逐步降低的趋势，为能见度受到限制。

虽然邮轮有准点到达的要求，但考虑到邮轮的安全性，可以提高能见距离的标准和能见度不良的限制，来保障邮轮的安全。

4. 措施与建议

能见度不良特别是雾航对邮轮安全影响较大，因此能见度不良时禁止邮轮通航。同时结合邮轮的安全性和准点性，研究确定邮轮在长江深水航道航行的海况条件。

恶劣天气到来之前，提前做好预控措施，提醒船舶选择合适的地点抛锚，严格执行相关规定。

（五）小结

通过对船舶交会宽度理论计算、船舶操纵模拟等方面研究，若考虑邮轮与集装箱船、散货船交会，理论上计算交会两船宽度之和可以达到93.34m，规定关于交会两船的最大宽度之和上限有一定伸缩空间，通过进一步研究，合理地协调散货船、集装箱船的运营和邮轮的准点性的矛盾，可提高航道资源的利用率。

通过对船舶追越通航安全风险分析，在追越过程中，船间作用和安全横距对船舶追越影响较大。为了保障邮轮的安全，在深水航道内禁止邮轮追越。

通过对邮轮在能见度不良等不良天气条件下的通航安全问题分析，不良天气特别是能见度不良的情况对船舶的正规瞭望、定位有较大的影响，在能见度不良情况下邮轮禁止通航。

五　改善和保障邮轮安全航行的政策与对策研究

（一）对策分析

1. 航道安全管理

目前，限制北槽深水航道大型船舶通航的主要因素是超宽交会的限制，而超宽交会的限制主要源于《海港总平面设计规范》等相关规范。

根据《海港总平面设计规范》，航道有效宽度由航迹带宽度、船舶间富余宽度和船舶与航道底边间的富余宽度组成。

所以，对于超宽交会的限制主要由航道宽度、船舶间富余宽度、船舶与航道底边的富裕宽度、航迹带宽度等因素决定。为了能够修改超宽交会宽度，笔者就此提出两项建议。

（1）突破规范中对富裕宽度的取值要求

由于大型邮轮的操纵性能非常好，在相关规范制定过程中并未考虑此种因素，因此，对于大型邮轮这种特殊船型，建议考虑在两船富余宽度及船舶与航道底边的富余宽度的取值上突破限制，从而调整超宽交会的限制。但是此种方法需要对全国性的行业规范进行研究和修订，需要开展大量研究，难度很大。

（2）改变对航道有效宽度的取值

由于大型邮船在船型上的特点是船体较宽、吃水较浅，所以，可以考虑利用倾斜的边坡，将其一部分纳入航道有效宽度的取值。但是这需要开展两方面的工作，一方面需要论证将边坡宽度纳入航道有效宽度在技术上的可行性；另一方面，如果想将其纳入有效宽度，需要对边坡进行维护，确保其可用，而这一项需要每年增加大量的维护费用（目前长江口深水航道只维护航道不维护边坡的费用就达到20亿元/年），所以还需要论证经济上的可行性。

2. 航道资源建设

对于吴淞口国际邮轮码头，其可利用的航道有南槽航道和北槽航道，但是由于南槽航道水深只有5.5米，无法满足大型船舶的需求。所以，建议拓宽长江口深水航道，并从费效比的角度对其经济可行性进行论证。

3. 缓解各种船舶间运营效率冲突的措施

（1）调整产业布局，外高桥集装箱码头、宝钢散货码头或邮轮码头搬迁，例如邮轮码头搬迁到距离机场更近的新港区，宝钢的散货运输使用更小的工程船等。该措施能够从源头上减少深水航道的大型船舶数量，但是这需要付出更大的代价，需要上海市政府甚至国家来统筹规划。

（2）在目前的条件下，进一步优化交通组织和管理。例如研究最优化的编队模式，同时要求邮轮也尽量配合交通组织，要求其提前到锚地提前准备等。该措施的代价最小，但是治标不治本，随着深水航道大型船舶通航量的不断增大，该措施终将无能为力。

（3）采取一定的经济补偿政策，缓解船舶营运效率受损。短期内如果无法从以上方面解决目前的问题，那么上海市政府可以从经济政策上给予受损失方一定的补偿，从而缓解矛盾。

（二）政策分析

（1）在上海市港口规划和产业发展规划制定过程中，充分考虑长江口深水航道的稀缺性和航道安全管理的压力，控制进入长江口深水航道的大型船舶数量。

（2）建议制定经济补偿政策，对由于大型邮轮通航所导致的其他船舶滞期等运营事故，给予一定的经济补偿。

（3）开展长江口深水航道邮轮通航标准研究，制定长江口深水航道邮轮与其他大型船舶超宽交会的标准；研究大型邮轮在深水航道超宽交会时利用边坡的安全合法性与可行性。

（4）借鉴深圳港铜鼓航道超大型集装箱船的航行经验，合理地利用航道边坡，设置航行的限制条件，保障航行安全。

（三）管理建议

（1）建议研究并以法规的形式确定各类船舶进出港的优先级标准，同时在VTS显示屏上实施特殊标识重点监控，严格执行各项船舶管理规定，否则降低或取消其优先级。

（2）建议邮轮进出上海港借鉴LNG船舶进出港的非独占式航行方式进行航行，同时应进一步开展邮轮进出港航行安全航速和船舶领域的相关研究，在保障邮轮航行安全的前提下，尽可能降低其对效率的影响。

（3）借鉴VLCC船舶进出港交通组织模式，建立并完善邮轮监管体系，充分利用码头前沿的CCTV、VTS等监管手段，保障邮轮进出港的安全性和高效性。

（4）对邮轮进出港实施全程监控，“点对点”监护服务，优先安排邮轮进出港，提醒其他船舶避让，确保邮轮的安全和准点。

（5）建议规划可供邮轮进出港使用的应急锚地或者临时等候区，缓解锚地资源紧缺问题，提高船舶营运效率。

总之，一方面需要针对邮轮的特性，制定深水航道邮轮通航管理办法；另一方面，通过多种政策、对策的组合，以期最终实现上海港港口航运业、旅游业的可持续发展。

六 结论

上海邮轮航道存在的主要问题有两个：一是基于目前的航道现状、船舶通航情况和通航安全管理要求，航道安全管理本身所面临的压力；二是由于航道资源的限制，航道安全管理与船舶营运效率所产生的矛盾。笔者建议如下。

（1）通过交会研究，建议将大型邮轮纳入《长江口深水航道船舶超宽交会通航安全管理办法（暂行）》中或者开展针对邮轮的超宽交会安全管理的研究。根据邮轮船体宽、吃水深度的特点，对邮轮的超宽进行更深入的研究，保障邮轮的航行安全与效率。

（2）通过追越的研究分析，禁止邮轮在深水航道内追越。在航道外侧水域满足吃水条件的船舶，应在保障其安全的前提下，可选择性地实施追越。

（3）通过不良天气下通航安全研究，在能见度不良时邮轮禁止通航，同时研究确定邮轮在长江深水航道航行的海况条件。

（4）建议调整产业布局，对外高桥集装箱码头、宝钢散货码头或邮轮码头进行搬迁。

（5）在目前的条件下，进一步优化交通组织和管理，制定最优化的编队模式，同时要求邮轮也尽量配合交通组织，提前到锚地准备。

（6）建议邮轮进出上海港采用非独占式航行方式进行航行，同时研究确定邮轮进出港航行安全航速和船舶领域。

（7）对于超宽交会的限制主要由航道宽度、船舶间富余宽度、船舶与航道底边的富余宽度、航迹带宽度等因素决定，建议突破规范中对富余宽度的取值要求，改变对航道有效宽度的取值。

（8）建议制定经济补偿政策，对由于大型邮轮单向通航、交通管制导致的其他船舶滞期等运营事故，给予一定的经济补偿。

（9）合理地利用航道边坡，设置航行的限制条件，保障航行安全。开展长江口深水航道边坡利用与通航保障技术研究，提升深水航道通航宽度的技术可行性和经济可行性，以及对边坡的维护要求和保障技术。

（10）建议确定邮轮及其他类型船舶进出港航行运动优先级，同时在 VTS 显示屏上实施特殊标识、全程重点监控，随时掌握船舶动态。

（11）建议规划可供邮轮进出港使用的应急锚地或者临时等候区，缓解锚地资源紧缺问题，提高船舶营运效率。

参考文献

《海港总体设计规范（JTS 165－2013）》，2013。

《上海黄浦江通航安全管理规定》，2006。

《吴淞口国际邮轮码头运营水上安全管理研究》，2010。

G.9
上海邮轮航道安全评价

上海交通大学交通研究中心 *

摘　要： 近年来，世界旅游业的发展，推动国际邮轮业不断发展，上海作为邮轮母港建设的先行者开展了大量关于邮轮安全运行的研究。为确保邮轮在进出上海港码头的航道内的航行安全，本文在分析综合安全评估法（Formal Safety Assessment，FSA）的基础上，通过对上海港邮轮进出港航道情况的论述，运用德尔菲法识别邮轮在上海港进出航道的危险源，并采用模糊数学理论建立上海港邮轮航道安全现状评价模型，从而实现对上海港邮轮航道安全的量化分析和评价，结合对上海邮轮相关从业人员进行的针对性调研，提出更加符合时效性、更有针对性的决策建议。基于 FSA（综合安全评价法）的邮轮航道安全评价方法，可为邮轮航道安全风险管理提供参考。

关键词： 邮轮　上海航道　综合安全评估　模糊综合评价

近年来，世界旅游业的发展极大地推动了国际邮轮业繁荣。随着豪华邮轮陆续抵靠上海港，上海迎来了各类大型邮轮，它们均以上海港为母港进行运营，这标志着上海已具备建立国际邮轮母港的基础条件，并为上海建设成为名副其实的国际航运中心打下了更为坚实的基础。

---

* 本报告由上海交通大学交通研究中心撰稿完成。课题组组长：陆键教授。课题组成员：陈静、张毅、彭春露、马颖琦。本报告执笔人：陈静。

大型邮轮进出上海港，会受到很多条件限制，如风流、航道宽度等，针对邮轮引航的操作要求限制更多。统计资料显示，目前，黄浦江平均每月发生各类事故4起，造成巨大的经济损失，高达千万元。本文针对邮轮进出上海港航道内航行安全问题，为上海邮轮引航作业风险管理建立程序性管理制度提供参考，确保邮轮在进出上海港码头航道内的航行安全，同时为制定邮轮安全政策提供相应的依据。

一 国内外邮轮航道安全管理综述

在航道安全管理方面，国内外专家已经就实务及理论开展一些卓有成效的工作，其中安全实务包括以下几个方面：大型船舶进出上海港引航具体操作，大型船舶在内河航道航行要点，上海港内河航道安全监管模式，上海港航道航行风险分析，船舶内河航道安全评价方法等。在安全保障理论方面，国外学者做了较深入的研究，其中包括：大型船舶冲突预防技术和航迹线规划问题，大型船舶的碰撞和搁浅事故的预测方法，限制水域船舶安全管理和评价，大型船舶主动安全导航办法，大型船舶航道安全政策及安全标准制定方法。

本文以上海港邮轮进出航道为主要研究对象，在搜集国内外交通水道邮轮安全保障的管理经验基础上，提出基于FSA（Formal Safety Assessment）的安全评价方法。安全评价指标体系综合考虑船舶、人、通航环境及海事管理的因素，利用模糊数学理论建立的评价模型，对邮轮进出上海港航道安全现状进行评价，通过对评价结果的分析及对相关部门的调研，提出合理的政策建议，以期提高邮轮在上海港航道内航行的安全管理。

二 上海港邮轮航道安全概况

当前，上海港邮轮停靠主要港口包括位于吴淞口长江岸线炮台湾水域的吴淞口国际邮轮港和黄浦江边的上海港国际客运中心。根据两个邮轮港口布局，邮轮等进出上海港主要途经航道包括：长江口深水航道、外高桥航道、黄浦江航道，辅助航道有南槽航道，船舶进出港示意图见图1。

本报告以长江口航道和黄浦江航道作为主要研究对象，其各自特征如表1所示。

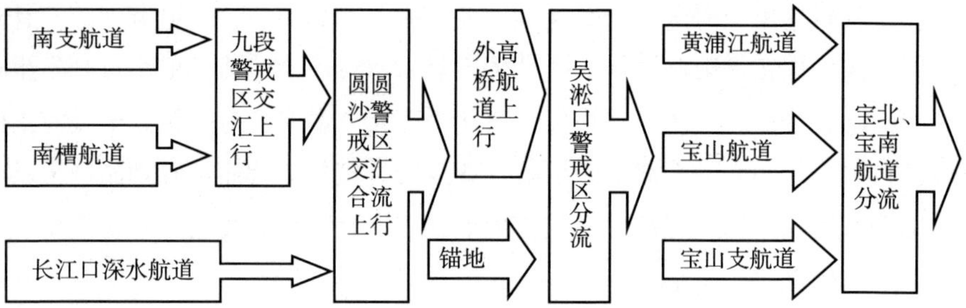

图1　上海港船舶进出港途经水域

表1　长江口航道及黄浦江航道基本条件

航道条件	长江口航道	黄浦江航道
航道	洲滩众多 航槽冲淤不定 开阔的深水航道,受风浪袭击危害大,锚泊条件差	黄浦江航道弯曲狭窄,水深不一 水流变化较大,一些弯头呈瓶颈形,水流速度快
船舶交通流	船舶的交通流量大,操纵能力受到限制的船舶数量日益增加	船型复杂,在弯头转向时不得不占用相邻航道 进出船舶之间因为协调不当或未协调,在弯头处相遇后形成紧迫局面
潮汐	不规则半日潮 高潮潮高一般在2.8m~3.6m之间	非正规半日潮 黄浦江内为往复流,流向与水道基本平行
风向	以东南风和西北风为主	春夏季多东南风,冬季多东北和西北风,距地面12m处的平均风速为3.1m/s,平均最大风速为30m/s,极大风速为34.7m/s
能见度	能见度不良和雾天多出现在春季由于受外高桥电厂的热力等因素的影响,能见度不良的天数和程度要高于上海港其他水域	能见度不良和雾天多出现在春季,其他季节散有分布

通过调研，目前针对上海邮轮航道安全管理的事故主要分为2种：其一是船舶在航行水域常规的碰撞、搁浅、触损、火灾等事故，其二是由于不可抗力引起邮轮船舶航程延误而引发的旅客“霸船”事件。鉴于上海目前航道安全

现状，该研究对这两类事故均进行统计研究。

航行水域常规事故统计分析如下：2008～2012年，上海港水域内发生典型邮轮事故3起，主要事故性质为碰撞、触损，事故位置集中在长江口航道及黄浦江水域，事故原因多为船员因素，也有码头因素。

表2 2008～2012年上海港水域邮轮事故统计

年份	事故性质			事故位置		事故原因		事故总计
	碰撞	搁浅	触损	长江口水域	黄浦江水域	船员因素	码头因素	
2008	0	0	0	0	0	0	0	0
2009	0	0	0	0	0	0	0	0
2010	1	0	0	1	0	1	0	1
2011	0	0	1	0	1	0	1	1
2012	1	0	0	0	1	1	0	1

“霸船”事故统计如下：2012年，上海统计共有9起游客“霸船”事件发生，目前，受天气等不可抗力因素影响，邮轮延误、临时改变行程较为频繁，导致邮轮承运纠纷事故频发，严重时上升为“霸船”事件。

三 综合安全评估方法

安全评价是通过定性和定量的风险分析系统的使用，建立评价标准和准则，根据现有专业知识及系统危险的描述，结合后果的严重程度，确定安全级别，得到评价结果，并选择安全措施。

综合安全评价不仅对事故后的分析有极大作用，还可以在事前分析出可能导致风险的因素，是一种事后加预期的规范化安全评估方法。通过这种方法所评估出的结果更为可信，并且可以作为决策建议，更好地完善现有安全管理体系。综合安全评价在船舶安全中具有很广的适用范围，因此在该研究领域具有广泛和良好的应用基础和前景。

综合安全评价方法（FSA）包括5个步骤：（1）风险识别；（2）风险评估；（3）提出降低风险的控制方案；（4）降低风险措施的费用效益评估；（5）提出降低风险措施的决策建议。

主要流程图如下：

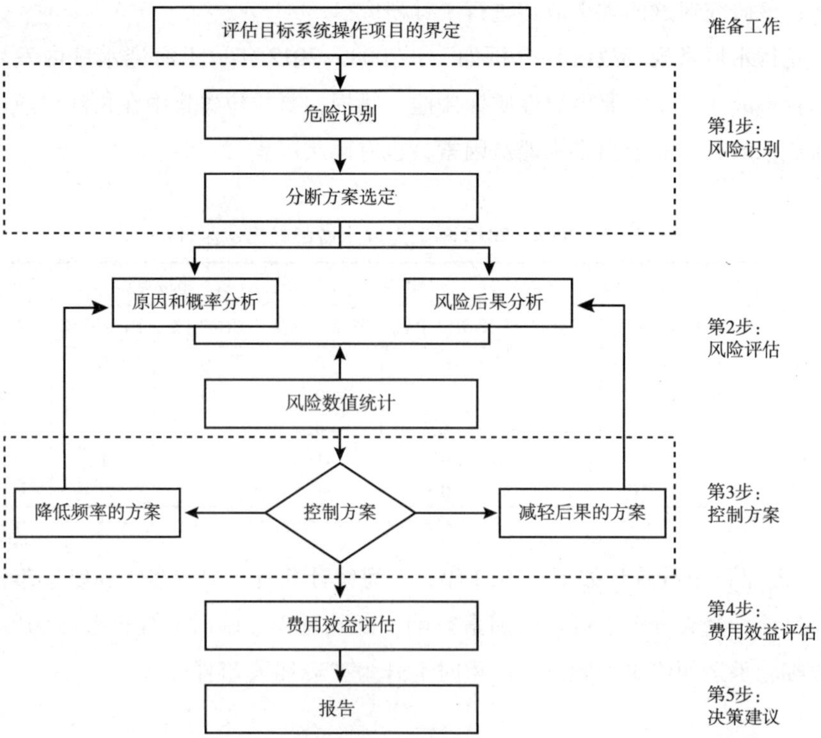

图2　研究流程

四　上海邮轮航道危险识别

危险识别（Hazard Identification，HAZID）是确定危险存在并定义其特征的过程，其目的是对上海港邮轮航道安全系统可能存在的所有危险进行识别，并按其发生概率和危险程度粗略分类和有序排列，为下一步做准备。发生概率分为以下几个级别：不常发生、偶尔发生、可能发生、时常发生、经常发生；严重程度分为：可忽略的、轻微、中等、严重、极严重。

使用风险矩阵法（Risk Matrix Approach），将概率分配值与严重性分配值相乘，可得风险分级排名（Risk Ranking Number）；同时结合专家意见，使风险识别更加可靠，后果严重性及概率分配值如表3所示。

表 3　后果严重性及概率分配值

分配值	严重程度描述	概率描述
1	可忽略的:受伤无须急救;邮轮无损害或轻微损害;无环境污染;不影响航次计划	不常:每船舶周期可能发生一次
2	轻微:受伤需急救;邮轮有损害;无环境污染;航次计划略受影响	偶尔:每五年可能发生一次
3	中等:受伤需急救;邮轮有损害;造成环境污染;航次计划受影响	有时:每季节可能发生一次
4	严重:人员严重受伤;船体损害;重大环境污染;航次计划受影响	时常:每月可能发生一次
5	极严重:死亡;沉船;重大环境污染	经常:每周/每天可能发生一次

表 4　危险源特征矩阵

危害		发生可能性					严重性				
		不常	偶尔	有时	时常	经常	可忽略	轻微	中等	严重	极严重
船舶危险源	碰撞	√								√	
	沉船	√									√
	搁浅		√						√		
	船故障		√						√		
	火灾	√									√
人为危险源	船员失职			√					√		
	航道监管人员失职			√			√				
	旅客滞留					√	√				
	治安恐怖事件			√					√		
通航环境	恶劣天气				√			√			
	助航失灵		√					√			
	交通流密集					√		√			
海事管理	海事安全监管失灵		√					√			
	邮轮公司内部管理不良			√				√			

五　上海邮轮航道安全现状评价

（一）评价因素体系的建立

根据 MMEM（man – machine – environment – management）理论，邮轮通航

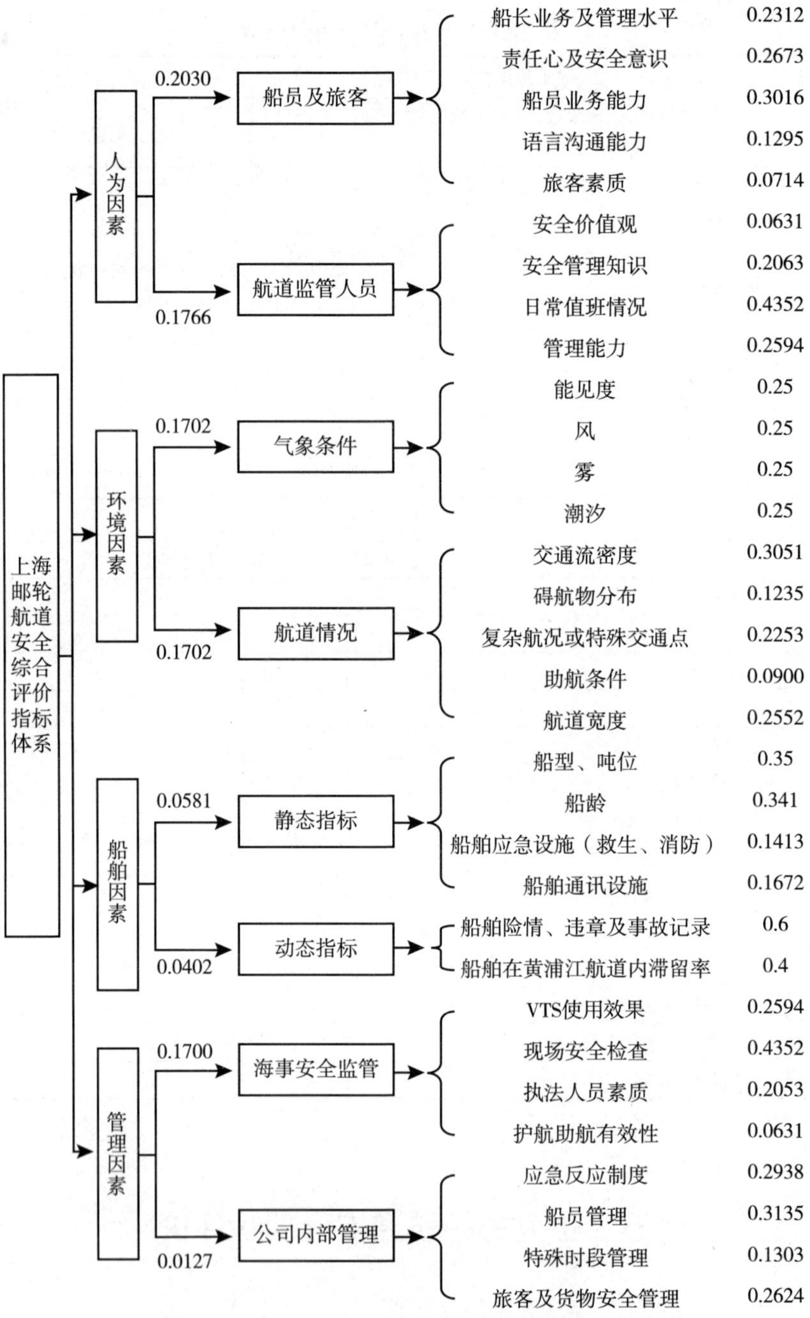

图3　上海邮轮航道安全评价体系

事故是由自然通航环境、船舶及其设备、货物、管理监控制度和人为因素单独作用或其中任意两个或几个相互作用的结果。由于 80% 的事故与人的因素有关，因此人们对操船行为研究较多。结合本研究具体性，航道通航环境对邮轮在进出港航道内航行安全具有很大影响，因此通航环境在邮轮航道安全系统中占有独特位置。

本文依据评价因素体系建立的原则，结合上海邮轮航道自身特点，参考相关参考文献，同时采用了德尔菲法和最小均方差法的筛选法，最终确定指标体系和相关权重。其中指标权重的获取综合了 15 位专家的打分，他们包括：上海海事局航道管理人员、引航人员、邮轮船员、北外滩及吴淞国际邮轮港相关人员，同时根据不同专家的不同侧重点，在指标得分结果中会有不同程度的权重区别，最大程度上保证指标权重的客观性。最终的上海邮轮航道安全评价体系如图 3 所示。

（二）模糊综合评价数学模型的构建

模糊综合评价数学模型的构建如图 4 所示。

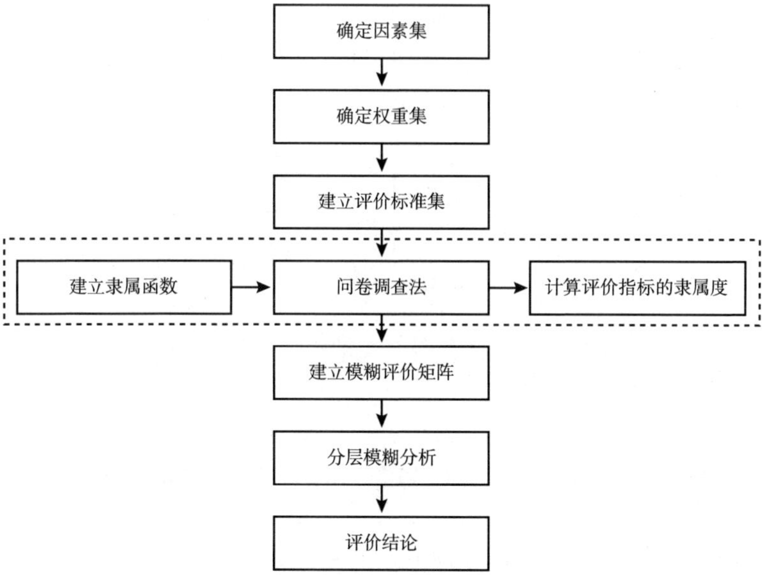

图 4　模糊综合评价数学模型

1. 确立因素集

因素集是影响评价对象的各个因素所组成的集合，根据上海邮轮航道安全评价体系，可以得到相应的因素集。

U =｛人为因素，环境因素，船舶因素，管理因素｝　　(1)

式（1）中，=｛船员及旅客 u11，航道监管人员 u12｝；又 =｛船长业务 u111，责任心 u112，业务能力 u113，语言沟通能力 u114，旅客素质 u115｝

2. 建立评价标准集

本研究以上海邮轮航道安全情况作为调研对象，参考国内外学者专家常用的评价等级划分方法，将安全水平分为优、良、中、差四个等级，即 V =｛优，良，中，差｝。

3. 评价因素的权重获取

通过给相关专家发放调查表，采用几何平均法归纳整理调查表得到评判矩阵，由于 AHP（Analytic Hierachy Process）法中的评判矩阵都是正逆称方阵，所以在求方阵最大特征根和它所对应的特征向量（权重）时，采用方根法。在求权重时，借助 MATLAB、EXCEL 等软件实现。

4. 建立模糊评价矩阵

利用模糊数学的基础理论，先由专家根据研究对象的人为、环境、船舶、管理等因素的实际情况，通过必要的计算，分析各因素的评价集及隶属的关系，得到模糊评价矩阵 R。

$$R = (r_{\overline{W}})_{m\times n} = \begin{Bmatrix} r_1 \\ r_2 \\ \vdots \\ r_n \end{Bmatrix} = \begin{Bmatrix} r_{11} & r_{12} & \cdots & r_{1mn} \\ r_{21} & r_{22} & \cdots & r_{2mn} \\ \vdots & \vdots & \vdots & \vdots \\ r_{n1} & r_{n2} & \cdots & r_{nmn} \end{Bmatrix}$$

评价矩阵的获取有 2 条途径，对于定性指标主要参照专家打分，对于定量指标，主要参考表 5。

表 5　港口及附近水域船舶交通安全评价指标危险等级的分级标准

指标	优	良	中	差	上海港情况	上海港安全评级
低能见度(天/年)	20 以下	30	45	50 以上	110～140	差
标准风天数(天/年)	45 以下	75	120	150 以上	35	优
船长/航道宽(天/年)	0.4 以下	0.6	0.8	1 以上	2.65(黄浦江)	差
航道长/航道宽(天/年)	50 以下	75	125	150 以上	280(黄浦江)	差

续表

指标	优	良	中	差	上海港情况	上海港安全评级
交通特殊点(个/海里)	0.2 以下	0.3	0.4	0.5 以上	0.23	良
碍航物分布(个/海里)	0.5 以下	0.7	1	1.5 以上	0.06	优
交通密集程度(艘/天)	30 以下	60	120	150 以上	1035	差
助航条件完备率(%)	90	70	60	低于 60%	80	良
航道交通事故(件/年)	20 以下	30	40	50 以上	18(仅客运船舶)	中

注：交通特殊点是指船舶汇聚分散处、航道交叉处、航道弯头。碍航物分布是指碍航物在航道周围的分布情况。

5. 评价结论

最后的评估结论可根据评判集和最大隶属度原则对上海邮轮航道安全水平做出最终的评估，依据评价集 V 得出相应评价结论和改进措施。将有关单因素评判结果及权重输入 excel 表中，利用其矩阵运算等函数功能求取评价结果为 0.447161，根据其对应的评价等级可得上海邮轮航道航行的整体安全水平为“良”。

表 6　上海邮轮航道安全评级

目标层	基本层		权重值		指标层	评价值				评价值
						优	良	中	差	
上海邮轮航道安全综合评价指标体系	人为因素	船员及旅客	0.2030	0.2312	船长业务及管理水平	0.2	0.6	0.2	0	0.31385
				0.2673	责任心及安全意识	0	0.6	0.3	0.1	
				0.3016	业务能力	0	0.6	0.4	0	
				0.1295	语言沟通能力	0	0.4	0.4	0.2	
				0.0714	旅客素质	0.2	0.6	0.2	0	
		航道监管人员	0.1766	0.0631	安全价值观	0.4	0.4	0.2	0	0.4032
				0.2063	安全管理知识	0.2	0.4	0.4	0	
				0.4352	日常值班管理	0.4	0.4	0.2	0	
				0.2594	管理能力	0.2	0.6	0.1	0.1	
	环境因素	气象条件	0.1702	0.25	能见度	0	0	0.4	0.6	0.4
				0.25	风	0.6	0.4	0	0	
				0.25	雾	0.2	0.6	0.2	0	
				0.25	潮汐	0.2	0.4	0.4	0	

续表

目标层	基本层		权重值		指标层	评价值				评价值
						优	良	中	差	
上海邮轮航道安全综合评价指标体系	环境因素	航道情况	0. 1702	0. 3061	交通流密度	0	0	0. 4	0. 6	0. 39421
				0. 1235	碍航物分布	0	0. 5	0. 5	0	
				0. 2253	复杂航况或特殊交通点	0. 2	0. 8	0	0	
				0. 0999	助航条件	0. 6	0. 4	0	0	
				0. 2552	航道宽度	0	0	0. 5	0. 5	
	船舶因素	静态指标	0. 0581	0. 35	船型、吨位	0. 4	0. 4	0. 2	0	0. 46566
				0. 341	船龄	0	0. 6	0. 2	0. 2	
				0. 1418	船舶应急设施	0. 2	0. 5	0. 2	0. 1	
				0. 1672	船舶通信设施	0. 1	0. 3	0. 6	0	
		动态指标	0. 0402	0. 6	船舶险情、违章及事故记录	0. 1	0. 5	0. 4	0	0. 46
				0. 4	船舶在黄浦江航道内滞留率	0	0. 4	0. 4	0. 2	
	管理因素	海事安全监管	0. 1700	0. 2594	VTS 使用效果	0. 5	0. 3	0. 2	0	0. 40318
				0. 4352	现场安全检查	0. 1	0. 5	0. 4	0	
				0. 2063	执法人员素质	0. 6	0. 4	0	0	
				0. 0631	护航助航有效性	0. 1	0. 4	0. 5	0	
		公司内部管理	0. 0127	0. 2938	应急反应制度	0. 2	0. 4	0. 4	0	0. 36372
				0. 3135	船员管理	0. 4	0. 4	0. 2	0	
				0. 1303	特殊时段管理	0. 4	0. 4	0. 2	0	
				0. 2624	旅客及货物安全管理	0. 2	0. 2	0. 6	0	

六　对安全决策的建议

从最终的评价结果来看，上海邮轮航道安全现状总体情况良好。

上海邮轮航道安全状况有待进一步提高，这需要依靠人员、船舶、通航环境及航道监管各子系统品质的提高。在对定量评价结果分析的前提下，结合对上海港邮轮相关从业人员的调研分析，笔者提出较为实用及有针对性的决策建议，并取得较好反馈效果。

（1）船员及旅客因素评分不高，旅客因素方面主要由于目前上海港“霸船”事件频发，导致邮轮压港堵塞，威胁航道安全，因此要加强旅客安全及维权教育，使其明确邮轮旅行相关规定及可能出现的事故，发生事故要积极安抚游客，同时上海港应联合旅行社、邮轮公司等相关责任方建立行之有效的“霸船”事件解决机制，减少类似事件的发生。

（2）船舶因素评分良好，这与邮轮本身特性有关，但上海港的船舶监管方面仍需完善。因此要加快船舶数据库建设，完善和丰富船舶各项数据信息，建立健全船舶所有信息的电子档案，保证能够查看船舶签证、安检、专项检查等情况，及时掌握目前船舶的状况，建立黑名单制度。

（3）环境因素评分较低，主要由于上海区域通航环境不良。因此制定切实可行的交通流管制对改善上海港通航环境有利。首先可以实行“错峰、让峰”管理，在长江上海段及附近水域实行“错峰、让峰”管理，在船舶流量较大时段，对从南槽上端进口船舶实行临时交通管制，要求船舶不驶离吴淞口锚地，张家浜沿岸码头不进行靠离泊作业，这不仅可以改善该水域通航环境，同时也可以缓解大型邮轮船舶进港压力，减少风险。

（4）在通航环境的地理界定方面可以合理设置航道、锚地、引航作业区。在长江口航道设置应急锚地和临时锚地以应对突发情况，快速恢复通航；北槽航道距离吴淞口国际邮轮码头过近，事故易发，因此可以考虑引航作业区外移，北槽航道向外延伸。

（5）完善邮轮航道管理公共服务。目前黄浦江大部分水域未能覆盖 VTS 服务，需要在将来加大 VTS 服务覆盖范围；同时上海市缺乏统一的公共信息平台，无法便捷提供船舶进出计划、船舶信息、气象信息等必要的船舶安全信息，建议未来重点进行该平台建设。

建议支持上海海事局推动 E 航海（e－Navigation）工程。国际航标协会 IALA 提出的 E－Navigation 战略构想是：通过电子信息方式，整合现有的和新的导航设备，特别是电子设备，在船上和岸上收集、综合和显示海事信息，以增强船舶从泊位到泊位的全程航行、海上服务、安全和安保能力，更好地保护海洋环境，提高航行安全和效率。

（6）制定和完善上海邮轮航道安全管理应急预案，建立数字化预案平台。

建立专门的邮轮航道安全管理应急预案，一是应当建立跨部门的邮轮安全专项应急预案，并纳入上海市公共突发事件应急预案体系；二是应当将客运事故以外的其他突发情况纳入应急预案，如恶劣天气、碰撞等。

（7）建立邮轮航道应急数字化预案平台。通过信息采集平台搜集应急监测、预警、准备信息，明确救援力量配备、部署和救援过程中每一方的任务，同时对应急处理进行有效的统计评估，通过反馈调整应急预案。

欧美发达国家内河航运十分完善，主要体现在健全的法律法规上面，因此完善邮轮航道安全管理相关法律法规十分有必要。中国邮轮运输法规几近空白，应向欧美国家学习先进立法经验，完善邮轮安全立法工作，为保障邮轮安全及游客权益提供法律支持。

参考文献

陆元旦：《超大型邮轮进出黄浦江安全航行的思考》，《航海技术》2010 年第 2 期，第 20 ~ 22 页。

陈正华：《大型邮轮海港引航作业的安全分析与实施》，《中国航海》2010 年第 2 期，第 106 ~ 110 页。

白春江、齐玉鹏：《海轮在内河航道中安全航行的注意问题》，《航海技术》2010 年第 3 期，第 24 ~ 25 页。

顾德华、操志强、苏东华：《无线视频监控在黄浦江上游航段的应用》，《中国水运》2008 年第 3 期，第 42 ~ 43 页。

刘建华：《大型海轮进出长江航行风险与对策》，《物流工程与管理》2011 年第 3 期，第 104 ~ 105 页。

都述圣：《上海港外高桥航段特点》，《航行风险分析与对策》，《中国水运》（下半月）2012 年第 7 期，第 11 ~ 13 页。

陈渊、胡建国：《上海港水域限速的探讨》，《航海技术》2009 年第 6 期，第 9 ~ 10 页。

马泽武、吴善刚、肖英杰等：《模糊综合评价法在黄浦江旅游类船舶管理中的应用》，《中国水运》2011 年第 11 期。

邬惠国、李松、肖英杰：《基于水上交通冲突技术的船舶定线制警戒区安全评价》，《水运工程》2012 年第 6 期，第 58 ~ 62 页。

宋斗新：《综合安全评估在港口通航安全领域的应用》，《世界海运》2008 年第 30 期，第 26 ~ 28 页。

Tam C K，Bucknall R，Greig A. Review of Collision Avoidance and Path Planning Methods for Ships in Close Range Encounters. *Journal of Navigation*，2009，62（3）：455 – 476.

Pedersen P T. Review and Application of Ship Collision and Grounding Analysis Procedures. Marine Structures，2010，23（3）：241 – 262.

Kokotos D X, Linardatos D S. An Application of Data Mining Tools for the Study of Shipping Safety in Restricted Waters. Safety Science, 2011, 49 (2): 192 - 197.

Statheros T, Howells G, Maier K M D. Autonomous Ship Collision Avoidance Navigation Concepts, Technologies and Techniques. *Journal of Navigation*, 2008, 61 (1): 129 - 142.

Van Urk W, De Vries W A. POLSSS: Policy Making for Sea Shipping Safety. Safety Science, 2000, 35 (1): 139 - 150.

陈伟炯:《海事预控的安全科学新理论探讨》,《中国安全科学学报》1998 年第 8 期,第 5 ~ 9 页。

邱云明、陈伟炯、陈锦标:《临海港口航道航行环境安全综合评价模型》,《中国航海》2005 年第 3 期,第 41 ~ 45 页。

Lois P, Wang J, Wall A, et al. Formal Safety Assessment of Cruise Ships. Tourism Management, 2004, 25 (1): 93 - 109.

G.10

我国邮轮旅游者行为与邮轮文化培育研究

李鹏举　吴明远*

摘　要：我国居民对邮轮文化的认知和理解不足，阻碍了邮轮旅游市场快速扩大。本文首先从物质、行为、制度、精神等四个层面界定“邮轮文化”概念。然后，通过样本调研从邮轮旅游知晓、经验、满意、忠诚和影响因素等多个侧面刻画我国居民邮轮旅游的特点，比如“缺乏邮轮旅游礼仪，行为不文明”等。继而通过质性研究，从邮轮文化的四个层面逐一揭示了我国居民对邮轮文化的认知和理解障碍，如对邮轮的休闲文化和“慢生活”认知不足等；并从客观原因与主观原因、群体性原因与个体性原因等四个角度解释上述认知理解障碍的成因。最后，针对“官、产、学/研、游”四方，提出了提升我国邮轮文化、扩大邮轮旅游市场的系统性对策建议。

关键词：邮轮文化　认知理解障碍　四方协同

一　引言

近年来，随着我国步入中等收入国家行列，以及我国沿海城市纷纷把

* 李鹏举，博士，上海工程技术大学管理学院副教授，主要研究方向为邮轮消费者行为、品牌营销；吴明远，上海工程技术大学管理学院教授，主要研究方向为旅游管理、邮轮经济。

发展邮轮经济作为地区产业结构升级和地区经济实力壮大的重要途径，我国居民对更高层次人生和生活的向往成为新的社会性主导需求，其搭乘邮轮进行体验之旅的愿望被极大地激发，邮轮旅游呈现井喷式增长。然而，与之不相适应的是，我国居民对邮轮旅游相关的文化认知和理解仍然处于启蒙阶段。

培育邮轮文化具有重要的经济和社会意义。

（1）有利于消费者对邮轮旅游这一新的旅游方式有一个正确、清晰的了解，提高对邮轮旅游的认知度和认可度。由于邮轮旅游始于欧洲，中国绝大多数消费者对这一新的旅游方式还比较陌生，对于邮轮知识、邮轮旅游行为惯例及人文内涵等都认知和理解不足，因此培育邮轮文化有利于提升消费者对邮轮旅游的认知度与认可度。

（2）有利于消费者更好地体验邮轮旅游，感受到邮轮旅游真正的意义所在，进而形成顾客满意及引导重游。由于游客没有真正了解邮轮文化，进而对邮轮旅游应有的文化行为方式缺乏认知和遵循，导致诸多邮轮旅游冲突，影响游客满意度。对邮轮文化的培育从根本上有利于提高游客满意度，进而引导其重游。

（3）能扩大邮轮旅游消费的总体规模，优化居民旅游支出结构，提升民生的幸福指数。我国正处于邮轮旅游发展的初期，国内大多数消费者对邮轮旅游的消费欲望不强烈，邮轮旅游消费的总体规模不大，主要原因有以下两个：一是消费者对邮轮旅游的认知度不高；二是邮轮旅游的费用相对其他旅游形式偏高。邮轮文化的培育，消除消费者的认知障碍，能引领居民由传统的以陆地游为主的旅游消费模式向体验异国风情的、没有目的地的旅游方式转变，优化居民旅游支出结构，提升民生幸福指数，扩大国内邮轮旅游消费的总体规模。

（4）能促进沿海城市产业结构升级及壮大地区经济实力。目前，邮轮文化消费在我国一些沿海城市已经成为区域经济增长的一个重要推动力。通过邮轮文化的培育，提升我国居民邮轮旅游的参与度、美誉度和忠诚度，有效扩大我国邮轮旅游市场，进而带动国内邮轮旅游业的发展，能促进沿海城市产业结构升级，壮大地区经济实力。

二　国内外相关研究评述与核心概念界定

（一）国内外相关研究评述

邮轮文化和邮轮旅游者行为研究在国内外都很少见。其实，综览整个邮轮旅游理论研究，都存在所谓“邮轮旅游理论饥荒”的说法（Papathanassis & Beckmann，2011）。虽然国内外对邮轮文化的直接研究都极其罕见，但这并不意味着没有对应的研究。事实上，很多邮轮文化研究被隐藏在其他研究主题下。这些研究主题主要基于两大视角，一是文化学人类视角。Vogel 和 Oschmann（2013）演绎了 Z. 鲍曼的“流动的现代性”理论，认为现代社会从稳固性向流动性的转变，是邮轮旅游需求历史性兴起的决定性推动力。二是心理学/消费者行为学视角。这个视角的研究成果较多，探索了众多影响邮轮旅游者行为和邮轮文化的因素。一是个体心理因素：邮轮旅游动机（Qu 和 Ping，1999）、自我效能（Hung 和 Petrick，2012）、邮轮旅游者忠诚（Petrick，2004）等。二是邮轮旅游经验因素（Petrick，2004）。三是邮轮来源国形象与邮轮品牌形象（Ahmed et al.，2002）。四是邮轮旅游者花销模式（Larsen et al.，2013）。五是邮轮船上因素（设施、服务及顾客相互影响）（Xie et al.，2012）。六是邮轮市场细分标准，如忠诚度（Petrick 和 Sirakaya，2004）、价格敏感性（Petrick，2005）。

其中，对于本课题特别有价值的是邮轮旅游经验和游客社会化互动研究。首先，邮轮文化的培育事实上是一个学习积累过程。旅游经验在其中扮演了关键角色。潜在者、初次者与重游者在邮轮旅游动机、评价、开销等方面多存在很大差异（Xie et al.，2012；Petrick，2005）。其次，邮轮文化主要体现于三类社会化互动中：游客与当地社区，游客与服务人员，游客与游客。其中，游客与游客互动又分为群体内互动（如朋友和家人之间）和群体间互动（如陌生人之间）。Papathanassis（2012）提出的“社会整合－互动刺激－共享体验”模型就是从邮轮旅游的互动性深刻地阐明了邮轮游客行为的相互影响后果。

与国外相对丰富和成熟的研究相比，国内研究处于零星和起步阶段。相关研究有：（1）国内外邮轮旅游市场展望（张言庆等，2010）；（2）邮轮旅游研究综述（孙晓东和冯学钢，2012）；（3）基于顾客需求对邮轮市场（叶欣梁和孙瑞红，2007）和邮轮产品的开发（郑慧，2009 等）；（4）邮轮旅游影响因素（徐月异，2011）；（5）邮轮旅游消费决策（张维亚等，2012）。此外，沈瑞光和闵德权（2007）明确研究了邮轮文化概念，但是对邮轮文化概念的内涵界定不具体，外延上覆盖了邮轮业的全部活动（比如邮轮产业投资，邮轮安全），过于宽泛。

（二）“旅游者行为”与“邮轮文化”概念辨析

1. “旅游者行为”概念辨析

旅游者行为的研究对象是流动着的或者有流动意向的旅游者个体或群体。旅游者行为是一个集合的名称，它包括旅游前的决策行为、旅游景点的体验、体验评价和游后行为趋向等内容（郭亚军，2009），而消费者行为是指消费者为获取、使用、处置消费物品或服务所采取的各种行动，包括先于且决定这些行动的决策过程（Engel 等，1995），因此旅游者行为其实是消费者行为在旅游领域中的具体化。基于此，邮轮旅游者行为可以定义为“邮轮旅游者在邮轮旅游前的决策过程、在邮轮旅游中的全部体验及游后行为的总和”。

2. “邮轮文化”概念辨析

笔者认为，邮轮文化是邮轮旅游发展史上形成的，被国际社会普遍接受的，关于邮轮旅游目的、意义和行为模式的价值观念和行为规范。从构成上来说，可分为物质性、制度性、精神性和行为性邮轮文化（见图 1）。物质性邮

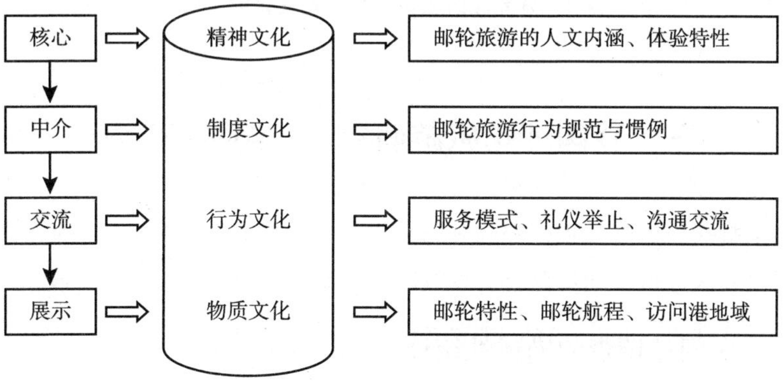

图 1　邮轮文化的构成

轮文化是其他邮轮文化的基础，比如许多研究发现邮船设计特点显著影响邮轮旅游精神体验。从类别上说，有邮轮主文化（比如尊贵、奢华、体验）和邮轮亚文化（比如博彩、纯娱乐、冒险、新生代文化、民族亚文化、宗教亚文化）。邮轮主文化相对稳定，邮轮亚文化相对可变。

3. 二者关系

邮轮旅游者的行为与其邮轮文化表现之间存在密切的联系（见图2）。首先，二者互为因果。邮轮旅游者的旅游行为及对他人邮轮旅游行为的观察学习，为其认识和学习邮轮文化、培养对主流邮轮文化的正面态度提供了最直接、最有效的途径。一旦邮轮旅游者掌握了主流邮轮文化的相关知识、形成对主流邮轮文化的积极正面态度，就会强化其在实际的邮轮旅游过程中合乎主流邮轮文化的行为意向，从而很可能最终按照主流邮轮文化进行邮轮旅游。其次，二者相互交织渗透，表现为一种互为表里的关系。

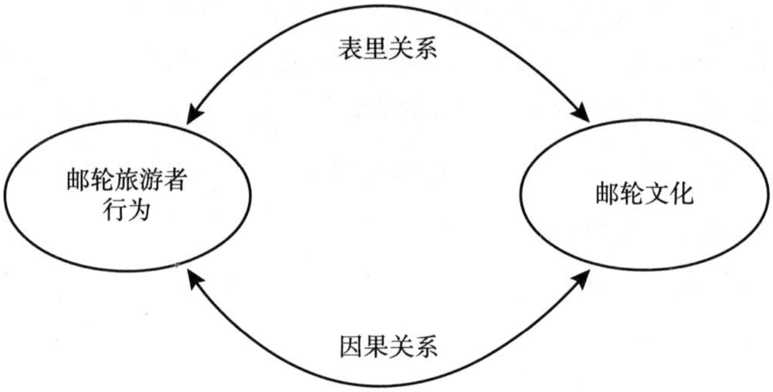

图2　邮轮旅游者行为与邮轮文化的关系

三　我国邮轮旅游消费现状与特点分析

为了解我国居民邮轮旅游和邮轮文化现状，我们在上海吴淞港邮轮码头和一些居民社区进行了问卷调查。发放问卷212份，收回有效问卷186份。

（一）问卷调查的描述性统计

我们首先对问卷填答者概况做一了解，相关数据参见表1～7。

表1　性别

单位：份，%

性别	频率	百分比	有效百分比	累积百分比
女	75	40.3	40.3	40.3
男	111	59.7	59.7	100.0
合计	186	100.0	100.0	

表2　年龄

单位：份，%

年龄	频率	百分比	有效百分比	累积百分比
≤20岁	11	5.9	5.9	5.9
21～30岁	56	30.1	30.1	36.0
31～40岁	72	38.7	38.7	74.7
41～50岁	34	18.3	18.3	93.0
51～60岁	9	4.8	4.8	97.8
≥61岁	4	2.2	2.2	100.0
合计	186	100.0	100.0	

表3　学历

单位：份，%

学历	频率	百分比	有效百分比	累积百分比
小学及以下	8	4.3	4.3	4.3
初中	10	5.4	5.4	9.7
高中/中专/技校	22	11.8	11.8	21.5
大专	34	18.3	18.3	39.8
本科	109	58.6	58.6	98.4
硕博	3	1.6	1.6	100.0
合计	186	100.0	100.0	

表4　职业

单位：份，%

职业	频率	百分比	有效百分比	累积百分比
公务员	5	2.7	2.7	2.7
教师	6	3.2	3.2	5.9
离退休人员	8	4.3	4.3	10.2

续表

职业	频率	百分比	有效百分比	累积百分比
其他	21	11.3	11.3	21.5
企事业单位管理人员	33	17.7	17.7	39.2
企业职员	38	20.4	20.4	59.7
私营业主	15	8.1	8.1	67.7
文卫体出版	5	2.7	2.7	70.4
销售	21	11.3	11.3	81.7
学生	26	14.0	14.0	95.7
自由职业	8	4.3	4.3	100.0
合计	186	100.0	100.0	

表 5　家庭人均月收入

单位：份，%

月收入	频率	百分比	有效百分比	累积百分比
≤3000 元	21	11.3	11.3	11.3
3001～5000 元	45	24.2	24.2	35.5
5001～8000 元	70	37.6	37.6	73.1
8001～10000 元	34	18.3	18.3	91.4
>10001 元	16	8.6	8.6	100.0
合计	186	100.0	100.0	

表 6　家庭结构

单位：份，%

家庭结构	频率	百分比	有效百分比	累积百分比
单身	57	30.6	30.6	30.6
已婚无子女	11	5.9	5.9	36.6
子女≤6 岁	45	24.2	24.2	60.8
子女>6 岁	64	34.4	34.4	95.2
子女离家	8	4.3	4.3	99.5
丧偶	1	0.5	0.5	100.0
合计	186	100.0	100.0	

表 7　邮轮旅游次数

单位：份，%

旅游次数	频率	百分比	有效百分比	累积百分比
0 次	85	45.7	45.7	45.7
1 次	63	33.9	33.9	79.6
2 次以上	38	20.4	20.4	100.0
合计	186	100.0	100.0	

在样本中，59.7%为男性，31～40岁最多，本科学历者占58.6%。职业分布广泛，企业职员和企业管理人员较多，分别占20.4%和17.7%。家庭人均月收入以5001～8000元为最多，占37.6%。家庭结构方面，子女大于6岁的样本最多（34.4%），其次是单身者（30.6%）。超过一半的被访者有至少一次邮轮旅游经验。

（二）邮轮旅游游客心理和行为及其邮轮文化认知分析

1. 邮轮旅游知晓性

根据表8所示，样本中30.1%的人三年前或更早以前就已知道邮轮旅游，但是也有21%的人因为本次调查才第一次听说或者最近才听说邮轮旅游，还有12.9%的人听说邮轮旅游尚不足一年时间。因此，邮轮旅游的知晓度需要大力提升。

表 8　第一次听说邮轮旅游的时间

单位：份，%

	频率	百分比	有效百分比	累积百分比
本调查	29	15.6	15.6	15.6
最近	10	5.4	5.4	21.0
半年前	24	12.9	12.9	33.9
一年前	29	15.6	15.6	49.5
两年前	38	20.4	20.4	69.9
三年前	56	30.1	30.1	100.0
合计	186	100.0	100.0	

从表9可见，对于在本次调查前就已经知晓邮轮旅游的人来说，他们知晓邮轮旅游的渠道，最主要的是网络（24.7%），其次是旅行社等代理机构（22%）。这表明，网络已经成为传播邮轮旅游信息的主渠道，旅行社等传统渠道仍然占据重要地位，其他各种渠道也发挥着不同程度的作用。

表9　知晓邮轮旅游的渠道

单位：份，%

	频率	百分比	有效百分比	累积百分比
E	46	24.7	24.7	24.7
A	41	22	22	46.7
F	29	15.6	15.6	62.3
D	26	14	14	76.3
C	17	9.1	9.1	85.4
B	11	5.9	5.9	91.3
BCD	4	2.2	2.2	93.5
AD	3	1.6	1.6	95.1
CD	2	1.1	1.1	96.2
CE	2	1.1	1.1	97.3
ABCDE	1	0.5	0.5	97.8
ACDE	1	0.5	0.5	98.3
ACE	1	0.5	0.5	98.8
BE	1	0.5	0.5	99.3
CDE	1	0.5	0.5	100
合计	186	100.0	100.0	

注：A. 旅行社和旅游公司等相关机构宣传，B. 亲朋介绍，C. 电视广播，D. 报纸杂志书籍，E. 网络，F. 这是第一次听说。

2. 邮轮旅游属性及其吸引物认知

根据表10，大部分人认为邮轮旅游代表一种欧洲文明（63.4%），服务质量比一般旅游好（64.5%）。同时，很多人对邮轮旅游的安全性评价比较好（50.5%），但也有不少人对此比较担心（包括“不知道”在内，共占49.5%）。大部分人认为邮轮旅游比别的旅游花费高昂（64%）且时间长（62.3%）。比较有意思的是，与其他六个方面相比，对于第七个方面“中国人缺乏邮轮旅游礼仪，行为不文明”的判断呈现较为分散的状态，不过认同者比不认同者稍多（分别占41.4%和35.5%；偏度系数与其标准误的比值绝对值 =5.58，远高于临界值1.645）。

表 10　邮轮旅游认知

单位:%

	1	2	3	4	5
cog1 邮轮旅游代表一种欧洲文明	3.8	15.1	17.7	34.9	28.5
cog2 邮轮旅游不安全	10.8	39.8	22.6	18.3	8.6
cog3 邮轮旅游比别的旅游形式花费高昂	1.1	18.3	16.7	50	14
cog4 邮轮旅游比别的旅游花费的时间长	4.8	20.4	12.4	44.6	17.7
cog5 邮轮旅游途中的服务质量比一般旅游好	2.7	10.8	22	47.3	17.2
cog6 相信会有越来越多的人选择邮轮旅游	1.6	8.6	28.5	43	18.3
cog7 中国人缺乏邮轮旅游礼仪,行为不文明	19.9	15.6	23.1	32.8	8.6

注：5 = 完全同意，4 = 比较同意，3 = 不知道，2 = 不太同意，1 = 绝不同意。表中数据为百分比。

邮轮旅游吸引物系统认知情况参见表 11。邮轮旅游最吸引游客的是休闲放松的氛围（22%），其次是停靠港的异域风情（21%），第三是豪华的外观（11.3%），第四是身份的象征（7%），第五是获得新的知识和体验（5.9%），其后依次是船上的娱乐活动（4.3%），密切家人或朋友间关系（4.3%），船上的美食和服务（2.2%）。22% 的人给出了两种以上邮轮旅游吸引物选项。

表 11　邮轮旅游最吸引人的方面

单位：份，%

	频率	百分比	有效百分比	累积百分比
C	41	22.00	22.00	22
B	39	21.00	21.00	43
A	21	11.30	11.30	54.3
F	13	7.00	7.00	61.3
G	11	5.90	5.90	67.2
E	8	4.30	4.30	71.5
H	8	4.30	4.30	75.8
D	4	2.20	2.20	78
BCD	3	1.60	1.60	79.6
AB	2	1.10	1.10	80.7
ABC	2	1.10	1.10	81.8
ABCE	2	1.10	1.10	82.9
ABCEH	2	1.10	1.10	84
BC	2	1.10	1.10	85.1
BCGH	2	1.10	1.10	86.2

续表

	频率	百分比	有效百分比	累积百分比
BH	2	1.10	1.10	87.3
CG	2	1.10	1.10	88.4
其他 *	22	11.6	11.6	100
合计	186	100.0	100.0	

注：A. 豪华的外观，B. 停靠港的异域风情，C. 休闲放松的氛围，D. 船上的美食和服务，E. 船上的娱乐活动，F. 身份的象征，G. 获得新的知识和体验，H. 密切家人或朋友间关系。

* “其他”包括频率均为 1 的 22 种选项组合。

3. 邮轮旅游经验对邮轮文化认知和游后评价的影响

样本的邮轮旅游经验情况参见表 7。下文首先对邮轮旅游次数（ke1）和邮轮认知（ke4）进行交叉分析（见表 12 和表 13）。从 γ 统计量看，二者存在显著的（$p<0.001$）且较高的（$-1<\gamma=0.430<1$）一致性，即邮轮游客旅游经验越丰富，则越倾向于单纯地把邮轮看做是一个享受悠闲时光的旅游目的地。

表 12　邮轮旅游经验与邮轮认知交叉分析

单位：份

		邮轮认知			合计
		交通工具	目的地	二者兼有	
邮轮旅游次数	0 次	30	39	16	85
	1 次	11	37	15	63
	2 次以上	3	31	4	38
合计		44	107	35	186

表 13　邮轮旅游经验与邮轮认知的对称度量

		值	渐进标准误差	近似值 T	近似值 Sig.
按顺序	γ	0.430	0.096	4.209	0.000

在排除从未参加过邮轮旅游（ke1 = 0）的样本后，对邮轮旅游次数（ke1）和邮轮旅游满意度（pd9）及忠诚度（pd10，推荐意愿）分别进行交叉表分析。从表 14 和表 15 看，邮轮旅游经验与邮轮旅游满意度和忠诚度关联度指标 η^2 分别仅为 0.023 和 0.035（接近于零），因此，邮轮旅游经验对邮轮旅游满意度和忠诚度二者均缺乏关联性。

表 14　邮轮旅游次数（ke1）与满意度（pd9）的关联方向度量

			值
按间隔标定	η	pd9 因变量	0.153
		ke1 因变量	0.329

表 15　邮轮旅游次数（ke1）与推荐意愿（pd10）的关联方向度量

			值
按间隔标定	η	pd10 因变量	0.187
		ke1 因变量	0.299

4. 邮轮旅游产品需求

（1）邮轮旅游游伴选择

根据表 16，人们选择邮轮旅游游伴时，最倾向于与家人一起（41.4%），其次是和朋友一起（39.2%），其他选择包括一个人、与同事一起或者蜜月旅游等，这表明邮轮旅游应当满足亲朋好友之间的密切关系和融洽情感的需要。

表 16　邮轮旅游游伴选择

单位：份，%

	频率	百分比	有效百分比	累积百分比
B	77	41.4	41.4	41.4
C	73	39.2	39.2	80.6
A	13	7	7	87.6
D	13	7	7	94.6
E	7	3.8	3.8	98.4
ABC	1	0.5	0.5	98.9
BC	1	0.5	0.5	99.4
BCD	1	0.5	0.5	100
合计	186	100.0	100.0	

注：A. 一个人，B. 和家人一起，C. 和朋友一起，D. 和同事一起，E. 蜜月旅游。

（2）邮轮旅游心理价位

由表 17 可见，被访者对于邮轮旅游的心理价位，以 3001～6000 元

（37.1%）和 6001～10000 元（32.3%）为主，也有不少人能接受高于一万元的价位，当然也有一些人（12.4%）只能接受 3000 元以下的低价位。为了探究邮轮旅游游客心理价位（pd2）与其职业之间的联系，我们对二者进行交叉表分析（见表 18 和表 19）。二者之间的 Lambda 值在统计学意义上显著且为正，表明二者存在一定的关联性。但是由于其值偏小（$0.120 < \lambda < 1$），而且 Goodman 和 Kruskal tau 值更小且不显著，因此从本次调查中我们尚不能完全肯定职业与心理价位之间存在关联性。

表 17　邮轮旅游游客心理价位

单位：份，%

	频率	百分比	有效百分比	累积百分比
≤3000 元	23	12.4	12.4	12.4
3001～6000 元	69	37.1	37.1	49.5
6001～10000 元	60	32.3	32.3	81.7
10001～30000 元	29	15.6	15.6	97.3
30001～50000 元	4	2.2	2.2	99.5
>50000 元	1	0.5	0.5	100.0
合计	186	100.0	100.0	

表 18　邮轮旅游心理价位与职业的交叉分析

单位：份

		职业											合计
		公务员	教师	离退休人员	自由职业	企事业管理	企业职员	私营业主	文卫体出版	销售	学生	其他	
心理价位	≤3000 元	0	1	1	1	3	5	2	1	3	3	3	23
	3001～6000 元	3	4	4	5	7	9	7	3	8	11	8	69
	6001～10000 元	1	0	2	1	13	17	3	1	7	8	7	60
	10001～30000 元	1	1	0	1	9	6	3	0	2	4	2	29
	30001～50000 元	0	0	1	0	1	1	0	0	0	0	1	4
	>50000 元	0	0	0	0	0	0	0	0	1	0	0	1
合计		5	6	8	8	33	38	15	5	21	26	21	186

表 19　邮轮旅游心理价位与职业的关联方向度量

			值	渐进标准误差	近似值 T	近似值 Sig.	Monte Carlo Sig.		
							Sig.	99% 置信区间	
								下限	上限
按标量标定	Lambda	对称的	0.075	0.037	2.002	0.045			
		pd2 因变量	0.120	0.054	2.088	0.037			
		职业因变量	0.041	0.041	0.976	0.329			
	Goodman 和 Kruskal tau	pd2 因变量	0.051	0.018		0.569	0.534	0.521	0.547
		职业因变量	0.024	0.007		0.726	0.721	0.709	0.732

表 20 显示，邮轮旅游心理价位与家庭人均月收入呈显著正相关（$r = 0.263$，$p < 0.001$），与其他人口统计变量的相关性不显著。据此，邮轮旅游消费会随着我国居民收入水平的提高而扩大；邮轮公司也要更多地把高收入家庭作为目标市场进行推介。

表 20　邮轮旅游心理价位（pd2）与人口统计变量的相关性

	pd2	家庭人均月收入	性别	年龄	学历	家庭结构
pd2	1					
家庭人均月收入	0.263**	1				
性别	-0.124	0.085	1			
年龄	0.079	0.207**	0.014	1		
学历	-0.001	0.097	0.180*	-0.446**	1	
家庭结构	0.117	0.388**	0.033	0.698**	-0.383**	1

注：* 为在 0.01 水平（双侧）上显著相关。** 为在 0.05 水平（双侧）上显著相关。

（3）邮轮旅游游程日数倾向性

被访者 44.6% 倾向于七日游，29.6% 倾向于十日游，而倾向于 3～4 天或者超过两周的人分别占 15.6% 和 10.2%。

另外，邮轮旅游心理价位（pd2）与邮轮旅游游程日数倾向性（pd3）之间呈显著正相关（见表 21）。这意味着邮轮旅游游客愿意选择的游程日数与其能接受的邮轮旅游价格呈正比。高价格、长游程邮轮旅游产品可以重点开发能获得更长旅游周期的人群，比如离退休高收入群体。

表 21　邮轮旅游心理价位与游程日数选择的相关性

	pd2	pd3
pd2	1	
pd3	0.362 **	1

注：** 为在 0.01 水平（双侧）上显著相关。

（4）邮轮旅游乘游意愿

表 22、表 23 和图 3 显示，不管邮轮旅游经验如何，被访者将来参加邮轮旅游的可能性都显著高于量表的中值 3（“不确定”），即比较肯定。按照邮轮旅游经验（ke1）分组来看，从未参加邮轮旅游者与仅参加一次者将来参加邮轮旅游的可能性没有显著差别；然而，有两次以上邮轮旅游经验者将来参加邮轮旅游的可能性显著高于目前尚未参加邮轮旅游和仅参加过一次者。这表明，邮轮旅游的游客忠诚度比较高，一旦形成对邮轮旅游的认同和满意，就更能重复参加邮轮旅游。邮轮公司要大力改善初游者乘游体验，使其能再次参加邮轮旅游，体会邮轮文化的优势和魅力，最终成为邮轮旅游的忠实游客和邮轮文化的有力的传播者。

（5）邮轮旅游航线偏好

根据表 24，最受青睐的航线是地中海航线与东亚和东南亚航线，被选次数最少的是国内的航线。目前，对于中国邮轮旅游者来说，各航线基本形成一些有代表性的停靠港和景点。比如，地中海航线沿途有西班牙、法国、意大利、希腊群岛、埃及和马尔代夫等景点。

表 22　将来参加邮轮旅游可能性（pd6）的单样本 T 检验

	检验值 = 3					
	t	df	Sig.（双侧）	均值差值	差分的 95% 置信区间	
					下限	上限
pd5(ke1 = 0 次)	7.396	84	0.000	0.718	0.52	0.91
pd5(ke1 = 1 次)	5.813	62	0.000	0.635	0.42	0.85
pd5(ke1 = 2 次以上)	12.254	37	0.000	1.316	1.10	1.53

表 23　三类被访者将来乘游可能性得分值多重比较

(I) ke1	(J) ke1	均值差(I－J)	标准误	显著性	95%置信区间	
					下限	上限
0 次	1 次	0.083	0.140	0.556	－0.19	0.36
	2 次以上	－0.598*	0.164	0.000	－0.92	－0.27
1 次	0 次	－0.083	0.140	0.556	－0.36	0.19
	2 次以上	－0.681*	0.173	0.000	－1.02	－0.34
2 次以上	0 次	0.598*	0.164	0.000	0.27	0.92
	1 次	0.681*	0.173	0.000	0.34	1.02

注：*均值差的显著性水平为 0.05。

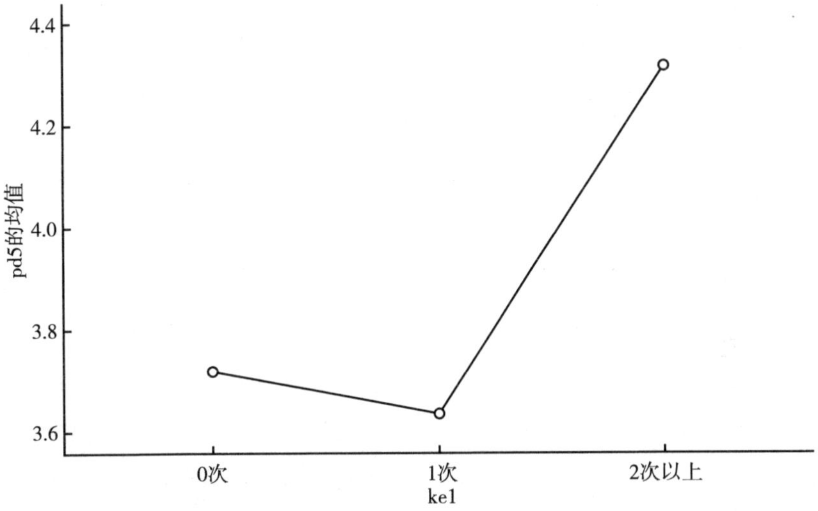

图 3　三类被访问者将来参加邮轮旅游可能性均值

表 24　被访者对邮轮旅游航线的偏好

单位：份，%

	频率	百分比	有效百分比	累积百分比
地中海航线	65	34.9	34.9	34.9
东亚和东南亚航线	63	33.9	33.9	68.8
加勒比海航线	20	10.8	10.8	79.6
阿拉斯加航线	16	8.6	8.6	88.2

续表

	频率	百分比	有效百分比	累积百分比
北欧俄罗斯航线	14	7.5	7.5	95.7
国内的航线	8	4.3	4.3	100
合计	186	100.0	100.0	

从本次调查被访者的偏好来看，偏好欧美航线与其对“邮轮旅游代表一种欧洲文明”的认知相一致，也与其追求“休闲放松的氛围”和“停靠港的异域风情”等邮轮旅游产品主要的消费动机类型相一致；而偏好日韩航线可能与其以“七日游”乃至“3～4天”的中短程为主的游程模式相关联。至于国内的航线（如香港－海南三亚－越南下龙湾航线），则缺乏上述旅游吸引物优势，因此难以得到国内游客的青睐，相关部门需要思考怎样找到对潜在游客的差异化吸引物系统。

（6）邮轮旅游决策的影响因素

根据表25和表26，做邮轮旅游决策时所考虑的因素中，对于第一重要的因素，被选最多的依次是：总花销（42.5%）、航线（30.6%）、邮轮设施条件（11.3%）、花费的时间（10.8%）、娱乐活动（3.8%）、到出发港交通不便（0.5%）、食物和饮料（0.5%）。对于第二重要的因素，被选最多的依次是：邮轮设施条件（22%）、娱乐活动（18.3%）、总花销（14.5%）、住宿条件（14%）、航线（12.4%）、花费的时间（10.2%）、到出发港交通不便（4.8%）、食物和饮料（3.8%）。而且，根据表27，二者之间存在显著的关联性（相依系数＝0.593，$p<0.001$）。这表明，被选为第一重要因素的，也往往被其他人选为第二重要因素，反之，被选为第二重要因素的，也往往被其他人选为第一重要因素，被访者对于重要因素的选择具有较高的一致性。

根据表28和表29，阻碍邮轮旅游的因素中，对于第一重要的因素，被选最多的依次是：缺乏时间（33.9%）、身体条件（21.5%）、缺乏游伴（12.9%）、太昂贵（11.3%）、更喜欢其他旅游（6.5%）、不感兴趣（4.8%）、

表 25　邮轮旅游决策的第一重要影响因素

单位：份，%

	频率	百分比	有效百分比	累积百分比
总花销	79	42.5	42.5	42.5
航线	57	30.6	30.6	73.1
花费的时间	20	10.8	10.8	83.9
邮轮设施条件	21	11.3	11.3	95.2
娱乐活动	7	3.8	3.8	98.9
到出发港交通	1	0.5	0.5	99.5
食物和饮料	1	0.5	0.5	100.0
合计	186	100.0	100.0	

表 26　邮轮旅游决策的第二重要影响因素

单位：份，%

	频率	百分比	有效百分比	累积百分比
总花销	27	14.5	14.5	14.5
航线	23	12.4	12.4	26.9
花费的时间	19	10.2	10.2	37.1
邮轮设施条件	41	22.0	22.0	59.1
娱乐活动	34	18.3	18.3	77.4
住宿条件	26	14.0	14.0	91.4
到出发港交通	9	4.8	4.8	96.2
食物和饮料	7	3.8	3.8	100.0
合计	186	100.0	100.0	

表 27　邮轮旅游决策第一和第二重要影响因素关联性的对称度量

		值	近似值 Sig.	Monte Carlo Sig.		
				Sig.	99% 置信区间	
					下限	上限
按标量标定	相依系数	0.593	0.000	0.000	0.000	0.000

不熟悉（3.8%）、到出发港交通不便（3.2%）、不符合生活方式（2.2%）。对于第二重要的因素，被选最多的依次是：缺乏时间（21.5%）、太昂贵（15.6%）、身体条件（12.9%）、不熟悉（11.3%）、缺乏游伴（10.2%）、不符合生活方式（9.7%）、更喜欢其他旅游（8.1%）、不感兴趣（6.5%）、到出发港交通不便（4.3%）。而且，根据表 30，二者之间存在显著的关联性（相依系

数 =0.670，$p<0.001$），说明被选为第一重要因素的，也往往被其他人选为第二重要因素，反之，被选为第二重要因素的，也往往被其他人选为第一重要因素，被访者对于阻碍其参加邮轮旅游的重要因素的选择具有较高的一致性。

表 28　邮轮旅游第一阻碍因素

单位：份，%

	频率	百分比	有效百分比	累积百分比
身体条件	40	21.5	21.5	21.5
缺乏游伴	24	12.9	12.9	34.4
缺乏时间	63	33.9	33.9	68.3
更喜欢其他旅游	12	6.5	6.5	74.7
不感兴趣	9	4.8	4.8	79.6
不符合生活方式	4	2.2	2.2	81.7
太昂贵	21	11.3	11.3	93.0
不熟悉	7	3.8	3.8	96.8
到出发港交通不便	6	3.2	3.2	100.0
合计	186	100.0	100.0	

表 29　邮轮旅游第二阻碍因素

单位：份，%

	频率	百分比	有效百分比	累积百分比
身体条件	24	12.9	12.9	12.9
缺乏游伴	19	10.2	10.2	23.1
缺乏时间	40	21.5	21.5	44.6
更喜欢其他旅游	15	8.1	8.1	52.7
不感兴趣	12	6.5	6.5	59.1
不符合生活方式	18	9.7	9.7	68.8
太昂贵	29	15.6	15.6	84.4
不熟悉	21	11.3	11.3	95.7
到出发港交通不便	8	4.3	4.3	100.0
合计	186	100.0	100.0	

表 30　邮轮旅游第一、第二阻碍因素关联性的对称度量

		值	近似值 Sig.	Monte Carlo Sig.		
				Sig.	99% 置信区间	
					下限	上限
按标量标定	相依系数	0.670	0.000	0.001 *	0.000	0.002

注：*

四　我国邮轮旅游者对邮轮文化认知与理解障碍及成因[①]

（一）我国邮轮旅游者对邮轮文化的认知与理解障碍

我国邮轮旅游者对邮轮文化的认知和理解障碍不同程度上存在于邮轮文化四个层面。

1. 精神性邮轮文化认知与理解障碍

精神性邮轮文化是邮轮文化的核心，对这个层面邮轮文化的认知与理解障碍对其他层面的认知与理解障碍有一定的影响。这种障碍主要表现在以下方面。

（1）对邮轮的休闲文化和“慢生活”认知不足

邮轮从当初的邮政业务“华丽转身”为旅游业务，其卖点正是由于在紧张忙碌的现代社会里人们对休闲文化和慢生活节奏有更加强烈的需求。我国邮轮旅游者对这个特点的认知仍然不足。比如，很多国人认为，交通工具是邮轮的主要功能，另外，购物就是休闲。

（2）乘邮轮的动机有时出于知识性、新奇性或购物

一些家庭出游是让小孩获得知识（许多人乘邮轮的目的是带小孩长见识），有的人是出于新鲜感或可以向别人“晒”经历（新鲜感是能到另一个国度），有的人则把到停靠港购物当做主要任务。

（3）一些人喜欢岸上游，对船上的活动和休闲时光不够看重

比如，船上待的时间太多，价格虽然不贵但是更喜欢岸上游，港口离旅游中心远，岸上项目完全不吸引人。

2. 制度性邮轮文化认知与理解障碍

从邮轮旅游者角度来看，制度性邮轮文化认知障碍表现在：对邮轮旅游行为规范和惯例缺乏良好认知。不过，由于制度基本上是由游客之外的有关方面制定的，因此邮轮文化的制度性规范需要其他方面来加强，比如政府主管部门、行业协会和邮轮公司等。

---

① 本章涉及的评论来自对八位有邮轮旅游经验的成年人的深入访谈。

3. 行为性邮轮文化认知与理解障碍

这方面的认知与理解障碍主要表现在以下方面。

（1）用餐缺乏礼仪（邮轮上自助餐，国人觉得不吃是吃亏的，中国人用餐时盘子堆得多，凌乱，吃剩的比较多，吃东西拿抢）。

（2）说话声音偏大（大声说话不仅是邮轮上有，唐人街也是）。

（3）参加活动失仪（喜欢扎堆，活动中不谦让）。

（4）对邮轮旅游服务中出现的问题反应过激（霸船不仅是游客的问题，是团队问题，更要塑造文化，要推广）。

4. 物质性邮轮文化认知与理解障碍

物质性邮轮文化涵盖面比较广泛，包括邮轮设施本身、邮轮码头、邮轮航线等，但是从认知与理解障碍角度来看则主要表现在以下方面。

（1）缺乏邮轮旅游知识（大部分人不知道邮轮，具体内容不清楚，目前的邮轮宣传还没普及）。

（2）对邮轮的安全性有些人有点担心（邮轮上的安保问题也是一个非常主要的问题，要给人以安全感）。

（二）我国邮轮旅游者对邮轮文化的认知与理解障碍的成因

我国邮轮旅游者对邮轮文化的认知与理解障碍的成因是多方面的，既有客观原因，也有主观原因；既有群体性原因，也有个体性原因。具体原因有以下六方面。

1. 既有习惯使然

我国邮轮旅游者常把日常生活中的习惯带到邮轮上。比如，大声说话、喜欢扎堆、缺乏秩序等，场合意识差。

2. 中西方文化差异

邮轮文化发源于欧美，因此，主流的邮轮文化以欧美的邮轮文化为代表。我国邮轮旅游者对邮轮文化的认知和理解与主流的邮轮文化相比，存在相当大的差异。比如，邮轮上的躺椅和晒太阳问题，国人不爱像欧美人一样享受躺椅上晒太阳的时光，这可能是由于国人怕被晒黑的缘故。再比如，国人吃饭等场合喜欢凑在一起，这可能跟中国人对“热闹”的追求密切相关。事实上，“renao”（热闹）已经成为一个新生的英语词汇，专门用来表达这种西方人无法完全理解的“热热闹闹”、“融洽亲密”的含义。

3. 邮轮旅游接受时间较短

我国邮轮旅游者对邮轮文化的认知与理解表浅与国人接触邮轮旅游这个新生事物的时间较短有关。随着我国邮轮旅游的日益发展与成熟，这种情况会得到改观。

4. 缺乏邮轮旅游知识

国人仍然缺乏一些必要的邮轮旅游知识，许多人不了解邮轮旅游真正的含义，甚至会把邮轮误认为“游轮”。对于邮轮、航线、礼仪文明缺乏相应的知识，这势必导致引发诸如游后评价不高或者文化失仪等问题。

5. 游客个体特征

显然，出现不文明行为必然离不开相关游客个人的原因，比如素质、个人偏好、性格、个性、性情、情绪、动机、感知等，都可能持续性或暂时性地对游客的互动和问题处理方式带来影响。

五　提升我国邮轮旅游者邮轮文化认知度和认可度的对策

笔者基于培育邮轮文化的目标，以消费者心理理论为基础，从改变邮轮旅游者对邮轮文化的认知和理解过程及其影响因素入手，通过“官、产、学/研、游”四方协同，以物质性邮轮文化为基础，以制度性邮轮文化为先导，以精神性邮轮文化为主体，以行为性邮轮文化为方向，综合提出提升我国邮轮旅游者对邮轮文化认知度和认可度的对策建议（参见表31）。

表31　培育我国邮轮文化的主要对策

力量	对策	对策主要影响的邮轮文化层次			
		精神层	制度层	行为层	物质层
政府:权威力	创办国际邮轮文化节	√	√	√	√
	创建邮轮文化网站	√	√	√	√
	制定《邮轮旅游行为规范》		√	√	
	推出“邮轮文化大使”	√		√	

续表

力量	对策	对策主要影响的邮轮文化层次			
		精神层	制度层	行为层	物质层
学界：影响力	设立邮轮文化研究中心	√	√	√	√
	出版邮轮文化普及性读物	√	√	√	√
	培养邮轮文化专业人才	√		√	√
业界：执行力	合作营销推广邮轮文化	√		√	√
	体验营销渗透邮轮文化	√		√	√
	细节营销示范邮轮文化	√	√	√	√
游客：口碑力	积极培育正面口碑	√	√	√	√
	努力弥补负面口碑	√	√	√	√

（一）以政府的权威力推动邮轮文化扩散

1. 创办国际邮轮文化节

邮轮文化节可以创造体验效应，激发民众对邮轮旅游的注意、认知和欲望。上海已经有北外滩邮轮文化节、宝山的邮轮旅游节。此外，安徽、广州等全国很多地方，都举办了固定的邮轮旅游和邮轮文化相关的节庆活动。然而，现有的各个区域性邮轮文化节在规模和影响力上仍然有限，可以考虑以上海为主导，创建全国性的国际邮轮文化节，以便在社会上造成更强大的声势及影响力和提升参与度。

2. 创建专门的邮轮文化网站

网络媒体已经成为人们知晓、了解邮轮旅游的主要途径。要增进民众对邮轮文化的认知度，需要借助信息时代网络媒体的强大影响力。可以创建专门的邮轮文化网站，对邮轮及邮轮旅游知识，特别是邮轮旅游文化进行图文并茂的介绍。为了促进站点的浏览量，可以尽可能多地接入一些高访问量的站点，也可以投资提高站点在百度等搜索引擎上的排名位置。

3. 制定《邮轮旅游行为规范》

人们对跟他们既有文化反差较大的新事物和新文化的接受往往需要通过“被迫顺从－好感渐生－认知转变”的路径才能固化和内化。对于难以适应邮轮文化礼仪的一部分人，就可以通过初期一定的强制性促进他们顺从邮轮文化，最终逐渐认同和内化邮轮文化。

4. 推出“邮轮文化大使”

通过有效的媒体，推出邮轮文化代言人，这些代言人可以是普通人，也可以是名人，但是都应该是公益性质的。借助邮轮文化大师的形象代言人效应，能够有效地推广邮轮文化规范，并增强邮轮旅游吸引力。

（二）以学界的影响力带动邮轮文化普及

1. 设立邮轮文化研究中心

由政府和邮轮公司协办，有条件和基础的大学和科研机构主办，设立专门的邮轮文化研究机构，通过大学的强大社会影响力来带动社会对邮轮文化的认知和认可。目前，我国已经产生一些专门的邮轮旅游相关研究机构，下一步有必要加强其对邮轮文化研究的关注，比如搭建专门的邮轮文化研究队伍和研究平台。

2. 出版邮轮文化普及性读物

通过有趣有用的邮轮文化读物，向社会推广邮轮旅游知识和邮轮文化，吸引和说服民众接受邮轮旅游。当然，政府相关部门（比如旅游局）可以适当对这些邮轮文化作品的出版给予资助。

3. 培养精通邮轮文化的专业人才

不断培养后备邮轮服务人才，促进邮轮文化的外溢。邮轮文化及邮轮行业的发展离不开专业人才的培养。邮轮旅游业在我国起步较晚，必须加快该专业人才培养的步伐。作为我国高级人才培养基地的高校可以合理增设邮轮类专业，为我国培养紧缺的高级邮轮旅游人才，让他们在接受主流邮轮文化和邮轮旅游服务理论之后，把所学用于我国邮轮文化的培养提升。

（三）以业界的执行力促进邮轮文化渗透

1. 通过合作营销，推广邮轮文化

具体措施很多，比如：与影视公司合作，植入邮轮文化广告；与网游公司合作，开发邮轮文化主题网络游戏；与视频网站合作，拍摄有趣的邮轮体验视频；与门户网站合作，开展邮轮旅游微博营销。事实上，很多中国人对邮轮的了解是从《泰坦尼克号》、《冰海沉船》等海外影片中获得一些感性的知识，或是从电影《非诚勿扰》最后几个邮轮镜头中了解到的。他们的直观感受是邮轮非常豪华、当然也可能花费高昂。然而，邮轮文化的真正内涵，并没有被国人充分地领悟到。因此，业界可以在适合的影视剧中植入能体现邮轮文化的广告，让人们在观影之时熟悉和领悟邮轮文化的真谛。由于网络已经成为国人了解邮轮的主渠道，因此，邮轮文化的渗透自然要大力借助网络的力量，诸如网络游戏、视频网站、微博平台等网络工具，都可以成为传播邮轮文化的有力武器。

2. 通过体验营销，渗透邮轮文化

邮轮文化要内化在游客的意识系统里，最好的途径是由游客亲自体验邮轮文化的魅力。为此，邮轮公司要不断优化邮轮空间设计，努力提高邮轮产品体验价值，持续提升游客体验满意度；正确对待游客抱怨，努力做好服务补救，留给游客良好的邮轮体验回忆。

邮轮产品设计是游客体验邮轮文化的载体，重点应从航线设计和船上项目两个方面着手。从航线设计来说，一方面中国游客存在既缺时间也缺金钱的双重乘邮限制——长假不长、收入相对不高，针对这种情况，邮轮公司可以推出航程短、花费低的邮轮航线；另一方面，中国游客大多数是初次乘邮，不愿为此花费太多，可以以初次乘邮的国内游客为目标开辟内海航线。

从船上项目来说，要顺应中国游客习惯，使其感觉顺畅、自然、快乐。目前我国邮轮旅游开发仍属起步阶段，我国邮轮群体在整体的需求上还相对单一，考虑到我国的目前现实情况，可设计以下产品项目：①家庭度假邮轮旅游产品。这类市场强调经济性和物有所值以吸引游览的家庭客人。所以产品应该包括一些为小孩提供的各种娱乐和优惠的产品，如免费加床，提供看管小孩的服务，小孩可以免费使用康乐设施和游戏室；可多建造些儿童的游乐场所，如海洋球、滑滑梯等之类的。此外餐厅还要提供儿童菜单和儿童餐椅，以突出对儿童的特殊服务来吸引家庭游客。②新婚度假邮轮旅游产品。蜜月度假游客喜欢漂亮、宁静的客房，也需要一些特殊的服务，比如提供床前早餐、香槟酒、鲜花、水果等，邮轮公司在满足这类需求的同时可以收取较高的价格。③休闲邮轮旅游产品。休闲是邮轮文化的核心，中国游客对休闲的认同和追求日益普及，因此可以推出如观赏自然风光、休养身心、放松自我为体验特点的邮轮旅游产品。

3. 通过细节营销，示范邮轮文化

对邮轮旅游细节上的把握和执行决定和体现着国人邮轮文化培育的成败。

邮轮公司要着力改善邮轮旅游服务递送过程，适当考虑游客多元文化差异，恰当设置邮轮礼仪提示标志，友善协调邮轮人员多方互动，让游客在触动之中读懂邮轮文化的示范信号，自觉提升邮轮文化素养，增加邮轮旅游满意度和忠诚度。

（四）以游客的口碑力拉动邮轮文化传播

1. 积极培育正面口碑

游客的正面口碑是邮轮旅游市场开发和邮轮文化传播的最佳途径，政府和业界都有能力和方法影响旅游者的正面口碑。比如，政府可以评选“最佳邮轮旅游游记”等，借助活动扩大邮轮旅游辐射效应，在社会上广泛宣传邮轮旅游和邮轮文化。

2. 努力弥补负面口碑

负面口碑比正面口碑传播力更强，要求业界高度关注和努力弥补负面口碑。为了防止负面口碑，最好的方法是预防负面口碑的发生。比如，水晶邮轮曾经对新船 Crystal Serenity 的下水做出邮轮史上前所未有的创举：由于船厂交船误期，船公司得不到足够的员工训练时间，怕招待忠诚老顾客会有不周之处，于是索性对处女航的全体乘客一律免费坐船。值得一提的是，那次航行全船 1100 个客位全满，而买票的绝大多数是回头客。这说明，该邮轮公司的确在长期的实践中成功地创造了很好的口碑效应，以至于赢得大量忠实的游客。

六　总结

在我国不同地域，邮轮旅游正处在其生命周期的导入期或成长期，发展速度惊人。与此相对应的是，我国邮轮旅游者对于邮轮文化的认知和理解还存在很多不足和障碍，导致其邮轮旅游行为和感知以及游后评价产生一些不好的结果。然而目前理论界对这个重要问题的系统化科学化研究极其缺乏。

就全国邮轮旅游发展现状来看，上海具有适合开展邮轮旅游的经济、地理、文化等方面的突出优势，因此上海的邮轮旅游在我国发展得最早且最好。为此，本课题在文献回顾和相关概念界定的基础上，以上海为调查地点，通过问卷调查、焦点群体访谈，运用统计分析、内容分析等研究技术，针对现实的和潜在的邮轮旅游者对精神性、制度性、行为性和物质性邮轮文化的认知和理解障碍及其成因问题，进行了深入系统的分析。

在此基础上，本课题从系统思维和协同理念出发，针对“官、产、学/研、游”四方分别提出相应的对策建议，并提示这些对策主要影响所及的邮轮文化层次。

参考文献

Huang, J., Hsu, C. H. C., “The Impact of Customer – to – Customer Interaction on Cruise Experience and Vacation Satisfaction,” *Journal of Travel Research* 49 (2010): 79 – 92.

Hung, K., Petrick, J. F., “Comparing Constraints to Cruising Between Cruisers and Non-Cruisers: A Test of the Constraint – Effects – Mitigation Model,” *Journal of Travel & Tourism Marketing*, 29 (2012): 242 – 262.

Kwortnik, R. J., “Shipscape Influence on the Leisure Cruise Experience,” *International Journal of Culture, Tourism and Hospitality Research*, 2 (2008): 289 – 311.

Papathanassis, A., “Guest – to – Guest Interaction on Board Cruise Ships: Exploring Social Dynamics and the Role of Situational Factors,” *Tourism Management* 33 (2012): 1148 – 1158.

Vogel, M. P., Oschmann, C., “Cruising Through Liquid Modernity,” *Tourist Studies*, 1 (2013): 62 – 80.

Xie, H., Kerstetter, D. L., Mattila, A. S., “The Attributes of A Cruise Ship That Influence the Decision Making of Cruisers and Potential Cruisers,” *International Journal of Hospitality Management*, 31 (2012): 152 – 159.

沈瑞光、闵德权：《探悉邮轮文化》，《水运科学研究》2007 年第 1 期。

孙晓东、冯学钢：《中国邮轮旅游产业：研究现状与展望》，华东师范大学商学院研究报告，2012。

叶欣梁、孙瑞红：《基于顾客需求的上海邮轮旅游市场开发研究》，《华东经济管理》2007 年第 3 期。

郑慧：《基于中国旅游者需求的邮轮旅游产品开发对策研究》，中国海洋大学硕士学位论文，2009。

政策建议篇

Policy Recommendation Reports

G.11

上海中国邮轮旅游发展实验区功能完善与配套服务研究

邱羚　陈心德*

摘　要：近年来，随着国际邮轮产业重心东移，中国在全球邮轮经济格局中的地位逐步凸显。由于上海发展邮轮旅游具有得天独厚的条件，我国政府率先在上海建立中国邮轮旅游发展实验区。为了完善邮轮港口服务功能和配套设施，本课题主要基于国内外经验借鉴，立足于上海邮轮产业发展现状和环境，提出上海邮轮旅游实验区需要完善的四大核心功能：交通枢纽、邮轮总部、组合母港、信息平台，以及四大带动功能：文化创意、教育培训、休闲娱乐和金融保险；并基于近、中、远期，提出实现这些功能需完善的配套服务。为了加快

* 邱羚，上海工程技术大学管理学院副院长、副教授，主要研究方向为战略管理、人力资源管理、组织行为学；陈心德，上海工程技术大学管理学院教授。

推进邮轮旅游实验区发展，扩大上海邮轮产业的综合效应，报告提出了实验区要实现三大战略功能，构建两大产业链群，实现体制机制、政策环境和功能创新三大突破。本文最后提出实验区未来的发展路径和政策建议：大力培育并努力拓展邮轮服务产业链群的服务支持、初步建成邮轮运营产业链群的服务支持、优化邮轮旅游实验区配套政策。

关键词： 邮轮旅游发展实验区　功能完善　配套服务

一　上海邮轮旅游发展的条件和环境

（一）充分利用上海得天独厚的条件发展邮轮旅游

目前北美邮轮市场趋近饱和、欧洲邮轮市场规模受限，与此同时，东亚地区由于文化底蕴深厚、旅游资源丰富、人口基数大，邮轮市场前景广阔，导致全球邮轮产业向亚洲东移。亚洲在全球邮轮经济格局中的地位逐步凸显。作为中国最具经济实力的滨海城市之一的上海，区位优势愈加突出，上海成为全国最优的邮轮旅游建设地区；经济优势更加显著，上海成为全国最佳邮轮旅游发展城市和全国最大邮轮旅游核心市场。因此，上海当仁不让地成为全国邮轮发展的领头羊。

（二）深刻认识上海建设邮轮旅游实验区的环境

首先，上海邮轮旅游发展实验区建设的宏观环境优越，上海建设世界著名旅游城市、四个中心、自由贸易实验区是邮轮旅游发展实验区建设的最佳动力源。其次，建设邮轮旅游发展实验区的经济环境良好，上海探索建设自由贸易实验区的过程中创建的经济环境是邮轮旅游发展实验区的最好借鉴和互相激励因素。此外，邮轮旅游发展实验区的技术环境不断完善。上海正在着力促进大数据、云计算、移动互联网等新技术与旅游业融合发展。

二 他山之石：上海邮轮实验区可资学习的经验

他山之石可以攻玉，国外邮轮港口发展比中国起步早，特别是美洲的美国、加拿大、墨西哥等国，欧洲的意大利、西班牙、英国等国，20 世纪 90 年代发展起来的新加坡、中国香港等亚洲国家和地区，都走过各自不同的邮轮旅游产业发展之路，借鉴其经验与教训，可以促进和提升上海在邮轮旅游发展中的产业价值和能级（见图 1）。

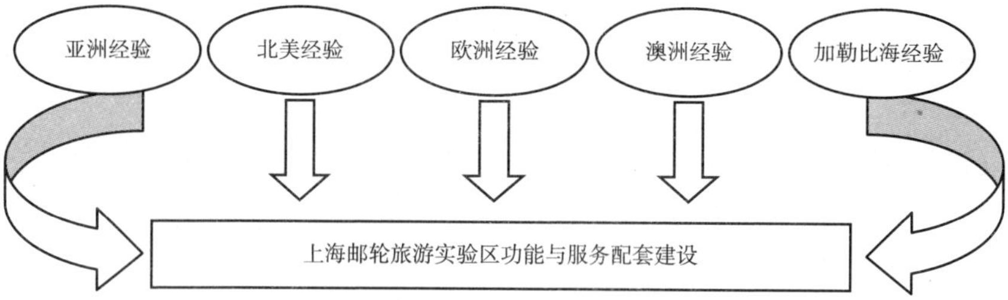

图 1 上海邮轮旅游实验区国外经验借鉴思路

（一）亚洲经验

1. 新加坡

新加坡政府是当地邮轮战略的制定者、优惠政策出台者和执行者，以及高效廉洁环境的监督者，新加坡政府重点投资兴建了新加坡国际邮轮港，极大地调动了邮轮发展的动力，提升了邮轮港口的接待能力和服务效率。新加坡是世界水陆航线枢纽。为了巩固其在亚洲邮轮旅游竞争中的领先地位，发挥其独特地理位置优势，新加坡建立了两个邮轮港口（见图 2），位于城市旅游聚集区，以旅游、休闲、居住功能为主，从而构建复合功能旅游大区（见图 3）。

2. 香港

香港位于远东贸易的要冲，是亚太的枢纽港，也是世界最著名的旅游城市，旅游是香港的重要产业，因此香港海岸线开发以旅游发展为先（见图 4）。邮轮码头是香港旅游岸线的重要组成要素。香港邮轮码头有两个，一是位于尖沙咀海港城的海运邮轮码头，另外一个是 2013 年投入使用的启德邮轮码头（见图 5）。

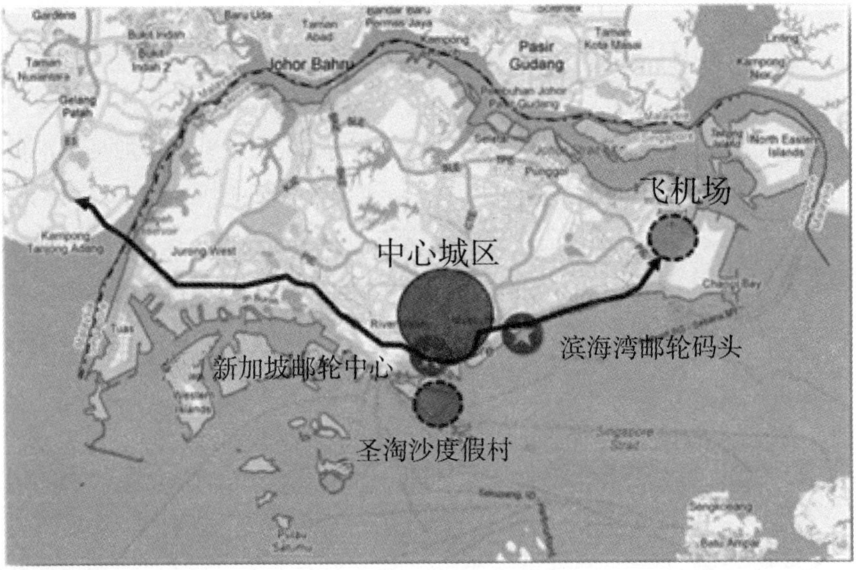

图 2　新加坡邮轮母港分布

图 3　新加坡邮轮母港综合功能示意

（1）香港利用区位条件，构筑码头数量优势，争夺亚太邮轮中心地位

香港地处亚太中心区位，作为邮轮航线的枢纽，香港是许多亚洲之旅的中途站，可提供多种邮轮行程选择。维多利亚港水深宽阔、无净空高度限制。此外，香港航空运输网络覆盖全球，卓越的航班运力能有效服务“飞航邮轮”换乘旅客。同时，旅游业发达的香港能为邮轮公司提供国际化的服务。香港地

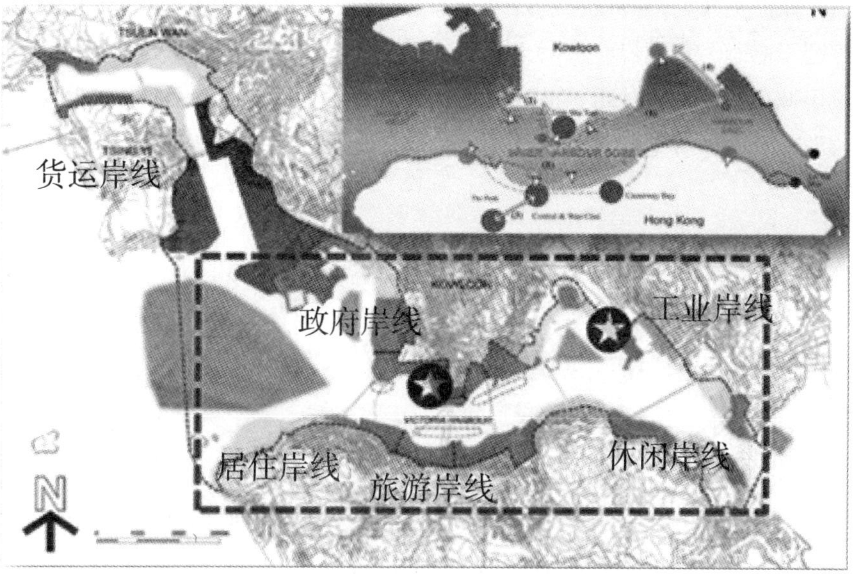

图4　香港邮轮母港综合功能示意

图5　香港邮轮母港分布

区可以停靠邮轮的码头有四处，分别为：海运码头、招商局码头、货柜码头和启德邮轮码头。香港以海运码头和启德码头作为主要的邮轮接待码头。海运码头位于城市中心的尖沙咀，此区域是全香港旅游、商业的中心，滨水岸线为主要旅游节点区，腹地则是城市主要商业区，有较为完善的商业配套（见表1、表2）。

表1　香港海运邮轮码头周边设施

水上功能	旅游设施	配套设施
天星小轮	香港文化中心	酒店
花艇巡游	香港艺术馆	海旁的食肆
赛艇	星光大道	海港城
大型游船展示	前水警总部	1881
国际客运码头	钟楼　天星码头	The One square 国际广场

表2　香港海运邮轮码头配套设施

码头	设施名称	零售规模	用途
海运邮轮码头	海运大厦	60200m^2	零售、办公、航站楼
	海威商厦	47190m^2	零售、办公
	海洋中心	20810m^2	零售、办公
	马可波罗	12500m^2	零售、办公
启德邮轮码头	邮轮客运楼	50000m^2	零售、航站楼
	码头中心高度	35m 高	办公

启德邮轮码头是香港启德新区发展计划的项目之一，目的是把前启德机场地区更新成为旅游、体育以及办公为主的滨水城（见表3、图6）。

表3　香港启德码头周边设施

水上功能	旅游设施	配套设施
游艇码头	航空博物馆	邮轮综合大楼
轮渡码头	游乐场	餐厅
烟花激光表演	体育公园	酒店

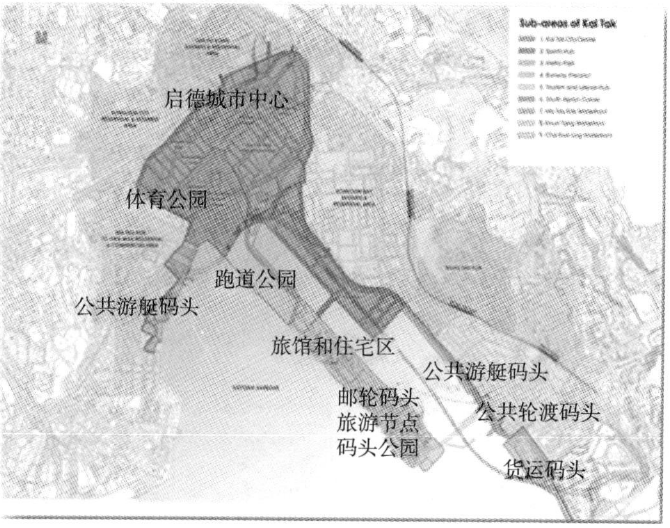

图6　香港启德邮轮母港综合功能示意

（2）政府倡导规划，企业积极参与

香港地区由政府编制邮轮产业发展规划，制定产业政策，积极为相关邮轮企业筹集资金提供便利，加强基础设施建设。香港市场环境优越，法律制度健全，有特区政府牵头的邮轮发展协调工作组。香港政府促进港口降低邮轮停靠费用，减少对邮轮停靠费用的依赖。香港启德邮轮码头是在原启德机场旧址上新修的邮轮码头，由特区政府出资设计和建造。为了形成强大的交通支撑，地铁线在新码头预留了站点，还配套了穿梭巴士。政府将码头租予营运商，收取租金，但保留土地和码头营业权。这种做法，既减少企业前期投入的成本，又提升企业运营的效率和积极性。

（二）北美：美国与加拿大邮轮旅游发展经验

1. 美国迈阿密

（1）突出地理位置优势，组建旅游大区体系

迈阿密是世界著名的旅游胜地，游客往往能充分利用登上邮轮前及下船后的活动安排，特意增加几天行程来游遍整个大迈阿密地区，而时尚的南海滩（South Beach）以及世界闻名的装饰艺术区（Art Deco）更是每位游客都不可

错过的景点。迈阿密设计保护联盟（The Miami Design Preservation League）提供自助语音导览、导游或骑自行车游览等服务，让游客能更好地观赏800多个最令人赞叹的装饰艺术建筑。迈阿密南部的海滩向来是全世界游客趋之若鹜的胜地（见图7）。

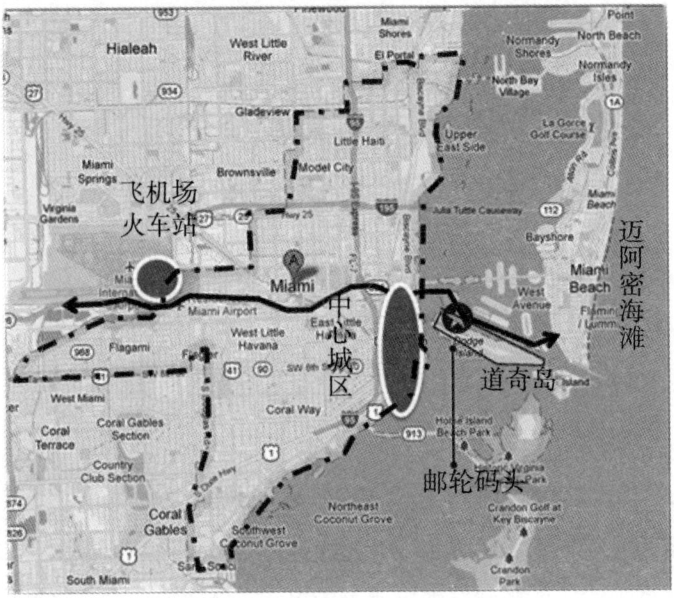

图7　迈阿密邮轮母港位置示意

迈阿密港口东侧紧邻城市海滨休闲地区，此地区不仅服务于邮轮港区，更是迈阿密城市最重要的公共空间带。迈阿密游船码头通过连港大桥与市中心相连，其腹地以文化娱乐、开放绿地为主要功能，集合了文化、体育、公园等多种功能，也较便捷地配合了游船和旅客需求，同时也是“三游（邮）中心”（见图8）。

（2）持续提升服务意识，常年开展文旅活动

迈阿密邮轮母港处处体现顾客至上的服务理念。一是服务无微不至，如私人汽车看管、汽车出租、搬运车预约、公共汽车查询、自动银行和问询处等均有提供。二是服务力求便捷。邮轮游客只需买票、验票、候船、登船，行李则由码头的行李处理设备送到各自的座位。同样，行李处理系统也会在邮轮游客回到目的港以后将其行李送到指定的位置，可以直接传到飞机上或酒店。三是服务设置规范。迈阿密邮轮客运枢纽站的业务流程设置相当规范，商店、游

图 8　迈阿密邮轮港区周边环境示意

客、行李和船舶均为独立管理，并将第三层楼设计成与船体位于同一高度，便于游客上下船。

与此同时，迈阿密举行的各种活动丰富多彩。其中包括最瞩目的装饰艺术周末（Art Deco Weekend）、椰林艺术节（Coconut Grove Arts Festival）、迈阿密国际游艇展（Mi - ami International Boat Show）、南海滩美酒美食节（South Beach Wine&Food Festival）、迈阿密狂欢节（Carnaval Miami）。每年 8 月和 9 月，100 多家顶级餐厅参加“迈阿密香辣餐厅评选月”（Miami Spice Restaurant Month）的活动，为顾客提供三道招牌菜式，让顾客超值体验顶级餐厅的美食。

（3）著名邮轮公司驻扎，形成世界邮轮中心

迈阿密海港是世界上最大的邮轮码头，嘉年华公司、皇家加勒比公司、丽星邮轮公司等 11 个邮轮公司总部及办事处均在此设立。“皇家加勒比”、“嘉年华”、“挪威邮轮”等公司旗下的数十艘巨无霸超级邮轮从这里出发。由此，形成最大的邮轮金融交易、邮轮物资配送、邮轮创意设计、邮轮文化展示和邮轮会议会展等众多的邮轮外延活动。

2. 加拿大温哥华

（1）两大港口配套完善

温哥华两大邮轮码头位于市中心，均距离知名商店、旅游景点、酒店很近。并且有非常方便的往返于温哥华机场的交通，均使温哥华港有别于北美其

他港口。

（2）直接清关计划为主要客源提供便利

温哥华港务局和温哥华机场的美国直接清关计划（U. S. Direct Program），对提高温哥华港在美国游客中的声誉有所帮助。该计划向来自美国的游客提供快速清关手续，而75% ~80% 在温市登船的游客为美国人。

（三）欧洲：西班牙与意大利邮轮旅游发展经验

1. 西班牙巴塞罗那——政府主导，市场运作，建设母港，形成产业

（1）港口规划完善、注重生态环境，不设一关三检区，方便游客通关

巴塞罗那港口规划完善，与市区相隔近在咫尺，黄金土地黄金海岸，城市寸土如金。巴塞罗那没有盲目出卖土地开发建设，而是把这些土地让给自然（见图9）。

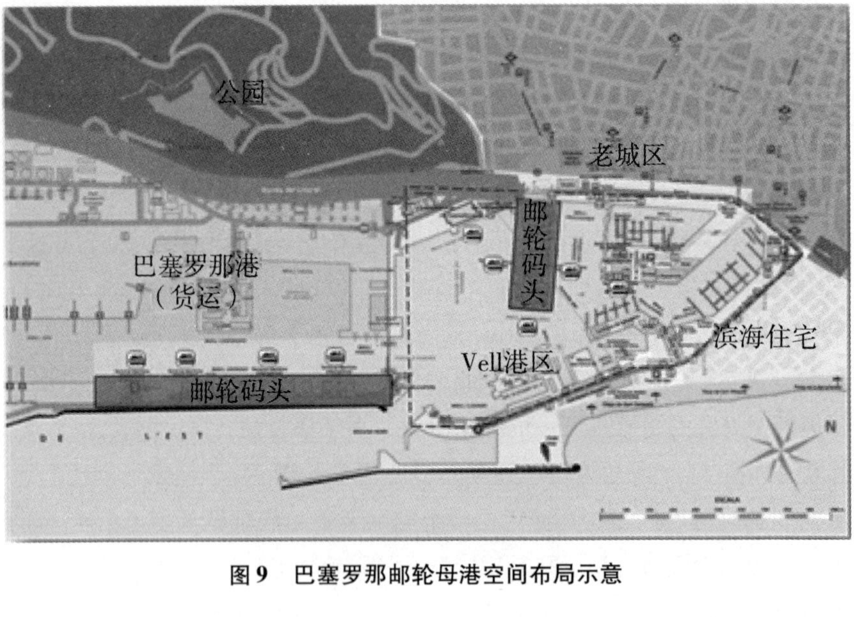

图9　巴塞罗那邮轮母港空间布局示意

近年来，为配合邮轮港口经济的发展，巴塞罗那还投入巨资发展内陆交通（见图10）。

巴塞罗那歌诗达邮轮码头通关效率高，没有类似国内“一关三检”机构的检查通道。出入境官员在邮轮靠岸后上船检查护照和签证，船上有专门的工

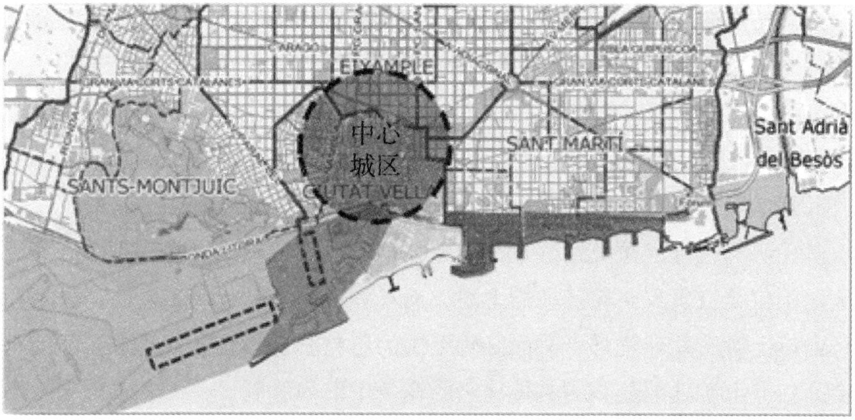

图 10　巴塞罗那邮轮码头与周边连接示意

作人员负责配合出入境官员的检查工作，检查只是针对证件并不核实对人，整个清关时间通常为 10 ~ 20 分钟，清关后游客即可以上下船（见图 11）。

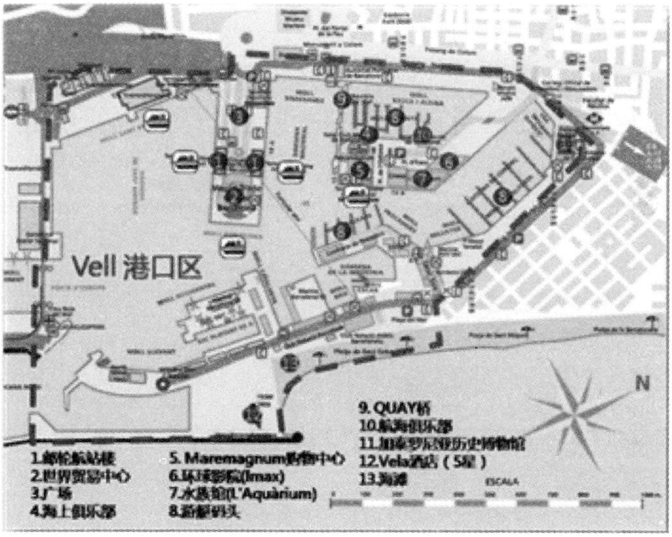

图 11　巴塞罗那邮轮码头港区周边设施示意

（2）政府重视设立专门机构，吸引公司运营以减少财政投入

巴塞罗那旅游局由巴塞罗那市政府、巴塞罗那工商航海总会和巴塞罗那推

广基金会联合参与，致力发展邮轮产业。其中，巴塞罗那工商航海总会直接负责邮轮行业的管理工作，市政府和推广基金会的联合参与有利于邮轮产业发展的协调和资源配置。巴塞罗那旅游局的业务面向全球，积极参与市内旅游业的推广并协助有关单位提供服务或向国际市场推广其产品，延伸了邮轮产业价值链。

2. 意大利萨沃纳、帕拉莫——合理规划，注重实用

邮轮码头选址注重交通通达，邮轮公司本土化突出品牌性。意大利作为造船大国不仅积极发展邮轮产业链上游，而且拥有自己的品牌邮轮公司，利用邮轮产业链上游造船业优势，垄断邮轮上游的邮轮制造市场，成立强有力的行业协会，指导上游造船业在与其他地区的竞争中取得胜利。

（四）总结与比较

综上所述，不同国家和地区在发展邮轮旅游的过程中，依据各自的历史、地理、经济、文化和政治条件，形成不同的邮轮发展模式。其主要的经验总结如下（见表4、表5）。

表4　世界几大主要邮轮港口硬件配置

地区	城市	岸长(m)	平均水深(m)	可停靠邮轮船位数(个)
亚洲	香港	760	12(7~23)	2~4
	新加坡	580	13(8~18)	2
北美	迈阿密	2000	12	20
	温哥华	540	14(8~20)	2
欧洲	巴塞罗那	1800	14	9
	萨沃纳	300	11	1
	帕拉莫	400	11	2
	雅典	1685	10	11
大不列颠	南安普顿	860	14.9	4
	鹿特丹	698	12	2
	斯德哥尔摩	1100	8~9	3
澳洲	墨尔本	800	10.9	4
	奥克兰	—	12.2	—
加勒比海	罗德岱堡	2000	12	12~18
	法尔茅斯	900	15	3

表 5　国际著名城市邮轮旅游产业发展经验

借鉴点	港口借鉴点概况
高度注重产业环境	• 巴塞罗那——注重生态自然环境 • 澳大利亚——坚持可持续发展理念 • 新西兰——重视环保，形成港口文化生态功能
围绕港口发展产业	• 新加坡——港口服务功能完善 • 迈阿密——硬件管理设施完备 • 温哥华——服务配套设施完备 • 罗德岱堡——完备的医疗安全保障体系 • 鹿特丹——辅助设施齐全
政策优惠企业参与	• 香港——政府支持建立专业邮轮码头 • 巴塞罗那——政府机构重视，设立邮轮专门机构 • 法尔茅斯——政府投资发展邮轮
拓展产业商业配套	• 新加坡——邮轮配套商业市场成熟 • 香港——亚洲金融中心，商业市场安全繁荣 • 迈阿密——饕餮美食之都，时尚魅力之城 • 巴塞罗那——旅游项目丰富，注重商业开发 • 悉尼——环保与商业的完美结合 • 奥克兰——学校与商业的相辅相成
选准节点突出优势	• 新加坡——亚太的中转港 • 迈阿密——美国四大核心圈城市 • 巴塞罗那——地中海出入大西洋的咽喉 • 罗德岱堡——海河交汇的桥头堡 • 法尔茅斯——天然的深水港
开发资源特色产品	• 迈阿密——亚热带风情及令人赞叹的装饰艺术建筑 • 巴塞罗那——穿越历史回首大航海时代 • 罗德岱堡——美国威尼斯 • 法尔茅斯——近似原始的海岛风情
注重文化底蕴升华	• 迈阿密——各种各样的博物馆 • 帕拉莫——邮轮的本土文化 • 法尔茅斯——不可磨灭的宗教文化及海盗情节
高度重视交通通达	• 迈阿密——中心海滩的黄金地段 • 帕拉莫——邮轮码头和城市中心地带紧紧相连 • 奥克兰——紧挨着繁华的商业区 • 罗德岱堡——美国海空中转站

续表

借鉴点	港口借鉴点概况
多方配合 方便游客	• 温哥华——优质服务的典范 • 巴塞罗那——不设一关三检，方便游客通关 • 法尔茅斯——永生无法忘却的微笑

1. 邮轮港口是海港城市发展的新兴区域与重大增长极

邮轮港口与城市发展关系，可以归纳出两种发展模式：第一种位于城市中心，是历史上工业港口，滨水区已经发展成熟，邮轮码头作为港口导入的新功能，迈阿密码头、巴塞罗那码头、新加坡邮轮中心以及香港海运邮轮码头都属于此类；第二种则是中心邮轮港口的向外拓展，位于非城市中心地区，滨水区还未发展成熟，邮轮码头作为地区发展的动力，有香港启德码头以及新加坡滨海湾邮轮中心。

上海北外滩邮轮旅游发展属于前者，优势是区位条件良好，邮轮直达城市的核心区域，游客的兴奋度高，缺点是邮轮旅游拓展空间的难度十分大，成本高昂，限制的因素众多，需要做大量的协调工作。上海宝山邮轮码头的开发模式介于这两种模式之间，宝山滨江并非完全新开发的地区，但滨水地带面临功能老化的问题，需要进行产业转型和地区更新以促进其可持续发展。通过对案例城市的研究可以看出，宝山的邮轮码头项目对地区更新有两个动力：一是作为地区更新的先导项目，通过发展邮轮为核心的服务业，加速周边开发；二是为当地的城市功能注入活力，推动城市产业的升级和转型发展。

2. 邮轮母港与邮轮旅游发展的核心区域与成长根基

邮轮旅游是在邮轮产业的基础上发展起来的一种交通、旅游、度假的综合体，整个旅游活动皆是从邮轮码头开始，到邮轮码头结束。邮轮的船供保障、物质供应，环保处理，船体维修等也都在港区所在城市进行。众多的邮轮公司总部也都是聚集在邮轮港区周边，因此，邮轮旅游发展的核心区域，只能也必须紧紧围绕邮轮港区开展。

纵观国外邮轮发达国家走过的邮轮旅游产业发展历程，主要有以下几种模式：以邮轮上游产业链为发展重心的欧美邮轮造船大国，如芬兰、法国、德国等；以邮轮运营为核心的美国、意大利、英国；还有以邮轮接待为主要发展方向的西班牙、加勒比海地区，新加坡、香港地区等都是以邮轮母港为核心发展和建立起邮轮产业链和邮轮旅游服务产业群。

三　上海“中国邮轮旅游发展实验区”建设情况

（一）取得的成绩

1. 组合母港建设成效显著，空间互动、功能互补

虹口北外滩国际客运中心与宝山吴淞口国际邮轮港成功实现功能互补、错位发展。虹口定位于发展邮轮高端产业服务，吴淞口正日益成为大型国际邮轮的水上集散中心、邮轮教育和培训中心、产品研发和游艇展示中心。两地在邮轮产业链上的相互补充，使得上海邮轮产业健康、快速发展。

2. 邮轮区域引领优势突出，区域带动全国领先

上海邮轮旅游发展始终走在全国前列，不论是邮轮入境旅游还是邮轮出境旅游都远远超过全国其他城市；全年邮轮停靠不论艘次还是吨位都远远领先全国。邮轮出入境旅客人次、接待母港邮轮艘次都一再刷新历史纪录，出现邮轮旅游井喷观象，邮轮经济发展引领全国。

3. 邮轮管理不断探索研究，持续改进、逐步提升

在市政府领导下，上海市旅游局、交通局、港务局、公安局等行政部门密切配合，不断完善邮轮旅游服务、邮轮产业建设的管理与服务体系。港口联席会议制度的实施，满足了高品质邮轮码头管理接待的需求，邮轮经济发展协调机制正在建立完善中。

4. 邮轮产业链条逐渐建立和完善

以邮轮港口建设和邮轮出境游组织为两大板块的邮轮下游产业链条逐渐建立和完善，邮轮教育、邮轮培训、邮轮会展开展得有声有色。

5. 邮轮文化形象业已形成，亚太地区影响深远

就邮轮下游产业链的建设和完善而言，上海凭借其邮轮接待和邮轮游客输出量成为亚太地区的排头兵，尤其是邮轮出发港的航次，更是处于前列。

（二）存在的不足

1. 邮轮服务体系不完善

改善港口交通枢纽，亟待加强；提升港口服务标准，亟须改善；落实港口配套设施，完善配置；形成全国服务标准，还需提高。

2. 邮轮产业体系不完整

上海邮轮业长期处于邮轮服务产业链下游，无法拥有邮轮航线、邮轮产品的话语权；邮轮目的地建设、邮轮到港旅游供应也基本未深入展开；邮轮接待只有最基本的港口上下船过程，形成的邮轮附加值过低；邮轮供应体系和市场体系尚未建立，邮轮商品和服务供应基本处于梦游状态。

3. 邮轮产业带动力量弱

由于未建立邮轮中上游产业链，下游产业链体系也不够强大，所以整个邮轮产业的影响，主要表现在邮轮港口接待功能与旅行社的出境游组织两个板块，大邮轮市场尚未形成，邮轮商务、邮轮教学、邮轮会展、邮轮船供、邮轮创意、区域旅游等方面的拓展显示出来的力量薄弱。

4. 发展体制机制仍不完善

组合母港牵涉不同区域、不同企业，利益需要协调；邮轮管理涉及不同部门、不同行业，工作需要协商；邮轮服务涉及不同企业、不同区域，品质亟须改善。

四　上海“中国邮轮旅游发展实验区”需要完善的重要功能

（一）邮轮旅游产业核心功能

上海“中国邮轮旅游发展实验区”具有以下四个重要功能（见图12）。

1. 邮轮集散与交通枢纽中心功能

邮轮港口应该满足国际邮轮抵达之前、抵达、停靠期间、离开邮轮码头过程中所产生的一系列服务需求，如进出港引航服务、海关检验检疫服务等。提供水陆空联动的客流集散服务，确保网络流的畅通。

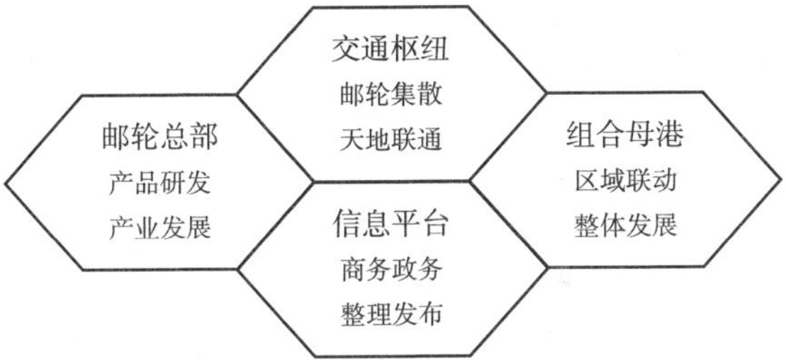

图12　邮轮旅游产业四大核心功能

2. 邮轮公司总部与地区总部功能

充分意识到总部经济的效应，实现邮轮产业的“最经济原则”，在邮轮港口、邮轮综合体创造邮轮公司的办公场。构建一个统一开发、统一物业服务等企业运转的低成本平台，这对国内企业总部及跨国公司总部是一个巨大的吸引力，有利于打造中国邮轮总部基地。

3. 组合母港与亚太邮轮中心功能

促进上海邮轮母港的管理与服务标准化、知识与创新的产业化、协调与互动的立体化、效益与形象的最优化。同国内其他邮轮港口进行合作特色发展，形成规模联动效应，发挥上海港的竞争优势，力争成为亚太邮轮中心，成为国内其他港口的榜样与领头羊，带动其他沿海港口城市的邮轮产业的发展。

4. 邮轮政务与商务信息平台功能

建设信息综合、内容丰富、功能多样的上海邮轮官方网站，整合海关、港口、检验、船代、金融、保险、工商、税务等有关部门的公共信息网络系统，实现连接和共享，形成航运、旅游信息技术统一的服务网络信息中心，整合邮轮政务与商务信息平台功能，建设成为上海国际邮轮综合服务信息平台。邮轮电子政务平台的功能是发布邮轮产业发展相关的政策措施条例、进行邮轮及相关旅游产业的引导、进行相应的管理调度；而邮轮电子商务平台的功能是进行邮轮产品票务商务办理经营、邮轮产品的营销促销以及邮轮产业相关项目的宣传等。

（二）邮轮旅游产业带动功能

上海“中国邮轮旅游发展实验区”除具有邮轮产业自身的重要功能外还

具有带动功能：一是邮轮文化与创意展示中心功能，能够合理开发利用和保护上海历史文化资源，营造良好的上海独特的邮轮人文环境；二是邮轮教育培训与研究中心功能，能够通过借鉴邮轮业发达国家的经验，引进管理人才，健全相应教育培训体制和机制；三是邮轮商务与休闲娱乐中心功能，满足人们的休闲娱乐等需求；四是邮轮金融与保险支持中心功能，不断扶持航运业的发展（见图 13）。

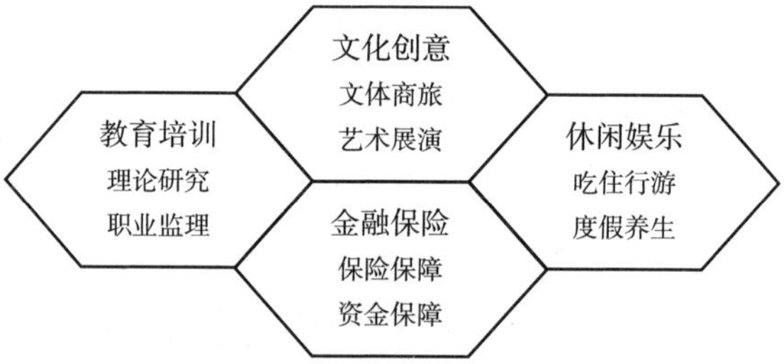

图 13　邮轮旅游产业四大联动功能

五　实现上海“中国邮轮旅游发展实验区”功能的配套服务

（一）上海中国邮轮旅游发展实验区的空间解构

1. 从邮轮港口到邮轮城的空间重构

（1）实施分区管理与整合重塑

邮轮城通过空间重构可以形成三大功能板块（见图 14）。

核心区——国际邮轮靠泊服务区。位于宝杨路码头—炮台湾公园区域。主要内容包括：邮轮码头区和保养补给区；水上游乐区；娱乐休闲区；会议宾馆区；生态景观区。配套区——航运旅游综合配套区，位于吴淞客运中心区域。形成吴淞口旅游商务区，积极拓展该地区的旅游集散、邮轮服务、高档宾馆、购物、餐饮等功能。延伸区——城市休闲和创意产业延伸区。沿蕴藻浜两岸向内河及黄浦江沿岸延伸，打造具有国际水准的集文化、艺术、旅游、餐饮、购物、娱乐及住宿为一体的国际化创意园区，进行创意产业区、休闲街区两种功

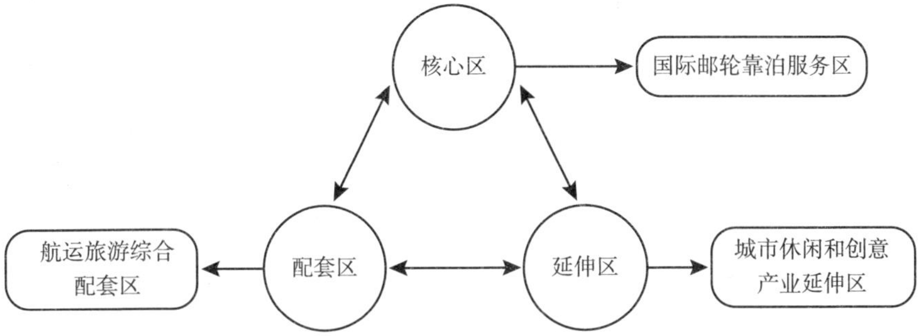

图 14　邮轮城三大功能区

能的复合开发。

（2）培育邮轮城现代服务业集聚区

要充分凸显邮轮城的区位优势和资源特色，大力培育以邮轮产业为核心的现代服务业集群，建构国际邮轮城游憩空间（见图 15）。

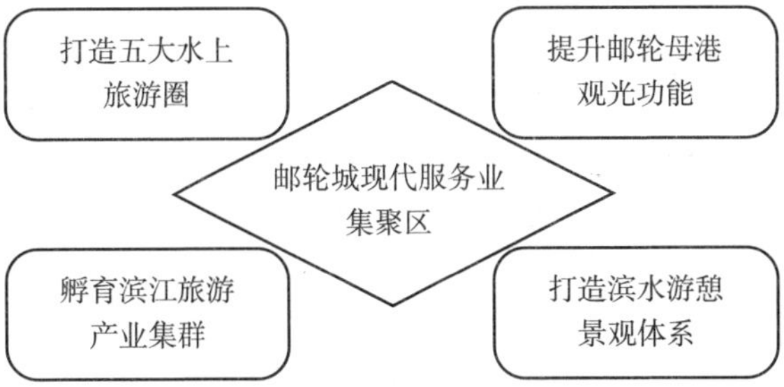

图 15　培育邮轮城现代服务业集聚区

2. 从邮轮港口到邮轮城的功能提升

从邮轮港口与城市发展的关系来看，邮轮母港建设主要是地区更新的先导项目，通过发展邮轮为核心的服务业，加速邮轮旅游的服务质量和品质提升，同时刺激周边开发；邮轮港口的建设不仅能刺激周边地块上涨，还能刺激产业联动，为当地的城市功能注入活力，推动城市产业转型和升级。通过借鉴国外经验，上海可以实现邮轮港口的功能提升和拓展（见表 6、表 7）。

表 6　世界主要邮轮港区的邮轮功能与区域服务功能

邮轮码头	区域服务功能	城市功能
迈阿密邮轮码头	世界最大邮轮港口，世界海滩旅游度假胜地	城市 CBD
巴塞罗那邮轮码头	欧洲最大邮轮港口，世界著名旅游城市	城市文化休闲中心
新加坡邮轮中心	亚洲最大邮轮港口，圣淘沙旅游度假胜地，城市旅游集中区	以旅游功能为主
新加坡滨海湾中心	邮轮拓展码头	城市 CBD 拓展区
香港海运码头	亚洲最大邮轮港口之一，世界著名旅游城市	城市商业中心
香港启德码头	邮轮拓展码头，城市旅游次中心	启德地区中心
上海邮轮组合港（宝山、虹口）	世界知名邮轮母港、中国邮轮旅游枢纽地	黄浦江下游核心板块、新兴城市中心

表 7　世界主要邮轮港区的邮轮旅游功能与拓展服务功能

邮轮码头	水上旅游功能	旅游延伸功能	配套服务功能
迈阿密邮轮码头	游船中心、游艇俱乐部、南沙滩	博物馆岛、公园、美联体育中心	海湾市场
巴塞罗那邮轮码头	航海俱乐部、游艇码头、海上俱乐部、海滩	环球影院、水族馆、历史博物馆	世界贸易中心、Vela 酒店
新加坡滨海湾中心	游艇码头、水上表演	公园、娱乐城、游乐场、博物馆	酒店、海旁的食肆、海港城
香港海运码头	天星小轮、花艇巡游、赛艇、大型游船展示、国际客运码头、烟花激光表演	香港文化中心、香港艺术馆、星光大道、前水警总部、钟楼、天星码头	1881、The One、isquare 国际广场
香港启德码头	游艇码头、轮渡码头、烟花激光表演	航空博物馆、游乐场、体育公园	邮轮综合大楼、餐厅、酒店

（二）上海“中国邮轮旅游发展实验区”（宝山）功能定位

1. “中国邮轮旅游实验区”（宝山）功能定位

邮轮旅游产业功能定位：多功能绿色滨江新区，上海“创新驱动、转型发展”的实践区和集聚区，上海国际航运中心的重要载体，宝山产业转型与功能提升的核心区和示范区。

2. “中国邮轮旅游实验区”（宝山）发展目标

以努力建设亚太地区一流国际邮轮母港为目标，以邮轮产业发展为经济重心，形成融公共服务、商业办公、文化娱乐、旅游休闲等多功能于一体的绿色滨江新区，上海“创新驱动、转型发展”的实践区和集聚区，上海国际航运中心的重要载体，宝山产业转型与功能提升的核心区和示范区。

全球层面——世界知名邮轮母港，全球邮轮经济核心节点，亚太地区邮轮旅游枢纽

国内层面——中国邮轮旅游枢纽港、中国邮轮经济试验基地。

区域层面——长三角水上旅游轴心区，对接与服务大都市圈的邮轮产业中心。

上海层面——世界著名旅游城市的门户，黄浦江滨水核心功能的重要板块。

宝山层面——上海北翼现代服务业及旅游休闲业集聚区，城市新兴综合功能中心。

3. “中国邮轮旅游实验区”（宝山）空间布局

一是建设邮轮母港核心区：建设国际邮轮母港一期码头，配套行政管理、码头运营等办公设施、大型购物中心、免税店、星级酒店以及海员俱乐部、游艇中心、游船码头等项目。二是建设北部邮轮配套服务区：建设国际邮轮母港二期码头，配套高档居住、邮轮办公、科研办公、邮轮博物馆以及游艇俱乐部等项目。三是建设南部邮轮配套服务区：预留国际邮轮母港三期码头，配套博物馆、文化会展、邮轮综合改革示范区相关的行政办公及金融保险、中介服务、酒店、购物中心、邮轮研发等项目。四是建设邮轮、游艇物资配给中心，亚洲邮轮物资供应中心，游艇供应中心。五是建设邮轮、游艇培训基地及设计研发中心（见图 16）。

4. “中国邮轮旅游实验区”（宝山）配套服务

（1）滨江邮轮文化带，包括邮轮母港核心区、邮轮游艇示范区、邮轮配套服务区和现代滨水文化区。拓展段为宝山城市副中心的组成部分（见图 17）。

（2）邮轮旅游交通枢纽带。构建邮轮、游艇、游船和水陆转换节点，形成游船码头、吴淞客运中心布局三岛线路和近海（长江）游船线路、吴淞老码头布局三岛线路，三个码头联动，与黄浦江游船线路串联。设置到发中心，利用宝杨路与盘古路－东林路－淞宝路为主要疏港道路，连接城市快速路（见图 18）。

（3）岸上旅游功能拓展带。构建主题景区（见图 19）。

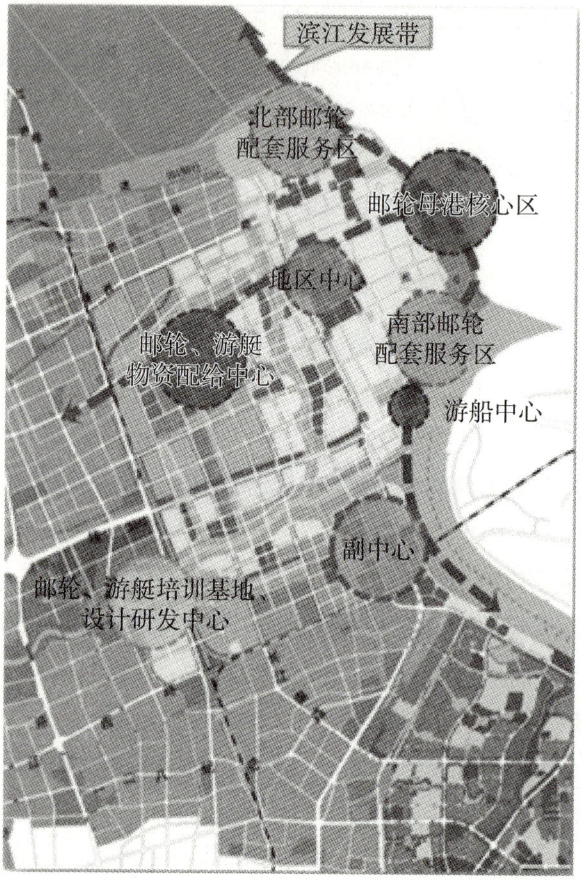

图 16 “中国邮轮旅游实验区”（宝山）空间布局

（三）上海中国邮轮旅游发展实验区（宝山）重点项目

1. 交通配套改造

滨江大道与宝杨路拓宽使得邮轮港核心区域交通路网结构将进一步完善；改善进入邮轮港区的主干道。

2. 商业商务配套

吴淞零点，紧邻吴淞口国际邮轮港。主要为行政办公楼和商业设施建设。

3. 大型商务区域

上海长滩，邀请国际知名设计公司对吴淞口国际邮轮港周边区域进行整体

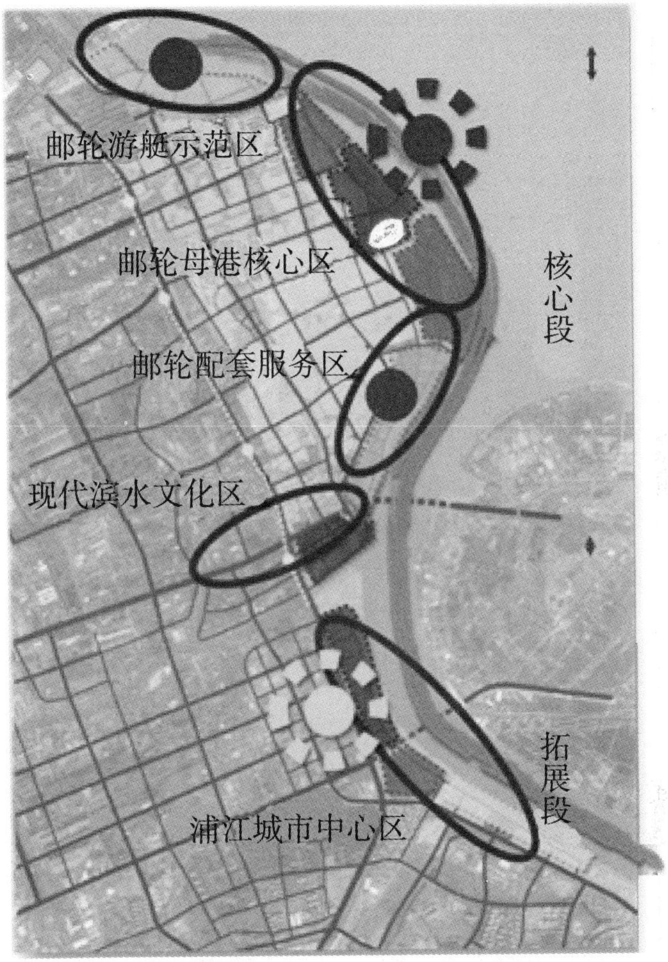

图 17 “中国邮轮旅游实验区”（宝山）配套服务之一

规划设计，加快推进周边区域开发建设，打造“上海长滩”。

4. 邮轮港改扩建

现状：现有岸线长度 774 米，可同时停靠两艘大型邮轮，前沿水深常年保持 9～13 米，可停靠世界最大邮轮；2012 年靠泊大型国际邮轮 60 艘次；2013 年靠泊大型国际邮轮 126 艘次；2014 年已预订靠泊 235 艘次。

未来：提升靠泊能力，岸线向两边扩展到 1500 米，同时停靠 4 艘大型邮

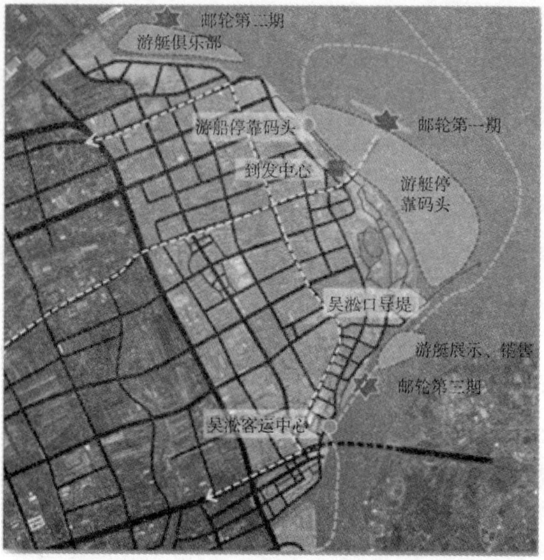

图 18　“中国邮轮旅游实验区”（宝山）配套服务之二

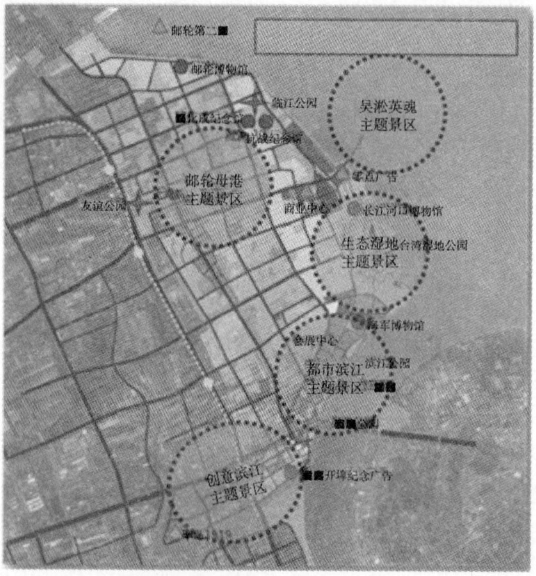

图 19　“中国邮轮旅游实验区”（宝山）配套服务之三

轮；拓展客运空间，充分利用宝杨路崇明码头，将宝杨路客运码头改造为邮轮旅客检票和等候区域；优化交通配套，利用即将建成的宝杨路交通枢纽，优化交通组织体系。

（四）上海中国邮轮旅游发展实验区配套服务

1. 邮轮旅游产业自身核心功能的相关配套服务

第一，邮轮集散和交通枢纽中心配套设施与服务。主要包括水域及码头、泊位、航站楼、上下船设施、物资补给设施、加油、维修、保养设施、行李处理、对外交通、停车场、停车位。

第二，邮轮公司总部和地区总部配套设施与服务。主要是提供优惠政策与有利环境，邮轮旅游实验区应该多试行一些减免关税、减少停靠费用的政策，以及提供充足的人才储备等，为邮轮公司获得较大收益创造良好数量环境，从而吸引国际著名邮轮公司来沪。

第三，组合母港和亚太邮轮中心配套设施与服务。硬件上，在邮轮港本身及周边腹地的建筑及配套设施的规划与开发应该合理和具可持续性；软件上，邮轮旅游实验区应该具有政策优势、人才优势、市场优势、文化优势、法律优势并提供与此相关的各项服务，最终形成综合的竞争优势。

第四，邮轮政务和商务信息平台的配套与服务。该平台将全面整合上海的邮轮产业部门及其资源，涵盖“三网一库”以及邮轮电子政务、邮轮电子商务网站等用户交互界面，实现数据采集、网络通信、信息展现、业务应用不同层面的互动和沟通（见图20）。

2. 邮轮旅游产业带动配套设施与服务

第一，邮轮文化和创意展示中心配套与服务。应该加大对邮轮文化创新体系建设、知识产权运用以及自主知识产权产业化的支持力度，建立邮轮文化宣传与教育平台基地，开发邮轮旅游文化宣传为目的的邮轮主题公园，出台一系列有利于邮轮及创意文化形成、发展、兴盛的措施及条例，在邮轮旅游实验区建立创意产业及邮轮文化的展览馆与博物馆，以及便于游客体验的主题公园，充分发挥邮轮旅游实验区的邮轮文化与创意展示中心功能。

第二，邮轮教育培训和研究中心配套与服务。主要包括实行邮轮职业资格

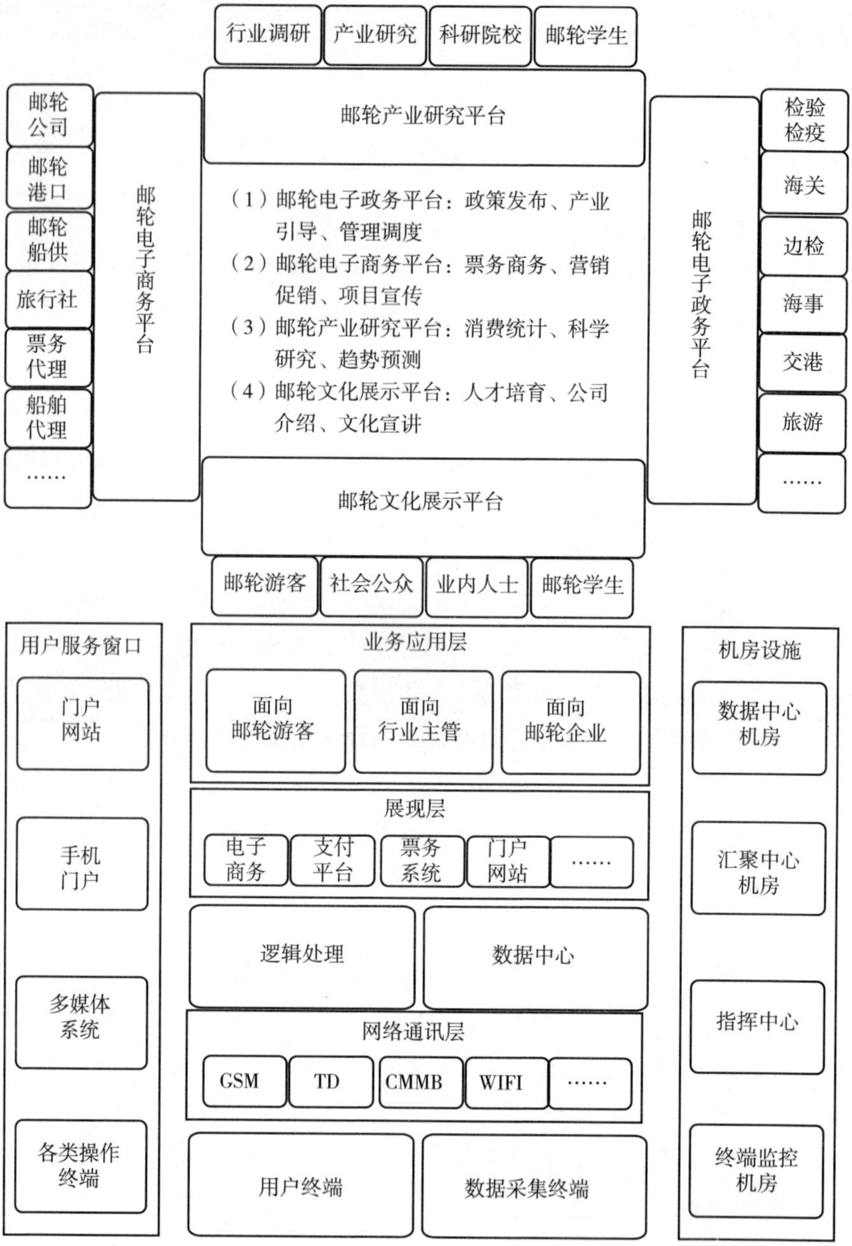

图 20　上海邮轮经济信息平台整体框架

认证、完善邮轮教育体系、将邮轮作为人才建设试点行业、实行邮轮岗位证书发放、实行邮轮高级人才奖励制度，建设邮轮人才基地、实行邮轮杰出人才倾斜机制，吸引邮轮人才入沪、加强邮轮管理专业教学计划设置与市场人才需求的联系、实行人才联合培养战略，提升人才的国际化水平，建议上海政府借鉴国际经验，推出邮轮人才培养的鼓励政策。

第三，邮轮商务和休闲娱乐中心配套与服务。为了实现邮轮商务与休闲娱乐中心功能，中国邮轮旅游实验区应该学习新加坡和中国香港经验，以邮轮港口为中心，建设上海邮轮综合体，实现邮轮停靠、登船、购物、休闲、商务、娱乐的功能组合。完善公共基础设施与商业设施，建设公共服务系统与应急系统，推进邮轮旅游产品创新、推进邮轮配送中心建设。

第四，邮轮金融和保险支持中心配套与服务。在税收、土地利用、吸引船舶到上海注册等方面扶持航运业发展；拓宽融资渠道，扩大资金来源鼓励民营资本投资航运领域，利用股份制改造和股票到香港上市筹集资金。打造符合上海金融中心的邮轮金融与保险中心。

六　上海“中国邮轮旅游发展实验区”功能层次

（一）实现三大战略功能

1. 邮轮旅游发展的产业宏观目标

第一，攻克管理体制难关，构建上海邮轮产业大格局。通过构建上海邮轮产业发展统一管理机构，切实加强制造、交通、航运、旅游、商务、城建、规划、公安等其他产业和部门的协调能力与运作能力，形成邮轮产业高速发展的管理体制模式。第二，改善政策措施体系，营造上海邮轮经济大环境。第三，突破运行机制难题，形成上海邮轮发展大链条。

2. 邮轮旅游发展的产业中观目标

近期（到2015年）、中期（到2020年）、远期（到2030年）的中观战略目标如下（见表8）。

表 8 “中国邮轮旅游发展实验区”产业中观战略目标

年份	母港邮轮数（艘）	邮轮母港旅客年发送能力（万人次）	出入境邮轮（艘次）	邮轮旅客（万人次）
2015	5	30	300	100
2020	10	50	500	200
2030	30	100	1000	500
2050	50	200	1500	800

3. 邮轮旅游发展的产业微观目标

（1）强化以邮轮码头接待为代表的邮轮服务链群建设

主要包括建设综合型邮轮船供物流配送中心，建立现代化商务平台和一站式船供信息平台；细化作业流程，完善运营保障方案，探索建立邮轮港口服务标准化体系；进一步完善港区商业配套设施，扩大免税商店空间，增加商品供应种类，不断提升港区配套商业服务功能；健全和完善港区安全监管体系，加强治安防范机制建设，全面提高邮轮港口及时应对和处置突发事件的能力。

（2）加紧以邮轮公司运营为标志的邮轮运营链群建设

以邮轮公司为中心，可以建立如图 21 所示的一种“树形”产业链结构模型：树的主干，即邮轮公司唯一的经济利益来源就是游客，其他的分支都是邮轮公司的成本支出。政府需引导邮轮公司，鼓励其以最大数量、最高价格吸引游客，优化控制各“枝干”的成本，对“树”的各个分支进行有效的配置与整合，实现游客为邮轮旅行支付最大限度消费。

（二）构建两大产业链群

首先是打造以邮轮码头接待为代表的“邮轮服务产业链群”。提升和完善以邮轮港口为中心的邮轮旅游商贸文化服务产业链群，实现邮轮船供、港口商贸、旅游供应商、邮轮信息平台、岸上旅游、交通物流的协同发展。其次是构建以邮轮公司运营为标志的“邮轮运营产业链群”。建设和发展以邮轮运营为中心的邮轮运营、维修、船供、制造产业链群，实现上海本土邮轮公司、本土邮轮维修、本土邮轮制造、本土船供的一条龙产业链群的全面拓展。

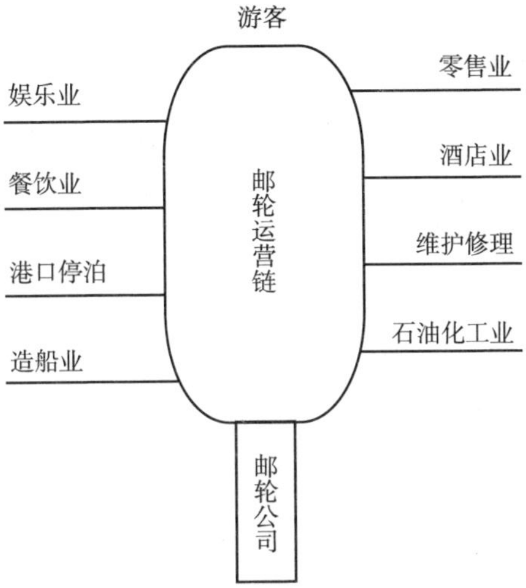

图 21　以邮轮公司运营为标志的邮轮运营链

七　上海“中国邮轮旅游发展实验区”配套服务与政策建议

（一）大力培育邮轮服务产业链群的服务支持

1. 加快邮轮旅游标准化建设

结合全国旅游标准化示范区创建工作，制定邮轮服务标准化体系，逐步规范邮轮业接待服务与市场销售行为，同时保障邮轮旅游线路中旅游点相关服务设施符合国际化、高标准要求，并配备高素质的专业导游，开发相应讲解词，提高上海邮轮旅游目的地服务水平。

2. 加快发展邮轮专业旅行社

鼓励旅行社成立邮轮票务分销平台，整合分散在各出境部门的邮轮产品销售网络，推动邮轮产品研发和邮轮销售服务走专业化、特色化发展道路。加强邮轮产品销售队伍建设，重点扶持发展 10～20 家上海邮轮专业旅行社，逐步提高上海市场邮轮旅游服务水平和邮轮接待能力。建立邮轮旅行社管理制度，制定邮轮旅行社人员培训标准和从业资质认定标准，对从事邮轮旅游业务的旅行社进行培训和考核，实现全行业的综合管理。根据《国际海运条例》和《水路运输服务业管理规定》的相关规定，借鉴欧美做法，探索建立适合上海的邮轮专业旅行社代理资格认证制度体系。

（二）努力拓展邮轮服务产业链群的配套支持

1. 探索发展邮轮延伸产业

提升和完善邮轮下游产业的能级和价值链，构建邮轮现代服务业体系，主要包括邮轮维护保养、邮轮补给采购、邮轮船供、旅游休闲、商业零售、金融保险、中介培训、交通运输、物流商贸、邮轮旅游电子商务、信息服务、会展贸易、文化创意产业等。

2. 建设国际邮轮综合信息平台

依托电子口岸平台的整合优势，推进跨部门、跨行业的综合信息共享平台建设，建立国际邮轮旅游门户网站，建立集邮轮旅游、港口服务、信息咨询、网上交易等功能于一体的综合信息应用平台。结合上海“智慧城市”建设，构建以数字化、网络化、智能化为主要特征的，多载体、多语种、全天候的邮轮旅游公共信息服务体系。

3. 建立和完善邮轮旅游产业统计和评价体系

根据旅游统计规范，探索制定邮轮旅游统计指标体系，建立稳定的专业统计队伍，严格邮轮旅游数据信息报送制度，完善邮轮旅游产业统计机制。围绕邮轮旅游业对国民经济和社会发展的贡献，研究建立邮轮旅游业发展质量和规模效益的目标任务评价体系。

（三）初步建成邮轮运营产业链群的服务支持

1. 积极引进、组建邮轮公司

制定与国际邮轮发展接轨的产业标准和邮轮运作机制，探索完善船员雇用、投资、税收、航线审批和邮轮规划等配套政策，创造良好投资环境，鼓励境外国际邮轮公司、国际性邮轮组织或行业协会在上海设地区性总部。借鉴国际邮轮经营模式，大力发展长江中下游和沿海邮轮旅游市场，加大财政、金融扶持力度，积极引导和鼓励国内企业通过租船、购船、联营和合作等方式组建本土邮轮公司。

2. 外资准入和扩大开放政策

鼓励、支持国际邮轮公司在实验区与国内轮船公司、港口公司、旅游公司合作，合资设立国际邮轮公司。鼓励支持国内有实力、善经营的企业设立邮轮公司，对其租船、买船给予低息贷款或者贴息，对于订制中型以上新型邮轮给予税收优惠或财政性补贴；允许其自有或租用的外籍邮轮经营内河、沿海邮轮旅游航线或定期航班，探索具有中国特色的“大众化”邮轮旅游产品。

3. 金融和信贷支持政策

试点设立邮轮融资租赁公司，并给予企业相关税收优惠，允许注册在实验区内的邮轮企业开设离岸账户。鼓励并帮助国内企业通过银行融资、邮轮产业基金或者邮轮信托产品等方式解决融资问题。

（四）优化邮轮旅游发展实验区配套政策

1. 通关便利和边检简化政策

海关、检验检疫、海事和边检等口岸联检单位按照国际惯例，不断提升口岸服务水平，全面推广随船办理、登轮办理、信息提前录入、统一发放登轮证等系列通关措施，参照机场签证政策，在 72 小时内乘坐邮轮入境和出境的旅客实现免签证。建立邮轮通关边检快速通道，搭建一站式公共服务平台。

2. 购物退税和内陆联动政策

争取在实验区内设立免税店和离港退税点。对在上海乘坐邮轮出入境的游客开展免税购物业务。大力发展空水联运、水水联运的邮轮旅游产品。对国际邮轮公司在实验区的邮轮开放无目的地“公海游”，允许中国公民凭身份证换取登轮证，参加无目的地“公海游”。

3. 加快推进邮轮人才政策实施

完善邮轮人才引进制度，优化人才发展环境，通过人才奖励措施，引进一批海外高素质邮轮旅游人才；对地区邮轮总部企业、高端邮轮服务企业、国际邮轮组织和分支机构落户上海给予政策扶持。完善从业资格认证制度，培养一批与国际接轨的邮轮高端专业人才。

G.12

进一步推进“中国邮轮旅游发展实验区”深化建设研究报告

上海市交通港航发展研究中心*

摘　要： 随着中国客源市场的快速增长、邮轮公司加大中国市场部署、自贸区建设和国际航运中心建设政策叠加效应和改革红利进一步释放，上海邮轮旅游正进入高速发展的重要战略机遇期，但也要认识到当前上海邮轮旅游发展所处的阶段、存在的问题和与国际知名邮轮旅游城市的差距。本文通过分析国际国内邮轮旅游市场发展规律和态势，对上海邮轮旅游业发展中存在的关键问题进行系统梳理，研判上海邮轮旅游市场发展趋势，并提出深化“中国邮轮旅游发展实验区建设”的内涵、战略定位、总体目标和阶段性目标；围绕城市空间重构、邮轮旅游与城市经济转型发展，提出邮轮旅游实验区的产业功能、经济功能、文化功能与生态功能布局；研究邮轮旅游实验区与区域经济互动发展的路径，提出深化邮轮旅游实验区建设的先行先试政策和制度创新建议；并对政策的可行性进行深入论证，提出政策突破和落地的路径。

关键词： 上海　邮轮产业　发展实验区　政策建议

* 本报告由上海市交通港航发展研究中心独立完成。课题组组长：施勇。课题组成员：陈文彬、张明香、丁桂花。

一　上海邮轮旅游发展现状分析

（一）全球及国内主要邮轮业发展概述

目前，全球邮轮市场大致上可以分为北美、欧洲、亚太和世界其他区域几大板块，北美和欧洲为成熟市场，亚太为新兴市场。亚洲邮轮市场刚起步，但具有巨大发展潜力。

中国是近年来全球最富发展潜力、成长最为迅速的邮轮市场，邮轮公司纷纷加大中国邮轮市场部署。虽然市场规模还较小，但是成长最快，2013 年中国邮轮旅客数量占亚洲市场份额提高到 39.5%。目前国内经营邮轮旅游的主要港口包括上海吴淞口国际邮轮港及国客中心邮轮码头、天津国际邮轮港、三亚凤凰岛国际邮轮港、厦门国际邮轮港、海口邮轮港和舟山邮轮港等。

表 1　2014 年上半年全国邮轮母港旅客吞吐量和靠泊艘次

	邮轮旅客吞吐量(万人次)	同比增长(%)	靠泊(艘次)	同比增长(%)
上海	54.02	81.9	127	42.7
天津	4.45	-5	13	-46
三亚	12.03	20	59	-31
厦门	2.71	79	12	71
海口	3.81	—	20	—
合计	77.01	67.7	231	6.9

在产业发展初期，各地区均给予邮轮产业发展以优惠的扶持政策，以保证产业的健康有序发展。

（二）上海中国邮轮旅游发展实验区推进情况

上海的邮轮产业在全国市场占有举足轻重的地位。在国家有关部委支持下和市政府相关部门共同努力下，上海中国邮轮旅游发展实验区建设取得显著成效。

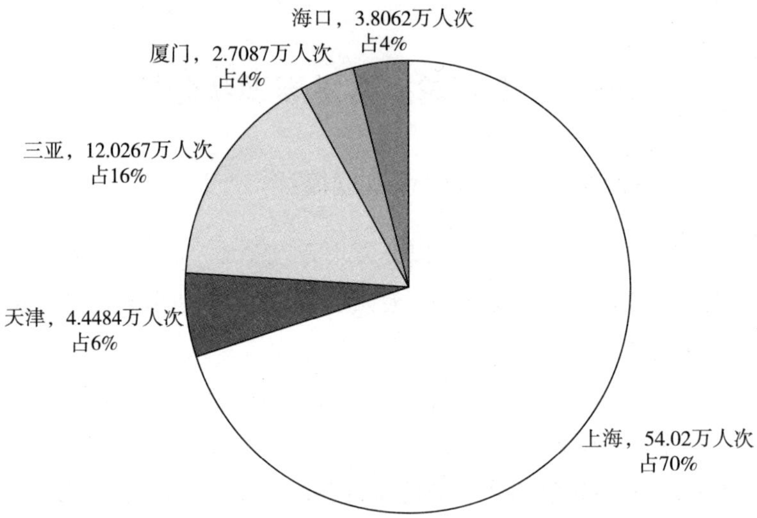

图1　2014 年上半年上海、天津、三亚、厦门、海口邮轮母港旅客吞吐量占全国份额

表2　全国主要邮轮港口（除上海）扶持政策情况

地区	扶持政策	时间	主要内容
天津	天津滨海新区设立中国邮轮旅游发展实验区	2013 年 4 月	推进完善邮轮产业政策体系、增强母港建设管理能力、提升邮轮产业服务质量、培育本土邮轮服务力量、提高邮轮经济产业水平等为重点进行探索试验
	《天津东疆保税区国际船舶登记制度创新试点方案》	2014 年 2 月	提出允许境外邮轮公司在东疆保税港区注册设立经营性机构并运营，对注册在天津的邮轮公司及服务代理机构给予一定资金支持
三亚	《三亚市邮轮母港财政补贴实施细则》，	2013 年	按划定标准对邮轮运营商和码头分别予以补贴
厦门	《关于提升水路运输服务的实施意见》	2013 年 2 月	鼓励在厦门开展包租外籍邮轮从事两岸邮轮运输业务，力争在 3 ~ 5 年内组建福建省本土邮轮公司

1. 邮轮港运营方面

自实验区成立两年多来，上海邮轮母港运营规模呈井喷式增长，在邮轮主业蓬勃发展的同时，各港口企业充分发挥自身优势，积极拓展各类衍生业务。

其中：

（1）国客中心：经营模式正在发生转变，产业链不断纵向延伸发展，不断探索市场多元化经营。

（2）吴淞口国际邮轮港：吴淞口国际邮轮港免税店是和国客中心合作的，于2011年开港同步运营免税店，运营情况良好。

成立船供公司，并积极与邮轮公司合作，争取建立船供配送中心。

船票销售业务，上海吴淞口国际邮轮港发展有限公司成立了具有入境资质的旅行社，对邮轮港的收入提供了有力补充。并积极申请出境游资质和台湾游资质。

此外，吴淞口国际邮轮港还计划在客运大厅开展商务会展，并加强与邮轮公司磋商谈判，积极谋划开展邮轮船员劳务输出、开展船舶修理等业务。

2. 邮轮企业和机构集聚

2014年以上海为母港的国际邮轮增加到6艘，全年预计靠泊285艘次，旅客吞吐量有望达到110万人次。2015年将新增皇家加勒比“海洋量子号”、歌诗达“赛琳娜号”、公主邮轮“黄金公主号”，这些邮轮以上海为母港运营，将极大提升中国邮轮旅游市场品质，带动上海邮轮经济进入高速发展快车道。

3. 邮轮产业链发展

上海邮轮产业链各业态门类逐渐形成，但发展规模和水平参差不齐。邮轮港口服务已成规模，服务理念和水平全国领先，并逐步与国际接轨。但部分业态还处于起步阶段，如邮轮运营、邮轮供应、船员劳务、邮轮教育培训、邮轮保险等。

邮轮运营方面，本土邮轮公司正试水邮轮市场。继海航首艘中资邮轮“海娜号”之后，“中华泰山号”、“精致世纪号”等相继投入运营。

然而，还有部分业态基本处于空白状态，如邮轮设计制造、干坞翻新、邮轮维修保养等。邮轮维修保养方面，上海具有良好的发展条件，应该着手开发。关于邮轮融资、融资租赁业务等，上海尚未开展。

4. 推进机制

2014年4月30日，上海市政府决定建立上海中国邮轮旅游发展实验区联席会议。在联席会议的促进下，邮轮运营保障工作机制不断完善，工作合力逐渐形成，提升了邮轮码头综合服务管理水平。

（三）存在的问题梳理

影响邮轮旅游市场三大关键因素依次是：客源市场、口岸环境、硬件环境。围绕三方面因素，通过深入调研，本课题从政府层面和市场层面对上海中国邮轮旅游发展实验区存在的主要问题梳理如下。

1. 政府层面

第一，全国性邮轮母港规划缺失，市场秩序有待完善。目前国家层面尚缺乏对邮轮母港的总体规划，市场秩序有待完善。存在重复建设、同质竞争的潜在风险，不利于邮轮市场培育。

第二，国家层面尚未建立强有力的邮轮母港发展协调机制。邮轮母港建设与管理过程中制约因素仍存在于管理体制、相关政策、法律等多个领域，条块分割，尚未建立统一、高效、强有力的邮轮母港发展协调机制，未形成联动合力，在很大程度上限制了邮轮市场的拓展和产业的培育。

第三，目前尚未制定系统完善的邮轮运营管理制度。现行的邮轮运营管理政策法规基本比照货船或客船管理或“一事一议”处理，没有形成行业管理的制度化、常态化，与蓬勃发展的邮轮业要求还有诸多不适应。

第四，邮轮通关便利化还需进一步提高。

第五，邮轮旅游法律法规体系有待完善，邮轮旅游格式合同亟待制定。由于国内旅游市场对于船方来说是卖方市场，中国分销商跟外国船方没有谈判余地，合同完全是依据外国法律，分销商只存在签或者不签的选择。

2. 市场层面

目前上海邮轮市场培育中存在的问题，主要从客源市场开发、邮轮公司运营、港口运营及邮轮产业链拓展等几个方面进行分析。

（1）客源市场开发方面，目前国内游客大多是初次体验邮轮，大众对邮轮的认知需要一个逐步认识与接受的过程，因此邮轮旅游消费市场培育客观上需要一段较长的时期。另外，在客源结构上，目前上海的邮轮出境游和入境游市场发展失衡的现象突出。整体呈现出境多、入境少的局面。2013 年吴淞口国际邮轮港国内旅客与国外旅客比例为 10. 8∶1，国外旅客占比较低，难以对当地的经济形成有力的拉动效应。

（2）邮轮运营方面，目前国内还没有真正的本土邮轮公司和邮轮，而主要是依赖于外籍邮轮公司来经营，导致邮轮母港发展对外籍邮轮公司依存度高，缺乏话语权，发展较为被动，一定程度受制于国外邮轮公司的战略部署与发展步伐。

另外，受中国游客的消费习惯影响，近年来上海的邮轮承运纠纷甚至“霸船”事件时有发生。国人维权意识较强，在游客未得到相应的服务、和邮轮公司产生矛盾时容易产生不满、引发纠纷甚至“霸船”。

（3）邮轮港口运营方面。目前港口能力不足是突出问题。上海邮轮经济规模的跨越式发展远远超过预期，邮轮泊位、航线等无法满足快速增长的市场需求。港口处于长江口，这里通航环境复杂，船舶流量大，密度高，管理难度大。航道和天气对邮轮靠泊影响较大，限制邮轮靠泊的风险进一步提高，邮轮通航安全问题日趋显现，应形成规范、常态化的应对机制。

图 2　长江口通航示意

目前，吴淞口国际邮轮港周边的道路集疏运体系和配套的基础设施亟须进一步完善。

（4）邮轮产业链拓展方面，目前邮轮产业对地区的经济贡献率还有待进一步提高，特别是对于地区经济效益明显的船舶供应、邮轮维修等产业。目前上海的邮轮船供存在的突出问题：一是本地采购船供产品价值含量不高。主要是蔬菜、水果、大米、饮料等低值产品，高值产品主要从国外采购。二是国际采购船供业务主要流失到日韩的港口，削弱与东亚邮轮港的竞争力。

（5）邮轮维修保养方面，目前上海存在的主要问题如下：一是邮轮维修技术存在欠缺、内饰工艺水平与国外有较大差距；二是对邮轮维修人员身份有一定制约。

二　深化建设“中国邮轮旅游发展实验区”分阶段实施目标与路径

（一）发展目标

1. 总体目标

到2020年，建成亚太区域国际邮轮枢纽港、国际一流的邮轮中心之一，实现靠泊邮轮500艘次和旅客吞吐量300万人次的规模，形成基础设施完善、产业体系健全、进出结构合理、服务管理规范、经济社会效益明显的邮轮经济格局。将上海港建设成为亚太地区国际邮轮首选目的地、国际邮轮公司亚太地区总部基地、具有国际影响力的邮轮旅游要素市场和亚太地区国际邮轮服务业集聚区。

2. 具体目标

到2015年，实现8艘邮轮以上海为母港，邮轮母港靠泊艘次和旅客吞吐量分别实现300艘次与150万人次的规模，成为亚太地区最大的国际邮轮母港之一，成为中国邮轮经济发展先行先试示范区，形成基础设施和配套设施完善、航线产品更加丰富、口岸环境便利、市场开放、行业服务与管理规范的发展环境。

到2020年，有10艘以上邮轮以上海为母港，邮轮母港靠泊艘次和旅客吞吐量将分别实现500艘次与300万人次的规模。建成国际一流邮轮母港，邮轮码头设施能力得到提升，邮轮旅客服务功能不断拓展，物流配送等配套功能齐全，服务水平达到国际标准；邮轮产业链不断延伸，邮轮经济规模不断扩大，对经济社会的贡献显著增强。

（二）总体思路

按照自贸区建设和上海国际航运中心建设总体要求，落实“中国邮轮旅游发展实验区”和“上海国际邮轮产业发展综合改革试点区”的创建工作，加快硬件和软件建设并举。加快完善上海邮轮母港基础设施和配套设施，加大客源市场培育，丰富航线航班和邮轮旅游产品，优化进出旅客结构。积极争取国家层面邮轮旅游制度创新和先行先试，完善体制机制，营造通关便利、服务高效、投资安全、公平竞争、管理规范的营商环境，全面延伸邮轮产业链，提供增值服务，提升上海邮轮旅游服务水平，积极培育国际邮轮要素市场，着力推进本土邮轮公司发展，提高本地经济贡献率。

（三）重点任务

1. 完善上海邮轮母港的配套服务功能

（1）加快吴淞口国际邮轮港后续工程建设。

启动吴淞口国际邮轮港后续工程建设，在1500米规划岸线上，新建2个大型泊位。整合吴淞地区码头资源，将宝杨路码头调整为邮轮港服务中心，以完善吴淞口国际邮轮港的候客设施，建成邮轮港的管理中心和邮轮的相应配套服务中心，形成邮轮的消费环境。

加强邮轮港口环境保护。鼓励邮轮码头和邮轮公司使用岸电技术，在吴淞口国际邮轮港建设岸电供应系统。

（2）完善邮轮港周边交通配套设施，加快构建以邮轮港为中心的立体交通体系，提供“安全、高效、环保、舒适、便捷”的交通服务。

实现吴淞口国际邮轮港集疏运南北打通、东西拓宽，最大限度实行分流。

（3）完善邮轮港口周边商业配套设施，提高邮轮港自身吸引和留住游客的能力。

围绕邮轮产业发展和传统产业转型提升需求，完善旅游、文化等功能性设施，挖掘邮轮港周边地区商业潜力，建设服务业功能载体，形成高品质的商务环境。

(4) 提高邮轮安全通航能力。

开展长江口通航水域拓展和大雾气候影响下的盲航研究，研究邮轮通行边滩的可行性，对长江口主航道回淤影响。提高海上交通流的组织管理；运用雷达等科技手段提高对邮轮进出港的全程监控；加强邮轮公司自身的安全管理，加强对邮轮船员的培训；完善恶劣天气邮轮通航应急预案。

应对长江口水域船舶定线制进行重新设计和规划，改善通航环境，使得该水域船舶分流更加科学。优化长江口深水航道进口船舶“均衡船舶流”服务。

(5) 建设上海邮轮母港物资配送中心和邮轮综合服务区。

突破进口食品船供瓶颈，在国客中心和吴淞邮轮港分别建立邮轮供应保税仓库，简化邮轮进口食品转关报检手续，实现进口食品保税供应常态化，建立启运港至邮轮母港再上邮轮的便捷通道。同时，扩大邮轮配送服务功能，建立邮轮公司全球采购配送中心，探索建立“全球采购、定点集货、统一监管、集中配送”的邮轮配送市场体系。

2. 全面提升上海邮轮母港服务水平

(1) 推进邮轮旅游电商平台发展，完善销售网络。

加快邮轮母港信息化建设，整合资源建立综合性的全国邮轮票务电子商务平台，扶持 B2B 邮轮票务服务平台的建设和发展，拓宽船票销售渠道，完善销售网络。提升平台功能，实现与邮轮公司对接实时库存管理和实时分舱系统。发展成为全国统一的邮轮旅游服务信息平台。

(2) 丰富邮轮旅游产品，推进“主题化、近岸化、联营化”。

在上海选择有条件的港口企业和船公司试点“邮轮体验”、“海上观日出”邮轮休闲项目。开发主题化邮轮产品，提前谋划，设计以迪士尼为主题的邮轮产品。加强长江经济带及长三角区域水上旅游合作，开发上海至长江中下游港口的内河邮轮产品。丰富“飞机 + 邮轮”联航旅游产品，吸引国外游客和国内游客来沪乘坐邮轮。

(3) 加强邮轮航线开发。

吸引欧美等邮轮热门地区国际邮轮航线在上海开展访问港航线；巩固目前的东北亚主力航线，加强中日韩三方邮轮的紧密联系，开展定期定班航线；着力推进台湾航线的运营，开发内地与港澳台和境外港口的混合航线；积极开发从上海始发的多点挂靠邮轮航线、国内沿海航线及连接长江中下游的邮轮航线，优先发展中资邮轮企业从事沿海游和内河游；发展探险邮轮产品。

（4）建立邮轮承运纠纷和突发事件应急响应机制。

一是厘清政府职责边界，建立承运纠纷事件以企业解决为主、政府引导为辅的原则，减少或避免因突发事件带来的公共资源浪费。

二是让乘客享有知情权，引导树立正确的消费观和维权观。

三是建立保险赔付机制，制定赔付标准。建议保险公司开发针对邮轮旅游的商业险和意外险，确保利用保险赔偿机制保障邮轮公司、邮轮码头、旅行社和游客的各方利益。但目前保险是强制手段，需要旅行社在售票时向游客推荐。

四是邮轮公司应加强预判和预案，由企业主导，针对突发事件及时通知岸上邮轮码头，根据预判做好预案。

五是推行邮轮船票制度，注明邮轮承运免责条款。加强旅行社对旅客的指导，特别是中国人没有看票面须知的习惯，需要告知。

六是探索借鉴欧美、新加坡国家的做法，研究请警方强制干预的可行性。

七是建立长效的邮轮承运纠纷和突发事件紧急联动机制，并制定邮轮应急预案，提高快速应急处置能力。成立邮轮旅游投诉受理机构，以快速解决纠纷。

八是出台相应法规和措施。制定邮轮出境旅游合同，加入关于邮轮霸船的相关条款。通过法律引入强制保险和财务保证制度，对承运人实行严格责任和过失责任双重责任制，并引入直接诉讼制度，且旅客可以直接向保险公司提出索赔。

（5）提高邮轮港口岸便利性。

尽快制定出台符合国际标准的港口口岸通关边检的便利政策，出台与国际接轨、科学便捷的邮轮边检制度与免税制度，尽可能缩短通关时间。

（6）加快邮轮母港多元化发展，发展衍生业务。

推进邮轮母港向港口综合服务商转型，加快邮轮母港转型发展和多元化发展，发展免税店、票务销售、保税仓库、商务会展等业务，并对外输出管理经验。

（7）完善现代企业制度，提高邮轮码头服务水平。

加快国企改革步伐，引导邮轮码头企业加快建立完善的现代企业制度，树立国际一流邮轮母港管理理念，创新经营理念和经营方式，全面推进精益化管理，建立服务质量保障体系，不断提高邮轮码头经营专业化和服务规范化水平，加强业务培训，提升员工素质，为旅客提供人性化服务，提高核心竞争力。

3. 加强邮轮旅游规范管理

一是结合全国旅游标准化示范区创建工作，制定邮轮服务标准化体系，制定并发布《上海邮轮港服务规范》，推进邮轮离港登船标准化。

二是制定旅行社与邮轮公司签订的邮轮分销格式合同并推行，在仲裁地选定、付款期限、佣金支付等方面增强中方话语权；制定旅行社与游客签订的邮轮出境旅游合同。

三是邮轮船票销售与出境旅游打包产品销售分离，建立船票制度，让更多能卖邮轮、愿意卖邮轮的代理商加入。

四是建立邮轮旅游企业诚信体系，提高违法成本。

五是加大邮轮旅游的宣传。

4. 延伸邮轮产业链

一是延伸邮轮产业，学习邮轮船队营运和管理技术与经验，争取国家有关部委支持，探索成立上海本土邮轮公司、组建本土邮轮船队，改变上海邮轮经济主要依赖国际邮轮公司的局面，鼓励开展有关邮轮及其固定装置和设备等制造、检验、维修和装配技术的研发。

二是发展邮轮维修保养，争取边检部门支持，突破维修工人身份制约。

三是建立水陆旅游联动发展机制，根据邮轮旅游特点，挖掘和整合上海及长三角地区特色旅游资源，联动和组合开发符合亚洲文化特点的水上及水陆组合游览休闲产品及项目，实现全程式、一体化开发，吸引长三角乃至全国邮轮游客到上海集聚。

四是搭建旅行社和邮轮公司合作交流平台，合力开拓邮轮客源市场。

5. 建设邮轮物资供应基地、人才供应基地、制度创新基地三个基地

一是建设集保税、仓储、交易、供应、初加工和运输等功能的邮轮物资供应和配送基地，结合上港集团开展的物流项目等资源，引进或者培育亚太食品采购组织商，吸引皇家加勒比等邮轮公司在本地采购，减少国际采购，强化邮轮供应食品安全监管，大力发展食品采购；搭建邮轮公司和船厂合作平台，给予培训和技术支持，大力发展船用采购和技术采购，本地船厂加大前期邮轮维修技术投入。

二是建设邮轮服务人才供应基地，充分发挥现有教育和行业资源，与国外有关专业机构合作，开设邮轮旅游专业，培养上海邮轮旅游业发展所需的技能人才、服务人才和管理人才，为上海邮轮旅游可持续发展提供支撑和动力，吸引境外邮轮公司高级经营管理和技术研发人才来沪工作。加强校企合作，推动高校与邮轮公司联合创立邮轮培养基地，提供培训、实习和研究机会，建设我国邮轮经营管理、研发制造和海乘人员的培训基地。

三是建设邮轮旅游发展的制度创新基地，研究北美、欧洲、东南亚等邮轮母港城市经验，以中国邮轮旅游发展实验区、自贸区、国际航运中心建设为突破口，从市场准入、扩大开放、口岸便利、投融资、税收优惠、金融保险和政府监管等方面提出有利于邮轮旅游业发展的政策措施，争取中央在沪先行先试有利于国际邮轮产业发展的政策，并产生积极效应，形成可推广、可复制经验。

三　上海“中国邮轮旅游发展实验区”的功能布局

（一）实验区的功能定位

中国邮轮旅游发展实验区总体功能将综合自贸区建设、上海国际航运中心建设、上海世界著名旅游城市建设、全球城市的目标，积极打造成为中国邮轮旅游先行先试示范区，打造成为城市转型示范区、中国邮轮门户港、亚太区域国际邮轮枢纽港、上海国际航运中心建设的重要载体。

1. 中国邮轮旅游先行先试示范区

率先在上海开展邮轮旅游先行先试，创新发展模式，加大邮轮旅游制度创新，加快与国际惯例接轨，结合自贸区创新理念，形成可推广、可复制经验，在全国邮轮旅游业起到引领和示范作用，引领中国邮轮旅游市场持续健康发展。

2. 上海国际航运中心建设重要载体

依托邮轮旅游实验区建设，开展邮轮母港试点示范，建设亚太国际邮轮枢纽港、中国邮轮门户港，构建邮轮产业体系，已成为加快完善上海国际航运中心功能的重要载体。

3. 城市转型示范区

依托邮轮港口，完善配套功能，发展邮轮产业，加快城市更新，推进传统工业区转型发展，促进邮轮产业和文化资源、旅游资源的融合互动，推动邮轮产业和其他服务业的联动发展，体现宝山滨江城市历史文脉和国际化高端服务功能，打造城市转型示范区。

（二）产业功能布局

上海邮轮码头布局以“两主一备”为格局，近中期（2014～2020 年）以国客中心和吴淞口国际邮轮港布局为主；远期（2020 年以后）开展邮轮码头新址研究，论证外高桥港区、横沙港选址的可行性，科学布局邮轮码头和客运站。

国客中心凭借较为成熟的管理经验和先进的设施条件，重点发展小型精品邮轮靠泊业务。

宝山区吴淞口国际邮轮港凭借深水岸线资源优势和腹地优势，重点发展大型邮轮靠泊业务。

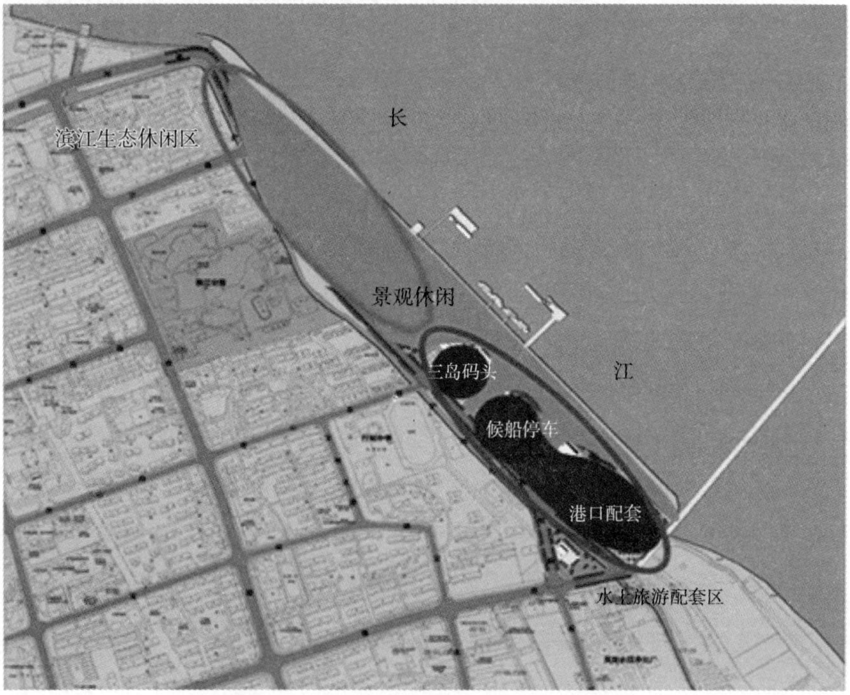

图 3　宝杨路码头圈围地区功能分区

（三）经济功能布局

依托邮轮产业链布局，完善经济功能布局，壮大邮轮经济规模，提升本地经济贡献度。循序渐进发展邮轮建造维修产业；扩大邮轮母港发展规模，吸引访问港邮轮，提高邮轮码头企业主营业务收入和旅行社票务销售收入；吸引邮轮公司扩大本地采购规模，吸引全球采购在上海集中配送，提高邮轮供应配送能力，壮大邮轮物流产业规模；发展邮轮旅游电商平台经济。带动相关产业发展，依托宝山滨江开发、北外滩滨江休闲带建设，整合宝山、上海及周边旅游资源，提升城市商贸、餐饮、娱乐、休闲及购物等配套服务能力，大力促进邮轮旅游消费，带动全市乃至长三角经济发展。

（四）文化功能布局

虹口区方面，充分发挥虹口特别是北外滩文化资源优势，逐步完善滨江文化休闲的功能。

宝山区方面，充分发挥红色旅游、工业旅游、文化创意旅游资源优势，形成邮轮母港的文化功能布局。重点推进半岛1919文化创意产业园、上海大码头影视文化产业基地项目、吴淞塘后支路文化一条街建设。同时推进宝山上海木文化博览园、上海婚俗博览园等博物馆类项目建设，创建上海玻璃博物馆、上海音乐谷等国家4A级景区。

（五）生态功能布局

生态建设方面，目前虹口北外滩滨江绿地开放和商业开发项目已陆续启动，拥有生态景观，南侧有50000平方米集中绿地，绿地毗邻上海港国际客运中心码头。北靠东大名路，东临高阳路，西至溧阳路，南沿黄浦江。为邮轮及其游客提供适宜的服务条件与旅游环境。

宝山未来将建成生态型滨江商务区，生态功能布局近期主要依托吴淞炮台湾湿地森林公园，吴淞口国际邮轮港周边景观绿化，中期结合上港十四区转型开发形成绿色滨江带。

四　上海邮轮旅游发展实验区的政策突破及落地研究

（一）政策建议

以自贸区建设、中国邮轮旅游发展实验区、邮轮母港建设先行先试、国际航运发展试验区为抓手，发挥制度创新叠加效应，多管齐下，加快邮轮政策和制度突破，将国家层面的重大改革创新事项放在上海先行先试，落实相关指导意见，深化和细化主要工作任务。从落地路径上看，邮轮口岸类政策以自贸区突破为主，邮轮运输类政策以邮轮母港建设先行先试、国际航运发展实验区突破为主，邮轮旅游类政策以中国邮轮旅游发展实验区突破为主，各有侧重，但又相互融合，形成制度创新合力。近期（2014～2015年）和中期（2016～2020年）主要建议如下。

1. 国家层面

（1）发挥现有国家层面上海“两个中心”部际协调机制作用，在该协调机制框架下，下设邮轮经济工作组，强化邮轮经济工作，完善工作机制，对上海邮轮经济重大事项进行磋商、协调解决。

（2）制定邮轮母港总体规划。根据我国邮轮母港发展条件和趋势，对全国邮轮母港布局实行统筹规划，加强邮轮母港规划引导，合理布局，明确功能定位和分工，加强统筹协调，形成科学合理的邮轮母港体系。

（3）以自贸区为抓手，加快邮轮旅游制度创新，扩大自贸区溢出效应：将邮轮码头和邮轮服务集聚区率先纳入自贸区扩区范围，推进中国邮轮旅游发展实验区与自贸区联动发展。

交通运输部赋予自贸区的部分政策率先延伸到邮轮码头。

扩大邮轮旅游业开放：一是放宽外商在境内投资邮轮运输的股比限制，允许超过49%，鼓励设立中外合资或独资邮轮公司。二是允许外商设立独资邮轮船舶管理公司。三是开展中外合资旅行社出境游资质试点，并扩大范围。

对融资租赁公司设立单船子邮轮公司不设最低注册资本限制。

“允许在特定区域设立保税展示交易平台”政策延伸到邮轮口岸，设立专门针对邮轮旅客的保税展示交易中心，放大邮轮产业联动效应。

突破进口食品保税船供制约，创新监管模式。并允许邮轮物资实现物流集散、按需分批进出。明确凡因过境食品在外籍邮轮上发生问题的，由邮轮公司负责，监管部门只需监管这些过境转运食品没有流到国内市场，或者必须驶离境内方可启用。

形成邮轮药物供应的手段和措施。

推动邮轮口岸形成“单一窗口”。将上海国际贸易“单一窗口”申报经验延伸至邮轮口岸，将邮轮船舶申报和进口食品保税供应申报纳入“单一窗口”申报试点项目。

利用自贸区金融改革开放利好政策，借力人民币跨境使用、利率市场化、外汇管理创新等，设立自由账号，进行境外低成本融资，偿还邮轮码头和购买邮轮贷款；为国外邮轮公司客票结汇提供便利；加大金融和保险对本土邮轮公司支持，发展邮轮融资租赁业务。

通过负面清单突破中资船公司有 1 艘自有船舶才可以租船的限制，鼓励本土邮轮公司租赁经营邮轮。

在自贸区内与境外邮轮公司合作组建邮轮服务企业，重点在邮轮旅行社、邮轮人才培训、邮轮人才中介机构、邮轮物资供应等领域开展合作，借鉴境外邮轮服务企业的市场运作经验，积极延伸邮轮产业链，提升上海邮轮产业的发展能级。

支持邮轮码头设立免税店和扩大范围，允许免税店入境免税经营。

（4）争取交通运输部和公安部支持，年内在上海率先试点公海游，完善边检和海事部门监管模式。

（5）将邮轮航线审批制向备案制改革，简化审批流程。简化多点挂靠航线审批手续，建立数据库或网上备案制度或权力下放至省市交通主管部门；简化台湾航线审批手续，缩短审批时间。

（6）加大两岸邮轮旅游市场发展支持力度。

一是进一步加大本土邮轮公司台湾航线多航次审批支持力度，并对国外邮轮公司航次审批实现常态化。

二是加强两岸邮轮旅游政策研究，争取国家有关部委支持，探索内地与港澳台出入境证件互通有效、允许跨省组团等政策突破。

三是开放临时台湾航线的申请，允许邮轮公司在遇到特殊情况时，能够走绿色通道申请台湾特别航线，以提高邮轮公司运营的灵活度。

四是解决“大陆－台湾－日韩”混合航线证件的问题，对乘坐两岸邮轮的大陆游客，持中国护照前往第三地，将香港、台湾均视为“途经地”，这需要台湾“出入境管理部门”对此加以认可（据了解，“台湾出境游管理部门”一直非官方认可中国护照可以办理赴台手续，因此推动此政策不是很困难）。

建议修改《大陆居民赴台湾地区旅游管理办法》的有关内容，允许大陆居民持有效的《大陆居民往来台湾通行证》赴台旅游，或持《中国护照》经台湾前往第三地旅游。

五是加强大陆邮轮港与台湾港口合作，结合基隆港和高雄港基础设施改善计划，推进上海港与基隆港和高雄港互为母港，对开邮轮航线和客货滚装航线等。提请部门：交通运输部。

（7）放宽购置、光租外籍邮轮和邮轮强制报废船龄限制。提请部门：交通运输部。

（8）放宽中国注册邮轮上中国船员配备标准。提请部门：交通运输部。

（9）推进邮轮港口收费市场化改革，制定《邮轮港口收费标准》，完善我国邮轮港口价格机制，根据汇率和消费水平合理调整邮轮港口企业收费结构和标准。提请部门：交通运输部。

（10）研究推进上海引航、拖带等垄断性行业市场开放，降低引航、拖带收费。提请部门：交通运输部。

（11）建议由交通运输部牵头，会同海关总署、财政部、国家税务总局等部门，抓紧组织研究出台减少邮轮综合收费项目，减免邮轮吨税、港务费。

（12）加快邮轮港周边地区货运码头岸线功能调整。近期加快上港十四区转型开发；推进吴淞地区码头资源整合，将宝杨路码头调整为邮轮港服务中心。中期启动张华浜、军工路港区货运功能调整。提请部门：交通运输部。

（13）加强长江口回淤规律研究，提高航道利用效能，加大航道投入，中期加快北港航道疏浚。提请部门：交通运输部。

（14）打造邮轮船员服务中心。推进邮轮船员劳务市场化，简化船员劳务中介机构资质审批流程。提请部门：上海海事局。

（15）尽快出台《邮轮运营管理办法》。提请部门：交通运输部。

（16）尽快出台《全国邮轮运营统计报表制度》和《邮轮运营统计管理办法》，完善交通主管部门与海事部门、口岸部门的信息共享机制，在现有系统（如边检部门的梅沙系统）中增加邮轮模块，通过信息技术强化邮轮数据统计工作。提请部门：交通运输部、国家统计局、公安部。

（17）争取口岸部门支持，推进邮轮通关便利化。

争取边检部门在以下口岸便利化政策上突破：

推进访问港邮轮游客来华免签政策落地，吸引访问港旅客，提高上海邮轮母港的国际地位。邮轮经济要有大发展，带动本地经济，免签政策是关键。路径：需要公安部商外交部，报请国务院审批。近期可先将空港 72 小时过境免签政策移植到邮轮口岸，并抓紧争取访问港邮轮游客来华免签政策突破。同时将免签旅客逗留范围由上海口岸扩大到长三角地区口岸，增强访问港邮轮旅客吸引力。

着力推进自助通关，对乘坐邮轮出境前往免签或落地签的中国公民实施自助通关，邮轮码头查验设施方面应考虑建立自助通道。提请部门：口岸办、边检。

将母港邮轮旅客监管纳入邮轮管控系统，回程通过提交二维条码，提高通关便利性。

简化多点挂靠邮轮出入境手续，加强国内不同邮轮港口边检系统信息共享，从国内一个港口到另一个港口，未出国境就不需要再进行检查。提请部门：边检。

简化母港邮轮返程、访问港邮轮入境后出境的通关手续，取消盖章。

加快推进电子化通关，除登陆、离船、就医等需要证件外其他无须打印，只需在边检系统备案。

对一定时期内多次随轮出入境的船员，简化船员出入境查验手续。

完善《邮轮出入境边防检查管理办法》，对简化出入境手续予以明确，通过制度进行固化。

（18）降低邮轮进口关税、增值税，鼓励本土邮轮公司购置邮轮。提请部门：海关、财政部、国家税务总局。

（19）加大免税店、邮轮保税仓库审批支持。提请部门：海关。

（20）给予旅行社资质申请支持。

对邮轮码头企业经营的旅行社出境游资质审批给予支持，允许在入境游资质获得不足两年即可申请出境游资质，以扩大邮轮票务销售渠道；

对邮轮码头企业经营的旅行社台湾出境游资质审批给予支持，加大对两岸邮轮旅游的支持。

加大对中资、中外合资旅行社经营出境游资质审批力度。提请部门：国家旅游局。

2. 市政府层面

（1）政府引导，成立市场化的邮轮产业发展基金，用于邮轮旅游推广和市场培育：加大对邮轮码头的扶持；给予邮轮公司营销宣传及开发产品的补助经费；对本土邮轮公司购买邮轮给予支持。

（2）按照《上海市旅游发展专项资金使用管理指导意见》的相关规定，对符合条件的邮轮旅游相关项目予以支持。

一是对邮轮码头、本土邮轮公司采用岸电供应系统的给予节能减排补贴。

二是对邮轮旅游从业人员培训给予补贴。

三是对邮轮旅游电商平台建设投入给予补贴。

（3）根据上海国际航运中心建设专项资金实施细则要求，加大邮轮人才教育培训支持，支持邮轮要素集聚。

对访问港邮轮旅客或国外游客来中国乘坐母港邮轮给予补贴。

建立各层次邮轮人才的长远培养教育机制，适应上海邮轮旅游发展对专业人才的需求。从国际航运中心建设专项资金中拿出部分资金用于支持邮轮教育，加大邮轮人才培养基地建设。加大邮轮本科专业建设支持，建设我国邮轮经营管理、研发制造和海乘人员的培训基地。

（4）成立上海邮轮救助基金，一旦发生邮轮事故，用于支付救助打捞费用，迅速提供救援服务，对邮轮公司征收救助打捞费用给予优惠，或直接给予邮轮公司救助补贴，以安抚事故邮轮企业和游客。

（5）争取经信委支持，给予邮轮服务业专项资金支持，给予邮轮港口的建造贴息补贴，给予邮轮电商平台建设给予补贴。

（6）争取发改委支持，对邮轮业发展给予战略性新兴产业专项资金支持。

（7）发挥国际航运发展试验区与中国邮轮旅游发展实验区叠加效应，对注册在区内的内地资本邮轮企业和邮轮服务企业给予“营改增”即征即退政策。

（8）规划引领，以邮轮城建设推进城市空间重构，加快城市转型。利用当前“十三五”综合交通规划编制和城市总规（2020～2040年）编制契机，在宝山城市更新、二次改造中等给予政策支持。做好本市远期邮轮码头岸线储备，将邮轮码头及配套设施规划纳入总规和控制性详细规划，做好土地预留控制，将邮轮码头后续工程建设列为市综合交通建设重点项目。

（9）加快吴淞口国际邮轮港后续工程建设，简化手续办理，加快审批流程。将邮轮港综合交通枢纽建设重大项目投资列入市政府投资计划，由市级财政投资。

（10）建议制定实施有针对性的邮轮人才引进政策。在人才引进落户、子女上学等方面给予政策优惠，吸引优秀邮轮管理人才在上海集聚。另外，还需要人力资源管理部门对与国际邮轮经营有关的国内外人才引进给予支持，争取参照上海引进高端金融人才的相关政策。

（二）保障措施与建议

1. 加快转变政府职能，创新管理模式，强化事中事后监管

深化邮轮业改革，加快政府职能转变，转变管理理念，实行负面清单管理模式，政府监管要由事前审批更多地转为事中事后监管，简政放权，实行“宽进严管”。厘清政府与市场、社会的关系，发挥市场配置资源的决定性作用。

2. 完善上海“中国邮轮旅游发展实验区”联席会议工作机制

发挥好上海“中国邮轮旅游发展实验区”联席会议制度的作用，完善船期计划沟通机制、突发事件应急处置机制、与查验部门的沟通合作机制、邮轮运营保障机制等工作机制，加强市级职能部门、地方政府、口岸部门、邮轮公司、邮轮码头企业的工作联动和信息沟通，并建议实现上海“中国邮轮旅游发展实验区”联席会议与上海国际航运中心建设协调机制联动，形成合力。

3. 完善邮轮城综合开发机制，深化功能定位和战略规划

建议完善上海特别是宝山区邮轮城综合开发机制，并将收益用于邮轮码头基础设施建设和弥补运营亏损，加快邮轮母港配套设施建设，明确公共基础设

施的配套标准和建设政策，打造适宜居民、企业和政府和融共处的邮轮城。

结合“十三五”规划和城市总规编制，深化邮轮城功能定位和战略规划，完善空间网络、组团布局、功能分工和发展战略，整体提高资源利用效率，促进产业转型、城市更新、生态改善的协同，以邮轮产业发展，引导和支撑宝山区转型发展，塑造和延伸“城市南北向发展轴”。

4. 完善邮轮产业用地机制，整合土地资源

在土地利用总体规划和城乡规划中统筹安排邮轮服务业发展用地规模、布局和时序，扩大邮轮服务业用地供给，在邮轮母港用地需求方面，给予优先支持。调整城市用地结构，提高邮轮服务业用地比例。

5. 完善邮轮码头投融资机制

完善邮轮码头投融资机制，明确政府投资范围，加大政府对配套公共基础设施投入力度。吸引邮轮、酒店、航空服务、旅游等运营商参与投资码头建设，发挥资源整合优势。采取多种方式引导和支持社会资金投资，扩大企业债券、公司债券、市政债券等直接融资，解决邮轮码头投资主要靠银行贷款的单一融资方式，积极探索国有资产证券化、信托融资等金融工具创新，减轻融资压力和风险。

6. 完善邮轮人才培养机制，加快办理邮轮服务人员用工手续

建议上海市相关高校增设邮轮旅游专业，培养急需的高端邮轮专业人才。建议发挥由邮轮码头企业、邮轮经营企业与上海海事大学等高校、研究所、上海市政府联合建立的邮轮人才培养基地的作用，共同培养、培训专业人才，以满足行业对人才的需求。

争取上海海事局支持，加快办理船上服务人员用工手续，简化整个聘用、培训、考试和发证等手续并予以加快办理，确保及时满足企业用工需要。

打造全国性邮轮船员和船上服务人员劳务交易平台，完善招募市场；提供法律咨询服务，保障船员合法权益；提供邮轮船员和船上服务人员履约培训、业务培训、知识更新等培训信息。

7. 进一步发挥研究机构和民间组织作用

充分发挥中国交通运输协会邮轮游艇分会、中国港口协会邮轮分会和上海邮轮游船游艇协会、上海水上旅游促进中心、上海国际航运中心发展促进会等社会团体和民间组织的作用，加强行业自律，加强上海邮轮母港与长三角、沿

海邮轮母港交流和合作，促进联动发展。

进一步发挥上海邮轮经济研究中心、上海市交通港航发展研究中心、上海国际航运研究中心等研究机构作用，充分应用近年来研究机构在邮轮产业研究方面的成果，开展邮轮旅游发展的重点和难点问题跟踪研究，适时把握市场需求特征和发展趋势，为相关管理部门和企业提供决策参考，共同推进上海邮轮旅游发展。

8. 完善与长江经济带邮轮旅游合作机制

建议整合政府、企业和社会组织三方力量，搭建合作交流平台，推进上海与长江经济带建立邮轮旅游合作机制，构建“企业主导、政府引导、社会助力”的联动合作机制。

9. 完善邮轮法律法规体系

建议国家层面加快制定邮轮旅游法律法规体系，加快在邮轮旅客运输、海事、保险、旅行、安全、靠泊、出入境、防污染、网络销售、邮轮组团旅游等方面形成法定规范，体现邮轮旅游的特性和周边国家相关法律条文和国际惯例的对接性，尽量避免司法冲突。

地方政府要积极促进并配合国家有关部门的行业立法工作，积极促动国家旅游局和交通运输部等部门在反霸船、邮轮口岸服务规范、邮轮码头接待服务标准、港口保安、邮轮人才教育等方面进行行业立法，并在市级层面组织力量配合跟进，推动完善上海邮轮产业发展的法规体系。

G.13
上海母港邮轮航线规划设计与配套政策研究

孙晓东　冯学钢　万田户　张　吖*

摘　要： 从国际邮轮产业实践来看，优良的邮轮港口、密集的航线布局和优质的岸上活动是保证邮轮产业健康发展的重要保障。目前，我国正处在邮轮产业发展的初级阶段，邮轮活动本土化缺乏，航线设置还比较单一。作为中国大陆邮轮产业发展的排头兵，上海母港航线的布局优化与深度拓展对整个中国邮轮业的壮大具有至关重要的作用。本报告将对上海母港邮轮航线的规划设计与配套政策问题进行深入研究。首先，以文献分析、案例分析与统计分析相结合的方法，对北美地区、欧洲地区和亚太地区等国际著名邮轮活动聚集区邮轮航线的分布特征、发展现状与条件以及作为邮轮航线重要组成部分的港区功能配备与岸上产品开发等方面的考量指标进行深入分析；其次，采用文献分析、案例分析和专家访谈法对邮轮航线规划的内部（可控）和外部（非可控）影响因素进行识别；进而，基于关键影响因素对上海母港邮轮航线的开发条件进行评价，从而识别出上海邮轮航线拓展的主要制约因素和困境；最后，提出了上海母港航线拓展的路径、对策和相关配套政策。

关键词： 邮轮　邮轮产业　邮轮航线　上海

* 本报告主要来自2013年度上海市人民政府决策咨询研究邮轮经济专项课题（2013－Z－J03－B）的研究成果。研究团队：孙晓东、冯学钢、万田户、张吖、夏诗漾、黄和平。

近年来，上海积极发展航空和海港，国际航运中心的地位日益显现。现阶段，邮轮旅游成为上海国际航运中心建设的重要组成部分，是上海国际航运中心的重要一翼，成为上海国际航运中心建设的新亮点。作为中国邮轮产业发展的排头兵，在“中国邮轮旅游发展实验区”和“上海国际邮轮产业发展综合改革试点区”建设的背景下，上海在加快培育邮轮港口服务、海洋旅游、文化休闲、购物中心等衍生产业和服务方面做出了巨大的努力。可以说，上海邮轮旅游业代表了中国大陆邮轮产业的发展现状。

从国际实践来看，优良的邮轮港口、密集的邮轮航线和优质的岸上产品与服务是邮轮业持续健康发展的重要保障。目前，我国正处在邮轮产业发展的初级阶段，航线设置还比较单一未形成定位多样、主题明显、长短线结合的布局态势。在以港口建设为核心的邮轮产业发展初期，航线拓展是巩固产业基础、推动产业持续发展的重要工作。然而邮轮航线的“点－线”结构使得航线规划涉及的影响因素众多。不仅各“点”（母港、挂靠港和岸上旅游设施）涉及的利益主体众多，整条“线”在资源、时间与成本规划上的工作也相当复杂。

本研究成果响应上海邮轮经济发展“十二五”规划、国际航运中心建设“十二五”规划和中国邮轮旅游发展实验区的诉求，有利于推动上海邮轮港口的区域化进程，提升邮轮港口的综合竞争力，有利于提升上海在中国邮轮港口系统中的领导地位。在国家实施“一带一路”、“长江经济带”和“海运强国”等战略指导下，邮轮旅游为上海国际航运中心建设带来了新的机遇。

一　世界邮轮航线的现状与特点

（一）世界邮轮航线的布局特征

1. 航线分布最密集的区域：加勒比海地区和地中海地区

从地理区位分布看，全球邮轮港口主要分布在四大地区：北美、欧洲、亚太和大洋洲地区，其中北美和欧洲是邮轮港口聚集度最高的区域。凭借良好的区位优势和自然环境，北美地区成为世界上邮轮港口最为集中的区域。从航线布局来看，全球邮轮航线的分布与港口布局基本一致，其中加勒比海地区和地中海地区分别是北美和欧洲航线分布最密集的区域。

2. 航线排程最热门的目的地：加勒比海、巴哈马和阿拉斯加

从航线排程的目的地来看，美国交通运输部（U. S. Department of Transportation）海事局（Maritime Administration）公布的北美邮轮市场 2008～2011 年、15 大邮轮旅游目的地全部 16803 个航次数据表明，西加勒比海、巴哈马、阿拉斯加、东加勒比海、南加勒比海和墨西哥（太平洋地区）是最热门的邮轮旅游目的地，总航次数量达到 14431，占比达到 85.9%，如图 1 所示。

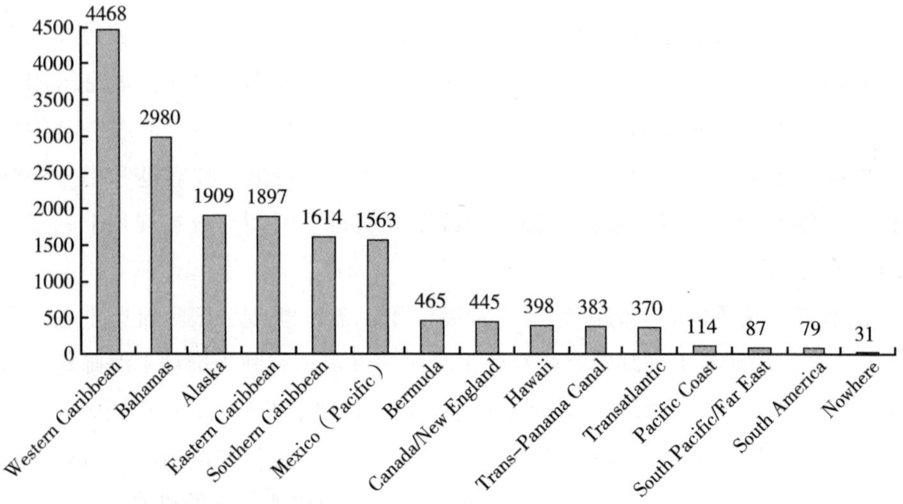

图 1　北美各邮轮旅游目的地的到访航次数量（2008～2011 年）

3. 母港航线最热门的港口：迈阿密、劳德代尔堡和卡纳维拉尔

2008～2011 年从 79 个邮轮港口出发的 16789 个航次来看，美国佛罗里达州的迈阿密（Miami）、劳德代尔堡（Fort Lauderdale）和卡纳维拉尔（Canaveral）成为最受欢迎的邮轮母港，三大港口起航的航次占全美总航次的 42.7%；其中，享有“世界邮轮之都”（Cruise Capital of the World）美称的迈阿密，邮轮港口拥有完备的配套设施，驻扎着 15 个国际邮轮公司的总部，港口邮轮泊位线长 2000 米，拥有 12 个邮轮码头，可以同时停靠 20 艘邮轮，每年出入境旅客 400 万～500 万人次，其中该港登船的邮轮乘客在 200 万左右。

2012 年，从美国港口登船的乘客超过 1000 万人次，其中从 14 个主要邮轮港口登船的乘客占整个美国的 90% 以上。佛罗里达州是美国乃至世界邮轮产业最发达的地区，2012 年从该州港口登船的乘客达 587.9 万人次，占全美将近 60% 的市场份额，如表 1 所示。此外，母港航次较多的港口还有圣胡安、纽约、西雅图、温哥华、坦帕、洛杉矶、圣迭戈、加州长滩和加尔维斯顿等，北美各邮轮港口的母港航次数量，如图 2 所示。

表 1　美国重要邮轮港口登船乘客数量（2007～2012 年）

单位：千人

港口名称	所属州	2007 年	2008 年	2009 年	2010 年	2011 年	2012 年
Miami	佛罗里达州	1893	2109	2055	2166	2003	1887
Port Canaveral	佛罗里达州	1298	1226	1195	1289	1483	1708
Port Everglades	佛罗里达州	1289	1293	1422	1758	1795	1797
Los Angeles	加利福尼亚州	581	599	400	366	304	213
New York	纽约州	537	524	420	553	611	586
San Diego	加利福尼亚州	341	397	401	243	144	105
Galveston	德克萨斯州	523	377	395	435	459	604
Seattle	华盛顿州	386	435	418	466	443	464
Honolulu	夏威夷州	382	157	121	123	119	122
Long Beach	加利福尼亚州	370	365	412	414	408	457
Tampa	佛罗里达州	367	382	397	397	449	487
Alaska	阿拉斯加州	189	185	181	128	129	137
New Orleans	新奥尔良州	258	179	235	260	369	488
Cape Liberty	新泽西州	139	160	156	196	221	239
美国其他港口	美国其他州	631	570	696	900	897	801
美国所有港口接待邮轮旅客数量总计		9184	8958	8904	9694	9834	10095
以上 14 个港口接待邮轮旅客总计		8553	8388	8208	8794	8937	9294
以上 14 个港口接待邮轮旅客比重(%)		93.13	93.64	92.18	90.72	90.88	92.07
佛罗里达州的港口接待邮轮旅客总计		4847	5010	5069	5610	5730	5879
佛罗里达的港口接待邮轮旅客的比重(%)		52.78	55.93	56.93	57.87	58.27	58.24

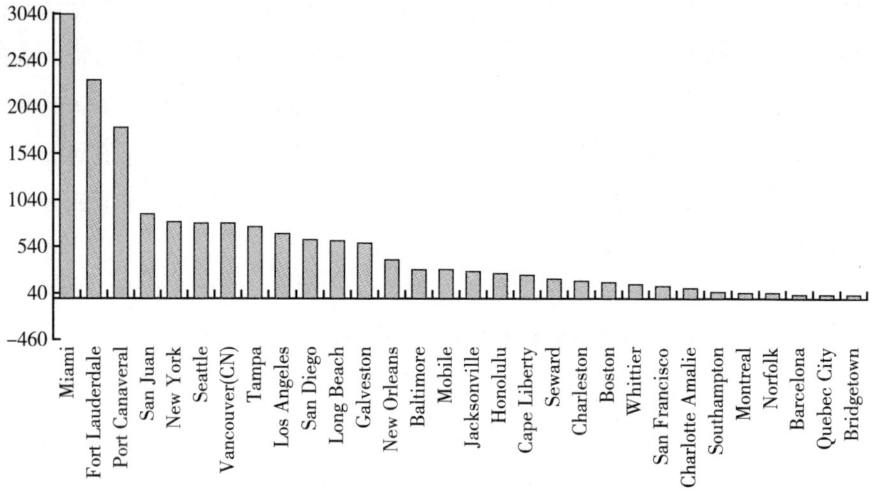

图 2　北美各邮轮港口的母港航次数量（2008～2011 年）

（二）国际邮轮航线设置的基本特点

1. 航线持续时间：6～8天的航线最受欢迎

根据美国交通运输部海事局公布的北美邮轮市场 2004～2011 年全部 35000 个航次的数据统计，从航次（Cruise）安排来看，北美邮轮市场每年均有 4000 个以上的邮轮航次，其中 7 天的航线最多，占航次总数的 45% 以上，其次是 4 天、5 天和 3 天的航线，分别占总航次的 13%、10% 和 8% 左右，如图 3 所示。

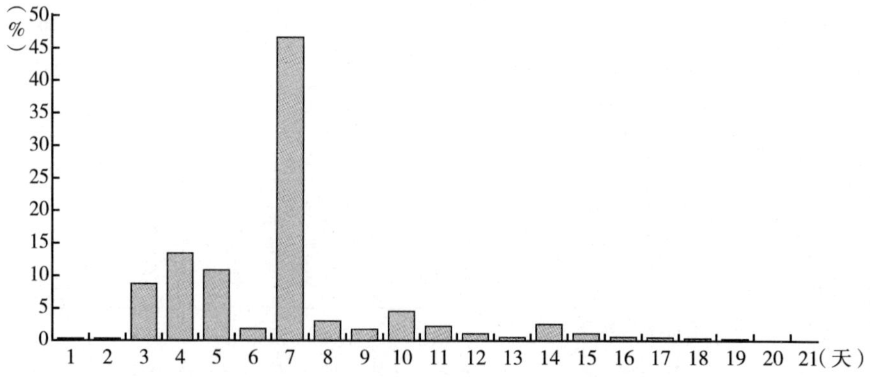

图 3　北美邮轮航线的长度（2004～2011 年 35000 余航次）

近年来（2008～2011 年）6～8 天的航线占全年航次的 50% 左右（见图 4）。以 2011 年的数据为例，从航线长度（巡游周期）来看，北美邮轮航线的长度为 7 天左右，占全部航次的 47%，而较短（3～5 天）的航线主要为从佛罗里达州出发到加勒比海和巴哈马地区的航线（见图 5）。

进一步从美国的假期制度对邮轮航行时间的原因进行分析。在美国法定假日共 10 天，其中 5 个在周一，与双休日连起来形成 3 天“黄金周末”。加上各州根据自身情况还会设立自己的州定假日、不定假日，因此很容易形成 4～5 天的连续假期。全年带薪的休假各单位不一样，一般的规律为：联邦和州政府雇员多一些，私营企业相对少一些；在该单位工作时间长的人年假多一些，工龄短的人年假少一些，多数从两周起步。可以在一年中一次用完，也可以按需要分成多次使用。

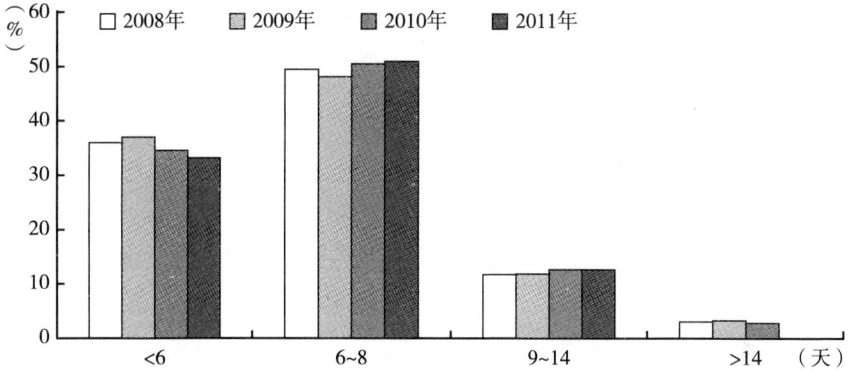

图 4　北美邮轮航线的长度（2008～2011 年）

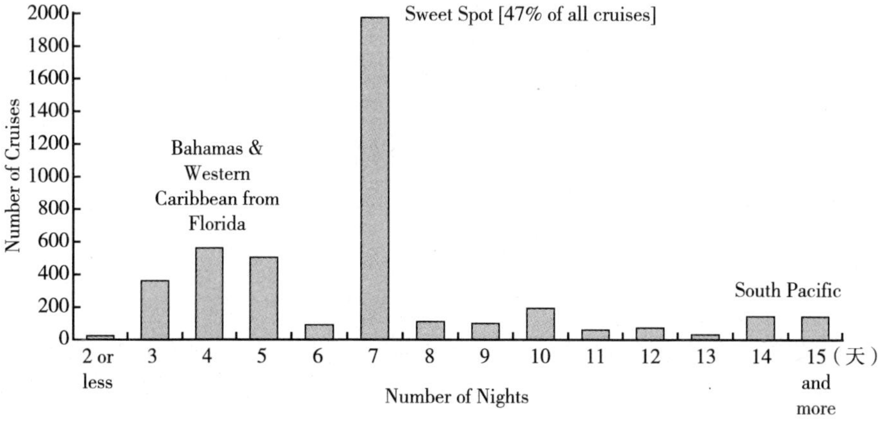

图 5　北美邮轮航线的长度（2011 年）

2. 航线港口数量：持续时间与港口数量的关系

通过对 2013 年嘉年华邮轮和皇家加勒比邮轮分别在北美地区运营的 483 条航线进行分析后发现，北美地区航线总天数与停靠港之间的关系：将近 80% 以上的航线天数集中于 4～5 天（30%）和 7～8 天（48%），其中 4～5 天航线的停靠港个数约 2 个，7～8 天航线的停靠港个数约 4 个，具体数据如表 2 所示。

表 2 北美航线停靠港数量与航行天数的关系

停靠港数(平均)					
航行天数	嘉年华邮轮	皇家加勒比邮轮	航行天数	嘉年华邮轮	皇家加勒比邮轮
2 天	1 个	1 个	10 天	—	4.3 个
3 天	1 个	2 个	11 天	5 个	5.4 个
4 天	1.8 个	2 个	12 天	—	5.2 个
5 天	2.4 个	2.3 个	13 天	6 个	4 个
6 天	2.9 个	2.9 个	14 天	6 个	4 个
7 天	4.1 个	3.7 个	15 天	—	7 个
8 天	4.3 个	3.4 个	16 天	7 个	5 个
9 天	5 个	4.2 个	23 天	7 个	—

3. 优秀邮轮港口的配备条件

孙晓东曾对北美、北欧和地中海地区三大最著名邮轮港口的发展条件进行对比发现，优良的邮轮港口一般具备以下几个基本特征：（1）邮轮接待能力（berthing capacity）强。优良的邮轮港口首先具备接待大型邮轮和多艘邮轮的能力，包括拥有足够长的岸线资源，具有满足水深条件的港区和航道，拥有足够多的泊位数量；通常采用多类型码头运营的方式，且邮轮码头和周边配套设施齐备，服务质量优良，拥有良好的游客通关能力和宽敞的轮船接待与维护场地。（2）港口可达性（accessibility）良好。一般海陆空交通方便，港口靠近市中心和商务区，游客能快速方便地进入市区休闲娱乐区。（3）岸上旅游产品（shore activities/excursions）丰富。邮轮港口所在城市周边拥有丰富的风土文化和旅游资源，适合开发岸上观光产品。（4）地理与区位位置（site/situation）优越。一般气候宜人，水文条件良好，通常有屏障保护，利于邮轮停靠。特别是，这些港口均具有多方位开发航线资源的区位优势，比如美国迈阿密港的邮轮航线可布局于东加勒比海、西加勒比海、南加勒比海、巴哈马群岛、南美、巴拿马运河、美国西海岸和亚马逊等地；西班牙巴塞罗那港的邮轮航线可直达地中海、圣彼得堡、波罗的海、挪威湾、摩洛哥、斯德哥尔摩、哥本哈根等欧洲国家和地区；而素有“北欧邮轮之都”之称的英国南安普顿可以向西地中海区域、加那利群岛、摩洛哥以及长距离到地中海全域、希腊岛等地拓展航线。

4. 航线停经港口：岸上产品的配备特点

邮轮航线由母港、挂靠港、海上航程组成，核心要素包括出发港、目的地、时间、挂靠港数量、岸上产品、价格等，其中港口周边的岸上产品配备（休闲、娱乐、旅游产品设置）对邮轮游客的航线选择与满意度具有显著的影响。同时，岸上产品也是邮轮线路的重要盈利点，其价格和销量直接关系邮轮航线的经济效益。通过对皇家加勒比邮轮公司北美地区 2014 年在售全部航线的停靠港岸上活动类型分析后发现，各停靠港的岸上活动类型大致相同，以尽量满足不同游客的各种需求为目的，港口之间没有明显的差异和偏向性。从整理后的数据发现，邮轮停靠港的岸上活动主要包括三种类型：（1）当地的自然人文风景文化的观光游（特点是时间有限，深度体验游并不多）；（2）休闲运动；（3）特色购物（外加上一些食品品尝或者是节庆活动）。各线路中作为主要游客吸引点的活动、项目及其出现频率，如表 3 所示。

表 3　北美地区邮轮航线岸上活动统计

高吸引力活动、项目	频率（次）	所属类型
人文观光专线	181	观光
海滩、沙滩项目 （日光浴、吊床、帆伞、浮垫、游泳等）	157	休闲、运动
潜泳	152	观光、运动
皮划艇	111	观光、运动
自行车	105	观光、运动
博物馆、水族馆	102	观光、知识
潜水	89	观光、运动
潜水艇	82	观光
国家公园	81	综合

续表

高吸引力活动、项目	频率(次)	所属类型
海豚、鲸、海龟	59	观光、知识
免税店	58	购物
私人沙滩、海岛	57	休闲
建筑	56	观光
课程、知识	56	知识
巴士、电车、汽车游览	54	观光
画廊、工艺品	50	观光
远足	47	观光、运动
烧烤	47	休闲
水上乐园	41	休闲
赛艇	37	运动
风景观光专线	36	观光
垂钓	34	休闲
玻璃底游船	33	观光
高尔夫	31	运动
双体船	30	观光
吉普车	28	观光
直升飞机	27	观光
汽艇、摩托艇、飞机艇	27	运动
徒步	27	观光、运动
登高	27	观光、运动
游船	19	观光
派对	18	休闲
索道	14	观光
帆船	12	运动
竹筏	12	观光
漂流	10	观光

四　邮轮航线设计与规划的影响因素

通过对现有研究文献、典型案例、专家及消费者调研的整理和分析后发现，航线设计应从供给与需求角度来考虑航线规划的关键因素或指标，具体包括两大类，一是体现港口内在属性的位置因素和港区因素，包括港口地理位置、港口基础设施、港口劳动力稳定性、港口服务质量标准、港口服务成本、码头运营效率、港口安全性和可靠性、政府规章和出入境通关政策等；二是反映周边吸引度（岸上观光资源）的外部因素，包括内陆交通系统、周边客源市场潜力、港口腹地旅游资源、港口腹地连通性、客源市场与顾客需求偏好等。

总之，邮轮航程设计一般重点关注三大项主要工作：邮轮旅游服务、邮轮港口选择和岸上产品开发。特别是要从邮轮公司供给和邮轮消费者需求的角度考虑航线设计的影响因素，主要要素如表 4 所示。在航线规划过程中，一方面要从需求角度出发为邮轮乘客提供全方位、高质量的服务，重点关注邮轮乘客的签证和通关便捷性、最佳的巡游时间、丰富的岸上活动、全程旅游花费等因素；另一方面要从邮轮公司自身角度考虑航线供给的可行性以及关键变量，包括港口费用、港口可达性、港口接待能力、港口数量、港口顺序、港口之间的距离、船舶属性等。

表 4　邮轮航线规划可能的关键变量

需求角度	· 游客便捷性（签证、通关等） · 最优巡游时间 · 观光时间与航行时间的平衡 · 目的地偏好与满意 · 岸上活动偏好 · 季节性（气候与制度） · 交通衔接成本 · 预算与花费行为	供给角度	· 停靠港数量 · 停靠港顺序 · 港口接待能力 · 港口可达性 · 港口之间的距离 · 港口转换及交通承接 · 船舶尺寸 · 船舶速度

特别需要注意的是，航线设计和规划的主体是邮轮公司，而航线设计的关键变量则由消费者、港口、代理、岸上旅游提供商等多个主体来决定，为此邮轮公司通常会从外部环境和消费者等不可控的因素出发对航线开发的可能性进行权衡，然后再通过对可控因素的组合优化，最终向消费者提供特定的邮轮航线产品，具体要素如图 6 所示。

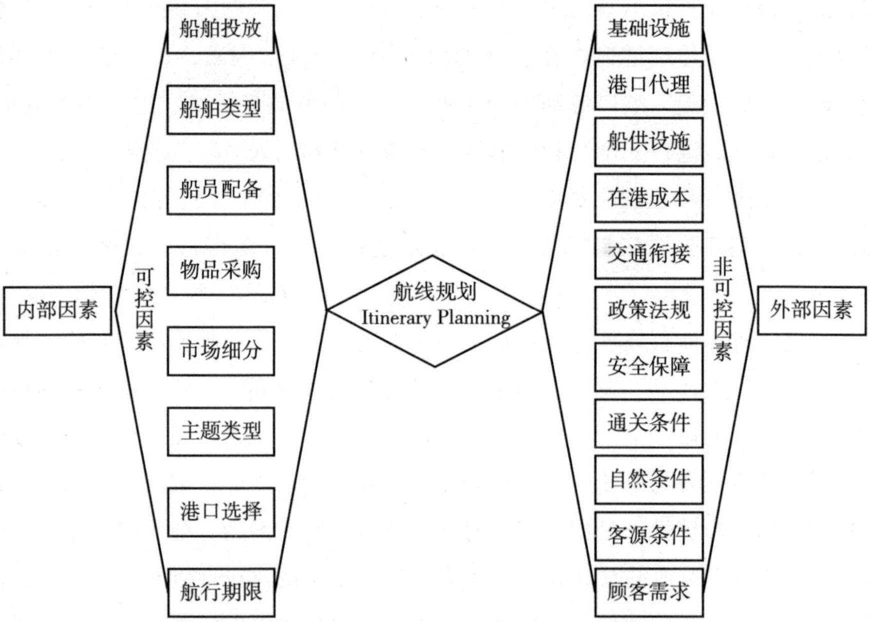

图6　邮轮公司航线规划需考虑的内外部因素

（一）成本（Port Cost）

对于邮轮乘客和邮轮公司来说，港口设施和港口成本是航线设计时考虑的重要变量。邮轮公司在开辟航线时需要了解“对乘客和邮轮来说，访问港是否有良好的服务设施，费用是否合理?”因此，船舶吨税、港口规费（包括引航移泊费、带缆系泊费、船舶港务费、船舶代理费、客运代理费等）的高低很大程度上决定邮轮港口是否被纳入到航线之中。因此，实行规范的邮轮税费制度，约束并清理不合理的税费收缴行为，同时对以本港口为母港、长期停靠的邮轮以及航次多、到客量大的邮轮公司给予税费优惠，可以提高港口航线的数量。此外，燃油成本和消费者出行成本也是邮轮公司在航线设计时需考虑的重要因素。比如，为了降低乘客出行成本，可以开辟允许“多港上下客”的航线。

（二）时间（Time）

1. 销售时间（Sales Horizon）

邮轮船票的销售周期一般很长，通常能达到一年之久。邮轮船票销售的基本特征是：在预订的最初阶段邮轮预订量很少，随着预订时间的接近预订量越来越大，当接近启航时间时又变得越来越少。从整个预订周期来看，大多数预订发生在启航前的第 1 个月到第 4 个月。比如，图 7 显示了双床铺载客量为 2062 人的邮轮的某次航行的预订特征。通过对歌诗达邮轮公司和皇家加勒比邮轮公司的调研发现，邮轮公司开辟航线时考虑的重要因素是停靠目的地签证时间。因为，签证时间缩短了邮轮船票的销售周期。

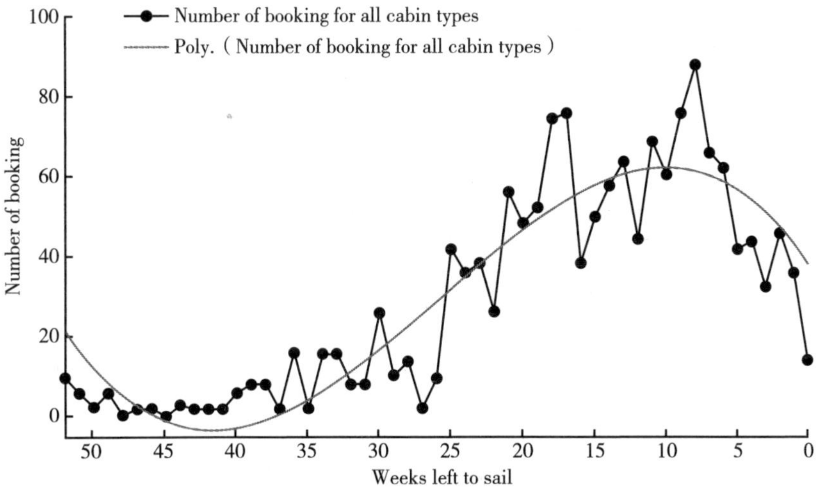

图 7　某邮轮航次的预订曲线

2. 航线时间（Sailing Time）

在航程设计时，航行时间既包括整条航线的时间，更重要的是停靠港停留时间与海上航行时间的平衡。对于邮轮乘客来说，停留时间越长就越能深度体验岸上观光旅游产品，一定程度上提高了整条航线的吸引力，最终提高了顾客满意度。此外，研究表明首次参与邮轮旅游的乘客和体验过邮轮旅游的乘客对岸上停留时间的要求也不同，前者希望停留时间较长，可以更好地体验异地的自然风光与人文景观，而后者则更倾向于海上航线，从而可以获得更多宁静的休闲时间。对邮轮公司来说，停留时间和航行时间的平衡尤为重要，大多数情况下邮轮公司更愿意拉长海上航行时间，因为这样可以通过酒吧、康体、赌场、酒水以及免税店（只能在航行时才能开放）的销售收入最大化船上收益（On-board revenues）。

（三）母港（Homeport Attributes）

在邮轮公司母港选择方面，一项对地中海地区邮轮母港的研究表明，在12大分类指标中，港口对邮轮的服务水平、港口的自然条件、港口对乘客的服务水平、港口的基础设施、港口城市的旅游吸引力以及港口收费标准是邮轮公司母港选择的6大最重要的指标。而在80个详细的评价指标中，邮轮母港的可达性（是否有国际机场）、港口成本、政治稳定性、航班密集性与可靠性、游客设施、邮轮接待能力、安全性、是否接近航线、港口城市旅游服务、交通衔接、政府政策等因素是邮轮公司选择母港考虑的重要变量，如表5所示。

表5　邮轮母港选择的分类指标及重要性

	邮轮母港选择的分类指标	重要性
1	对邮轮的服务(引航、船供、拖船、燃料补给、船级社、邮轮制造与维修、安保服务、垃圾处理)	4.50
2	港口自然条件(靠近航线,气候条件良好)	4.41
3	对乘客的服务(旅游代理、金融、邮政、购物、儿童设施、咖啡、运动、停车等)	4.36
4	港口基础设施(邮轮大厦、接待大厅、岸线长度、水深、船员设施)	4.36
5	旅游吸引物(景点景区、人文历史古迹、节事活动、宗教旅游、运动旅游、会议会展旅游、生态旅游)	4.29
6	港口费用(邮轮服务费、乘客服务费、港口规费、邮轮总部运营成本)	4.18
7	港口效率(邮轮调转时间、行李搬运、安检通关)	4.14
8	港口管理(长期合作关系建立能力、常驻邮轮特权、邮轮公司特殊需求处理、与区域内其他邮轮港口的合作与联系、港口营销政策)	3.77
9	联合运输交通(海运线路、空运线路、路上交通的联通与可靠)	3.68
10	政治条件和规章制度(沿海航线政策、邮轮公司设置母港的刺激政策、邮轮码头特许权、政治稳定性、国家旅游政策)	3.64
11	城市便利设施(国际机场、铁路客运、酒店餐饮、休闲购物、旅游服务、市内交通)	3.59
12	接近客源地	3.55

（四）停靠港（Ports of Call）

与船上的休闲娱乐项目不同，与停靠港相关的外部环境对邮轮公司来说是不可控因素。对邮轮公司来说，最为重要的是：保证停靠及相关的岸上服务能达到与船上服务同样的水准。因此，邮轮公司在设计航线时，邮轮特别关注港口的基本条件，包括港口基本接待设施、规章制度、通关政策、拥堵性（是否有与航线匹配的可用泊位）、安全性、环境及气候、岸上观光产品等因素。其中，岸上观光（Shore Excursions）活动尤为重要，一方面是因为岸上观光旅游活动是邮轮航线吸引度的重要体现，是邮轮乘客选择航线的重要考量指标；另一方面岸上产品是邮轮公司收益的一部分，很多情况下邮轮公司通过登船前和航行中的广告宣传和促销活动，利用捆绑销售、提前销售、船上销售手段来获得收益。

五　上海母港航线规划存在的制约因素与困境

邮轮航线规划，港口需要具备一定的趣味性、文化刺激、可进入性强、使用便利及安全无威胁等特点，同时要具有旅游吸引物、配套设施、辅助服务等相关要素及其组合效能的支撑。上海已经具备母港发展的基本特征，但是在母港影响力、航线开发拓展、配套设施完善程度、邮轮产业结构升级及人才需求等方面与国际邮轮母港还存在一定差距。

近年来，上海邮轮母港航线以4～7天的短程航线为主（见表6），邮轮旅游目的地主要集中于中韩区域，中日问题使得日韩航线受到极大限制，此外中远程航线缺乏，对上海邮轮母港参与区域性、国际性竞争造成不利影响。

表6　上海邮轮母港主要航线

主要航线	航程	经停港口城市顺序
海峡两岸	6天5晚	上海－基隆/台北－台中－上海
中　韩	4天3晚	上海－济州－上海
中　韩	5天4晚	上海－济州－釜山－上海
中　韩	5天4晚	上海－釜山－济州－上海
中　韩	5天4晚	上海－济州－仁川－上海
中　韩	5天4晚	上海－济州－丽水－上海
中　韩	6天5晚	上海－济州－仁川－上海
中　韩	6天5晚	上海－济州－仁川/首尔(过夜)－上海
中　韩	6天5晚	上海－济州－釜山(过夜)－上海
中　韩	6天5晚	上海－釜山(过夜)－济州－上海
中　韩	6天5晚	上海－济州－釜山－丽水－上海

续表

主要航线	航程	经停港口城市顺序
中　　日	5天4晚	上海－冲绳－上海
中　　日	6天5晚	上海－宫崎－神户－上海
中　　日	6天5晚	上海－福冈－长崎－上海
中　　日	8天7晚	上海－神户－大阪－京都－箱根－东京－上海
中　　日	7天6晚	上海－大阪－别府－上海
中　　日	7天6晚	上海－神户－大阪－京都－奈良－上海
中 日 韩	5天4晚	上海－济州－福冈－上海
中 日 韩	5天4晚	上海－长崎－济州－上海
中 日 韩	6天5晚	上海－济州－福冈－鹿儿岛－上海
中 日 韩	6天5晚	上海－鹿儿岛－福冈－济州－上海
中 日 韩	6天5晚	上海－济州－福冈－长崎－上海
环球航行	86天85晚	上海－香港－新马泰－上海
中菲日韩	11日10晚	上海－马尼拉－长滩－冲绳－济州－上海

（一）基础设施及配套供给不完善

1. 港口基础设施与配套产业不完善

吴淞口和北外滩邮轮港码头基础设施不能完全满足快速增长的邮轮市场需求，港口与周边旅游资源的整合效应并不突出，在餐饮、住宿、娱乐、购物、商贸等基础配套方面也存在明显的不足。邮轮港口的软环境建设及配套服务质量需要进一步优化和提升。两个邮轮港区邮轮产业链尚未真正建立，邮轮设计制造、邮轮公司运营、邮轮港口码头配套服务和邮轮旅游接待服务水平有待提高，尤其是邮轮公司总部销售运营团队、船舶维修和船舶供给的优势没有完全显现，对于邮轮公司的进入及航线的开发拓展起到了一定的遏制作用。

2. 停靠港岸上服务与产品供给不足

2013年11月15日皇家加勒比邮轮公司在第8届中国邮轮产业发展大会上公布了我国（包括大陆、香港和台湾）邮轮乘客的行为数据。结果表明，对中国乘客来说，航线选择的重要因素是旅游目的地；绝大多数的中国消费者会选择岸上观光。国际经验表明，停靠港周边的旅游资源和产品是邮轮航线吸引度的重要体现。目前，从我国出发的邮轮主要采取直接出境的方式满足乘客需求，而“多港挂靠”的航线几乎没有，一定程度上影响了我国沿海、沿江航线的开发和拓展。其根本原因是我国停靠港的岸上旅游产品品质不高，且旅游服务难以达到船上的质量水平。岸上产品与服务等因素影响了上海邮轮母港航线拓展。目前国内专门针对邮轮旅客的岸上旅游产品相对较少，旅游线路选取的标准和品质较低，资源组合特色不突出，对邮轮旅客的吸引力有限。

（二）利益相关者诉求不同，本土化航线缺乏

外国邮轮公司、本国政府、企业、商家以及目的地社区等有着不同的利益诉求。国内政府、企业、商家和目的地社区希望邮轮航线能实现多港停靠，以充分带动国内旅游业及其他配套产业。而外国邮轮公司基于自身利益，主要以开展母港出境游业务为主，对于一程多站、多港挂靠的积极性并不高。同时，由于国内与邮轮旅游发展密切相关的政府部门之间的利益诉求，航线开发主体和岸上旅游组织主体之间的利益诉求，以及政府、旅行社、景点和邮轮公司与目的地社区之间的利益诉求，在某种程度上难以完全平衡，这种错综复杂的利益链条制约上海邮轮母港国内航线的拓展结构和深度。

（三）市场认知度低，制度设计制约了航线丰度

游客消费文化、习惯及现行假日制度制约了邮轮航线的开发。目前我国游客对邮轮旅游的认知度还不是很高。加上带薪休假及弹性假日制度并未真正实施，大部分国民享受的是周末 2 天及 3 ~ 7 天的法定节假日，所以上海邮轮母港航线主要以 4 ~ 7 天短期航线为主，航线较单一，产品不丰富。比较短促的假期和邮轮航行时间的约束，缩短了邮轮岸上旅游购物时间，影响岸上旅游品质，致使我国游客岸上旅游总体满意程度并不高。

（四）政策壁垒挫伤邮轮公司积极性

我国邮轮港口规费及相关政策壁垒挫伤了邮轮公司的积极性，进而限制了上海邮轮母港航线拓展。首先，我国税种繁多，邮轮运营中涉及的税费包括由海

关收取的船舶吨税及由交通部收取的港口规费。其次，我国对于外籍邮轮的设计制造、邮轮公司、船舶管理企业、旅行社、船供公司及保税仓库等业务领域较为谨慎，长期以来实行严格准入政策。再次，对于航线审批，国家相关部门能否放宽限制，对于解决目前上海母港航线较为单一的局面有着至关重要的作用。

（五）外界不可抗力增加预警及应对难度

首先，气候季节性影响航线年内稳定性。我国海洋气候季节性差异较大。渤海、黄海、东海和南海四大海域的大部分海区均受到波浪条件与风力气象条件影响，并不全是邮轮航线规划开发的理想航区。我国邮轮航线的正常经营时间一年大约7个月，制约了上海邮轮母港航线在本国海域的规划开发，迫使上海母港邮轮航线向海外拓展，寻找可持续运行航线的开辟空间。其次，突发事件造成航线运营中断。比如日本地震海啸等突发自然灾害、核泄漏的公共危机事件以及中日钓鱼岛事件、中菲紧张局势等对以日本及菲律宾港口为目的地航线产生制约作用。

六　上海邮轮母港航线拓展的路径与对策

（一）路径选择：由内而外、由近及远的航线拓展方向

1. 港区联动：科学定位港区功能，拓展岸线资源

（1）提高港口接待能力和水平，充分发挥“两主一备”的功能协同作用；（2）科学定位港区功能，实现港口区域联动，将虹口定位为发展高端产业服务，完善商业配套服务，构建邮轮要素市场，拓展邮轮产业链的上海邮轮经济商务区；吴淞口定位为为大中型国际邮轮和沿江沿海游船以及游艇靠泊提供综合服务的长三角区域水上旅游集散中心。合力打造具有上海特色、全国领先的邮轮组合母港，实现功能互补、错位发展。港区联动方面，应积极发挥上海在全国海岸线的中心区位优势，实现与长三角、珠三角、东南沿海、西南沿海及环渤海地区主要邮轮港口和码头的区域联动，拓展国内沿海岸线资源，深度开发国内沿海邮轮航线，为组建本土邮轮公司、船队做好岸线储备。

2. 港区服务：高服务，易通关，应急机制完备

参照国际惯例和标准，结合上海邮轮港口实际，研究上海邮轮码头对游客

接待服务、对邮轮公司规范服务的地方标准，完善邮轮旅游咨询与投诉受理中心，健全口岸联检、邮轮补给、船舶维护、废物污水处理、海事救助、消防安全、码头管理等综合服务功能和港口航运服务体系，促进港口服务优化，提高服务效率。现阶段尤其要进一步推进旅客联检和便捷通关服务常态化、制度化，尽可能节约旅客通关时间，为邮轮旅游前期造势阶段树立良好口碑。同时，需要进一步优化引航服务和安全监管流程，会同相关责任部门建立合理可行的应急工作机制，出台邮轮旅游突发事件保险理赔方案，强化危机管理意识，增强应对紧急突发事件的能力，确保旅客及邮轮在港安全。

3. 港腹联动：港城互动，腹地联动，打造母港资源集聚平台

邮轮母港本身必须是极具吸引力的旅游目的地，同时还要有幅员广阔、经济富庶、交通便捷的发展腹地。邮轮经济的集聚作用及其辐射带动功能要得到最大限度的发挥，必须推动港口－腹地区域经济一体化的进程，实现港口经济与腹地经济的互通有无、互动协作和协同发展。

4. 港口协同：以多港挂靠航线推动沿海港口竞合发展

邮轮经济一定是规模经济，是协同发展的经济，邮轮港口之间应该是良性竞争关系和协议化的互促合作关系。上海母港航线运行要实行经停港多点挂靠，一程多站。在同一航线产品下，各邮轮港口都将成为邮轮产业链上的一环，彼此有着共同的利益诉求和发展目标。从上海母港出发的多港挂靠航线，可以从沿海航线和内河航线两方面进行拓展。

（二）落地措施：分阶段、有步骤地丰富母港航线

上海邮轮母港航线开发、拓展、运营受到多种因素的交互作用，尤其是海洋季节性气候、旅游者闲暇时间、旅游费用约束以及岸上旅游目的地产品供给和邮轮旅游政策开放度的显著影响。上海母港邮轮航线亟待突破目前以日韩港口和旅游目的地为主的不良境况，分散航线经营风险，在现有政策框架内，由内而外、由近及远，分阶段、有步骤地拓展新的邮轮航线和旅游目的地。

1. 关注顾客需求，拓展上海母港航线类型

（1）初级体验型航线

拓展 2～7 天的短程邮轮航线，以相对的价格优势，着重邮轮市场的培育

和邮轮文化的普及，提高中国游客对邮轮旅游的认知度。

（2）中端享受型航线

拓展7～15天的中远程航线，以相对适中的价格，吸引富裕中产阶级享受邮轮旅游的乐趣。

（3）高端定制型航线

拓展15天以上的远程航线或者环球航线，或者承接无固定目的地的单位包船、租船，为奖励旅游、会务旅游以及其他高端客户定制邮轮航线。

2. 短中长航线相结合，提高上海母港航线密集度

（1）强化型航线：东北亚航线

上海得天独厚的母港地理位置，在中韩航线、中日航线及中日韩组合航线开发及拓展方面具有无可比拟的优势，芒果网和去哪儿网发布的调查报告显示韩国和日本已成为最受消费者青睐的邮轮旅游目的地，深受中国游客喜爱。上海母港航线拓展，应在继续稳固现有东北亚航线的基础上，争取多港挂靠国内沿海港口，并探索开发“开口航线”，同时推出更多具有东北亚特色的港口航线和邮轮旅游目的地，一方面丰富上海母港的短程航线，另一方面策划上海母港的邮轮深度体验航线，延长近程邮轮航线的班期时间，逐步培育中远程邮轮旅客消费理念。

中日航线：

➢上海－日本（长崎、冲绳、福冈、鹿儿岛等）－上海

➢上海－舟山－日本（长崎、冲绳、福冈、鹿儿岛等）－上海

➢上海－厦门－日本（长崎、冲绳、福冈、鹿儿岛等）－上海

➢上海－台湾－日本（长崎、冲绳、福冈、鹿儿岛等）－上海

中韩航线：

➢上海－韩国（济州、釜山、仁川/首尔等）－上海

➢上海－青岛－韩国（济州、釜山、仁川/首尔等）－上海

➢上海－大连－青岛－韩国（济州、釜山、仁川/首尔等）－上海

中日韩航线：

➢上海－韩国－日本－上海

➢上海－舟山－日本－韩国－上海

➢上海－厦门－日本－韩国－大连/天津/青岛－上海

（2）常态运营航线：大陆、港台航线

两岸航线：

➤上海－舟山－台湾（高雄、基隆、台中、花莲）－上海

➤上海－厦门－台湾（高雄、基隆、台中、花莲）－上海

➤上海－台湾（高雄、基隆、台中、花莲）－上海

➤上海－台湾（高雄、基隆、台中、花莲）－厦门（飞机或者火车离团）

沪港航线：

➤上海－舟山－香港－上海

➤上海－厦门－香港－上海

➤上海－舟山－香港－深圳（飞机或者火车离团）

➤上海－厦门－香港－深圳（飞机或者火车离团）

➤上海－香港－深圳（飞机或者火车离团）/上海

大陆、港台航线：

➤上海－舟山－香港－台湾（高雄、基隆、台中、花莲）－上海

➤上海－厦门－香港－台湾（高雄、基隆、台中、花莲）－上海

➤上海－香港－台湾（高雄、基隆、台中、花莲）－上海

➤上海－台湾（高雄、基隆、台中、花莲）－香港（飞机或者火车离团）

（3）邮轮文化培育航线：国内多港挂靠航线

➤上海－大连/秦皇岛/天津/青岛（飞机或者火车离团）/上海

➤上海－舟山/宁波－厦门/深圳－三亚/海口（飞机或者火车离团）/上海

（4）试点开放近海游与公海游

尝试开放以节事、会议、年会为目的地近海体验游，放宽邮轮公司演艺及免税购物限制。比如，近几年香港无目的地航线一直占据很高的比重。2011年香港周末无目的地航线乘客比重高达82.6%，是普通航线游客的4倍以上。说明类似的周末航线费用低、时间短，易于消费，具有较大的市场需求。上海中产阶级庞大，同时具有长三角地区广阔腹地的客源支撑，可借鉴香港的公海游模式，争取开放无目的地公海游，提高邮轮作为巡游目的地的公众认知度，突出航线主题、特色及节庆文化，对促进邮轮旅游周末消费以及特定节假日的主题消费具有较强的现实意义。

（5）积极拓展东南亚航线

➢上海－菲律宾/新加坡/马来西亚/泰国－上海

➢上海－厦门/台湾－菲律宾/新加坡/马来西亚/泰国－上海

➢上海－越南/泰国/马来西亚/新加坡/菲律宾－上海

➢上海－厦门/三亚－越南/泰国/马来西亚/新加坡/菲律宾－上海

（6）逐步尝试开辟远洋及环球航线

欧美等远洋航线及环球航线由于跨度大、时间长，在近期上海母港航线拓展过程中，宜打造环球航线以吸引眼球，引爆市场卖点，为邮轮旅游市场造势；而在远期需要采取更为灵活的方式进行拓展，如飞机＋航线的空海组合拓展模式，以更加贴近市场需求。

3. 注重季节型和重配型航线规划，有效应对外部环境变化

目前上海母港航线拓展主要以中短程航线拓展为主，包括国内沿海航线、东北亚及东南亚主要目的地航线，主要外部影响因素来自不同港口及目的地季节性气候。中国的东部沿海地区、日本和韩国的气候大体相似，每年的3～10月，是中国东部沿海和日韩邮轮旅游的最佳时节；而十月以后，则开始进入冬季，邮轮旅游也随之进入淡季。北美的航线运营策略（特别是季节性重配航线）较灵活，邮轮公司以上海为母港的航线，可以根据不同的季节制定适时的航线配置计划，优化资源配置，最大限度规避季节性等外部因素的影响，以实现邮轮航线的年内季节性均衡。

七　上海邮轮航线拓展的配套政策与措施

邮轮航线直接影响邮轮旅游市场效果和产品内容与价值，很大程度上决定了邮轮产品的影响力与邮轮产业的发展前景。目前，上海母港邮轮航线在规划和设计的过程中缺少中方的积极参与，也缺少中国各邮轮港之间的多港挂靠，造成以中国为母港的邮轮航线规划与设计受到很大局限。突出表现在母港重硬件建设、轻软件服务，重竞争互斥、轻合作共赢；邮轮航线开发、申报、审批过程中涉及部门众多，服务效能不高；邮轮航线年度稳定性不强，旅行社推广的积极性欠缺；囿于中国现有消费水平与现行假期制度，中远程航线拓展受限等方面。邮轮航线规划涉及多个区域和多种部门，包括各级政府、各地政府、各部委、邮轮港口、邮轮公司、邮轮协会、船舶代理、旅行社、岸上旅游提供商等。多区域多部门决策加大了航线开发难度。

（一）加强政府部门多级联动，争取航线拓展宽松激励政策

1. 强化各地政府部门联动，探索“联席会议机制”

（1）加强长三角政府之间联动，建立常态化协调发展机制

邮轮旅游产业跨界融合性强，涉及国家和地方政府多个职能部门，上海已经成立邮轮旅游产业发展领导小组，市区在做好自身行政资源整合，进一步形成合力的基础上，积极争取外交部、公安部、旅游局、交通部、商务部、国台办、海关总署等中央部委的支持，同时需进一步加强与长三角区域性政府职能部门及国内和国际其他主要港口政府职能部门间的交流与合作，争取和探索有利于邮轮旅游发展及航线拓展的灵活、多元、务实和有效的政策。

（2）探索港口合作机制，制定实施航线共同开发协议

应在常态化长三角政府联动的基础上，密切与环渤海、东南沿海、珠江三角洲和西南沿海以及大陆和港台邮轮母港及港口的政府联系，积极寻求邮轮旅游发展的共识，探索和交流邮轮旅游发展的区域合作方式和经验，签订区域间母港和经停港航线共同开发协议。并积极争取港台政府对于大陆乘坐邮轮前往港台旅游的乘客开辟绿色通道，简化相关手续。加强与亚太各国政府间的联动交流，争取各国间乘坐邮轮出入境的旅客在简化签证手续、落地签、免签等方面的优待政策有新的突破，亚太各国政府可共同签署亚太区域邮轮航线开发和推广协议，在旅游资源、客源、邮轮开放政策等方面开展多元化合作，做大做强亚太邮轮经济。

2. 争取航线拓展宽松政策，提升邮轮公司运营信心

（1）便捷通关制度化

海关、国家口岸检查等机构按照国际惯例接送邮轮乘客，全面推广随船办理、登轮办理、信息提前录入、统一发放登轮证等系列通关措施，缩短旅客通关时间，提高通关效率，建立制度化的新型邮轮通关服务规范。

（2）进一步开放免签入境政策

积极推行在上海办理中国落地签证；参照机场签证政策，在 72 小时内乘坐邮轮入境和出境的旅客实现免签证。同时，免签政策可由在上海设立的符合资格

的旅行社负责组织接待并按《外国人免签来沪旅游团服务和管理办法》办理有关入出境手续，提交相关旅客团队名单，向上海边防站提前进行相关申请。

（3）简化邮轮航线审批手续

改变迟迟不批、一线多批、特案特批的低效率行为，为上海母港航线计划的制定和拓展创造良好的环境。

（4）尽快开放无目的地“公海游”

允许中国公民凭身份证换取登轮证，免签证参加无目的地“公海游”，允许邮轮公司航行中开发免税购物商店和在公海开放博彩活动。

（5）允许国际邮轮设立免税商店

对于国内邮轮文化“培育型”、“体验型”、“主题型”多港挂靠邮轮航线，允许邮轮开放免税商店。对于母港近岸的“事件型”和“体验型”邮轮产品，允许在邮轮母港或停靠港的港区内，设立免税商店延伸店，方便游客购物。

3. 加强各利益群体沟通，提高航线设置精准度

除了邮轮公司与消费者之间的沟通外，各区域、各部门、各港口以及相关旅游企业应积极参与航线设置活动，了解邮轮公司航线规划的需求，努力消除航线设置的障碍和壁垒；积极参与邮轮公司的顾客调研活动，准确把握邮轮乘客的消费需求、消费行为以及产品偏好等信息，通过信息共享、优势互补，向消费者提供针对性的邮轮航线产品。

（二）降低邮轮公司运营成本，提高航线设置主动性

（1）减少税种，降低港口规费

上海应借助中国邮轮旅游发展实验区优势，先行先试，减少与邮轮产业相关的船舶吨税和港口规费，引导建立中国邮轮产业税费制度，努力减轻邮轮公司成本负担，提高邮轮挂靠和母港航线设置的积极性。

（2）放宽保税仓库准入政策

对于邮轮公司来说，母港船供体系是否完备直接决定航线设置的可能性。允许邮轮公司在港区域设立保税仓库可以极大地降低邮轮运营成本，提升邮轮公司航线设置的信心。

（3）配套母港航线优惠政策

对开辟上海为母港航线的邮轮公司、经营上海母港固定班线的邮轮公司及

推广上海母港航线的邮轮代理商按航线的密集程度及招徕客源制定积极的奖励政策。特别地，探索国际邮轮公司参与我国港口建设与运营合作方式、给予在上海设立总部的国际邮轮公司一定的税费优惠及金融支持。

（三）加快邮轮旅游立法进程，提高邮轮产业司法水平

上海作为中国首个邮轮旅游发展实验区，有必要探索邮轮旅游发展的相关立法实践，积极借鉴国际经验，构建邮轮旅游发展的和谐法律环境，制定符合中国邮轮游客运输的相关法律规范。通过立法完善法律保障体系，明晰法律关系、明确法律的适用与管辖范围；建立明确的标准、规则和市场引导机制，包括制定专项的邮轮旅游合同、赔偿标准和消费者权益保护措施等。一方面要大力提高海事司法水平，规范海事司法管理，扩大上海海事审判在国内外的影响力；另一方面，细化我国海洋环境保护规定，建立邮轮排污和安全生产的监管制度。最后还应该发挥行业管理协会在邮轮旅游发展社会规制中的行业指导、标准制定、体系认证以及监督监管等作用。

（四）发挥行政主导效能，解除邮轮公司后顾之忧

1. 提高政府行政效率，提供通关、航线审批便利

加强政府职能部门在邮轮发展各环节中的沟通与合作，在探索便捷通关方式、进行航线审批、规范收费标准和结算方式、完善邮轮旅游保障方案、指导重大邮轮旅游突发事件的应急处置等方面进一步提高服务效能，优化通航环境和旅游服务水平，重视和满足邮轮公司的诉求。

2. 完善邮轮旅游产业链，全面提升邮轮服务的能力

国际邮轮公司开发母港航线，应具备完整的邮轮经济产业链的支撑，主要包括四个方面，即邮轮设计与建造产业链、邮轮公司经营产业链、港口码头经营与配套产业链和邮轮旅游经营产业链，四大产业链环节相互独立，各具专业性且各自提供增值的服务，但彼此之间又存在极为紧密的依赖互动关系。上海母港航线拓展，应切实重视对邮轮母港产业链的进一步完善。

3. 发挥行业协会作用，搭建邮轮公司与政府沟通的桥梁

比如举办年度邮轮旅游主题节庆，宣传外国邮轮公司并推广邮轮旅游文化；为邮轮公司骨干人才的培养搭建平台；配合邮轮公司出台相应行业规范；

整合、制定和完善邮轮旅游年度发展报告；向政府主管部门传达邮轮公司主要诉求；充分整合信息资源，建设邮轮旅游公共信息及票务销售平台。最后，强化旅游企业诚信经营和员工服务意识，提升岸上旅游观光游客满意度。对于岸上观光旅游产品乱收费、购物商店坑蒙拐骗及出售假冒伪劣商品等不诚信行为予以严厉打击，维护邮轮公司声誉和消费者合法权益。

（五）重视人才培养，建设航线规划管理人才库

利用不同层次的高等院校，建立合理的邮轮旅游人才培养师资结构，积极探索邮轮旅游专业和人才培养模式，加快产学研一体化进程，完善邮轮旅游人才培养体系。在职业技术院校以及培训机构，以培养海员和基本邮轮服务人员为主；本科层次的院校以培养中高级的复合型邮轮旅游管理人才为主，重点培养邮轮旅游航线规划、产品研发和销售、从业领队以及国际邮轮运营管理人才。与邮轮公司、海员外派机构等单位合作，健全人才培养的输送体系，强化各种人才层次的实操培训，增强学员理论与实践相结合的能力。并制定邮轮旅游企业从业人员资质认定标准，同时强化年检和培训，并建立中高级邮轮旅游人才资源专业数据库。

（六）组建本土邮轮船队，参与上海母港航线竞争

虽然国际邮轮公司纷纷试水中国市场，但它们对于中国航线的投资是流动的，并不能确保国际邮轮公司对于中国航线的投入持续和固定。建设上海邮轮母港，拓展母港航线，必须积极培育和组建本土邮轮船队，加大政策扶持力度，鼓励国资、民资和外资采取合资、联营和合作等形式，通过购买、租赁和建造等方式，组建混合所有制形式下经营的上海本土邮轮船队，形成上海港口经济新的增长极，提升城市综合服务竞争力和影响力。从而避免上海邮轮产业被国际邮轮公司主宰或控制，使本地邮轮船队积极参与国际竞争，进一步繁荣国内邮轮旅游经济。

（七）强化区域主体合作意识，增强航线设置谈判能力

强化长三角各邮轮港口码头与相关政府部门的区域合作，统一港口规费、统一通关规范，统一建设长三角邮轮旅游信息推广平台，实现长三角港口码头

停靠一体化，增强与国际邮轮公司的议价能力，强化长三角区域邮轮港口码头的市场地位，提升以上海为龙头的长三角邮轮母港和停靠港的综合影响力。加强与天津、大连、青岛、深圳、厦门、海口、三亚、港台等地港口及旅游企业之间的合作，发挥区域互补的优势、实现港口错位发展，避免资源闲置和浪费，最大化港口收益。加强与国际区域港口和旅游企业的合作，尤其是亚太区域的国际合作，顺应国际邮轮公司东移的趋势，组建亚太区域邮轮旅游发展联盟，增强与国际邮轮公司的谈判能力，着力拓展亚太区域邮轮旅游新兴目的地。

（八）构筑区域航线推广平台，提高上海公众认知度

从世界邮轮产业发展来看，欧美国家特别是具有航海传统的国家，其消费者对邮轮旅游的认知度很高。而中国消费者对邮轮旅游的认知则较少。因此，如何提高消费者认知是培育邮轮市场的首要任务。对于上海来说，应抓住当前邮轮产业发展初期的机遇，发挥上海“先行先试”的优势，主动与沿海港口城市合作，共同规划多港挂靠邮轮航线，本着合作共赢的目标构筑“上海母港航线推广平台”，提升上海在邮轮消费者心中的地位。

参考文献

Cruise Lines International Association（CLIA）. Cruise Lines International Association（CLIA）2013 North America Cruise Industry Update. http：//www. cruising. org, 2014 – 7 – 15.

Sun Xiaodong, Feng Xuegang. Cruise Tourism Industry in China：Present Situation of Studies and Prospect［J］. Tourism Tribune, 27（2）, 101 – 112.（孙晓东、冯学钢：《中国邮轮旅游产业：研究现状与趋势》，《旅游学刊》2012 年第 27（2）期）

Marti B E. Trends in World and Extended – length Cruising（1985 – 2002）［J］. Marine Policy, 2004, 28（3）：199 – 211.

Rodrigue, J. – P. & Notteboom, T.（2013）. The Geography of Cruise Shipping：Itineraries, Not Destinations. Applied Geography, 38, 31 – 42.

Weeden, C., Lester, J – A. & Thyne, M.（2011）. Cruise Tourism：Emerging Issues and Implications for a Maturing Industry. *Journal of Hospitality and Tourism Management*, 18（1）, 26 – 29.

Jones, R. V. (2011). Motivations to Cruise: An Itinerary and Cruise Experience Study. *Journal of Hospitality and Tourism Management*, 18 (1), 30 - 40.

World Tourism Organization (WTO). (2000). Tourism 2020 Vision - A New Forecast. Madrid.

Huang, J - H, Peng K - H. Fuzzy Rasch Model in TOPSIS: A New Approach for Generating Fuzzy Numbers to Assess the Competitiveness of the Tourism Industries in Asian Countries [J]. Tourism Management, 2012, 33, 456 - 465.

Sun X, Feng X, Gauri D. The Cruise Industry in China: Efforts, Progress and Challenges [J]. *International Journal of Hospitality Management*, 2014, 42, 71 - 84.

Cruise Industry News Quarterly: Fall 2012. Fact and Fiction. http://www.cruiseindustrynews.com, 2012 - 10 - 16.

Lee, S., & Ramdeen, C. (2013). Cruise Ship Itineraries and Occupancy Rates. Tourism Management, 34, 236 - 237.

Yan Hongye. A Study of Cruise Network Design Problem [D]. Dalian: Dalian Maritime University, 2012. (鄢红叶:《邮轮航线规划研究》，大连海事大学硕士学位论文，2012。)

Leong T Y, Ladany S P. Optimal Cruise Itinerary Design Development. *International Journal of Service Technology and Management*, 2001, 2 (1/2): 130 - 141.

U. S. Department of Transportation Maritime Administration. Cruise Detail Table. http://www.marad.dot.gov, 2013 - 10 - 21.

Cruise Lines International Association (CLIA). 2014 Cruise Industry Update. http://www.cruising.org, 2014 - 10 - 15.

Lekakou, M. B., Pallis, A. A., & Vaggelas, G. K. (2009). Which Homeport in Europe: the Cruise Industry's Selection Criteria. Tourismos: An International Multidisciplinary Journal of Tourism, 4 (4), 215 - 240.

Brida, J. G., Pulina, M., Ria˜no, E., Zapata - Aguirre, S., 2013. Cruise Passengers in A Homeport: A Market Analysis. *Tourism Geographies*, 2013. 15 (1), 68 - 87.

Sun Xiaodong. Cruise Industry and Cruise economy. Shanghai Jiao Tong University Press, Shanghai, 2014.（孙晓东:《邮轮产业与邮轮经济》，上海交通大学出版社，2014。）

Vitić - Ćetković A, Bauk S. E - Services and Positioning of Passenger Ports in the Context of Cruise Tourism Promotion. PROMET - Traffic & Transportation, 2014, 26 (1), 83 - 93.

Royal Caribbean International (RCI), The Chinese Cruise Market Profile Study. In: Presented to the 8th China Cruise Shipping & International Cruise Expo, Shanghai, China, 2013.

Tourism Queensland. Cruise destinations - How to Guide: Itinerary planning. http://teq.queensland.com, 2013 - 07 - 08.

G.14

上海邮轮旅游公共配套服务研究

吴国清　冷少妃　申军波*

摘　要：本文在提出邮轮旅游综合体概念的基础上，通过文献和资料分析法、田野考察法、深入访谈法、游记分析法等方法，以全面系统、需求导向、统筹规划、分类配套为构建原则，借鉴国内外服务提供经验，从服务层次、提供主体和服务模块三个方面进行邮轮旅游综合体公共配套服务体系的建构，并在此基础上进行上海邮轮旅游公共配套服务总体设计。

关键词：邮轮旅游综合体　公共配套服务　国际邮轮母港

一　问题提出

（一）研究背景

1. 邮轮产业迅猛发展，邮轮游客数量逐年飙升

近几年，世界邮轮产业迅猛发展，达到8%左右的增长速度，被视为“漂浮在黄金水道上的黄金产业”。根据国际邮轮协会CLIA最新统计数据显示，截至2013年底，全球邮轮度假旅游者达到2130万人次，随着世界邮轮市场的进一步成熟，国际邮轮协会CLIA估计2014年全球邮轮度假旅游者将新增40万人次，达到2170万人次。如何构建和完善邮轮旅游公共服务体系，促进邮

* 吴国清，上海师范大学旅游学院教授、博士，研究方向为都市区域旅游、旅游标准化等；冷少妃，上海师范大学旅游学院硕士研究生，研究方向为都市旅游；申军波，上海师范大学旅游学院硕士研究生，研究方向为区域旅游规划与开发。

轮游客数量的再一次飞跃，成为亟待解决的重要问题。

2. 旅游方式变革，散客时代来临

首先，随着旅游业的发展与游客的逐渐成熟，近年来我国的旅游格局发生了较大的变化，散客游比例以压倒性优势占据旅游市场80%左右的份额，成为我国旅游发展的新趋势。新趋势的来临对我国旅游公共服务体系提出了巨大的挑战，即现有的旅游公共服务如何应对飞速增长的散客群体。其次，随着我国综合国力的提升以及国家形象的树立，我国邮轮入境游客数量攀升，港区内外旅游公共服务的成熟度以及港区内外区域间的对接度面临严峻考验。

3. 海洋开发战略的实施，智慧旅游的兴起

海洋开发战略的实施，成为拉动海洋港口城市经济增长的引擎。智慧旅游的发展使旅游信息得到进一步整合，为邮轮旅游公共配套服务的建设提供了技术支持和良好的基础。另外，《关于促进我国邮轮业发展的指导意见》、《国务院关于推进上海加快发展现代服务业和先进制造业建设国际金融中心和国际航运中心的意见》以及《国际邮轮口岸旅游服务规范》（LB/T017－2011）行业标准等相关政策和标准的相继出台，成为邮轮旅游公共配套服务建设的坚强后盾。

（二）研究路径与方法

1. 研究路径

完善的旅游公共配套服务体系是国际邮轮旅游发展的重要保障。鉴于上海邮轮旅游公共配套服务的现状，结合国内外社会公共服务、旅游公共服务建设经验，建设符合上海国际航运中心、世界著名旅游城市以及国际邮轮母港建设发展规划需要，顺应邮轮旅游发展新趋势和海内外游客对旅游公共服务的需求，以信息化为支撑的、便捷高效的旅游公共配套服务体系，提出上海邮轮旅游公共配套服务建设的重点任务和保障措施。为此，确定课题研究内容及技术路径，其结构详见图1。

2. 研究方法

在资料搜集与实地调研的基础上，通过对国内外邮轮旅游公共配套服务方面的政策法规、服务提供现状以及实践经验进行归纳、比较，采用问卷调查与深入访谈法、预调查与调查方案比较法、多维度分析法（时间序列分析与截面结构分析）等，对吴淞口邮轮母港及其周边进行实证调研，并以此为基础构建上

海邮轮旅游公共配套服务体系，根据相应的构建原则与方法对体系进行论证，基本达到预期的理论目标与实践目标，以期更好地对体系进行推广与持续改进。

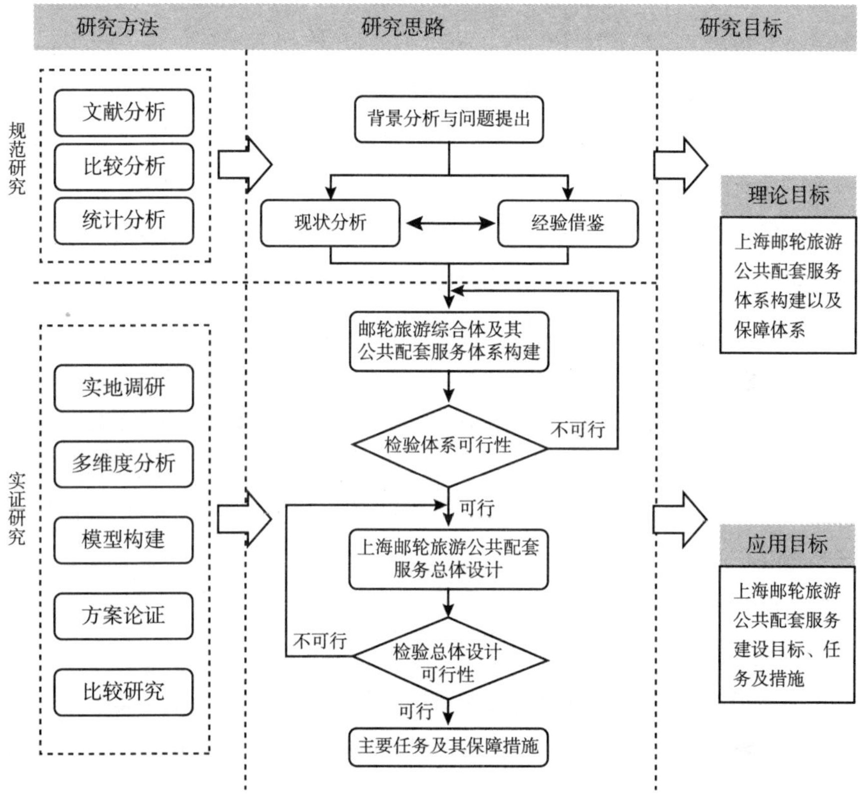

图1　技术路线

二　理论研究

（一）相关研究综述

1. 国外相关研究

国外研究伴随着邮轮经济快速发展，起步早，研究视角多元，成果涉及邮轮的方方面面。但搜索发现国外并没有关于此类主题的学术课题研究，只有部分与邮轮旅游服务相关的研究。其研究主要集中在邮轮旅游决策及影响因素、邮轮旅游体验质量和满意度等方面。

邮轮旅游决策及影响因素方面主要集中在参加邮轮旅游的意愿或限制因素的研究。研究发现，邮轮乘客在停靠地的体验质量、体验价值和满意度对邮轮游客具有积极的导向作用。Henthorne（2000）使用在多米尼加奥乔里奥斯港采集的历时 5 年的调研数据，发现港口所在区域旅游企业的服务态度对游客的支出意愿有很大影响。Coletti，et a1. 在哥伦比亚哥卡塔赫纳港的研究发现，游客居住地与停靠港的距离、参加邮轮旅游的次数以及参加了邮轮公司组织的近岸观光等 3 个因素对重游倾向有负面影响；而对停靠港服务和安全的满意度、参加自组织的近岸观光、游客在停靠港的停留时长等因素则对重游倾向有积极影响。

邮轮旅游体验质量和满意度方面主要集中在邮轮游客满意因子的分析研究。Petrick（2005）通过因子分析，将邮轮旅游中影响质量评价的项目分为有形部分（外部甲板区域、客舱、内部公共空间）和无形部分（停靠港、岸上游览、娱乐活动、风味饮食），研究发现，前者是影响游客对邮轮产品质量感知的基础因素，而后者是关键因素。Teye 和 Paris（2011）研究表明，游客在停靠港的体验质量与停靠港基础设施开发水平、停靠港所在地的自然属性、主客关系 3 个方面的因素有关，游客感觉体验质量越高的停靠港，也是游客未来重游意向越高的目的地。

2. 国内相关研究

在学术研究层面，国内研究成果多从产业经济学角度出发，其研究主要集中在邮轮经济、邮轮产业、邮轮旅游市场和邮轮母港建设等方面，而目前对于邮轮旅游公共服务甚至是邮轮旅游服务的研究都尚属空白。

但在政策法规方面，近年来随着邮轮产业的发展，我国政府对邮轮经济与旅游的发展十分关注和重视，陆续出台有关政策文件，如《关于促进我国邮轮业发展的指导意见》、《国务院关于推进上海加快发展现代服务业和先进制造业建设国际金融中心和国际航运中心的意见》、《关于外国籍邮轮在华特许开展多点挂靠业务的公告》、《国际邮轮口岸旅游服务规范》等。

综上所述，虽然国外没有关于邮轮旅游公共配套服务的研究，但其关于邮轮旅游服务的相关研究中有所涉及，而国内无论是对邮轮旅游服务还是邮轮旅游公共配套服务都缺乏翔实而系统的理论研究与实践探索，尤其对上海吴淞口这样的国际邮轮母港公共配套服务研究尚属空白。课题组通过借鉴国外研究的优秀成果，创造性地开展邮轮旅游公共配套服务的研究。

（二）概念界定

1. 邮轮旅游公共配套服务

邮轮旅游公共配套服务是以政府为主、市场和社会为辅共同提供的，以满足邮轮游客在港区内和港区外的需求为核心，以邮轮旅游基础设施服务、邮轮旅游公共信息服务、邮轮旅游公共安全服务以及邮轮旅游行政管理服务等为主要内容的公共性或准公共性产品和服务的总称。

2. 邮轮旅游公共配套服务体系

“邮轮旅游公共配套服务”研究的核心问题是其类型和结构，解决“是什么”的问题，而“邮轮旅游公共配套服务体系”侧重于如何有效整合邮轮旅游公共配套服务资源，从而为邮轮旅游公共配套服务的运行提供保障，是研究“怎么做”的问题。所以，邮轮旅游公共配套服务体系是指邮轮旅游公共配套服务内部的提供主体、提供范围以及提供内容等各方面相互协调、相互配合、相互制约而形成的邮轮旅游公共配套服务系统，目的是使邮轮旅游公共配套服务的提供达到最优化。

（三）理论基础

1. 系统论

系统论的基本思想方法，就是把所研究和处理的对象，当作一个系统，分析系统的结构和功能，研究系统、要素、环境三者的相互关系和变动的规律性。世界上任何事物都可以看成是一个系统，系统是普遍存在的。应将邮轮旅游公共配套服务看作一个系统，认真考虑系统、要素、环境三者间的相互关系，以求达到最优化。

2. 新公共服务理论

新公共服务理论指出，公共管理者在其管理公共组织和执行公共政策时应该集中于承担为公民服务和向公民放权的职责，他们的工作重点既不应该是为政府航船掌舵，也不应该是为其划桨，而应该是建立一些明显具有完善整合力和回应力的公共机构。

3. 可持续发展理论

可持续发展实质就是在整个发展过程中要兼顾局部利益和整体利益，眼前利益和长远利益，使各方面要素得以持续协调发展，实现可持续利用。在邮轮旅游公共配套服务体系的构建与实践过程中要坚持可持续发展的理念，将可持续发展思想作为指导，从而真正实现可持续发展。

三　上海邮轮旅游公共配套服务现状分析

（一）邮轮旅游公共信息服务

1. 旅游咨询中心

在港区内，在吴淞口国际邮轮港大厅内设有开放式旅游咨询服务中心，还有以《旅游信息咨询中心设置与服务规范》为标准而设的触摸式旅游服务终端、咨询台及宣传展示架等服务设施。

2. 旅游标识

在交通指引标识、旅游标识方面，港区内外建设得较为完善，基本能达到指引游客的需求。

但是也存在港区的标识设置不合理、布局不科学、标识缺失以及标识图形设置不符合相应的国家标准或行业标准等问题，需要进一步加强科学有效的邮轮旅游标识系统建设。

3. 网络信息服务

目前上海专门开通了针对邮轮旅游的网站（上海邮轮网和吴淞口国际邮轮港）、微博和微信等。目前信息较为单一，只是简单的描述性信息，不能实现预订及在线销售服务，建立一站式的旅游电子商务平台，满足游客预订票务等需求成为下一步努力的方向。

（二）邮轮旅游基础设施建设

1. 交通服务设施

从建设的完善程度来看，上海吴淞口国际邮轮母港与国际著名邮轮母港相比，还存在较大差距。主要体现在交通的无缝对接方面。

（1）交通网络建设

吴淞口国际邮轮母港已经形成短驳车、出租车、公交车、旅游大巴等交通工具与港口码头的衔接。在港口与对外交通的衔接度方面，大多数游客反映等待车的时间较长，排队秩序混乱、指示标识不清晰，露天环境没有座椅，缺乏与机场、火车站、汽车站的直接有效连接，管理流程亟待优化。

（2）停车场建设

在吴淞口国际邮轮港的大门外，设有公共自行车自取租赁点，并且设有私家车停车场，在港口内也设有出租、短驳车、旅游巴士的停车场。

2. 游憩服务设施

上海吴淞口国际邮轮母港将在“零点”广场中设置一个大型免税商店，加快推进“上港滨江城”的建设进程，昔日老港区将被打造成为集邮轮服务、商业商务、休闲居住为一体的现代化滨江城市。而体现吴淞历史文化的吴淞老街改造、老码头影视基地等综合改造项目也正在积极推进。

从上海邮轮旅游游憩服务设施的整体现状来看，邮轮旅游综合公共配套服务设施存在较大提升空间。相当一部分配套服务设施还处在零的状态，还有一些正在建设当中。

3. 客运大楼服务

从对吴淞口国际邮轮港港口客运大楼的服务现状进行分析可知，吴淞口港口客运大楼相应的配套服务及设施都比较完备。基本符合邮轮旅游发展的需要，其中咨询服务应该向信息化、智能化发展，免税商店商品应进一步改善，满足游客的多样化需求，岸检服务应提高效率、朝着过程简单化发展。

（三）邮轮旅游公共安全服务

1. 港口治安

通过课题组对吴淞口邮轮母港的实地调研得知，吴淞口国际邮轮港发展有限公司成立有专门的安全保卫部，负责港口的安保和交通组织。港口安保主要是依照国际、国家规定，包括防污染要求也是依据国标内容进行管理遵守。交通组织主要是在邮轮停靠时，联系出租车（强生公司）、短驳车进入，以及放行旅行社的旅游大巴（提前做好登记，发放港口出入证）。

2. 安全预警

上海目前没有建立邮轮旅游方面的安全预警系统。对于港口安全保障来说，除了软件服务之外，还应包括相应的硬件服务设施，消防设施、安全通道、监控系统等也是安全保障服务的重要组成部分。就上海的现状来看，硬件设施基本符合要求，软件服务严重缺失。

3. 紧急救援

上海没有建立邮轮旅游紧急救援体系，邮轮港口也没有制定一套系统的处理突发事件的应急方案。吴淞口邮轮港有相应的医疗服务，但是很不完善，不能达到紧急救援的要求。紧急救援作为邮轮旅游公共服务安全保障服务重要的组成部分，上海存在明显缺失。

4. 旅游保险

目前以上海为母港出发乘邮轮旅游的游客90%是参加旅行社组团，其余的或是公司集体组织，或是家人朋友共同出行。相应的旅游保险多是从旅行社购买，但是旅游保险的覆盖率并没有达到100%。在邮轮港口没有配套相应的保险公司服务，部分游客对出门旅游要买保险的意识不强。

（四）邮轮旅游行政管理服务

1. 政策支持

20世纪末至21世纪初，中国的国家海洋战略逐步明确——发展成为一个海洋大国、海洋强国。近年来，国务院、交通运输部、国家旅游局以及上海市政府管理部门相继颁布相关的政策、标准来规范我国邮轮旅游的发展（见表1），以期促进邮轮旅游的健康快速发展。

表1　支持邮轮旅游发展的政策法规

层面		年份	政策法规
国家层面	国务院	1996	《中国海洋21世纪议程》
		2003	《全国海洋经济发展规划纲要》
		2008	《关于促进我国邮轮业发展的指导意见》
		2009	《关于推进上海加快发展现代服务业和先进制造业建设国际金融中心和国际航运中心的意见》
		2012	《全国海洋经济发展"十二五"规划》
		2012	《服务业发展"十二五"规划》
		2013	《国民旅游休闲纲要(2013—2020年)》
	运输部	2013	《中国(上海)自由贸易试验区总体方案》
	旅游局	2011	《国际邮轮口岸旅游服务规范》
		2012	《2013中国旅游主题年及宣传口号的通知》
		2014	编制《中国邮轮旅游发展总体规划》

续表

层面	年份	政策法规
上海市层面	2003	《关于发展上海邮轮旅游七个方面二十条意见》
	2010	《关于上海发展邮轮旅游急需解决的问题》
	2010	《上海市邮轮产业“十二五”发展规划》
	2011	《上海邮轮经济发展“十二五”规划》
	2011	《吴淞口邮轮港免税店经营合作备忘录》
	2012	《上海市旅游业发展“十二五”规划》
	2012	《上海市宝山区旅游业发展“十二五”规划》
	2012	《上海市海洋发展“十二五”规划》

2. 人才服务

上海在邮轮旅游从业人员资质认证、权威人员培训标准和从业资质认定标准、邮轮旅游从业人才信息档案库的建立、邮轮旅游志愿者服务等方面还存在明显的缺陷，有待改善。

四　邮轮旅游综合体及其公共配套服务体系构建

（一）邮轮旅游综合体的提出

为实现邮轮旅游的繁荣，构建邮轮旅游综合体是其有效途径。邮轮旅游综合体主要是指在国际邮轮母港及其腹地，以邮轮旅游及邮轮产业为吸引核，以旅游休闲为导向进行土地综合开发而形成的，以互动发展的酒店集群、餐饮链、购物体系、综合休闲项目为核心功能架构，整体服务品质较高的邮轮旅游休闲聚集区。

（二）邮轮旅游综合体公共配套服务构成

根据距离衰减规律，结合核心－边缘理论，按照邮轮游客岸上旅游的一般规律将邮轮旅游综合体划分为核心区、延伸区和外围区三个层次，即以邮轮靠泊、邮轮运营、港口服务、游客服务、“一关两检”等为主要功能的核心区；港口周边以住宿、餐饮、旅游、娱乐、购物、商务、交通等为主要功能的延伸区；以及以旅游交通设施服务和旅游信息服务为主要功能的外围区。

在三个层次划分的基础上分析不同层次邮轮旅游公共服务与社会公共服务

的资源配置，笔者发现，在内部，邮轮旅游公共服务与社会公共服务同时存在，但其公共服务配置的结构不同：邮轮旅游公共服务的配置随着距离的增加呈递减趋势，而社会公共服务的配置则随着距离的增加呈递增的趋势，其结构详见图 2。邮轮旅游综合体的公共服务结构呈现三种模式，分别是：以邮轮旅游公共服务资源配置为导向的单一模式；邮轮旅游公共服务资源与社会公共服务资源协同发展的组合模式；以社会公共服务资源配置为导向，以邮轮旅游公共服务资源为辅的组合模式。

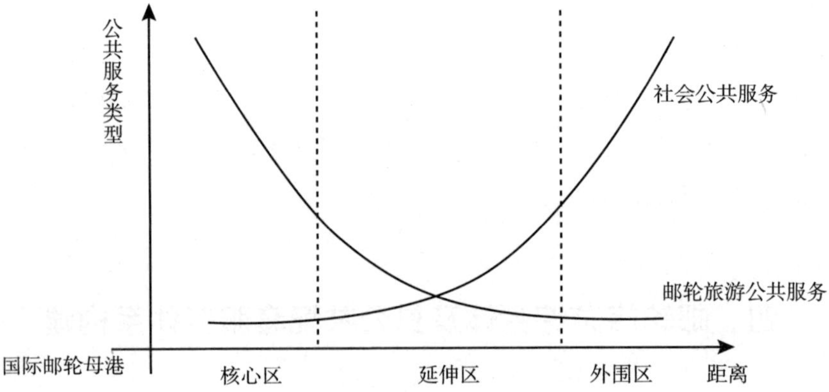

图 2　邮轮旅游综合体公共服务结构

（三）邮轮旅游综合体公共配套服务体系建构

邮轮旅游综合体公共配套服务体系建构遵循全面系统原则、需求导向原则、统筹规划原则和分类配套原则等。关于邮轮旅游综合体公共配套服务体系的构建要注意以下三个层面。

首先，邮轮旅游综合体公共配套服务是一个系统整体，对其进行构建就必须对其内容进行子系统的拆分。2011 年国家旅游局印发的《中国旅游公共服务“十二五”专项规划》（旅办发〔2011〕222 号），2012 年国家旅游局出台的《关于进一步做好旅游公共服务工作的意见》（旅办发〔2012〕281 号）将全国旅游公共服务分为旅游公共信息类服务、旅游安全保障类服务、旅游交通便捷类服务、旅游惠民便民类服务、旅游行政类服务等五个部分。而邮轮旅游综合体公共配套服务体系与旅游公共服务有共性，亦有其独特性。以共性为基础、独特性为依据，笔者分析认为邮轮旅游公共配套服务的内容可划分为四大模块，分别是邮轮旅游基础设施服务、邮轮旅游公共信息服务、邮轮旅游公共安全服务以及邮轮旅游行政管理服务，其结构如图3所示。

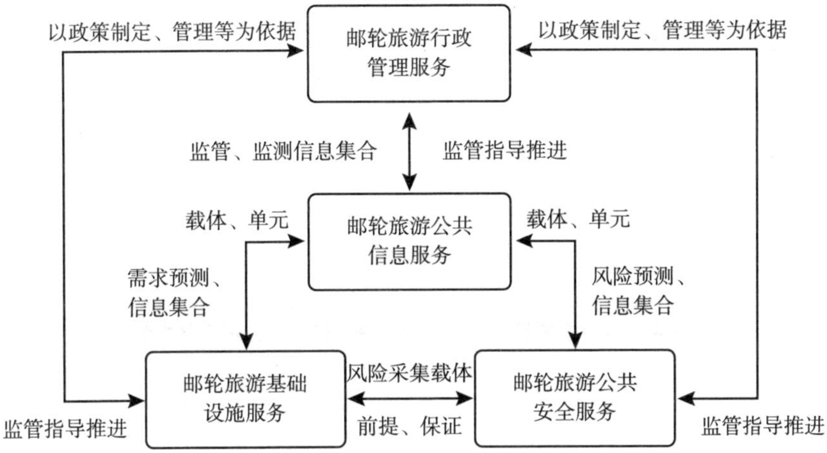

图3　邮轮旅游综合体公共配套服务——服务模块关系

其次，邮轮旅游综合体公共配套服务并不仅为节点服务（核心区的配套服务），而且为整个接触面服务（邮轮乘客旅游的全程服务）。因此，构建邮轮旅游公共配套服务体系应主要从“三个层次”和“三个联动”的层面进行全方位多层次的构建。“三个层次”分别是邮轮旅游综合体的核心区、延伸区以及外围区；“三个联动”分别指邮轮上和邮轮下的联动，核心区与延伸区的联动以及延伸区与外围区的联动，三方面的有效联动有助于邮轮游客全程无缝服务的实现。其结构如图4所示。

最后，核心区公共配套服务提供是邮轮旅游综合体公共配套服务体系的核心构成，其提供主体是政府、市场和社会等，三者都存在各自独特的属性功能，在邮轮旅游综合体公共配套服务体系内，通过三者之间的功能互动，产生协同效应，使邮轮旅游综合体公共服务资源配置、管理工作以及服务效益方面实现最优化和最大化的联动系统，成为邮轮游客享有邮轮旅游公共配套服务的动力基础和联动保障，其结构如图5所示。

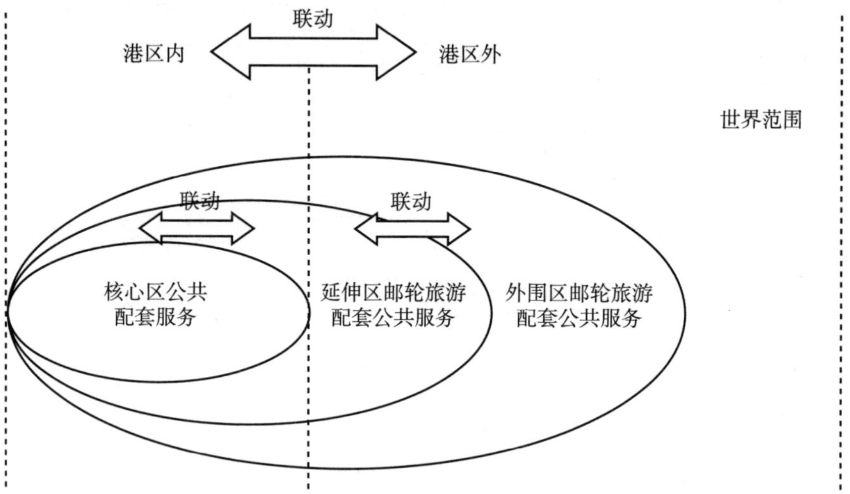

图 4　邮轮旅游综合体公共配套服务——服务层次关系

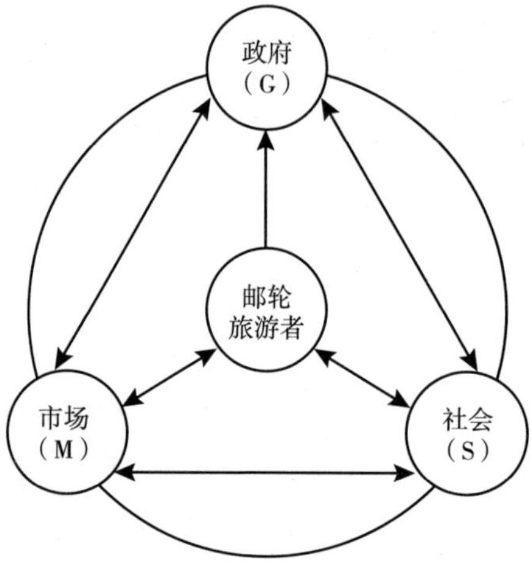

图 5　邮轮旅游综合体公共配套服务——服务主体关系（Ostrom. V.，Ostrom，1997）

综上所述，邮轮旅游公共配套服务体系应从服务层次、提供主体和服务模块三个方面构建，综合考虑三个方面之间的相互关系，从而构建“四位一体”的邮轮旅游综合体公共配套服务体系，其结构如图 6 所示。

1. 沟通渠道——邮轮旅游公共信息服务

邮轮旅游公共信息服务不仅仅是“点”的服务，也不仅仅是“线”的服务，

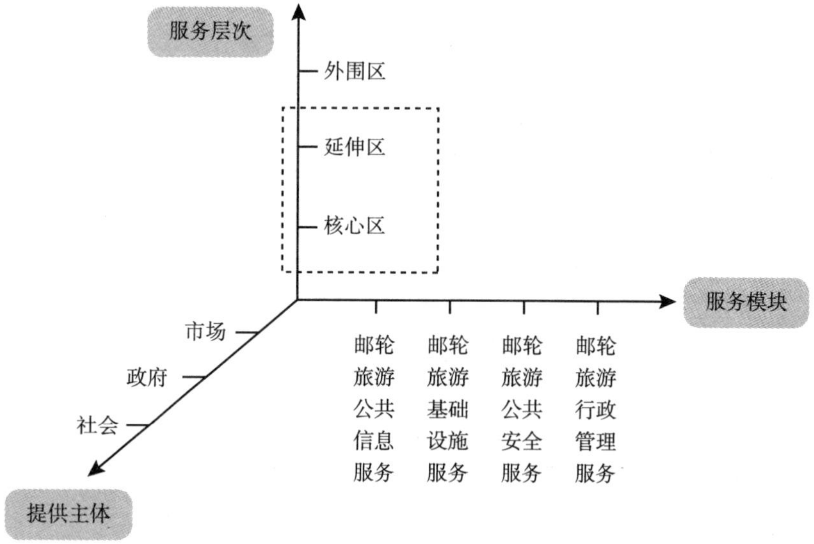

图 6　邮轮旅游综合体公共配套服务体系结构

而是“点成线”——“线成面”的全覆盖服务。鉴于邮轮旅游公共信息服务在整个邮轮旅游公共配套服务中的核心地位，打造“港区—周边—腹地—全国—全世界”无缝衔接的邮轮旅游公共信息体系是必不可少的重要流程，其结构如图 7 所示。

（1）邮轮旅游公共信息服务内容的“点线成面”

第一，邮轮旅游信息咨询服务。必须以旅游公共信息标准为基础，以旅游咨询中心为基础的信息服务窗口和以旅游服务热线为基础的旅游信息声讯服务系统等共同构成。第二，邮轮旅游解说系统服务。在大量节省人力、物力和财力的前提下，必须以静态解说系统（标识系统）为主，动态解说系统（人员解说系统）为辅，构建完善的“动静结合”旅游解说系统。第三，邮轮旅游云信息服务。以智能服务终端为主，充分利用现代信息技术，完善邮轮旅游公共信息资源，加强邮轮旅游重要信息发布，不断扩大邮轮旅游公共信息服务的覆盖面。

（2）邮轮旅游公共信息服务范围的“点线成面”

邮轮旅游公共信息服务并不仅仅是港区内部即核心区的信息服务，而是三个层次的信息联动与无缝衔接。首先，点服务——核心区信息服务，即在核心区必须建立能够与外部信息服务匹配的信息服务体系，为核心区与延伸区甚至

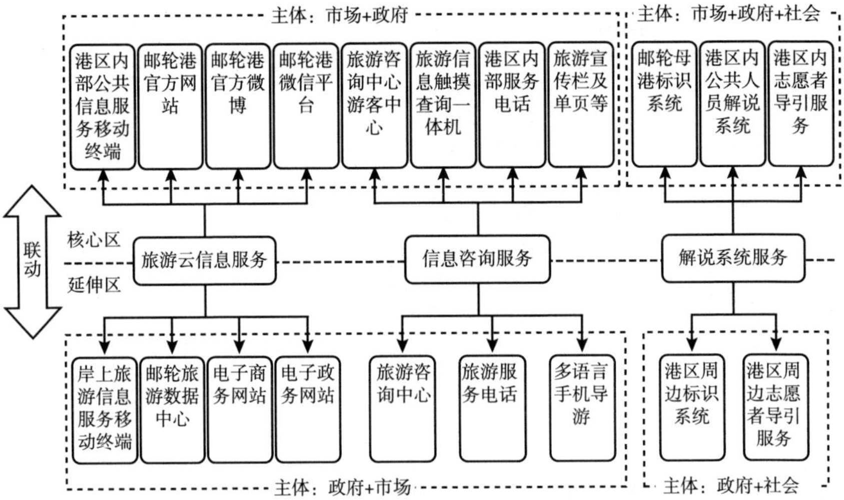

图7　邮轮旅游综合体公共信息服务构成

是外围区信息服务体系的衔接奠定坚实基础。其次，线服务——核心区与延伸区信息的有效衔接。邮轮旅游的特殊性决定了其信息服务必须考虑内部与外部信息的衔接问题，即邮轮旅游信息咨询、邮轮旅游解说系统以及邮轮旅游云信息的全方位的有效对接。最后，面服务——延伸区、外围区信息的全面覆盖，此层面的建设需要有全方位的顶层设计的支持和保障。

（3）邮轮旅游公共信息服务主体的“三剑合璧”

邮轮旅游公共信息服务的提供主体分别是政府、市场和社会。其中，核心区的信息服务多是以市场（邮轮港口公司）为主导，政府和社会为辅助。市场主要负责进行各类信息的构建，而政府则起到宏观指导的作用，社会则为其提供人力支持，如旅游云信息服务和旅游信息咨询服务的提供主体是以市场为主，政府为辅，旅游解说系统服务的提供主体则是以市场为主、政府和社会为辅。

延伸区和外围区要想实现全面覆盖，则需要政府的宏观调控，因此，延伸区和外围区多以政府为提供主体，市场和社会作为辅助。其中，旅游云信息服务和旅游信息咨询服务的提供主体是以政府为主，市场为辅，旅游解说系统服务的提供主体则是以政府为主，社会为辅共同构建邮轮旅游公共信息服务体系。

2. 实现载体——邮轮旅游基础设施服务

邮轮旅游基础设施服务是延伸区和外围区公共配套服务实现的载体，是邮轮游客最直接的接触点。因此，邮轮旅游基础设施的优劣及衔接度最直接也是最强有力地影响邮轮游客的满意度，其结构如图 8 所示。

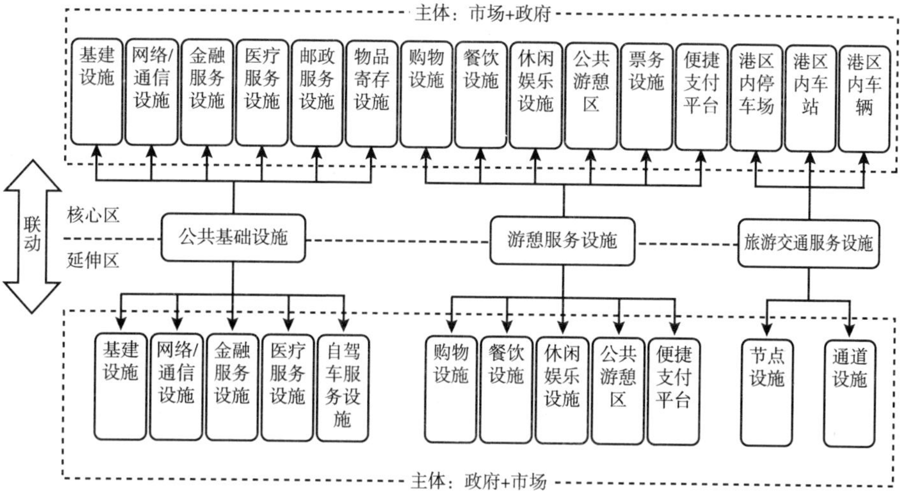

图 8　邮轮旅游综合体基础设施服务构成

（1）邮轮旅游基础设施服务的内容

邮轮旅游基础服务设施主要由公共基础设施、游憩服务设施以及旅游交通服务设施等三部分构成。其中，公共基础设施主要是邮轮游客实现正常业务办理和生活所必备的最基本的设施，如基建设施，网络、通信设施，金融服务设施（ATM 机、货币兑换点等），医疗服务设施，邮政服务设施，物品寄存设施，便捷支付平台（手机支付、现金支付、刷卡）等。游憩服务设施主要是满足邮轮游客在核心区、延伸区和外围区的休憩以及游览的需求提供的相应设施。

（2）邮轮旅游基础设施服务的范围

邮轮旅游基础设施服务主要从“三个层次”和“三个衔接”方面来构建。其中“三个层次”是指核心区、延伸区和外围区，“三个衔接”则分别体现在：首先，核心区的公共基础设施、游憩服务设施、旅游交通服务设施，都应严格按照国家甚至是国际相关标准进行构建。其次，核心区与延伸区、外围区的无缝衔接，此方面的完美衔接是邮轮游客体验的重要节点，旅游交通设施快速高效地帮助邮轮游客完成在核心区和延伸区、外围区之间的转移。最后，外围区不同旅游目的地间的无缝衔接，要想实现此目标，基础设施的建设必须有严格统一的建设标准，并且有强有力的宏观调控，同时逐渐扩展为为邮轮游客岸上旅游提供便捷的服务。节点设施方面：第一，要构建旅游集散物流中心，按照现代物流的理念，根据邮轮游客需求，包括产品、时间等方面的要求而进行配送，使旅游产品以物流的形式在各地旅行社之间快速流动起来；第二，要构建港区周围便捷的租车服务体系，发展邮轮旅游一个重要的方面就是开拓岸上旅游，而邮轮母港所在区域一般离核心景区（旅游目的地）较远，故构建拥有自动定位系统的全国范围的租车服务体系是实现岸上旅游繁荣的一条重要途径；第三，要构建港区周围公共自行车服务体系，该体系的构建主要是为短期岸上游览的邮轮游客提供游览的重要交通工具；第四，停车场，完备的停车场是实现亲朋接送旅客的最基本的设施。通道设施方面：其一，要完善邮轮旅游综合体节点处的城市交通设施（出租车、公交车、轨道交通）的衔接工作，使邮轮游客实现最快捷的目的地转移；其二，要在邮轮旅游综合体节点处构建衔接轨道交通、公交站点、机场、火车站、汽车站快速交通，实现核心区与延伸区、外围区的高效联动。

（3）邮轮旅游基础设施服务的提供主体

核心区邮轮旅游基础设施的提供主体为市场（邮轮港口公司）和政府，公共基础设施、游憩服务设施以及旅游交通服务设施基本上是由港区所在邮轮公司承建，但政府在其建造过程中亦起到指导等作用。延伸区与外围区的邮轮旅游基础设施的提供主体亦为市场（邮轮港口公司）和政府，但不同的是，由于港区外的基础设施建设体量巨大，不是市场愿意或能够承担的。因此，延伸区与外围区的基础设施则是以政府为主导、市场为辅助的模式进行建设的。

3. 服务前提——邮轮旅游公共安全服务

邮轮旅游公共安全服务是延伸区与外围区公共配套服务提供的前提和保障，任何安全事故的出现都可能影响该地区甚至该国家的旅游发展走势，打造坚强牢固的邮轮旅游公共安全服务网络是发展邮轮旅游的前提和保障，其结构如图9所示。

（1）邮轮旅游公共安全服务的内容

邮轮旅游公共安全服务主要由安全制度、安全设施以及安全监测三方面构成。即通过建立健全邮轮旅游安全保障法制、体制和机制；强化旅游安全风险防范，建立健全旅游目的地安全风险的监测、评估和预警制度；加强邮轮旅游安全监管，落实邮轮旅游安全责任，加强宣传教育与培训；完善各类邮轮旅游

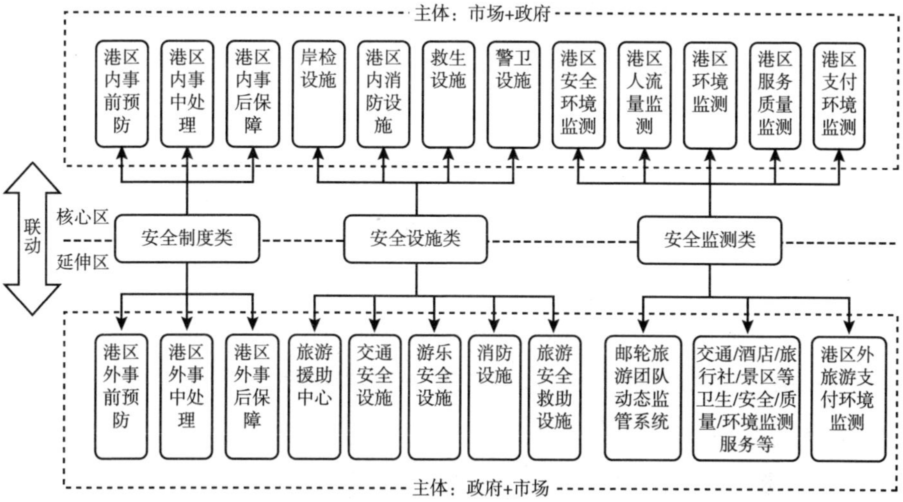

图9　邮轮旅游综合体公共安全服务网络

接待单位的应急救援设施设备与服务，强化应急预案体系建设，探索建立一批邮轮旅游应急救援基地，增强邮轮旅游应急处置能力；继续推动实施旅行社责任保险统保示范项目，进一步完善邮轮旅游保险体系等。

（2）邮轮旅游公共安全服务的范围

邮轮旅游公共安全服务的范围为邮轮旅游公共安全服务核心区和延伸区两个层次，核心区的安全服务主要是对内部的环境、设施、灾情、人流、治安等方面进行事前、事中及事后的预防、处理和监测，为邮轮游客提供一个安全的港区环境。延伸区的安全服务主要是通过对港区附近甚至全国范围的食、住、行、游、购、娱、灾情、人流等方面的预防、处理和监测，并与核心区的安全网络衔接，形成公共安全服务保障平台。

（3）邮轮旅游公共安全服务提供的主体

邮轮旅游公共安全服务提供的主体分别是政府和市场，但核心区与延伸区、外围区的主导者是不同的。核心区的安全制度、安全设施以及安全监测都需要市场（邮轮港口公司）根据国家甚至国际的制度、要求和标准进行构建，政府在这个过程中肩负着监督和督促的重要使命。延伸区与外围区的安全制度、安全设施以及安全监测则是在政府宏观调控的基础上进行构建，市场在这个过程中起到辅助及信息提供、反馈等作用。

4. 服务保障——邮轮旅游行政管理服务

邮轮旅游行政管理服务属于保障类服务，以政府为主体，市场和社会为辅，负责宏观调控，为邮轮旅游综合体内各项活动提供有力的保障。主要由邮轮旅游相关政策法规、邮轮旅游规划开发与管理、邮轮旅游人才管理和邮轮旅游动态监管等四部分构成。其中，邮轮旅游相关政策法规标准类主要由相关的政策法规和规范标准构成，作为制度类建设其提供主体为政府；邮轮旅游规划开发与管理类服务主要由相关的规划、管理、宣传等方面构成，如邮轮旅游发展规划、国际邮轮母港建设规划、邮轮旅游环境污染的防治与治理、邮轮旅游宣传与促销、邮轮旅游展销会等，其提供主体以政府为主，市场为辅。邮轮旅游人才管理主要由研究机构、人才培养、人才认定、人才信息管理以及志愿者管理等方面构成，由政府、市场和社会共同提供。邮轮旅游动态监管则主要包括邮轮旅游诚信信息发布及管理机制、邮轮旅游质量服务系统、邮轮旅游电子合同等方面，其提供主体则是以政府为主导，其结构如图 10 所示。

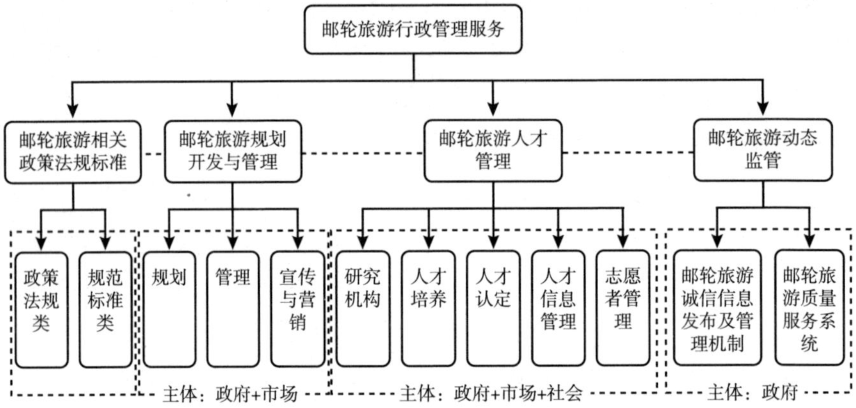

图 10　邮轮旅游综合体行政管理服务构成

通过对邮轮旅游基础设施服务、邮轮旅游公共信息服务、邮轮旅游公共安全服务以及邮轮旅游行政管理服务等四个模块的内容、范围以及提供主体等方面的剖析，将邮轮旅游综合体公共配套服务体系的立体结构图解剖为平面图，其结构如图 11 所示；同时，通过亦将邮轮旅游综合体公共配套服务体系的立体结构图解剖为表格形态，见表 2。

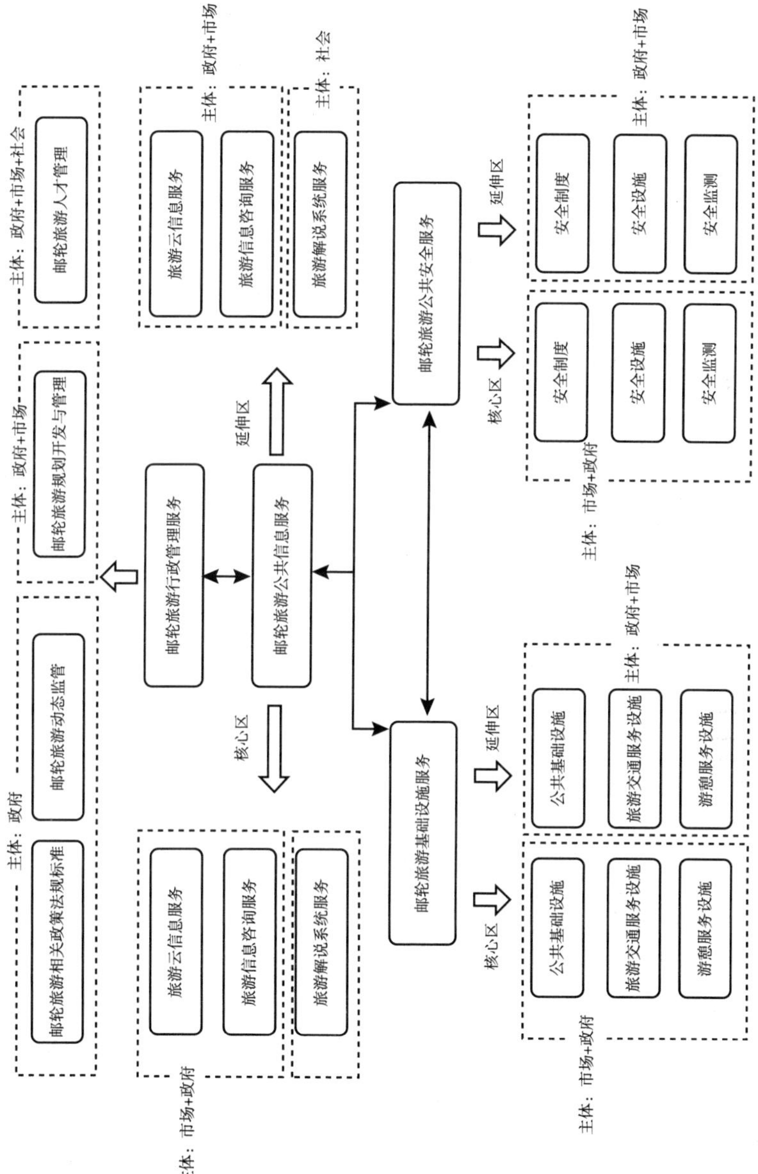

图 11 邮轮旅游综合体公共配套服务体系平面结构

表 2　邮轮旅游综合体公共配套服务体系构成

<table>
<tr><th>服务模块</th><th>范围</th><th>内容构成</th><th colspan="2">表现形式</th><th>选择性</th><th>提供主体</th></tr>
<tr><td rowspan="25">邮轮旅游公共信息服务</td><td rowspan="11">核心区</td><td rowspan="4">旅游云信息服务</td><td colspan="2">港区内公共信息服务移动终端</td><td rowspan="2">必备</td><td rowspan="4">市场＋政府</td></tr>
<tr><td colspan="2">邮轮港官方网站</td></tr>
<tr><td colspan="2">邮轮港官方微博</td><td rowspan="2">可选</td></tr>
<tr><td colspan="2">邮轮港微信平台</td></tr>
<tr><td rowspan="4">旅游信息咨询服务</td><td colspan="2">旅游咨询中心/游客中心</td><td rowspan="4">必备</td><td rowspan="4">市场＋政府</td></tr>
<tr><td colspan="2">旅游信息触摸查询一体机</td></tr>
<tr><td colspan="2">旅游宣传栏及单页等</td></tr>
<tr><td colspan="2">港区内部服务电话</td></tr>
<tr><td rowspan="3">旅游解说系统服务</td><td colspan="2">邮轮母港标识系统</td><td rowspan="2">必备</td><td rowspan="3">市场＋政府＋社会</td></tr>
<tr><td colspan="2">港区工作人员解说系统</td></tr>
<tr><td colspan="2">港区内志愿者导引服务</td><td>可选</td></tr>
<tr><td rowspan="14">延伸区</td><td rowspan="6">旅游云信息服务</td><td colspan="2">邮轮岸上旅游信息服务移动终端（涉及食、住、行、游、购、娱等云信息服务）</td><td rowspan="5">必备</td><td rowspan="6">政府＋市场</td></tr>
<tr><td colspan="2">邮轮旅游数据中心</td></tr>
<tr><td colspan="2">电子商务网站</td></tr>
<tr><td colspan="2">电子政务网站</td></tr>
<tr><td colspan="2">数据共享与服务平台</td></tr>
<tr><td colspan="2">数据共享与服务平台</td><td>可选</td></tr>
<tr><td rowspan="3">旅游信息咨询服务</td><td colspan="2">旅游咨询中心</td><td rowspan="2">必备</td><td rowspan="3">政府＋市场</td></tr>
<tr><td colspan="2">旅游服务电话［旅游热线、旅游投诉电话、问讯电话（114、天气预报等）、12315 权益保障热线、急救报警热线等］</td></tr>
<tr><td colspan="2">多语言手机导游</td><td>可选</td></tr>
<tr><td rowspan="4">旅游解说系统服务</td><td rowspan="3">港区周边标识系统</td><td>港区周边环境、设施等标识系统</td><td rowspan="3">必备</td><td rowspan="4">政府＋社会</td></tr>
<tr><td>港区周边景区导引标识系统</td></tr>
<tr><td>港区辐射地交通导引标识系统</td></tr>
<tr><td colspan="2">港区周边志愿者导引服务</td><td>可选</td></tr>
<tr><td rowspan="9">邮轮旅游基础设施服务</td><td rowspan="9">核心区</td><td rowspan="9">公共基础设施</td><td rowspan="9">基建设施</td><td>邮轮港口航道</td><td rowspan="9">必备</td><td rowspan="9">市场＋政府</td></tr>
<tr><td>泊位</td></tr>
<tr><td>邮轮维修/补给设施设备</td></tr>
<tr><td>引航设施</td></tr>
<tr><td>舷梯、电梯、扶梯类设施</td></tr>
<tr><td>仓库（临时性仓库、保税仓库等）</td></tr>
<tr><td>水、电设施</td></tr>
<tr><td>空调类设施</td></tr>
<tr><td>卫生设施（垃圾桶、卫生间、垃圾收集站等）</td></tr>
</table>

续表

服务模块	范围	内容构成	表现形式		选择性	提供主体
邮轮旅游基础设施服务	核心区	公共基础设施	基建设施	无障碍设施（无障碍电梯、无障碍通道等）	必备	市场+政府
				休憩设施		
			网络、通信设施	无线通信设施		
				无线网络		
				上网区域设施	可选	
			金融服务设施（ATM 机、货币兑换点等）			
			医疗服务设施		必备	
			物品寄存设施			
			邮政服务设施		可选	
		游憩服务设施	购物设施[大型旅游（购物）街区、免税商店]		必备	市场+政府
			票务设施			
			便捷支付平台（手机支付、现金支付、刷卡）			
			餐饮设施		可选	
			休闲娱乐设施			
			公共游憩区（标志性景观、特色观光步道）			
		旅游交通服务设施	港区内停车场		必备	市场+政府
			港区内车站	短驳车站		
				出租车站		
				旅游巴士站		
			港区内车辆	短驳车		
				旅游观光车	可选	
	延伸区	公共基础设施	基建设施	水、电设施	必备	政府+市场
				卫生设施（垃圾桶、卫生间、垃圾收集站等）		
				无障碍设施（无障碍电梯、无障碍通道等）		
				休憩设施		
			网络、通信设施	无线通信设施		
				无线网络		
			金融服务设施（银行、ATM 机、货币兑换点等）			
			医疗服务设施			
			自驾车服务设施	自驾车服务区	可选	
				自驾车营地设施		

续表

服务模块	范围	内容构成	表现形式		选择性	提供主体
邮轮旅游基础设施服务	延伸区	游憩服务设施	购物设施		必备	政府+市场
			餐饮设施			
			休闲娱乐设施			
			住宿设施			
			公共游憩区(景区点、博物馆等)			
			便捷支付平台(手机支付、现金支付、刷卡)			
		旅游交通服务设施	节点设施	停车场	必备	政府+市场
				旅游集散物流中心	可选	
				港区周围便捷的租车服务体系		
				港区周围公共自行车服务体系		
			通道设施	城市交通设施(出租车、公交车、轨道交通)	必备	政府+市场
				衔接机场的快速交通设施		
				衔接火车站的快速交通设施		
				衔接主要汽车站的快速交通设施		
邮轮旅游公共安全服务	核心区	安全制度类	事前预防	邮轮母港应急预案(邮轮临时不能停靠、爆炸、纵火、踩踏等)	必备	市场+政府
				假日旅游预报制度		
			事中处理	旅游警示信息发布制度		
				紧急救援机制		
				医疗服务合作机制		
			事后保障	保险体系		
				邮轮游客投诉处理机制		
		安全设施类	岸检设施		必备	市场+政府
			港区内消防设施			
			救生设施			
			警卫设施			
		安全监测类	港区安全环境监测		必备	市场+政府
			港区人流量监测			
			港区生态环境监测			
			港区服务质量监测			
			港区支付环境监测			

续表

服务模块	范围	内容构成	表现形式		选择性	提供主体
邮轮旅游公共安全服务	延伸区	安全制度类	事前	旅游安全信息网	必备	政府 + 市场
				旅游应急预案（爆炸、纵火、踩踏等）		
				假日旅游预报制度		
			事中	旅游警示信息发布制度		
				紧急救援机制		
				医疗服务合作机制		
			事后	旅游保险体系		
				投诉处理机制		
		安全设施类	旅游援助中心		必备	政府 + 市场
			交通安全设施			
			游乐安全设施			
			消防设施			
			旅游安全救助设施等			
		安全监测类	交通、酒店、旅行社、景区等卫生、安全、质量、环境监测服务等		必备	政府 + 市场
			港区外旅游支付环境监测			
			邮轮旅游团队动态监管系统		可选	
邮轮旅游行政管理服务	核心区 + 延伸区	邮轮旅游相关政策法规标准	政策法规类	岸检相关政策法规（一关三检）	必备	政府
				多港挂靠政策		
				过境免签政策		
				金融政策（保险、信贷、邮轮专项基金）		
				邮轮（港）相关政策法规		
				优惠政策		
				相关安全政策法规		
			规范标准类	邮轮旅游服务标准		
				邮轮旅游管理办法等		
		邮轮旅游规划开发与管理	规划（邮轮旅游发展规划、国际邮轮母港建设规划）		必备	政府 + 市场
			管理（邮轮旅游环境污染的防治与治理）			
			宣传与营销（邮轮旅游宣传与促销、邮轮旅游展销会）			

续表

服务模块	范围	内容构成	表现形式	选择性	提供主体
邮轮旅游行政管理服务	核心区+延伸区	邮轮旅游人才管理	研究机构(邮轮相关研究机构)	必备	政府+市场+社会
			人才培养[邮轮旅游专业人才培养(高校、专业学校)、邮轮教育培训基地(中心)或固定培训点、制定邮轮旅游从业人员教育培训计划]		
			人才认定(从业人员资质认证)		
			人才信息管理(邮轮旅游人才信息档案库)		
			志愿者管理	可选	
		邮轮旅游动态监管	邮轮旅游诚信信息发布及管理机制	可选	政府
			邮轮旅游质量服务系统		

五　上海邮轮旅游公共配套服务总体设计

(一)指导思想

深入贯彻落实科学发展观，以《国务院关于推进上海建设国际航运中心等意见》、《上海市加快国际航运中心建设“十二五”规划》为纲领，按照加快建设“四个中心”和加快实现“四个率先”的总体要求，以建设国际邮轮旅游枢纽中心和建设国际邮轮城为发展目标，以配套港口区域范围内的公共基础设施、公共交通、公共信息服务为核心，提升邮轮旅游综合体的吸引力，建成具有配套设施齐全、服务功能完备、辐射能力较强的国际航运中心。

(二)配套服务

上海邮轮旅游综合体的核心区主要是北至漠河路林带、南至吴淞口、西至宝杨支路、塘后路，总占地面积约1.4平方公里的范围；延伸区主要是沿滨江南、北向宝杨路延伸，北至宝钢（集团）公司厂区边界，南至上港九区、十区，西至同济路和北泗塘，区域总面积约3.2平方公里的范围；外围区即为延伸区以外的范围。

1. 主要任务

（1）邮轮旅游公共信息服务配套

在核心区与延伸区范围内邮轮旅游公共信息的重点配套建设主要包括以下几个方面。

①构建智慧旅游公共服务平台

• 网站、移动 APP 类

第一，通过构建移动终端 APP 平台和电子商务平台将餐饮、住宿、交通、购物、娱乐、商务等相关信息进行整合；第二，通过重新构建电子政务平台，促使宝山区以及上海市政府、各服务监管单位、各经营企业、各代理公司、保税港区达到信息共享整合资源，达到管理联动，实现口岸通关的高效畅通以及岸上旅游的繁荣发展。

• 专项邮轮旅游服务热线

在上海原有的旅游服务咨询热线的基础上开辟邮轮旅游专项服务热线，并通过高科技的信息集成，为游客提供食、住、行、游、购、娱等方面以及天气状况的信息咨询、查询事宜，为游客提供便利的信息咨询服务。

• 完善旅游信息咨询服务

第一，根据邮轮旅游综合体内邮轮游客的需求，完善旅游咨询、旅游投诉、票务订购等功能，同时，按时按量的补充旅游宣传单页；第二，在延伸区增加相应的旅游咨询服务中心，提供邮轮旅游的专项服务。

• 智慧旅游支付平台

通过构建一体化、智能化旅游支付平台，要求核心区、延伸区甚至是外围区的所有商户都统一联网，加入到智慧旅游支付平台中，使邮轮旅游综合体甚至是整个上海地区都实现统一、便捷的交易支付。同时，要构建智慧旅游支付平台的安全监控体系。

• 智能交通管理系统

第一，交通参数采集，如交通参数采集、车辆信息识别、车辆通行告警信息采集等；第二，交通事件感知，如车辆拥堵监测、车辆逆行监测、非法停车监测、行人闯入监测等；第三，交通诱导，在核心区与延伸区设置 LED 显示屏将产生的交通信息发送给游客。

• 应急救援中心

建立集灾情（事故灾害、自然灾害和社会安全事件等）预警、紧急救援、投诉处理、环境监测等功能于一体，对邮轮旅游综合体内发生的任何事件都能快速地做出应急反应，并调度相关部门迅速进行处理。

②重构旅游信息解说系统

上海邮轮旅游综合体内的标识系统存在不完善、衔接断层、标识本身不规范等问题。为了使邮轮游客能够高质量的享受综合体内的各项服务，需在原有标识系统的基础上将区内的识别标识、导引标识、信息说明标识、管理标识等重新统一规划与布局，构建高效完备的邮轮旅游综合体标识系统，实现核心区、延伸区与外围区标识的有效衔接。

（2）邮轮旅游基础设施服务配套

①整治主干道，开发新空间

第一，进一步加大道路新建，打通断头路，疏通拥堵节点，拓宽、整治通往邮轮港口的主干道宝杨路，也可在宝杨路上方建立高架桥，或在宝杨路地下建立地下通道，对接港口码头与轨道交通站点；第二，利用地形高低差异，对港口码头周边区域开发地块的地下空间进行整体开发；第三，实现客货运通道分离，提高运行效率和交通品质。

②推广绿色交通，引入新型交通工具

第一，推广绿色交通建设，完善公共租赁自行车网络体系建设；第二，积极推进有轨电车实施线路和方案，将有轨电车运用在上海吴淞口国际邮轮母港的短驳交通和观光游览上；第三，考虑发展水上公交，将黄浦江、苏州河水上旅游线路与吴淞口国际码头有机联系起来，满足邮轮旅客的多元化旅游需求。

③建立快速交通体系

以核心区与延伸区为节点，建立连接核心区与延伸区的快速通道。其中延伸区的节点主要建立在虹桥机场、浦东机场、上海火车站、上海南站等交通站点，通过打造城际快车和直达巴士等方式实现。

④构建便捷的租车服务体系

通过借助第三方租车公司，在港区附近构建集租车、换证（驾照）、还车等服务于一体的租车服务体系。同时，在邮轮旅游综合体内借助上海及长三角地区已有的房车（自驾车）营地为游客提供休整的场所，并有选择的建立自驾车服务区。

（3）邮轮旅游公共安全服务配套

完善上海邮轮旅游综合体的自然环境保护和社会环境安全监管体系。首先，健全公共安全保障机制，即建立健全邮轮母港安全救援机制、旅游警示信息发布机制，加强邮轮旅游综合体特别是核心区和延伸区的人流监测、支付环境监测、旅游服务质量监测，并推动建立邮轮突发事件保险理赔机制；其次，完善硬件配套设施，即完善上海邮轮旅游综合体的安保设施、消防设施、救援设施以及监测设施等，进一步建立邮轮旅游安全救援基地，真正做到事前预防、事中处理和事后保障。

（4）邮轮旅游行政管理服务配套

建立健全管理机构，充实机构及部门的管理人员，在保证管理人员的数量及管理服务水平质量的基础上，实现管理人员对核心区、延伸区及外围区的有重点、分层次的服务与管理。在管理制度及管理功能上，建立以游客满意度为核心的旅游服务质量管理体系，形成分层次的旅游服务质量监督管理机制。

2. 优先发展

（1）建立邮轮旅游公共服务中心

在智慧旅游公共服务平台的基础上，建立邮轮旅游公共服务中心，发挥组织协调、信息服务、资源配置、营销推广、应急管理等功能，实现统一平台、统一通信、统一部署、统一指挥、统一调度。

（2）整治主干道

加大道路新建、扩建投入力度，打通断头路，疏通拥堵节点，拓宽、整治通往邮轮港口的主干道宝杨路，也可在宝杨路上方建立高架桥，或在宝杨路地下建立地下通道，对接飞机场、火车站等对外交通枢纽。

（3）完善标识系统

重点完善核心区、延伸区的识别性标识、导向性标识、信息说明性标识以及管理性标识，同时，完善延伸区与外围区衔接处的导向性标识，实现内外区域的有效衔接。

（4）构建全方位监控（测）系统

重点布局、设置核心区与延伸区的监控（测）摄像设备，形成全方位的监控（测）系统，从而为邮轮旅游公共服务中心的组织协调、信息服务、资源配置、应急管理、交通管制提供原始数据。

（三）保障措施

1. 建立健全组织协调机制

构建以政府为主导，以企业为辅助，以市场为导向的邮轮产业发展合作新模式，成为邮轮旅游公共服务配套建设的理想框架。

（1）政府部门

明确各部门的职责，相互协调配合。建立健全邮轮母港旅游警示信息发布制度、邮轮旅游团队动态监管系统、应急预案、紧急救援机制、邮轮游客投诉处理机制等，做到对港区安全环境监测、人流量监测、环境监测、服务质量监测的多重监测。

（2）建立邮轮旅游管理机构（协会）

邮轮母港的建设借鉴国际上西雅图港务局的做法，成立邮轮旅游管理委员会，对港口及周边地区进行统一管理，对资源进行统一调度和分配。

（3）相关企业

政府与实力较强的旅游集团合作建立专业的邮轮旅游信息官方网站，出版、印刷发行上海邮轮旅游杂志与宣传资料以及成立专业咨询机构推动邮轮经济问题研究，举办邮轮论坛，定期发布上海邮轮产业发展报告等，加快构筑一个有效宣传上海邮轮旅游的综合信息平台。

（4）市场要素

充分发挥政府对邮轮旅游的主导作用，加大旅游业的投入，加强非政府主体间的合作与交流，适应市场化的趋势，实现投资主体的多元化，投资形式的多样化。此外，还应通过调查问卷、座谈访谈、游记分析等形式和途径，分析游客需求，丰富邮轮旅游产品体系，提供优质的旅游服务。

2. 积极争取资金和政策支持

国际邮轮母港的建设需要及时在国家层面、市级层面、区级层面进行合理规划、统一协调，做到宏观方面的科学指导。

（1）设立专项发展基金

邮轮港口的公共服务配套建设需要政府在土地分配、信息建设、人才培养、基建设施等配套工程和资金、税收、劳动力等方面的鼎力支持，通过设立专项发展基金扶持等途径来发展邮轮旅游公共配套服务建设。

（2）争取政策先行先试

开展国际船舶登记制度、船舶税收政策和航运税收政策试点。实现岸检相关政策法规、挂靠政策、过境免签政策、金融政策（保险、信贷、邮轮专项基金）、邮轮（港）相关政策法规、优惠政策的多点政策的落地实施。

3. 创新邮轮旅游服务人才培养机制

邮轮产业的持续发展，离不开科研机构的鼎力支持。高校、科研院所扮演着邮轮政策研发、邮轮旅游人才培养、邮轮港口区域环境监测与治理等方面的角色。采取“校校、校企合作”、“基地实践”等举措，加强邮轮产业服务人才的引进培育工作与国外邮轮公司和邮轮教育机构的合作，探索邮轮人才合作培养模式，形成邮轮服务人才高地，建立国际化、多功能的国际邮轮人才服务平台。

4. 完善邮轮旅游公共服务规制建设

在邮轮旅游标准化建设方面，借鉴国内外经验，结合港区实际和国家现有法规标准，从邮轮母港标识、邮轮旅游人员服务标准、邮轮母港设施建设标准等方面入手，积极研制邮轮旅游相关标准，完善邮轮旅游公共服务的标准化建设工程，加快研究制定邮轮码头服务标准。

参考文献

Henthorne T L, An analysis of expenditures by cruise ship passengers in Jamaica, *Journal of Travel Research* 38（2000）: 246 - 250.

Coletti P & Brida J G: Tourist's Intention of returning to a visited destination: Cruise ship passengers in Cartagena De Indias, 2011, http://papers. ssru. com/sol3/papers. cfm? Abstract_id = 1617894.

Petrick J F, Segmenting cruise passengers with price sensitivity, *Tourism Management* 26（2005）: 753 - 762.

Teye V & Paris C M, Cruise line industry and Caribbean tourism: Guest' motivations, activities and destination preference, *Tourism Review International* 14（2011）: 17 - 28.

胡建伟、陈建淮：《上海邮轮产业集群动力机制研究》，《旅游学刊》2004 年第 1 期。

钱林霞、管文海：《太子湾邮轮母港将是深圳经济新亮点》，《新经济杂志》2009 年第 Z2 期。

寿建敏、孙景龙、王煜：《加快港口功能建设，保障港口通过能力》，《集装箱化》2009 年第 12 期。

吴心宏：《港口发展功能定位的探讨——以上海为例》，《城市公用事业》2010 年第 2 期。

张言庆、寇敏、马波：《国外邮轮旅游市场研究综述》，《旅游学刊》2012 年第 2 期。

孙晓东、冯学钢：《中国邮轮旅游产业：研究现状与展望》，《旅游学刊》2012 年第 2 期。

张明香：《关于推进上海邮轮母港发展的思考和建议》，《中国港口》2013 年第 5 期。

张梦瑶、刘云：《邮轮旅游发展研究述评》，《保山学院学报》2014 年第 1 期。

唐莉：《上海邮轮市场发展研究》，《世界海运》2015 年第 5 期。

叶灵燕：《上海邮轮经济"热潮涌动"》，《中国贸易报》2013 年 12 月 24 日，第 8 版。

何立强、李佳：《天津设立中国邮轮旅游发展实验区》，《中国旅游报》2013 年 4 月 8 日，第 1 版。

陈晓鹏、胡海涛：《国际邮轮与邮轮服务》，湖南大学出版社，2013。

李爽：《旅游公共服务体系建构》，经济管理出版社，2013。

魏小安等：《中国海洋旅游发展》，中国经济出版社，2013。

徐菊凤：《旅游公共服务：理论与实践》，中国旅游出版社，2013。

杨杰、刘燕：《邮轮运营实务》，对外经济贸易大学出版社，2012。

谷艳艳：《城市旅游公共服务体系构建与质量评价》，上海师范大学硕士学位论文，2011。

刘柏鹤：《我国邮轮母港投资风险评价与防控措施研究》，大连海事大学硕士学位论文，2013。

胡念望：《温州海洋文化旅游发展战略与保障措施研究》，浙江海洋学院硕士学位论文，2014。

百度百科：《系统论》，2013，http://baike.baidu.com/view/62521.htm。

百度百科：《公共产品理论》，2013，http://baike.baidu.com/link?url=Jo2reO-kRvz5xfHPb7mDAY9M9T_MwoSyhX9rr8XgQKdjJ2S2kxageXvfDUmz0fLE-TkV-2IpUJrgRdEjfWoI6a.

宝山区人民政府：《上海邮轮经济"热潮涌动" 吴淞口国际邮轮港将启动二期建设》，2013，http://bsq.sh.gov.cn/zwxx/zxbd/201312/t20131225_163950.html。

川大智胜：《城市智能交通管理系统》，2013，http://www.wisesoft.com.cn/InforDetail.aspx?id=News6117be32-bd02-4fab-9300-85640ca25ea4。

《上海市加快国际航运中心建设"十二五"规划》。

《中国旅游公共服务"十二五"专项规划》。

G.15
基于利益相关方责任的邮轮“霸船”事件思考

叶欣梁*

摘　要：邮轮旅游是一种新兴休闲旅游产品，近年来在我国发展迅速，同时也伴随着以邮轮“霸船事件”为代表的邮轮承运纠纷高发。分析邮轮旅游中的各利益相关方责任关系，明确各方在邮轮旅游中的权利与义务关系具有重要的现实意义。本文首先分析在邮轮旅游活动中涉及的各利益相关方及其责任关系；其次参考国外经验、机场运作经验、邮轮纠纷处理国际惯例以及我国相关法律，根据邮轮承运纠纷的触动因子将邮轮承运纠纷分为邮轮延误、航线变更或取消、强制滞留等八类，并尝试提出纠纷处置法律参照，在此基础上对不同利益相关方有针对性地分析承运纠纷产生的原因；最后从宏观——国家层面和微观——邮轮旅游相关方多个角度，对邮轮承运纠纷的预防和处置提出建议和对策。

关键词：邮轮旅游　霸船　承运纠纷　利益相关方责任

前　言

近三年，伴随着国内邮轮旅游产业的井喷式发展，邮轮“霸船事件”时

* 叶欣梁，工学博士，上海工程技术大学管理学院副教授，上海吴淞口国际邮轮港副总经理，上海国际邮轮经济研究中心副主任。

有发生。2015 年 8 月 31 日，“海洋量子号”由于遭遇台风天气临时更改线路，将日本游变成韩国游，遭数百位游客“霸船”。“霸船”是公众、媒体及相关人士对游客因对船方不满拒不下船现象的一种形象描述。“霸船”其实属于非法留置船舶，是一种海事侵权行为（彭卫东，2013）。据统计，2012 年发生在上海水域的“霸船事件”达 3 起，2013 年发生了 4 起，2014 年发生 6 起，最严重一次涉及近 400 人，“僵持”9 个小时，而 2015 年 7 月“歌诗达赛琳娜号”也发生 300 人“霸船事件”，对港口、邮轮公司、政府都带来了重大损失，严重影响了邮轮旅游市场的正常运营秩序，甚至对政府制定邮轮旅游发展战略产生了不利影响。

由于“霸船”这类事件在国外并不存在，关于霸船的研究主要集中在国内（吕方园，2014）。我国邮轮旅游尚处于起步阶段，“霸船事件”也是近三年（2012 ~2014 年）才陆续出现的，虽然相关媒体新闻报道多，但系统的理论研究较少，目前主要集中在“霸船事件”属性、原因和解决对策三个方面来研究。

一是从其法律属性来看，主要从公法违背与私法救济的角度来论证邮轮霸船是以维权为名、行霸权之实（郭萍，2013），同时由于缺乏相关的法律依据邮轮霸船事件处理重重困难。

二是从产生的原因来看，彭卫东（2013）指出：其一，“霸船”与堵马路等群体行为具有很大的相似性，游客“霸船”维权，然后政府相关部门出面干预，最后游客迅速拿钱走人，与到法院打官司相比效率高得多；其二，个人权利意识很强但法治意识特别是公民守法观念依然不强甚至很弱；其三，从众心理。

三是从解决对策来看，吕方园（2014）在《旅游法》的框架下寻找解决“霸船”事件的良策，提出邮轮霸船问题的有效解决亟须确立法治化治理理念，严格执法，并以倒逼的方式来培养游客的规则意识；同时，需要通过域外旅游纠纷裁决制度的本土化构建来形成一套行之有效的争端解决机制。何玉（2014）从法律的角度对靠港外籍邮轮“霸船”行为的港口国警察执法权的基本概念和内涵予以进一步明确。

上述研究基本上是从合同法的角度出发的，而邮轮旅游不同于一般的运输工具，它除了是运输工具还是旅游目的地，如果只从运输合同角度出发解决霸船事件，那么很难圆满地解决该问题，这也是霸船事件越来越多的原因之一。因此，从邮轮旅游利益相关方责任角度来研究解决邮轮游客霸船事件具有很强的学术和应用价值。

一　关于邮轮承运利益相关方责任分析

邮轮游客霸船事件与社会上群体性事件有着本质的不同，大多是由于航次不正常，游客认为服务不到位，自身权益受到侵害所致，其利益诉求与邮轮公司和旅行社利益发生冲突，双方产生严重的利益对立，游客以“闹事”的形式宣泄不满情绪，大多数事件游客的要求和目的是可以理解的，但是他们采取了非法的手段。对待邮轮游客霸船事件机关人员应当本着客观冷静的态度，从诉求到闹事再到群体事件，中间有着很长的酝酿期，了解事件的主客观原因，是做好处置工作的前提。

邮轮霸船事件，主要特指在邮轮旅游中，因邮轮班次不正常或其他特定原因，发生的邮轮游客 10 人以上聚众共同实施违反国家法律，危害公共安全、扰乱公共秩序的行为，表现行为主要是强行占据邮轮、阻碍正常邮轮班次运行、阻碍其他班次游客登船、引发冲突、封堵港口道路交通，以及打、砸、破坏港口公共设施，辱骂殴打邮轮公司、邮轮港公司及旅行社工作人员等。

邮轮旅游所涉及的利益关系方较一般的水上、陆地以及航空运输更为复杂，由于它执行的更多的是旅游职能，整个邮轮旅游就会涉及邮轮公司与旅行社、游客及邮轮港口的直接合同关系，旅行社与游客的合同关系，游客与港口的间接责任关系。因此，对邮轮旅游过程中出现的问题，如果处理不当，就很容易造成关系网混乱，引起承运纠纷。因此不管是邮轮公司、旅行社、游客还是港口都必须明确自身的承运责任，减少和避免霸船事件的发生。

（一）邮轮公司

作为提供服务的邮轮公司，其职责是为游客提供安全可靠的按照合同拟定的航程；根据合同提供完善的合同内的服务，包括住宿、休闲、饮食、娱乐；如遇到突发事件要按照合同条款保障游客的利益。邮轮公司的责任主要有以下几项。

1. 签订合同明确各方责任

邮轮公司在游客购买船票、旅行社代购船票时，应该通过合同的方式明确各方的合同责任。为了方便起见，邮轮旅游合同通常采用格式合同的形式，邮轮承运人制定标准合同书，并将合同主要条款印制在邮轮船票上，通过向游客出售船票的方式来缔结合同。

2. 保障游客合同期内的安全航行

邮轮公司的首要义务就是将游客及其行李从始发港安全地运至目的港，只有在邮轮开航前或开航后因为发生不可抗力事件而才能履行终止或改变合同。

3. 行前影响因素预测及发布

由于邮轮从订票到邮轮旅游相隔的时间很长，在亚洲，很多游客是首次选择邮轮旅游的，游客对邮轮的预期很高，但是，该航次在始发前也可能出现意外，特别是气象因素，如果不充分预测，做出相应的预防应对措施，那么当意外发生时，对游客的服务质量将受影响，降低游客的满意度，影响邮轮业的长足发展。

4. 履行邮轮旅游合同

邮轮不同于飞机、火车，邮轮本身就是目的地，本身就是一种旅游产品。游客登船之后，邮轮公司除了提供运输服务外，还应该严格履行旅游合同，根据合同船上为游客提供与客票标明内容一致的舱室、铺位或座位，以及事先约定的服务，例如免费膳食、生活必需品、免费娱乐项目以及合同之外的价格合理的餐饮服务和娱乐项目。

5. 合理延误下的其他责任

首先，合理延误是指由于邮轮公司无法控制的因素，如天气、航道管制、流量控制、突发事件、安检原因等造成的延误，属于合理延误。而因船次调配、邮轮维护、邮轮工作人员原因造成的延误，邮轮公司应当预见并可以避免，故属于不合理延误。

合理延误下，邮轮公司可以免除承担相应的法律责任，但其前提为“为避免损害已经采取了一切必要的措施或者不可能采取此类措施”，如果邮轮公司未尽其勤勉尽责的善良管理人的注意义务以避免损害之发生，仍应承担相应的法律责任。

另外，即使在合理延误下，邮轮公司仍有以下义务。

告知义务：及时向游客、旅行社告知因为不可抗力因素所造成的延误或取消靠泊，以减轻游客可能的损失。

协助义务：根据实际情况，为游客进行相应的替代安排、协助游客安排休息场所、食宿等必要的服务。

（二）旅行社

在邮轮旅游中，旅行社扮演着非常重要的角色，参考国内外从船票销售到整个邮轮旅游过程，绝大部分是由旅行社辅助完成的。在旅行社业务合同当中，最常见的有两种，即代办合同和包办合同。在中国，旅行社经手邮轮旅游业务时，基本是由旅行社包办邮轮旅游业务或者包船旅游。包办旅游合同因其内在规定性，即提供综合性的旅游服务，所以涉及的法律关系十分复杂，包括与邮轮公司和游客的合同关系等，为了在出现“霸船”时方便问题的解决，必须明确旅行社在邮轮旅游的整个承运期内的责任。

1. 责任关系

由于邮轮公司以包办邮轮旅游为主要经营方式，因此，邮轮公司应该提供游客报价合同所规定的基本服务。包办旅游合同的旅行给付具有多样性，包括整体筹划、准备、申请护照以及办理有关旅行手续、运送、住宿、餐饮及导游，这都是合同规定应该给予游客的基本服务。

目前常用的邮轮合同是出境旅游合同，此类合同适用广却过于笼统，并不完全适用于邮轮产品，既不能有效保障游客权益，也不能保障旅行社权益。

2. 邮轮公司的合同关系

由于邮轮本身就是邮轮旅游目的地，邮轮公司本身就经营着旅游服务，包括邮轮停靠地的岸上旅游服务。邮轮公司对游客的责任关系很多与旅行社对游客的责任关系重合了，为了更好地为游客服务，为了明确在发生突发情况时的责任关系、责任次序，便于问题的解决，合同必须明确双方的责任关系（方懿，2013）。

（1）船上关系

在船上，邮轮公司必须为游客提供事先与旅行社商定的服务项目。当游客与旅行社签订的是代办合同时，在游客登船后，旅行社对游客的责任关系则转移给邮轮公司，在船上邮轮公司就是第一责任人。当游客与旅行社签订的是包办合同时，在船上旅行社是第一责任人，邮轮公司是第二责任人，游客发生意外状况时首先由旅行社负责，由旅行社负责与邮轮公司的交涉工作。

（2）岸上旅游

这里分两种情况，首先，当游客的岸上观光项目是在旅行社购买的，则在岸上观光期间的第一责任人是旅行社。其次，当游客是直接在邮轮公司购买的观光项目时，则第一责任人是邮轮公司。

3. 承担合同责任

在邮轮旅游中，旅行社应该承担相应的合同责任，为游客提供合同约定的服务及合同之外的辅助服务；在发生违约或者旅游期间的突发事件时，旅行社应该主动承担相应的责任，不可推卸责任。

（三）游客

游客作为消费者，在整个邮轮航程中享有享受合同所拟定的服务的权利。但在邮轮公司、旅行社和港口履行相关承运责任后，游客也应该履行相关义务，这样才能促使邮轮产业健康发展，游客应该履行海商合同和旅游合同两方面意义上的义务。

1. 支付包括船票价款在内的旅游费用

交付旅游费用是游客的主要义务，在邮轮旅游合同中，游客通常以购买船票的方式来支付旅游费用。实践中一般船票的价格已经包含部分在邮轮上旅游项目和服务项目的费用。

2. 附随义务

依照诚信原则以及旅游合同的特征，游客还负有以下附随义务。

第一，协助义务，登船前和在船期间，游客应该仔细阅读相关合同规定和注意事项，服从船长的指挥和管理；配合旅行社的工作安排。在岸上游览观光时，游客应该尊重当地的语言文化和风俗习惯。

第二，提交旅游之必要证件的义务。

第三，守时、守法的义务。游客应当准时集合，按照规定或约定的限量携带行李，不得擅自携带或在行李中夹带违禁品或者危险品。

游客在维护自己合法权益时，应该理性维权，应该根据合同条款以及相关法律规定，通过正当的渠道维护自己的合法权益，不应该通过类似“滞船”这样的手段来维权，这样不仅不利于问题的解决，而且还影响了公共秩序。

（四）邮轮港

邮轮港不同于机场、车站和货运码头，执行码头功能，即提供邮轮停泊及上落访客与行李、货物等，邮轮港虽然与游客没有直接的合同关系，但是与邮轮公司有合同关系，从而在一定程度上承担了间接的辅助承运关系。

一是邮轮港口应该辅助邮轮公司发布邮轮到达的实时信息，及时跟踪邮轮航次安排，提供气候变化等信息，让游客充分了解邮轮相关运营信息。

二是邮轮港口的功能之一是游客上下船的集散枢纽，港口应该维护现场运营秩序，保证客运大厅内设施、设备运行正常，为游客提供一个安全、整洁的候船环境。

三是港口需提供处置问题和游客休息的场所，及时协调港口各保障部门、邮轮公司和旅行社做好问题的处置和服务保障工作，当游客因为“滞船”等事件提出超过协议范围的要求时，邮轮港需积极主动联系邮轮公司和旅行社协调解决。

四是辅助邮轮公司解决港口突发事件，维护港口及社会秩序。在实际运行中，邮轮港常会出现因邮轮延误产生纠纷继而发展为危害社会公共安全突发事件的情况，此时相关政府机关处理这些突发事件的有效性，是游客出行安全与邮轮的安全和谐发展的重要保障。特别是当邮轮游客因各种承运纠纷或者突发事件而“强行滞留”时，港口有责任维持现场秩序，辅助邮轮公司及相关部门解决问题，疏散游客，保证港口及邮轮的正常运行。

二　邮轮承运纠纷类别及原因分析

邮轮在中国发展晚，出现的纠纷事件总体上不多，为了更好地分析邮轮纠纷，这里笔者更多地参考了国外经验、机场运作经验和邮轮纠纷处理国际惯例以及我国的《合同法》、《消费者权益保障法》、《海商法》等，并且做出以下划分。

表1　纠纷类别

纠纷类别	纠纷触动因素	法律解释及处置义务
邮轮延误	天气原因:大雾、雷雨、风暴等不可抗力事件导致邮轮延误; 邮轮本身原因:邮轮故障,邮轮工作人员等不恰当操作造成邮轮延误; 港口原因:港口原因造成邮轮无法准点靠港,或没有合理安排游客准点登船,造成航行延误	参照《民用航空法》第126条规定和国际惯例,除不可抗力因素外,游客、行李或者货物在航空运输中因延误造成的损失,承运人(包括旅行社)应当承担责任。依据"特别法无规定时适用普通法"的原则,如果延误是由港口造成的,港口方应承担责任
航线变动或取消	合理取消:由于自然灾害;政府行为,主要指政策法律的改变;社会异常事件,如战争、社会动乱,政府实行封锁禁运等;以及邮轮非人为因素造成的邮轮技术故障,硬件损坏。 不合理取消:由于船公司自身问题造成的,例如,员工罢工,操作失误造成船体无法继续运作	参考《民用航空法》、《海商法》及《消费者权益保障法》,因不可抗力事件和采取合理措施避免不可抗力事件而引起的航线变动取消,承运方可以不承担责任,但有附随照顾、解释义务
强行滞留	由于员工原因造成船上群体性事件或船公司陷入经济纠纷而引起邮轮所处地政府的扣留或管理不当造成游客滞留港口等引起与游客的纠纷,例如"海娜号"事件等	根据《合同法》和《消费者权益保障法》,非不可抗力因素造成的滞留而给游客带来损失,承运人(包括旅行社)应该承担责任
服务质量问题	由于目前船公司和旅行社为了招徕客源造成的低价竞争以及夸张的广告宣传,使得游客期望过高,而邮轮服务质量较低,引起的纠纷	根据《合同法》和《消费者权益保障法》,这属于违约行为,也侵犯了游客的知情权。承运主体应承担违约责任
港口方未履行义务	由于港口管理秩序混乱等因素造成旅游人身财产安全损失,或者延误游客登船;邮轮延误靠港,港口未提前发布信息,未对游客做出合理解释、妥善安排照顾,造成游客损失而引起的纠纷	参照《中国民用航空游客、行李国内运输规则》第五十八条,在游客延迟登船时,港口有义务妥善安置游客,应协助游客安排餐食和住宿
赔偿纠纷	由于船公司或旅行社的原因造成游客人身财产损失或者违反合同规定造成经济损失等,船公司与旅行社给予游客的赔偿与游客的预期差距较大;船公司和旅行社相互推卸责任引起纠纷	参考《华沙公约》第17条规定和国际惯例,对于游客在船上因死亡、受伤或任何其他身体损害而产生的损失,承运人(包括旅行社)应承担责任。
突发事件或意外事故	邮轮公司或旅行社对突发事件和意外事故的不恰当处理	根据《合同法》和《消费者权益保障法》,在突发事故时,承运人(包括旅行社)必须首先保障游客的合法权益
其他纠纷	由于文化差异,沟通缺陷引起的纠纷,登岸旅游观光、购物引起的消费纠纷;未履行对游客合同外的附随照顾义务。	参见《旅行社管理条例实施细则》和《消费者权益保障法》,在旅游中,由于游客与旅行社安排的服务第三方发生纠纷,旅行社应承担第三方对游客的处理或赔偿责任

注：依据“特别法无规定时适用普通法”的原则，在没有关于邮轮的专门法时，可以参照相关法律法规。

（一）邮轮公司原因

1. 邮轮公司信息发布不够及时

及时告知是邮轮公司的义务。在多次纠纷事件中，游客最为不满的，是旅行社和邮轮公司在临时取消或改变行程而没有事先告知。游客既然与旅行社签订合同，邮轮在决定行程更改时，应该及时履行告知义务，这样才有可能通过及时沟通获得游客谅解。部分“滞船”航次邮轮公司与游客交流不畅，或主观地按照西方模式处理，给中国游客一种敷衍塞责的感觉，游客合理诉求得不到及时处理，酿成群体性突发事件。

2. 邮轮公司的安抚工作不到位

在邮轮旅游过程中，承运纠纷和突发事件导致邮轮公司与乘客的冲突事件中，邮轮公司扮演着极为重要的角色。虽然在中国，邮轮公司不参与直接售票给游客，但是所有的服务是由邮轮直接提供的，所以，当遇到纠纷与突发事件时，邮轮公司所给出的第一对策给游客留下了至关重要的印象。

其实，滞船事件也能妥善解决，相关案例并不鲜见，关键在于邮轮公司的安抚工作是否完善妥当。

（二）组团旅行社原因

现在不少国内旅行社和邮轮公司为了抢客源，不断以“买一送一”甚至“买一送二”等方式揽客，导致部分邮轮游产品低价低质，而绝大多数的岸上游产品是由旅行社自己组织的，为了节约成本，这些都会导致一系列问题。

在处置由一些不可抗力因素所造成的减少停靠、晚点等事故时，国内旅行社普遍缺乏此方面经验，在与游客签订合同时，并未向游客详细解释国际邮轮行业的规定以及国内的社会认识的差别。此外，在一些不可抗力所造成的减少停靠、晚点等事故后，现场导游及领队缺少相类似事件的处置经验，没有在第一时间安抚游客，为其解释相关的邮轮旅游条款。

（三）游客认知原因

中国邮轮旅游品牌形象建设不足。尽管自 20 世纪 80 年代至今，邮轮业的发展以每年 7.6% 的平均速度增长，邮轮旅游在北美与欧洲早已盛行，但进入国内市场是近几年的事。上海作为2006年最早开展邮轮母港营运的国内城市，并在国内具有一定的领先地位，但在公众的认知中，邮轮旅游尚未真正成为他们旅游方式的选择。

不少国内游客的想法与国际邮轮旅游存在一定差异，因此容易由于认识上的差异而引发种种纠纷。在国外，游客在邮轮旅游旅程中大部分时间会享受邮轮内的各种设施与服务，地面参观只占其中小部分，一些游客还会选择只待在邮轮上。而国内部分游客目前依然把邮轮当做一种交通工具，更看重出境后的上岸游览，因此一旦取消这部分的行程，游客会产生很大的不满情绪。

此外游客行为的心理因素是群体事件扩大的催化剂。一是无个性化心理特征，导致游客行为无责任感。邮轮游客绝大多数是临时聚合在一起的特殊人群，个体身份特征不明显。二是群体情绪感染作用，常常使人们做出缺乏理智的行为。游客群体事件多是先有明显的原因，如航次不正常造成信息错误（误传或者谣言）、服务偏差等因素，激起在场游客某种情绪，游客间又彼此接受兴奋信息，这种情绪的交互感染很容易促使众人情绪的迅猛发展，出现激情，丧失理智而导致违法犯罪。三是受社会上群体事件因素的影响。现在不少人社会公德心沦丧，闹事被视为最有效的诉求方式，一些游客认为不闹不解决问题，甚至形成小闹小解决、大闹大解决的不正常心态，造成游客闹事常态化。

（四）行业监管原因

对于聚众闹事，国家法律有明文规定，但处置政策要求严格，行业缺乏相应办法，处理中取证困难、处罚困难，往往客观上形成不闹白不闹的心态，是造成一些游客有恃无恐的重要原因。游客群体事件的大多数表现形式为扰乱公共秩序、危害公共安全、侵害其他公民权益，其行为违反了国家法律法规。我国《刑法》第六章妨害社会管理秩序类罪中，均有明确的罪责条款。《治安管理处罚法》第23条也有明确的规定。但是，我国处理群体性事件有着严格的政策要求和限制，不能单纯依靠抓人处罚简单处理，整个行业亦没有较为完善的具体处置实施办法，公安机关在处置中没有具体指令，囿于三个慎用原则（慎用警力、慎用强制措施、慎用警械武器），在警力出动、调查取证、适用法律及裁决处理中无所适从，追究法律责任困难。客观上造成一些游客法不责众、不闹事不解决问题、不闹白不闹的心态。

此外，我国确实在邮轮旅游上没有相应的特别法，造成旅行社与邮轮公司之间的相互脱节，之间的“中间地带”责任被他们互相推诿，使游客的疑问不能在第一时间得到解答，造成心理上的恐慌，失去信任感和安全感，并由此引发“滞船”事件。

（五）文化差异原因

从邮轮公司的角度来说，邮轮毕竟与飞机、火车不同，邮轮本身就是目的地，本身就是一种旅游产品。游客登船之后，享受了邮轮上的美食、娱乐活动，却因为海上风浪等不可抗力因素造成未能停靠某些访问港，面对诸如此类由意外造成的损失，要求邮轮公司全额赔偿是不现实的。而这就造成游客与邮轮公司之间某种程度上的僵持。

而国内的媒体，一味地为了博人眼球，有时甚至故意夸大事态，深化政府、码头和邮轮公司的责任，给政府、邮轮公司、码头均带来了一定压力。在这种民力之下，邮轮公司往往妥协选择自掏腰包赔款以解决冲突，由此又给其他客人树立不好的“榜样”——闹得越大越容易拿到钱，由此造成恶性循环。

三　对策和建议

1. 针对邮轮公司，可以拓宽利益诉求渠道，如客服、投诉电话、现场咨询台等，都是解决矛盾的良好渠道。邮轮公司有必要进一步发挥售后的作用，为游客的诉求提供一个发泄渠道，并妥善解决问题。

此外可以要求游客购买邮轮保险，为邮轮旅游赔偿提供保障。如今的保险对于事件的责任细分很到位，购买保险可以使游客及船公司双方都有保障，在群体性突发事件中也能作为疏导滞留游客的关键性文件。

建设游客信息平台，邮轮公司应该建立完备的游客信息平台，至少能够在开船前一天向游客确认船次、航线、目的地、舱型、房号、登船时间等信息。如果上一班船发生群体性突发事件，需及时向下一班船的游客发出紧急通知，需告知其情况，或延误或改期，以免未知悉事件的群众仍旧按原安排来港，造成不必要的等待及港口拥堵。

2. 旅行社对可能发生群体性事件的情况需及时告知，相对于地震火灾等事件，邮轮业发生群体性事件的原因其实相对更有预兆。比如少靠港、航程减短等都能在回到吴淞口邮轮港之前 24 小时知悉，所以提前预警对于拥有游客第一手资料的旅行社来说是非常有必要并且能够做到的。

加强对领队的管理和培训，邮轮领队需要在“滞船”事件发生之前就能发现其征兆，并进行劝解，缩小事件范围、降低事件影响并及时通知上级及相应的部门与单位。这就需要市级旅游管理部门从旅行社人员管理、领队挂靠制度等方面建立统一的标准，从根本上培养领队的责任感，能够在第一时间安抚游客，并做出及时有效的信息沟通。

完善收客程序，邮轮旅游对我国旅行社来说是一种新型的旅游模式，其收客的程序和方式也尚在摸索之中，其间出过一些事故，造成“滞船”事件，就是对于这种旅游模式的处理尚未完善的缘故。经过一段时间的检验，各家旅行社想必都会总结出一套行之有效、安全有保障的流程，尽量避免大规模群体性事件的发生。

3. 针对各级政府部门，加强法制建设，做好法制宣传。邮轮相关的法律法规的不完善，不利于邮轮产业纠纷的处理。没有成文的条款作为处理依据和执法依据，处理工作就会变得束手束脚。对于恶意闹事，强行无理“索赔”的乘客，也需要制定相应的制裁条款，防止有人钻法律的空子。

建立船期风险评估机制，做好船期风险评估，在邮轮出航之前就告知每位游客，本次出航会有怎样的风险，让其有心理准备，可以有效地消弭事后发生各种“滞船”的可能性。

4. 针对邮轮港公司，作为突发事件现场单位，即使没有相对事故责任，也要做到、做好后勤保障工作，配合各职能部门和责任单位快速有效地处理好突发事件。

参考文献

彭卫东：《“霸船”现象剖析、预防与对策》，《中国水运》2014 年第 4 期。

吕方园、郭萍：《邮轮霸船之法律考量——以〈旅游法〉为分析进路》，《旅游学刊》2014 年第 10 期。

郭萍、吕方园：《邮轮霸船：维权抑或霸权》，《理论与现代化》2013 年第 5 期。

何玉：《靠港外籍邮轮上“霸船”行为的法律规制研究》，《学理论》2014 年第 26 期。

方懿：《邮轮旅游民事法律关系初探》，《中国海商法研究》2013 年第 24（2）期。

法律声明

“皮书系列”（含蓝皮书、绿皮书、黄皮书）之品牌由社会科学文献出版社最早使用并持续至今，现已被中国图书市场所熟知。“皮书系列”的LOGO（）与“经济蓝皮书”“社会蓝皮书”均已在中华人民共和国国家工商行政管理总局商标局登记注册。“皮书系列”图书的注册商标专用权及封面设计、版式设计的著作权均为社会科学文献出版社所有。未经社会科学文献出版社书面授权许可，任何使用与“皮书系列”图书注册商标、封面设计、版式设计相同或者近似的文字、图形或其组合的行为均系侵权行为。

经作者授权，本书的专有出版权及信息网络传播权为社会科学文献出版社享有。未经社会科学文献出版社书面授权许可，任何就本书内容的复制、发行或以数字形式进行网络传播的行为均系侵权行为。

社会科学文献出版社将通过法律途径追究上述侵权行为的法律责任，维护自身合法权益。

欢迎社会各界人士对侵犯社会科学文献出版社上述权利的侵权行为进行举报。电话：010-59367121，电子邮箱：fawubu@ssap.cn。

社会科学文献出版社

权威·前沿·原创

社会科学文献出版社

皮书系列

2015年

盘点年度资讯　预测时代前程

社会科学文献出版社 学术传播中心 编制

社会科学文献出版社
SOCIAL SCIENCES ACADEMIC PRESS (CHINA)

社会科学文献出版社成立于1985年，是直属于中国社会科学院的人文社会科学专业学术出版机构。

成立以来，特别是1998年实施第二次创业以来，依托于中国社会科学院丰厚的学术出版和专家学者两大资源，坚持“创社科经典，出传世文献”的出版理念和“权威、前沿、原创”的产品定位，社科文献立足内涵式发展道路，从战略层面推动学术出版五大能力建设，逐步走上了智库产品与专业学术成果系列化、规模化、数字化、国际化、市场化发展的经营道路。

先后策划出版了著名的图书品牌和学术品牌“皮书”系列、“列国志”、“社科文献精品译库”、“全球化译丛”、“全面深化改革研究书系”、“近世中国”、“甲骨文”、“中国史话”等一大批既有学术影响又有市场价值的系列图书，形成了较强的学术出版能力和资源整合能力。2014年社科文献出版社发稿5.5亿字，出版图书1500余种，承印发行中国社科院院属期刊71种，在多项指标上都实现了较大幅度的增长。

凭借着雄厚的出版资源整合能力，社科文献出版社长期以来一直致力于从内容资源和数字平台两个方面实现传统出版的再造，并先后推出了皮书数据库、列国志数据库、中国田野调查数据库等一系列数字产品。数字出版已经初步形成了产品设计、内容开发、编辑标引、产品运营、技术支持、营销推广等全流程体系。

在国内原创著作、国外名家经典著作大量出版，数字出版突飞猛进的同时，社科文献出版社从构建国际话语体系的角度推动学术出版国际化。先后与斯普林格、荷兰博睿、牛津、剑桥等十余家国际出版机构合作面向海外推出了“皮书系列”“改革开放30年研究书系”“中国梦与中国发展道路研究丛书”“全面深化改革研究书系”等一系列在世界范围内引起强烈反响的作品；并持续致力于中国学术出版走出去，组织学者和编辑参加国际书展，筹办国际性学术研讨会，向世界展示中国学者的学术水平和研究成果。

此外，社科文献出版社充分利用网络媒体平台，积极与中央和地方各类媒体合作，并联合大型书店、学术书店、机场书店、网络书店、图书馆，逐步构建起了强大的学术图书内容传播平台。学术图书的媒体曝光率居全国之首，图书馆藏率居于全国出版机构前十位。

上述诸多成绩的取得，有赖于一支以年轻的博士、硕士为主体，一批从中国社科院刚退出科研一线的各学科专家为支撑的300多位高素质的编辑、出版和营销队伍，为我们实现学术立社，以学术品位、学术价值来实现经济效益和社会效益这样一个目标的共同努力。

作为已经开启第三次创业梦想的人文社会科学学术出版机构，2015年的社会科学文献出版社将迎来她30周岁的生日，“三十而立”再出发，我们将以改革发展为动力，以学术资源建设为中心，以构建智慧型出版社为主线，以社庆三十周年系列活动为重要载体，以“整合、专业、分类、协同、持续”为各项工作指导原则，全力推进出版社数字化转型，坚定不移地走专业化、数字化、国际化发展道路，全面提升出版社核心竞争力，为实现“社科文献梦”奠定坚实基础。

社长致辞

我们是图书出版者，更是人文社会科学内容资源供应商；

我们背靠中国社会科学院，面向中国与世界人文社会科学界，坚持为人文社会科学的繁荣与发展服务；

我们精心打造权威信息资源整合平台，坚持为中国经济与社会的繁荣与发展提供决策咨询服务；

我们以读者定位自身，立志让爱书人读到好书，让求知者获得知识；

我们精心编辑、设计每一本好书以形成品牌张力，以优秀的品牌形象服务读者，开拓市场；

我们始终坚持“创社科经典，出传世文献”的经营理念，坚持“权威、前沿、原创”的产品特色；

我们“以人为本”，提倡阳光下创业，员工与企业共享发展之成果；

我们立足于现实，认真对待我们的优势、劣势，我们更着眼于未来，以不断的学习与创新适应不断变化的世界，以不断的努力提升自己的实力；

我们愿与社会各界友好合作，共享人文社会科学发展之成果，共同推动中国学术出版乃至内容产业的繁荣与发展。

社会科学文献出版社社长

中国社会学会秘书长

2015 年 1 月

✦ 皮书起源 ✦

“皮书”起源于十七、十八世纪的英国，主要指官方或社会组织正式发表的重要文件或报告，多以“白皮书”命名。在中国，“皮书”这一概念被社会广泛接受，并被成功运作、发展成为一种全新的出版形态，则源于中国社会科学院社会科学文献出版社。

✦ 皮书定义 ✦

皮书是对中国与世界发展状况和热点问题进行年度监测，以专业的角度、专家的视野和实证研究方法，针对某一领域或区域现状与发展态势展开分析和预测，具备权威性、前沿性、原创性、实证性、时效性等特点的连续性公开出版物，由一系列权威研究报告组成。皮书系列是社会科学文献出版社编辑出版的蓝皮书、绿皮书、黄皮书等的统称。

✦ 皮书作者 ✦

皮书系列的作者以中国社会科学院、著名高校、地方社会科学院的研究人员为主，多为国内一流研究机构的权威专家学者，他们的看法和观点代表了学界对中国与世界的现实和未来最高水平的解读与分析。

✦ 皮书荣誉 ✦

皮书系列已成为社会科学文献出版社的著名图书品牌和中国社会科学院的知名学术品牌。2011 年，皮书系列正式列入“十二五”国家重点出版规划项目；2012~2014 年，重点皮书列入中国社会科学院承担的国家哲学社会科学创新工程项目；2015 年，41 种院外皮书使用“中国社会科学院创新工程学术出版项目”标识。

经 济 类

经济类皮书涵盖宏观经济、城市经济、大区域经济，
提供权威、前沿的分析与预测

经济蓝皮书

2015 年中国经济形势分析与预测

李　扬 / 主编　　2014 年 12 月出版　　定价 :69.00 元

◆　本书为总理基金项目，由著名经济学家李扬领衔，联合中国社会科学院、国务院发展中心等数十家科研机构、国家部委和高等院校的专家共同撰写，系统分析了 2014 年的中国经济形势并预测 2015 年我国经济运行情况，2015 年中国经济仍将保持平稳较快增长，预计增速 7% 左右。

城市竞争力蓝皮书

中国城市竞争力报告 No.13

倪鹏飞 / 主编　　2015 年 5 月出版　　定价 :89.00 元

◆　本书由中国社会科学院城市与竞争力研究中心主任倪鹏飞主持编写，以“巨手：托起城市中国新版图”为主题，分别从市场、产业、要素、交通一体化角度论证了东中一体化程度不断加深。建议：中国经济分区应该由四分区调整为二分区；按照“一团五线”的发展格局对中国的城市体系做出重大调整。

西部蓝皮书

中国西部发展报告（2015）

姚慧琴　徐璋勇 / 主编　　2015 年 7 月出版　　估价 :89.00 元

◆　本书由西北大学中国西部经济发展研究中心主编，汇集了源自西部本土以及国内研究西部问题的权威专家的第一手资料，对国家实施西部大开发战略进行年度动态跟踪，并对 2015 年西部经济、社会发展态势进行预测和展望。

中部蓝皮书

中国中部地区发展报告（2015）

喻新安 / 主编　　2015 年 7 月出版　　估价 :69.00 元

◆　本书敏锐地抓住当前中部地区经济发展中的热点、难点问题，紧密地结合国家和中部经济社会发展的重大战略转变，对中部地区经济发展的各个领域进行了深入、全面的分析研究，并提出了具有理论研究价值和可操作性强的政策建议。

世界经济黄皮书

2015 年世界经济形势分析与预测

王洛林　张宇燕 / 主编　　2015 年 1 月出版　　定价 :69.00 元

◆　本书为中国社会科学院创新工程学术出版资助项目，由中国社会科学院世界经济与政治研究所的研创团队撰写。该书认为，2014 年，世界经济维持了上年度的缓慢复苏，同时经济增长格局分化显著。预计 2015 年全球经济增速按购买力平价计算的增长率为 3.3%，按市场汇率计算的增长率为 2.8%。

中国省域竞争力蓝皮书

中国省域经济综合竞争力发展报告（2013~2014）

李建平　李闽榕　高燕京 / 主编　　2015 年 2 月出版　定价 :198.00 元

◆　本书充分运用数理分析、空间分析、规范分析与实证分析相结合、定性分析与定量分析相结合的方法，建立起比较科学完善、符合中国国情的省域经济综合竞争力指标评价体系及数学模型，对 2012~2013 年中国内地 31 个省、市、区的经济综合竞争力进行全面、深入、科学的总体评价与比较分析。

城市蓝皮书

中国城市发展报告 No.8

潘家华 魏后凯 / 主编　2015 年 9 月出版　　估价 :69.00 元

◆　本书由中国社会科学院城市发展与环境研究中心编著，从中国城市的科学发展、城市环境可持续发展、城市经济集约发展、城市社会协调发展、城市基础设施与用地管理、城市管理体制改革以及中国城市科学发展实践等多角度、全方位地立体展示了中国城市的发展状况，并对中国城市的未来发展提出了建议。

金融蓝皮书

中国金融发展报告（2015）

李　扬　王国刚 / 主编　2014 年 12 月出版　定价 :75.00 元

◆　由中国社会科学院金融研究所组织编写的《中国金融发展报告（2015）》，概括和分析了 2014 年中国金融发展和运行中的各方面情况，研讨和评论了 2014 年发生的主要金融事件。本书由业内专家和青年精英联合编著，有利于读者了解掌握 2014 年中国的金融状况，把握 2015 年中国金融的走势。

低碳发展蓝皮书

中国低碳发展报告（2015）

齐　晔 / 主编　2015 年 7 月出版　估价 :89.00 元

◆　本书对中国低碳发展的政策、行动和绩效进行科学、系统、全面的分析。重点是通过归纳中国低碳发展的绩效，评估与低碳发展相关的政策和措施，分析政策效应的制度背景和作用机制，为进一步的政策制定、优化和实施提供支持。

经济信息绿皮书

中国与世界经济发展报告（2015）

杜　平 / 主编　2014 年 12 月出版　定价 :79.00 元

◆　本书是由国家信息中心组织专家队伍精心研究编撰的年度经济分析预测报告，书中指出，2014 年，我国经济增速有所放慢，但仍处于合理运行区间。主要新兴国家经济总体仍显疲软。2015 年应防止经济下行和财政金融风险相互强化，促进经济向新常态平稳过渡。

低碳经济蓝皮书

中国低碳经济发展报告（2015）

薛进军　赵忠秀 / 主编　2015 年 6 月出版　定价 :85.00 元

◆　本书汇集来自世界各国的专家学者、政府官员，探讨世界金融危机后国际经济的现状，提出“绿色化”为经济转型期国家的可持续发展提供了重要范本，并将成为解决气候系统保护与经济发展矛盾的重要突破口，也将是中国引领“一带一路”沿线国家实现绿色发展的重要抓手。

社会政法类

社会政法类皮书聚焦社会发展领域的热点、难点问题，
提供权威、原创的资讯与视点

社会蓝皮书

2015 年中国社会形势分析与预测

李培林　陈光金　张　翼 / 主编　2014 年 12 月出版　定价 :69.00 元

◆　本书由中国社会科学院社会学研究所组织研究机构专家、高校学者和政府研究人员撰写，聚焦当下社会热点，指出 2014 年我国社会存在城乡居民人均收入增速放缓、大学生毕业就业压力加大、社会老龄化加速、住房价格继续飙升、环境群体性事件多发等问题。

法治蓝皮书

中国法治发展报告 No.13（2015）

李　林　田　禾 / 主编　　2015 年 3 月出版　　定价 :105.00 元

◆　本年度法治蓝皮书回顾总结了 2014 年度中国法治取得的成效及存在的问题，并对 2015 年中国法治发展形势进行预测、展望，还从立法、人权保障、行政审批制度改革、反价格垄断执法、教育法治、政府信息公开等方面研讨了中国法治发展的相关问题。

环境绿皮书

中国环境发展报告（2015）

刘鉴强 / 主编　　2015 年 7 月出版　　估价 :79.00 元

◆　本书由民间环保组织“自然之友”组织编写，由特别关注、生态保护、宜居城市、可持续消费以及政策与治理等版块构成，以公共利益的视角记录、审视和思考中国环境状况，呈现 2014 年中国环境与可持续发展领域的全局态势，用深刻的思考、科学的数据分析 2014 年的环境热点事件。

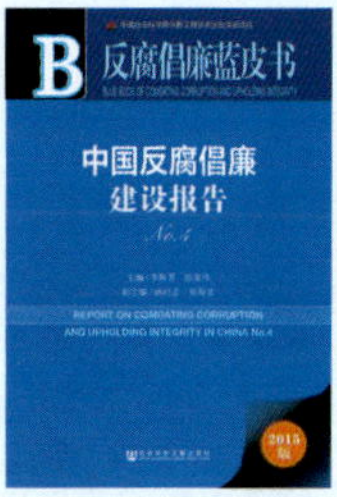

反腐倡廉蓝皮书

中国反腐倡廉建设报告 No.4

李秋芳　张英伟 / 主编　2014 年 12 月出版　　定价 :79.00 元

◆　本书继续坚持“建设”主题，既描摹出反腐败斗争的感性特点，又揭示出反腐政治格局深刻变化的根本动因。指出当前症结在于权力与资本“隐蔽勾连”、“官场积弊”消解“吏治改革”效力、部分公职人员基本价值观迷乱、封建主义与资本主义思想依然影响深重。提出应以科学思维把握反腐治标与治本问题，建构“不需腐”的合理合法薪酬保障机制。

女性生活蓝皮书

中国女性生活状况报告 No.9（2015）

韩湘景 / 主编　2015 年 4 月出版　定价 :79.00 元

◆　本书由中国妇女杂志社、华坤女性生活调查中心和华坤女性消费指导中心组织编写，通过调查获得的大量调查数据，真实展现当年中国城市女性的生活状况、消费状况及对今后的预期。

华侨华人蓝皮书

华侨华人研究报告 (2015)

贾益民 / 主编　2015 年 12 月出版　估价 :118.00 元

◆　本书为中国社会科学院创新工程学术出版资助项目，是华侨大学向世界提供最新涉侨动态、理论研究和政策建议的平台。主要介绍了相关国家华侨华人的规模、分布、结构、发展趋势，以及全球涉侨生存安全环境和华文教育情况等。

政治参与蓝皮书

中国政治参与报告（2015）

房　宁 / 主编　2015 年 7 月出版　估价 :105.00 元

◆　本书作者均来自中国社会科学院政治学研究所，聚焦中国基层群众自治的参与情况介绍了城镇居民的社区建设与居民自治参与和农村居民的村民自治与农村社区建设参与情况。其优势是其指标评估体系的建构和问卷调查的设计专业，数据量丰富，统计结论科学严谨。

行业报告类

行业报告类皮书立足重点行业、新兴行业领域，
提供及时、前瞻的数据与信息

房地产蓝皮书

中国房地产发展报告 No.12（2015）

魏后凯　李景国 / 主编　　2015 年 5 月出版　　定价 :79.00 元

◆　本年度房地产蓝皮书指出，2014 年中国房地产市场出现了较大幅度的回调，商品房销售明显遇冷，库存居高不下。展望 2015 年，房价保持低速增长的可能性较大，但区域分化将十分明显，人口聚集能力强的一线城市和部分热点二线城市房价有回暖、房价上涨趋势，而人口聚集能力差、库存大的部分二线城市或三四线城市房价会延续下跌（回调）态势。

保险蓝皮书

中国保险业竞争力报告（2015）

姚庆海　王　力 / 主编　2015 年 12 出版　　估价 :98.00 元

◆　本皮书主要为监管机构、保险行业和保险学界提供保险市场一年来发展的总体评价，外在因素对保险业竞争力发展的影响研究；国家监管政策、市场主体经营创新及职能发挥、理论界最新研究成果等综述和评论。

企业社会责任蓝皮书

中国企业社会责任研究报告（2015）

黄群慧　彭华岗　钟宏武　张　蒽 / 编著
2015 年 11 月出版　估价 :69.00 元

◆　本书系中国社会科学院经济学部企业社会责任研究中心组织编写的《企业社会责任蓝皮书》2015 年分册。该书在对企业社会责任进行宏观总体研究的基础上，根据 2014 年企业社会责任及相关背景进行了创新研究，在全国企业中观层面对企业健全社会责任管理体系提供了弥足珍贵的丰富信息。

投资蓝皮书

中国投资发展报告（2015）

谢 平 / 主编　2015 年 4 月出版　定价 :128.00 元

◆ 2014 年，适应新常态发展的宏观经济政策逐步成型和出台，成为保持经济平稳增长、促进经济活力增强、结构不断优化升级的有力保障。2015 年，应重点关注先进制造业、TMT 产业、大健康产业、大文化产业及非金融全新产业的投资机会，适应新常态下的产业发展变化，在投资布局中争取主动。

住房绿皮书

中国住房发展报告（2014~2015）

倪鹏飞 / 主编　2014 年 12 月出版　定价 :79.00 元

◆ 本年度住房绿皮书指出，中国住房市场从 2014 年第一季度开始进入调整状态，2014 年第三季度进入全面调整期。2015 年的住房市场走势：整体延续衰退，一、二线城市 2015 年下半年、三四线城市 2016 年下半年复苏。

人力资源蓝皮书

中国人力资源发展报告（2015）

余兴安 / 主编　2015 年 9 月出版　估价 :79.00 元

◆ 本书是在人力资源和社会保障部部领导的支持下，由中国人事科学研究院汇集我国人力资源开发权威研究机构的诸多专家学者的研究成果编写而成。作为关于人力资源的蓝皮书，本书通过充分利用有关研究成果，更广泛、更深入地展示近年来我国人力资源开发重点领域的研究成果。

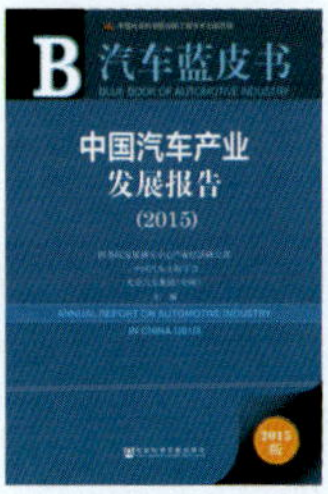

汽车蓝皮书

中国汽车产业发展报告（2015）

国务院发展研究中心产业经济研究部 中国汽车工程学会
大众汽车集团（中国）/ 主编　2015 年 8 月出版　估价 :128.00 元

◆ 本书由国务院发展研究中心产业经济研究部、中国汽车工程学会、大众汽车集团（中国）联合主编，是关于中国汽车产业发展的研究性年度报告，介绍并分析了本年度中国汽车产业发展的形势。

国别与地区类

国别与地区类皮书关注全球重点国家与地区，
提供全面、独特的解读与研究

亚太蓝皮书

亚太地区发展报告（2015）

李向阳 / 主编　　2015 年 1 月出版　　定价 :59.00 元

◆　本年度的专题是“一带一路”，书中对“一带一路”战略的经济基础、“一带一路”与区域合作等进行了阐述。除对亚太地区 2014 年的整体变动情况进行深入分析外，还在此基础上提出了对于 2015 年亚太地区各个方面发展情况的预测。

日本蓝皮书

日本研究报告（2015）

李　薇 / 主编　　2015 年 4 月出版　　定价 :69.00 元

◆　本书由中华日本学会、中国社会科学院日本研究所合作推出，是以中国社会科学院日本研究所的研究人员为主完成的研究成果。对 2014 年日本的政治、外交、经济、社会文化作了回顾、分析，并对 2015 年形势进行展望。

德国蓝皮书

德国发展报告（2015）

郑春荣　伍慧萍 / 主编　2015 年 5 月出版　定价 :69.00 元

◆　本报告由同济大学德国研究所组织编撰，由该领域的专家学者对德国的政治、经济、社会文化、外交等方面的形势发展情况，进行全面的阐述与分析。德国作为欧洲大陆第一强国，与中国各方面日渐紧密的合作关系，值得国内各界深切关注。

国际形势黄皮书

全球政治与安全报告（2015）

李慎明　张宇燕 / 主编　2015 年 1 月出版　定价 :69.00 元

◆　本书对中、俄、美三国之间的合作与冲突进行了深度分析，揭示了影响中美、俄美及中俄关系的主要因素及变化趋势。重点关注了乌克兰危机、克里米亚问题、苏格兰公投、西非埃博拉疫情以及西亚北非局势等国际焦点问题。

拉美黄皮书

拉丁美洲和加勒比发展报告（2014~2015）

吴白乙 / 主编　2015 年 5 月出版　定价 :89.00 元

◆　本书是中国社会科学院拉丁美洲研究所的第 14 份关于拉丁美洲和加勒比地区发展形势状况的年度报告。 本书对 2014 年拉丁美洲和加勒比地区诸国的政治、经济、社会、外交等方面的发展情况做了系统介绍，对该地区相关国家的热点及焦点问题进行了总结和分析，并在此基础上对该地区各国 2015 年的发展前景做出预测。

美国蓝皮书

美国研究报告（2015）

郑秉文　黄　平 / 主编　2015 年 6 月出版　定价 :89.00 元

◆　本书是由中国社会科学院美国所主持完成的研究成果，重点讲述了美国的“再平衡”战略，另外回顾了美国 2014 年的经济、政治形势与外交战略，对 2014 年以来美国内政外交发生的重大事件以及重要政策进行了较为全面的回顾和梳理。

大湄公河次区域蓝皮书

大湄公河次区域合作发展报告（2015）

刘　稚 / 主编　2015 年 9 月出版　估价 :79.00 元

◆　云南大学大湄公河次区域研究中心深入追踪分析该区域发展动向，以把握全面，突出重点为宗旨，系统介绍和研究大湄公河次区域合作的年度热点和重点问题，展望次区域合作的发展趋势，并对新形势下我国推进次区域合作深入发展提出相关对策建议。

地方发展类

地方发展类皮书关注大陆各省份、经济区域，
提供科学、多元的预判与咨政信息

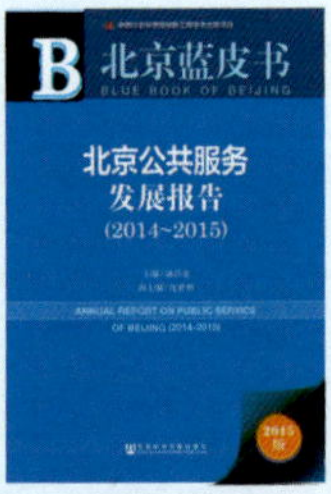

北京蓝皮书

北京公共服务发展报告（2014~2015）

施昌奎 / 主编　　2015 年 1 月出版　定价：69.00 元

◆　本书是由北京市政府职能部门的领导、首都著名高校的教授、知名研究机构的专家共同完成的关于北京市公共服务发展与创新的研究成果。本年度主题为“北京公共服务均衡化发展和市场化改革”，内容涉及了北京市公共服务发展的方方面面，既有对北京各个城区的综合性描述，也有对局部、细部、具体问题的分析。

上海蓝皮书

上海经济发展报告（2015）

沈开艳 / 主编　2015 年 1 月出版　定价 :69.00 元

◆　本书系上海社会科学院系列之一，本年度将“建设具有全球影响力的科技创新中心”作为主题，对 2015 年上海经济增长与发展趋势的进行了预测，把握了上海经济发展的脉搏和学术研究的前沿。

广州蓝皮书

广州经济发展报告（2015）

李江涛　朱名宏 / 主编　2015 年 7 月出版　估价 :69.00 元

◆　本书是由广州市社会科学院主持编写的“广州蓝皮书”系列之一，本报告对广州 2014 年宏观经济运行情况作了深入分析，对 2015 年宏观经济走势进行了合理预测，并在此基础上提出了相应的政策建议。

文化传媒类

文化传媒类皮书透视文化领域、文化产业，
探索文化大繁荣、大发展的路径

新媒体蓝皮书

中国新媒体发展报告 No.6（2015）

唐绪军 / 主编　　2015 年 7 月出版　　定价 :79.00 元

◆　本书深入探讨了中国网络信息安全、媒体融合状况、微信谣言问题、微博发展态势、互联网金融、移动舆论场舆情、传统媒体转型、新媒体产业发展、网络助政、网络舆论监督、大数据、数据新闻、数字版权等热门问题，展望了中国新媒体的未来发展趋势。

舆情蓝皮书

中国社会舆情与危机管理报告（2015）

谢耘耕 / 主编　　2015 年 8 月出版　　估价 :98.00 元

◆　本书由上海交通大学舆情研究实验室和危机管理研究中心主编，已被列入教育部人文社会科学研究报告培育项目。本书以新媒体环境下的中国社会为立足点，对 2014 年中国社会舆情、分类舆情等进行了深入系统的研究，并预测了 2015 年社会舆情走势。

文化蓝皮书

中国文化产业发展报告（2015）

张晓明　王家新　章建刚 / 主编　　2015 年 7 月出版　　估价 :79.00 元

◆　本书由中国社会科学院文化研究中心编写。从 2012 年开始，中国社会科学院文化研究中心设立了国内首个文化产业的研究类专项资金——“文化产业重大课题研究计划”，开始在全国范围内组织多学科专家学者对我国文化产业发展重大战略问题进行联合攻关研究。本书集中反映了该计划的研究成果。

经济类

G20国家创新竞争力黄皮书
二十国集团（G20）国家创新竞争力发展报告（2015）
著(编)者:黄茂兴 李闽榕 李建平 赵新力
2015年9月出版 / 估价:128.00元

产业蓝皮书
中国产业竞争力报告（2015）
著(编)者:张其仔 2015年7月出版 / 估价:79.00元

长三角蓝皮书
2015年全面深化改革中的长三角
著(编)者:张伟斌 2015年10月出版 / 估价:69.00元

城乡一体化蓝皮书
中国城乡一体化发展报告（2015）
著(编)者:付崇兰 汝信 2015年12月出版 / 估价:79.00元

城市创新蓝皮书
中国城市创新报告（2015）
著(编)者:周天勇 旷建伟 2015年8月出版 / 估价:69.00元

城市竞争力蓝皮书
中国城市竞争力报告（2015）
著(编)者:倪鹏飞 2015年5月出版 / 定价:89.00元

城市蓝皮书
中国城市发展报告NO.8
著(编)者:潘家华 魏后凯 2015年9月出版 / 估价:69.00元

城市群蓝皮书
中国城市群发展指数报告（2015）
著(编)者:刘新静 刘士林 2015年10月出版 / 估价:59.00元

城乡统筹蓝皮书
中国城乡统筹发展报告（2015）
著(编)者:潘晨光 程志强 2015年7月出版 / 估价:59.00元

城镇化蓝皮书
中国新型城镇化健康发展报告（2015）
著(编)者:张占斌 2015年7月出版 / 估价:79.00元

低碳发展蓝皮书
中国低碳发展报告（2015）
著(编)者:齐晔 2015年7月出版 / 估价:89.00元

低碳经济蓝皮书
中国低碳经济发展报告（2015）
著(编)者:薛进军 赵忠秀 2015年6月出版 / 定价:85.00元

东北蓝皮书
中国东北地区发展报告（2015）
著(编)者:马克 黄文艺 2015年8月出版 / 估价:79.00元

发展和改革蓝皮书
中国经济发展和体制改革报告（2015）
著(编)者:邹东涛 2015年11月出版 / 估价:98.00元

工业化蓝皮书
中国工业化进程报告（2015）
著(编)者:黄群慧 吕铁 李晓华 2015年11月出版 / 估价:89.00元

国际城市蓝皮书
国际城市发展报告（2015）
著(编)者:屠启宇 2015年1月出版 / 定价:79.00元

国家创新蓝皮书
中国创新发展报告（2015）
著(编)者:陈劲 2015年7月出版 / 估价:59.00元

环境竞争力绿皮书
中国省域环境竞争力发展报告（2015）
著(编)者:李建平 李闽榕 王金南
2015年12月出版 / 估价:198.00元

金融蓝皮书
中国金融发展报告（2015）
著(编)者:李扬 王国刚 2014年12月出版 / 定价:75.00元

金融信息服务蓝皮书
金融信息服务发展报告（2015）
著(编)者:鲁广锦 殷剑峰 林义相
2015年7月出版 / 估价:89.00元

经济蓝皮书
2015年中国经济形势分析与预测
著(编)者:李扬 2014年12月出版 / 定价:69.00元

经济蓝皮书·春季号
2015年中国经济前景分析
著(编)者:李扬 2015年5月出版 / 定价:79.00元

经济蓝皮书·夏季号
中国经济增长报告（2015）
著(编)者:李扬 2015年7月出版 / 估价:69.00元

经济信息绿皮书
中国与世界经济发展报告（2015）
著(编)者:杜平 2014年12月出版 / 定价:79.00元

就业蓝皮书
2015年中国大学生就业报告
著(编)者:麦可思研究院 2015年7月出版 / 估价:98.00元

就业蓝皮书
2015年中国高职高专生就业报告
著(编)者:麦可思研究院 2015年6月出版 / 定价:98.00元

就业蓝皮书
2015年中国本科生就业报告
著(编)者:麦可思研究院 2015年6月出版 / 定价:98.00元

临空经济蓝皮书
中国临空经济发展报告（2015）
著(编)者:连玉明 2015年9月出版 / 估价:79.00元

民营经济蓝皮书
中国民营经济发展报告（2015）
著(编)者:王钦敏 2015年12月出版 / 估价:79.00元

农村绿皮书
中国农村经济形势分析与预测（2014~2015）
著(编)者:中国社会科学院农村发展研究所
国家统计局农村社会经济调查司
2015年4月出版 / 定价:69.00元

农业应对气候变化蓝皮书
气候变化对中国农业影响评估报告（2015）
著(编)者:矫梅燕　2015年8月出版 / 估价:98.00元

企业公民蓝皮书
中国企业公民报告（2015）
著(编)者:邹东涛　2015年12月出版 / 估价:79.00元

气候变化绿皮书
应对气候变化报告（2015）
著(编)者:王伟光 郑国光　2015年10月出版 / 估价:79.00元

区域蓝皮书
中国区域经济发展报告（2014~2015）
著(编)者:梁昊光　2015年5月出版 / 定价:79.00元

全球环境竞争力绿皮书
全球环境竞争力报告（2015）
著(编)者:李建建 李闽榕 李建平 王金南
2015年12月出版 / 估价:198.00元

人口与劳动绿皮书
中国人口与劳动问题报告No.15
著(编)者:蔡昉　2015年1月出版 / 定价:59.00元

商务中心区蓝皮书
中国商务中心区发展报告（2015）
著(编)者:中国商务区联盟
中国社会科学院城市发展与环境研究所
2015年10月出版 / 估价:69.00元

商务中心区蓝皮书
中国商务中心区发展报告No.1（2014）
著(编)者:魏后凯 李国红　2015年1月出版 / 定价:89.00元

世界经济黄皮书
2015年世界经济形势分析与预测
著(编)者:王洛林 张宇燕　2015年1月出版 / 定价:69.00元

世界旅游城市绿皮书
世界旅游城市发展报告（2015）
著(编)者:鲁勇 周正宇 宋宇　2015年7月出版 / 估价:88.00元

西北蓝皮书
中国西北发展报告（2015）
著(编)者:赵宗福 孙发平 苏海红 鲁顺元 段庆林
2014年12月出版 / 定价:79.00元

西部蓝皮书
中国西部发展报告（2015）
著(编)者:姚慧琴 徐璋勇　2015年7月出版 / 估价:89.00元

新型城镇化蓝皮书
新型城镇化发展报告（2015）
著(编)者:李伟　2015年10月出版 / 估价:89.00元

新兴经济体蓝皮书
金砖国家发展报告（2015）
著(编)者:林跃勤 周文　2015年7月出版 / 估价:79.00元

中部竞争力蓝皮书
中国中部经济社会竞争力报告（2015）
著(编)者:教育部人文社会科学重点研究基地
南昌大学中国中部经济社会发展研究中心
2015年9月出版 / 估价:79.00元

中部蓝皮书
中国中部地区发展报告（2015）
著(编)者:喻新安　2015年7月出版 / 估价:69.00元

中国省域竞争力蓝皮书
中国省域经济综合竞争力发展报告（2013~2014）
著(编)者:李建平 李闽榕 高燕京
2015年2月出版 / 定价:198.00元

中三角蓝皮书
长江中游城市群发展报告（2015）
著(编)者:秦尊文　2015年10月出版 / 估价:69.00元

中小城市绿皮书
中国中小城市发展报告（2015）
著(编)者:中国城市经济学会中小城市经济发展委员会
《中国中小城市发展报告》编纂委员会
中小城市发展战略研究院
2015年10月出版 / 估价:98.00元

中原蓝皮书
中原经济区发展报告（2015）
著(编)者:李英杰　2015年7月出版 / 估价:88.00元

社会政法类

北京蓝皮书
中国社区发展报告（2015）
著(编)者:于燕燕　2015年7月出版 / 估价:69.00元

殡葬绿皮书
中国殡葬事业发展报告（2014~2015）
著(编)者:李伯森　2015年4月出版 / 定价:158.00元

城市管理蓝皮书
中国城市管理报告（2015）
著(编)者:谭维克 刘林　2015年12月出版 / 估价:158.00元

城市生活质量蓝皮书
中国城市生活质量报告（2015）
著(编)者:中国经济实验研究院　2015年7月出版 / 估价:59.00元

城市政府能力蓝皮书
中国城市政府公共服务能力评估报告（2015）
著(编)者:何艳玲　2015年7月出版 / 估价:59.00元

创新蓝皮书
创新型国家建设报告（2015）
著(编)者:詹正茂　2015年7月出版 / 估价:69.00元

慈善蓝皮书
中国慈善发展报告（2015）
著(编)者:杨团　2015年6月出版 / 定价:79.00元

地方法治蓝皮书
中国地方法治发展报告No.1（2014）
著(编)者:李林　田禾　2015年1月出版 / 定价:98.00元

法治蓝皮书
中国法治发展报告No.13（2015）
著(编)者:李林 田禾　2015年3月出版 / 定价:105.00元

反腐倡廉蓝皮书
中国反腐倡廉建设报告No.4
著(编)者:李秋芳　张英伟　2014年12月出版 / 定价:79.00元

非传统安全蓝皮书
中国非传统安全研究报告（2014~2015）
著(编)者:余潇枫 魏志江　2015年5月出版 / 定价:79.00元

妇女发展蓝皮书
中国妇女发展报告（2015）
著(编)者:王金玲　2015年9月出版 / 估价:148.00元

妇女教育蓝皮书
中国妇女教育发展报告（2015）
著(编)者:张李玺　2015年7月出版 / 估价:78.00元

妇女绿皮书
中国性别平等与妇女发展报告（2015）
著(编)者:谭琳　2015年12月出版 / 估价:99.00元

公共服务蓝皮书
中国城市基本公共服务力评价（2015）
著(编)者:钟君 吴正杲　2015年12月出版 / 估价:79.00元

公共服务满意度蓝皮书
中国城市公共服务评价报告（2015）
著(编)者:胡伟　2015年12月出版 / 估价:69.00元

公共外交蓝皮书
中国公共外交发展报告（2015）
著(编)者:赵启正 雷蔚真　2015年4月出版 / 定价:89.00元

公民科学素质蓝皮书
中国公民科学素质报告（2015）
著(编)者:李群 许佳军　2015年7月出版 / 估价:79.00元

公益蓝皮书
中国公益发展报告（2015）
著(编)者:朱健刚　2015年7月出版 / 估价:78.00元

管理蓝皮书
中国管理发展报告（2015）
著(编)者:张晓东　2015年9月出版 / 估价:98.00元

国际人才蓝皮书
中国国际移民报告（2015）
著(编)者:王辉耀　2015年2月出版 / 定价:79.00元

国际人才蓝皮书
中国海归发展报告（2015）
著(编)者:王辉耀 苗绿　2015年7月出版 / 估价:69.00元

国际人才蓝皮书
中国留学发展报告（2015）
著(编)者:王辉耀 苗绿　2015年9月出版 / 估价:69.00元

国家安全蓝皮书
中国国家安全研究报告（2015）
著(编)者:刘慧　2015年7月出版 / 估价:98.00元

行政改革蓝皮书
中国行政体制改革报告（2014~2015）
著(编)者:魏礼群　2015年4月出版 / 定价:98.00元

华侨华人蓝皮书
华侨华人研究报告（2015）
著(编)者:贾益民　2015年12月出版 / 估价:118.00元

环境绿皮书
中国环境发展报告（2015）
著(编)者:刘鉴强　2015年7月出版 / 估价:79.00元

基金会蓝皮书
中国基金会发展报告（2015）
著(编)者:刘忠祥　2016年6月出版 / 估价:69.00元

基金会绿皮书
中国基金会发展独立研究报告（2015）
著(编)者:基金会中心网　2015年8月出版 / 估价:88.00元

基金会透明度蓝皮书
中国基金会透明度发展研究报告（2015）
著(编)者:基金会中心网 清华大学廉政与治理研究中心
2015年9月出版 / 估价:78.00元

教师蓝皮书
中国中小学教师发展报告（2014）
著(编)者:曾晓东 鱼霞　2015年6月出版 / 定价:69.00元

教育蓝皮书
中国教育发展报告（2015）
著(编)者:杨东平　2015年5月出版 / 定价:79.00元

科普蓝皮书
中国科普基础设施发展报告（2015）
著(编)者:任福君　2015年7月出版 / 估价:59.00元

劳动保障蓝皮书
中国劳动保障发展报告（2015）
著(编)者:刘燕斌　2015年7月出版 / 估价:89.00元

老龄蓝皮书
中国老年宜居环境发展报告(2015)
著(编)者:吴玉韶　2015年9月出版 / 估价:79.00元

连片特困区蓝皮书
中国连片特困区发展报告（2014~2015）
著(编)者:游俊　冷志明 丁建军 2015年3月出版 / 定价:98.00元

民间组织蓝皮书
中国民间组织报告(2015)
著(编)者:潘晨光 黄晓勇　2015年8月出版 / 估价:69.00元

民调蓝皮书
中国民生调查报告（2015）
著(编)者:谢耘耕　2015年7月出版 / 估价:128.00元

民族发展蓝皮书
中国民族发展报告（2015）
著(编)者:郝时远 王延中 王希恩
2015年4月出版 / 定价:98.00元

女性生活蓝皮书
中国女性生活状况报告No.9 （2015）
著(编)者:韩湘景 2015年4月出版 / 定价:79.00元

企业公众透明度蓝皮书
中国企业公众透明度报告(2014~2015)No.1
著(编)者:黄速建 王晓光 肖红军
2015年1月出版 / 定价:98.00元

企业国际化蓝皮书
中国企业国际化报告(2015)
著(编)者:王辉耀 2015年10月出版 / 估价:79.00元

汽车社会蓝皮书
中国汽车社会发展报告（2015）
著(编)者:王俊秀 2015年7月出版 / 估价:59.00元

青年蓝皮书
中国青年发展报告No.3
著(编)者:廉思 2015年7月出版 / 估价:59.00元

区域人才蓝皮书
中国区域人才竞争力报告（2015）
著(编)者:桂昭明 王辉耀 2015年7月出版 / 估价:69.00元

群众体育蓝皮书
中国群众体育发展报告（2015）
著(编)者:刘国永 杨桦 2015年8月出版 / 估价:69.00元

人才蓝皮书
中国人才发展报告（2015）
著(编)者:潘晨光 2015年8月出版 / 估价:85.00元

人权蓝皮书
中国人权事业发展报告（2015）
著(编)者:中国人权研究会 2015年8月出版 / 估价:99.00元

森林碳汇绿皮书
中国森林碳汇评估发展报告（2015）
著(编)者:闫文德 胡文臻 2015年9月出版 / 估价:79.00元

社会保障绿皮书
中国社会保障发展报告（2015）No.7
著(编)者:王延中 2015年4月出版 / 定价:89.00元

社会工作蓝皮书
中国社会工作发展报告（2015）
著(编)者:民政部社会工作研究中心
2015年8月出版 / 估价:79.00元

社会管理蓝皮书
中国社会管理创新报告（2015）
著(编)者:连玉明 2015年9月出版 / 估价:89.00元

社会蓝皮书
2015年中国社会形势分析与预测
著(编)者:李培林 陈光金 张 翼
2014年12月出版 / 定价:69.00元

社会体制蓝皮书
中国社会体制改革报告No.3（2015）
著(编)者:龚维斌 2015年4月出版 / 定价:79.00元

社会心态蓝皮书
中国社会心态研究报告（2015）
著(编)者:王俊秀 杨宜音 2015年10月出版 / 估价:69.00元

社会组织蓝皮书
中国社会组织评估发展报告（2015）
著(编)者:徐家良 廖鸿 2015年12月出版 / 估价:69.00元

生态城市绿皮书
中国生态城市建设发展报告（2015）
著(编)者:刘举科 孙伟平 胡文臻 2015年7月出版 / 估价:98.00元

生态文明绿皮书
中国省域生态文明建设评价报告（ECI 2015）
著(编)者:严耕 2015年9月出版 / 估价:85.00元

世界社会主义黄皮书
世界社会主义跟踪研究报告（2014~2015）
著(编)者:李慎明 2015年4月出版 / 定价:258.00元

水与发展蓝皮书
中国水风险评估报告（2015）
著(编)者:王浩 2015年9月出版 / 估价:69.00元

土地整治蓝皮书
中国土地整治发展研究报告No.2
著(编)者:国土资源部土地整治中心 2015年5月出版 / 定价:89.00元

网络空间安全蓝皮书
中国网络空间安全发展报告（2015）
著(编)者:惠志斌 唐涛 2015年4月出版 / 定价:79.00元

危机管理蓝皮书
中国危机管理报告（2015）
著(编)者:文学国 2015年8月出版 / 估价:89.00元

协会商会蓝皮书
中国行业协会商会发展报告（2014）
著(编)者:景朝阳 李勇 2015年4月出版 / 定价:99.00元

形象危机应对蓝皮书
形象危机应对研究报告（2015）
著(编)者:唐钧 2015年7月出版 / 估价:149.00元

医改蓝皮书
中国医药卫生体制改革报告（2015～2016）
著(编)者:文学国 房志武 2015年12月出版 / 估价:79.00元

医疗卫生绿皮书
中国医疗卫生发展报告（2015）
著(编)者:申宝忠 韩玉珍 2015年7月出版 / 估价:75.00元

应急管理蓝皮书
中国应急管理报告（2015）
著(编)者:宋英华 2015年10月出版 / 估价:69.00元

政治参与蓝皮书
中国政治参与报告（2015）
著(编)者:房宁 2015年7月出版 / 估价:105.00元

政治发展蓝皮书
中国政治发展报告（2015）
著(编)者:房宁 杨海蛟 2015年7月出版 / 估价:88.00元

中国农村妇女发展蓝皮书
流动女性城市融入发展报告（2015）
著(编)者:谢丽华 2015年11月出版 / 估价:69.00元

宗教蓝皮书
中国宗教报告（2015）
著(编)者:金泽 邱永辉 2016年5月出版 / 估价:59.00元

行业报告类

保险蓝皮书
中国保险业竞争力报告（2015）
著(编)者:项俊波 2015年12月出版 / 估价:98.00元

彩票蓝皮书
中国彩票发展报告（2015）
著(编)者:益彩基金 2015年4月出版 / 定价:98.00元

餐饮产业蓝皮书
中国餐饮产业发展报告（2015）
著(编)者:邢颖 2015年4月出版 / 定价:69.00元

测绘地理信息蓝皮书
智慧中国地理空间智能体系研究报告（2015）
著(编)者:库热西·买合苏提 2015年12月出版 / 估价:98.00元

茶业蓝皮书
中国茶产业发展报告（2015）
著(编)者:杨江帆 李闽榕 2015年10月出版 / 估价:78.00元

产权市场蓝皮书
中国产权市场发展报告（2015）
著(编)者:曹和平 2015年12月出版 / 估价:79.00元

电子政务蓝皮书
中国电子政务发展报告（2015）
著(编)者:洪毅 杜平 2015年11月出版 / 估价:79.00元

杜仲产业绿皮书
中国杜仲橡胶资源与产业发展报告（2014~2015）
著(编)者:杜红岩 胡文臻 俞锐
2015年1月出版 / 定价:85.00元

房地产蓝皮书
中国房地产发展报告No.12（2015）
著(编)者:魏后凯 李景国 2015年5月出版 / 定价:79.00元

服务外包蓝皮书
中国服务外包产业发展报告（2015）
著(编)者:王晓红 刘德军 2015年7月出版 / 估价:89.00元

工业和信息化蓝皮书
移动互联网产业发展报告（2014~2015）
著(编)者:洪京一 2015年4月出版 / 定价:79.00元

工业和信息化蓝皮书
世界网络安全发展报告（2014~2015）
著(编)者:洪京一 2015年4月出版 / 定价:69.00元

工业和信息化蓝皮书
世界制造业发展报告（2014~2015）
著(编)者:洪京一 2015年4月出版 / 定价:69.00元

工业和信息化蓝皮书
世界信息化发展报告（2014~2015）
著(编)者:洪京一 2015年4月出版 / 定价:69.00元

工业和信息化蓝皮书
世界信息技术产业发展报告（2014~2015）
著(编)者:洪京一 2015年4月出版 / 定价:79.00元

工业设计蓝皮书
中国工业设计发展报告（2015）
著(编)者:王晓红 于炜 张立群 2015年9月出版 / 估价:138.00元

互联网金融蓝皮书
中国互联网金融发展报告（2015）
著(编)者:芮晓武 刘烈宏 2015年8月出版 / 估价:79.00元

会展蓝皮书
中外会展业动态评估年度报告（2015）
著(编)者:张敏 2015年1月出版 / 估价:78.00元

金融监管蓝皮书
中国金融监管报告（2015）
著(编)者:胡滨 2015年4月出版 / 定价:89.00元

金融蓝皮书
中国商业银行竞争力报告（2015）
著(编)者:王松奇 2015年12月出版 / 估价:69.00元

客车蓝皮书
中国客车产业发展报告（2014~2015）
著(编)者:姚蔚 2015年2月出版 / 定价:85.00元

老龄蓝皮书
中国老龄产业发展报告（2015）
著(编)者:吴玉韶 党俊武 2015年9月出版 / 估价:79.00元

流通蓝皮书
中国商业发展报告（2015）
著(编)者:荆林波 2015年7月出版 / 估价:89.00元

旅游安全蓝皮书
中国旅游安全报告（2015）
著(编)者:郑向敏 谢朝武 2015年5月出版 / 定价:128.00元

旅游景区蓝皮书
中国旅游景区发展报告（2015）
著(编)者:黄安民　2015年7月出版 / 估价:79.00元

旅游绿皮书
2014~2015年中国旅游发展分析与预测
著(编)者:宋瑞　2015年1月出版 / 定价:98.00元

煤炭蓝皮书
中国煤炭工业发展报告（2015）
著(编)者:岳福斌　2015年12月出版 / 估价:79.00元

民营医院蓝皮书
中国民营医院发展报告（2015）
著(编)者:庄一强　2015年10月出版 / 估价:75.00元

闽商蓝皮书
闽商发展报告（2015）
著(编)者:王日根 李闽榕　2015年12月出版 / 估价:69.00元

能源蓝皮书
中国能源发展报告（2015）
著(编)者:崔民选 王军生　2015年8月出版 / 估价:79.00元

农产品流通蓝皮书
中国农产品流通产业发展报告（2015）
著(编)者:贾敬敦 张东科 张玉玺 孔令羽 张鹏毅
2015年9月出版 / 估价:89.00元

企业蓝皮书
中国企业竞争力报告（2015）
著(编)者:金碚　2015年11月出版 / 估价:89.00元

企业社会责任蓝皮书
中国企业社会责任研究报告（2015）
著(编)者:黄群慧　彭华岗　钟宏武　张蒽
2015年11月出版 / 估价:69.00元

汽车安全蓝皮书
中国汽车安全发展报告（2015）
著(编)者:中国汽车技术研究中心
2015年7月出版 / 估价:79.00元

汽车工业蓝皮书
中国汽车工业发展年度报告（2015）
著(编)者:中国汽车工业协会 中国汽车技术研究中心
丰田汽车（中国）投资有限公司
2015年4月出版 / 定价:128.00元

汽车蓝皮书
中国汽车产业发展报告（2015）
著(编)者:国务院发展研究中心产业经济研究部
中国汽车工程学会 大众汽车集团（中国）
2015年7月出版 / 估价:128.00元

清洁能源蓝皮书
国际清洁能源发展报告（2015）
著(编)者:国际清洁能源论坛（澳门）
2015年9月出版 / 估价:89.00元

人力资源蓝皮书
中国人力资源发展报告（2015）
著(编)者:余兴安　2015年9月出版 / 估价:79.00元

融资租赁蓝皮书
中国融资租赁业发展报告（2014~2015）
著(编)者:李光荣　王力　2015年1月出版 / 定价:89.00元

软件和信息服务业蓝皮书
中国软件和信息服务业发展报告（2015）
著(编)者:陈新河　洪京一　2015年12月出版 / 估价:198.00元

上市公司蓝皮书
上市公司质量评价报告（2015）
著(编)者:张跃文 王力　2015年10月出版 / 估价:118.00元

设计产业蓝皮书
中国设计产业发展报告（2014~2015）
著(编)者:陈冬亮　梁昊光　2015年3月出版 / 定价:89.00元

食品药品蓝皮书
食品药品安全与监管政策研究报告（2015）
著(编)者:唐民皓　2015年7月出版 / 估价:69.00元

世界能源蓝皮书
世界能源发展报告（2015）
著(编)者:黄晓勇　2015年6月出版 / 定价:99.00元

碳市场蓝皮书
中国碳市场报告（2015）
著(编)者:低碳发展国际合作联盟
2015年11月出版 / 估价:69.00元

体育蓝皮书
中国体育产业发展报告（2015）
著(编)者:阮伟 钟秉枢　2015年7月出版 / 估价:69.00元

体育蓝皮书
长三角地区体育产业发展报告（2014~2015）
著(编)者:张林　2015年4月出版 / 定价:79.00元

投资蓝皮书
中国投资发展报告（2015）
著(编)者:谢平　2015年4月出版 / 定价:128.00元

物联网蓝皮书
中国物联网发展报告（2015）
著(编)者:黄桂田　2015年7月出版 / 估价:59.00元

西部工业蓝皮书
中国西部工业发展报告（2015）
著(编)者:方行明 甘犁 刘方健 姜凌 等
2015年9月出版 / 估价:79.00元

西部金融蓝皮书
中国西部金融发展报告（2015）
著(编)者:李忠民　2015年8月出版 / 估价:75.00元

新能源汽车蓝皮书
中国新能源汽车产业发展报告（2015）
著(编)者:中国汽车技术研究中心
日产（中国）投资有限公司 东风汽车有限公司
2015年8月出版 / 估价:69.00元

信托市场蓝皮书
中国信托业市场报告（2014~2015）
著(编)者:用益信托工作室　2015年2月出版 / 定价:198.00元

信息产业蓝皮书
世界软件和信息技术产业发展报告（2015）
著(编)者:洪京一　2015年8月出版 / 估价:79.00元

信息化蓝皮书
中国信息化形势分析与预测（2015）
著(编)者:周宏仁　2015年8月出版 / 估价:98.00元

信用蓝皮书
中国信用发展报告（2014~2015）
著(编)者:章政　田侃　2015年4月出版 / 定价:99.00元

休闲绿皮书
2015年中国休闲发展报告
著(编)者:刘德谦　2015年7月出版 / 估价:59.00元

医药蓝皮书
中国中医药产业园战略发展报告（2015）
著(编)者:裴长洪　房书亭　吴篠心　2015年7月出版 / 估价:89.00元

邮轮绿皮书
中国邮轮产业发展报告（2015）
著(编)者:汪泓　2015年9月出版 / 估价:79.00元

中国上市公司蓝皮书
中国上市公司发展报告（2015）
著(编)者:许雄斌　张平　2015年9月出版 / 估价:98.00元

中国总部经济蓝皮书
中国总部经济发展报告（2015）
著(编)者:赵弘　2015年7月出版 / 估价:79.00元

住房绿皮书
中国住房发展报告（2014~2015）
著(编)者:倪鹏飞　2014年12月出版 / 定价:79.00元

资本市场蓝皮书
中国场外交易市场发展报告（2015）
著(编)者:高峦　2015年8月出版 / 估价:79.00元

资产管理蓝皮书
中国资产管理行业发展报告（2015）
著(编)者:智信资产管理研究院　2015年6月出版 / 定价:89.00元

文化传媒类

传媒竞争力蓝皮书
中国传媒国际竞争力研究报告（2015）
著(编)者:李本乾　2015年9月出版 / 估价:88.00元

传媒蓝皮书
中国传媒产业发展报告（2015）
著(编)者:崔保国　2015年5月出版 / 定价:98.00元

传媒投资蓝皮书
中国传媒投资发展报告（2015）
著(编)者:张向东　2015年7月出版 / 估价:89.00元

动漫蓝皮书
中国动漫产业发展报告（2015）
著(编)者:卢斌　郑玉明　牛兴侦　2015年7月出版 / 估价:79.00元

非物质文化遗产蓝皮书
中国非物质文化遗产发展报告（2015）
著(编)者:陈平　2015年5月出版 / 定价:98.00元

广电蓝皮书
中国广播电影电视发展报告（2015）
著(编)者:杨明品　2015年7月出版 / 估价:98.00元

广告主蓝皮书
中国广告主营销传播趋势报告（2015）
著(编)者:黄升民　2015年7月出版 / 估价:148.00元

国际传播蓝皮书
中国国际传播发展报告（2015）
著(编)者:胡正荣　李继东　姬德强
2015年7月出版 / 估价:89.00元

国家形象蓝皮书
2015年国家形象研究报告
著(编)者:张昆　2015年7月出版 / 估价:79.00元

纪录片蓝皮书
中国纪录片发展报告（2015）
著(编)者:何苏六　2015年9月出版 / 估价:79.00元

科学传播蓝皮书
中国科学传播报告（2015）
著(编)者:詹正茂　2015年7月出版 / 估价:69.00元

两岸文化蓝皮书
两岸文化产业合作发展报告（2015）
著(编)者:胡惠林　李保宗　2015年7月出版 / 估价:79.00元

媒介与女性蓝皮书
中国媒介与女性发展报告（2015）
著(编)者:刘利群　2015年8月出版 / 估价:69.00元

全球传媒蓝皮书
全球传媒发展报告（2015）
著(编)者:胡正荣　2015年12月出版 / 估价:79.00元

少数民族非遗蓝皮书
中国少数民族非物质文化遗产发展报告（2015）
著(编)者:肖远平　柴立　2015年6月出版 / 定价:128.00元

世界文化发展蓝皮书
世界文化发展报告（2015）
著(编)者:张庆宗　高乐田　郭熙煌
2015年7月出版 / 估价:89.00元

视听新媒体蓝皮书
中国视听新媒体发展报告（2015）
著(编)者:袁同楠　2015年7月出版 / 定价:98.00元

文化创新蓝皮书
中国文化创新报告（2015）
著(编)者:于平 傅才武　2015年7月出版 / 估价:79.00元

文化建设蓝皮书
中国文化发展报告（2015）
著(编)者:江畅 孙伟平 戴茂堂
2016年4月出版 / 估价:138.00元

文化科技蓝皮书
文化科技创新发展报告（2015）
著(编)者:于平 李凤亮　2015年10月出版 / 估价:89.00元

文化蓝皮书
中国文化产业供需协调检测报告（2015）
著(编)者:王亚南 2015年2月出版 / 定价:79.00元

文化蓝皮书
中国文化消费需求景气评价报告（2015）
著(编)者:王亚南 2015年2月出版 / 定价:79.00元

文化蓝皮书
中国文化产业发展报告（2015）
著(编)者:张晓明 王家新 章建刚
2015年7月出版 / 估价:79.00元

文化蓝皮书
中国公共文化投入增长测评报告(2015)
著(编)者:王亚南　2014年12月出版 / 定价:79.00元

文化蓝皮书
中国文化政策发展报告（2015）
著(编)者:傅才武 宋文玉 燕东升
2015年9月出版 / 估价:98.00元

文化品牌蓝皮书
中国文化品牌发展报告（2015）
著(编)者:欧阳友权　2015年4月出版 / 定价:89.00元

文化遗产蓝皮书
中国文化遗产事业发展报告（2015）
著(编)者:刘世锦　2015年12月出版 / 估价:89.00元

文学蓝皮书
中国文情报告（2014~2015）
著(编)者:白烨　2015年5月出版 / 定价:49.00元

新媒体蓝皮书
中国新媒体发展报告No.6（2015）
著(编)者:唐绪军　2015年7月出版 / 定价:79.00元

新媒体社会责任蓝皮书
中国新媒体社会责任研究报告（2015）
著(编)者:钟瑛　2015年10月出版 / 估价:79.00元

移动互联网蓝皮书
中国移动互联网发展报告（2015）
著(编)者:官建文　2015年6月出版 / 定价:79.00元

舆情蓝皮书
中国社会舆情与危机管理报告（2015）
著(编)者:谢耘耕　2015年8月出版 / 估价:98.00元

地方发展类

安徽经济蓝皮书
芜湖创新型城市发展报告（2015）
著(编)者:杨少华 王开玉　2015年7月出版 / 估价:69.00元

安徽蓝皮书
安徽社会发展报告（2015）
著(编)者:程桦　2015年4月出版 / 定价:89.00元

安徽社会建设蓝皮书
安徽社会建设分析报告（2015）
著(编)者:黄家海 王开玉 蔡宪　2015年7月出版 / 估价:69.00元

澳门蓝皮书
澳门经济社会发展报告（2014~2015）
著(编)者:吴志良 郝雨凡　2015年5月出版 / 定价:79.00元

北京蓝皮书
北京公共服务发展报告（2014~2015）
著(编)者:施昌奎　2015年1月出版 / 定价:69.00元

北京蓝皮书
北京经济发展报告（2014~2015）
著(编)者:杨松　2015年6月出版 / 定价:79.00元

北京蓝皮书
北京社会治理发展报告（2014~2015）
著(编)者:殷星辰　2015年6月出版 / 定价:79.00元

北京蓝皮书
北京文化发展报告（2014~2015）
著(编)者:李建盛　2015年5月出版 / 定价:79.00元

北京蓝皮书
北京社会发展报告（2015）
著(编)者:缪青　2015年7月出版 / 估价:79.00元

北京蓝皮书
北京社区发展报告（2015）
著(编)者:于燕燕　2015年1月出版 / 定价:79.00元

北京旅游绿皮书
北京旅游发展报告（2015）
著(编)者:北京旅游学会　2015年7月出版 / 估价:88.00元

北京律师蓝皮书
北京律师发展报告（2015）
著(编)者:王隽　2015年12月出版 / 估价:75.00元

北京人才蓝皮书
北京人才发展报告（2015）
著(编)者:于淼　2015年7月出版 / 估价:89.00元

北京社会心态蓝皮书
北京社会心态分析报告（2015）
著(编)者:北京社会心理研究所　2015年7月出版 / 估价:69.00元

北京社会组织管理蓝皮书
北京社会组织发展与管理（2015）
著(编)者:黄江松　2015年4月出版 / 定价:78.00元

北京养老产业蓝皮书
北京养老产业发展报告（2015）
著(编)者:周明明　冯喜良　2015年4月出版 / 定价:69.00元

滨海金融蓝皮书
滨海新区金融发展报告（2015）
著(编)者:王爱俭 张锐钢　2015年9月出版 / 估价:79.00元

城乡一体化蓝皮书
中国城乡一体化发展报告（北京卷）（2014~2015）
著(编)者:张宝秀 黄序　2015年5月出版 / 定价:79.00元

创意城市蓝皮书
北京文化创意产业发展报告（2015）
著(编)者:张京成　2015年11月出版 / 估价:65.00元

创意城市蓝皮书
无锡文化创意产业发展报告（2015）
著(编)者:谭军 张鸣年　2015年10月出版 / 估价:75.00元

创意城市蓝皮书
武汉市文化创意产业发展报告（2015）
著(编)者:袁堃 黄永林　2015年11月出版 / 估价:85.00元

创意城市蓝皮书
重庆创意产业发展报告（2015）
著(编)者:程宇宁　2015年7月出版 / 估价:89.00元

创意城市蓝皮书
青岛文化创意产业发展报告（2015）
著(编)者:马达 张丹妮　2015年7月出版 / 估价:79.00元

福建妇女发展蓝皮书
福建省妇女发展报告（2015）
著(编)者:刘群英　2015年10月出版 / 估价:58.00元

甘肃蓝皮书
甘肃舆情分析与预测（2015）
著(编)者:陈双梅　郝树声　2015年1月出版 / 定价:79.00元

甘肃蓝皮书
甘肃文化发展分析与预测（2015）
著(编)者:安文华　周小华　2015年1月出版 / 定价:79.00元

甘肃蓝皮书
甘肃社会发展分析与预测（2015）
著(编)者:安文华　包晓霞　2015年1月出版 / 定价:79.00元

甘肃蓝皮书
甘肃经济发展分析与预测（2015）
著(编)者:朱智文 罗哲　2015年1月出版 / 定价:79.00元

甘肃蓝皮书
甘肃县域经济综合竞争力评价（2015）
著(编)者:刘进军　2015年7月出版 / 估价:69.00元

甘肃蓝皮书
甘肃县域社会发展评价报告（2015）
著(编)者:刘进军　柳民　王建兵　2015年1月出版 / 定价:79.00元

广东蓝皮书
广东省电子商务发展报告（2015）
著(编)者:程晓　2015年12月出版 / 估价:69.00元

广东蓝皮书
广东社会工作发展报告（2015）
著(编)者:罗观翠　2015年7月出版 / 估价:89.00元

广东社会建设蓝皮书
广东省社会建设发展报告（2015）
著(编)者:广东省社会工作委员会　2015年10月出版 / 估价:89.00元

广东外经贸蓝皮书
广东对外经济贸易发展研究报告（2014~2015）
著(编)者:陈万灵　2015年5月出版 / 定价:89.00元

广西北部湾经济区蓝皮书
广西北部湾经济区开放开发报告（2015）
著(编)者:广西北部湾经济区规划建设管理委员会办公室
广西社会科学院广西北部湾发展研究院
2015年8月出版 / 估价:79.00元

广州蓝皮书
广州社会保障发展报告（2015）
著(编)者:蔡国萱　2015年7月出版 / 估价:65.00元

广州蓝皮书
2015年中国广州社会形势分析与预测
著(编)者:张强 陈怡霓 杨秦　2015年6月出版 / 定价:79.00元

广州蓝皮书
广州经济发展报告（2015）
著(编)者:李江涛 朱名宏　2015年7月出版 / 估价:69.00元

广州蓝皮书
广州商贸业发展报告（2015）
著(编)者:李江涛 王旭东 荀振英　2015年7月出版 / 估价:69.00元

广州蓝皮书
2015年中国广州经济形势分析与预测
著(编)者:庾建设 沈奎 谢博能
2015年6月出版 / 定价:79.00元

广州蓝皮书
中国广州文化发展报告（2015）
著(编)者:徐俊忠 陆志强 顾涧清
2015年7月出版 / 估价:69.00元

广州蓝皮书
广州农村发展报告（2015）
著(编)者:李江涛 汤锦华　2015年8月出版 / 估价:69.00元

广州蓝皮书
中国广州城市建设与管理发展报告（2015）
著(编)者:董皞 冼伟雄　2015年7月出版 / 估价:69.00元

广州蓝皮书
中国广州科技和信息化发展报告（2015）
著(编)者:邹采荣 马正勇 冯元
2015年7月出版 / 估价:79.00元

广州蓝皮书
广州创新型城市发展报告（2015）
著(编)者:李江涛 2015年7月出版 / 估价:69.00元

广州蓝皮书
广州文化创意产业发展报告（2015）
著(编)者:甘新 2015年8月出版 / 估价:79.00元

广州蓝皮书
广州志愿服务发展报告（2015）
著(编)者:魏国华 张强 2015年9月出版 / 估价:69.00元

广州蓝皮书
广州城市国际化发展报告（2015）
著(编)者:朱名宏 2015年9月出版 / 估价:59.00元

广州蓝皮书
广州汽车产业发展报告（2015）
著(编)者:李江涛 杨再高 2015年9月出版 / 估价:69.00元

贵州房地产蓝皮书
贵州房地产发展报告（2015）
著(编)者:武廷方 2015年6月出版 / 定价:89.00元

贵州蓝皮书
贵州人才发展报告（2015）
著(编)者:于杰 吴大华 2015年7月出版 / 估价:69.00元

贵州蓝皮书
贵安新区发展报告（2014）
著(编)者:马长青 吴大华 2015年4月出版 / 定价:69.00元

贵州蓝皮书
贵州社会发展报告（2015）
著(编)者:王兴骥 2015年5月出版 / 定价:79.00元

贵州蓝皮书
贵州法治发展报告（2015）
著(编)者:吴大华 2015年5月出版 / 定价:79.00元

贵州蓝皮书
贵州国有企业社会责任发展报告（2015）
著(编)者:郭丽 2015年10月出版 / 估价:79.00元

海淀蓝皮书
海淀区文化和科技融合发展报告（2015）
著(编)者:孟景伟 陈名杰 2015年7月出版 / 估价:75.00元

海峡西岸蓝皮书
海峡西岸经济区发展报告（2015）
著(编)者:黄端 2015年9月出版 / 估价:65.00元

杭州都市圈蓝皮书
杭州都市圈发展报告（2015）
著(编)者:董祖德 沈翔 2015年7月出版 / 估价:89.00元

杭州蓝皮书
杭州妇女发展报告（2015）
著(编)者:魏颖 2015年4月出版 / 定价:79.00元

河北经济蓝皮书
河北省经济发展报告（2015）
著(编)者:马树强 金浩 刘兵 张贵 2015年3月出版 / 定价:89.00元

河北蓝皮书
河北经济社会发展报告（2015）
著(编)者:周文夫 2015年1月出版 / 定价:79.00元

河北食品药品安全蓝皮书
河北食品药品安全研究报告（2015）
著(编)者:丁锦霞 2015年6月出版 / 定价:79.00元

河南经济蓝皮书
2015年河南经济形势分析与预测
著(编)者:胡五岳 2015年2月出版 / 定价:69.00元

河南蓝皮书
河南城市发展报告（2015）
著(编)者:谷建全 王建国 2015年3月出版 / 定价:79.00元

河南蓝皮书
2015年河南社会形势分析与预测
著(编)者:刘道兴 牛苏林 2015年4月出版 / 定价:69.00元

河南蓝皮书
河南工业发展报告（2015）
著(编)者:龚绍东 赵西三 2015年1月出版 / 定价:79.00元

河南蓝皮书
河南文化发展报告（2015）
著(编)者:卫绍生 2015年3月出版 / 定价:79.00元

河南蓝皮书
河南经济发展报告（2015）
著(编)者:喻新安 2014年12月出版 / 定价:79.00元

河南蓝皮书
河南法治发展报告（2015）
著(编)者:丁同民 闫德民 2015年7月出版 / 估价:69.00元

河南蓝皮书
河南金融发展报告（2015）
著(编)者:喻新安 谷建全 2015年6月出版 / 定价:69.00元

河南蓝皮书
河南农业农村发展报告（2015）
著(编)者:吴海峰 2015年4月出版 / 定价:69.00元

河南商务蓝皮书
河南商务发展报告（2015）
著(编)者:焦锦淼 穆荣国 2015年4月出版 / 定价:88.00元

黑龙江产业蓝皮书
黑龙江产业发展报告（2015）
著(编)者:于渤 2015年9月出版 / 估价:79.00元

黑龙江蓝皮书
黑龙江经济发展报告（2015）
著(编)者:曲伟 2015年1月出版 / 定价:79.00元

黑龙江蓝皮书
黑龙江社会发展报告（2015）
著(编)者:张新颖 2015年1月出版 / 定价:79.00元

湖北文化蓝皮书
湖北文化发展报告（2015）
著(编)者:江畅 吴成国 2015年7月出版 / 估价:89.00元

湖南城市蓝皮书
区域城市群整合
著(编)者:童中贤 韩未名 2015年12月出版 / 估价:79.00元

湖南蓝皮书
2015年湖南电子政务发展报告
著(编)者:梁志峰 2015年5月出版 / 定价:98.00元

湖南蓝皮书
2015年湖南社会发展报告
著(编)者:梁志峰 2015年5月出版 / 定价:98.00元

湖南蓝皮书
2015年湖南产业发展报告
著(编)者:梁志峰 2015年5月出版 / 定价:98.00元

湖南蓝皮书
2015年湖南经济展望
著(编)者:梁志峰 2015年5月出版 / 定价:128.00元

湖南蓝皮书
2015年湖南县域经济社会发展报告
著(编)者:梁志峰 2015年5月出版 / 定价:98.00元

湖南蓝皮书
2015年湖南两型社会与生态文明发展报告
著(编)者:梁志峰 2015年5月出版 / 定价:98.00元

湖南县域绿皮书
湖南县域发展报告No.2
著(编)者:朱有志 2015年7月出版 / 估价:69.00元

沪港蓝皮书
沪港发展报告（2014~2015）
著(编)者:尤安山 2015年4月出版 / 定价:89.00元

吉林蓝皮书
2015年吉林经济社会形势分析与预测
著(编)者:马克 2015年2月出版 / 定价:89.00元

济源蓝皮书
济源经济社会发展报告（2015）
著(编)者:喻新安 2015年4月出版 / 定价:69.00元

健康城市蓝皮书
北京健康城市建设研究报告（2015）
著(编)者:王鸿春 2015年4月出版 / 定价:79.00元

江苏法治蓝皮书
江苏法治发展报告（2015）
著(编)者:李力 龚廷泰 2015年9月出版 / 估价:98.00元

京津冀蓝皮书
京津冀发展报告（2015）
著(编)者:文魁 祝尔娟 2015年4月出版 / 定价:89.00元

经济特区蓝皮书
中国经济特区发展报告（2015）
著(编)者:陶一桃 2015年7月出版 / 估价:89.00元

辽宁蓝皮书
2015年辽宁经济社会形势分析与预测
著(编)者:曹晓峰 张晶 梁启东 2014年12月出版 / 定价:79.00元

南京蓝皮书
南京文化发展报告（2015）
著(编)者:南京文化产业研究中心 2015年12月出版 / 估价:79.00元

内蒙古蓝皮书
内蒙古反腐倡廉建设报告（2015）
著(编)者:张志华 无极 2015年12月出版 / 估价:69.00元

浦东新区蓝皮书
上海浦东经济发展报告（2015）
著(编)者:沈开艳 陆沪根 2015年1月出版 / 定价:69.00元

青海蓝皮书
2015年青海经济社会形势分析与预测
著(编)者:赵宗福 2014年12月出版 / 定价:69.00元

人口与健康蓝皮书
深圳人口与健康发展报告（2015）
著(编)者:曾序春 2015年12月出版 / 估价:89.00元

山东蓝皮书
山东社会形势分析与预测（2015）
著(编)者:张华 唐洲雁 2015年7月出版 / 估价:89.00元

山东蓝皮书
山东经济形势分析与预测（2015）
著(编)者:张华 唐洲雁 2015年7月出版 / 估价:89.00元

山东蓝皮书
山东文化发展报告（2015）
著(编)者:张华 唐洲雁 2015年7月出版 / 估价:98.00元

山西蓝皮书
山西资源型经济转型发展报告（2015）
著(编)者:李志强 2015年5月出版 / 定价:89.00元

陕西蓝皮书
陕西经济发展报告（2015）
著(编)者:任宗哲 白宽犁 裴成荣 2015年1月出版 / 定价:69.00元

陕西蓝皮书
陕西社会发展报告（2015）
著(编)者:任宗哲 白宽犁 牛昉 2015年1月出版 / 定价:69.00元

陕西蓝皮书
陕西文化发展报告（2015）
著(编)者:任宗哲 白宽犁 王长寿 2015年1月出版 / 定价:65.00元

陕西蓝皮书
丝绸之路经济带发展报告（2015）
著(编)者:任宗哲 石英 白宽犁
2015年8月出版 / 估价:79.00元

上海蓝皮书
上海文学发展报告（2015）
著(编)者:陈圣来 2015年1月出版 / 定价:69.00元

上海蓝皮书
上海文化发展报告（2015）
著(编)者:荣跃明 2015年1月出版 / 定价:74.00元

上海蓝皮书
上海资源环境发展报告（2015）
著(编)者:周冯琦 汤庆合 任文伟
2015年1月出版 / 定价:69.00元

上海蓝皮书
上海社会发展报告（2015）
著(编)者:杨雄 周海旺 2015年1月出版 / 定价:69.00元

上海蓝皮书
上海经济发展报告（2015）
著(编)者:沈开艳 2015年1月出版 / 定价:69.00元

上海蓝皮书
上海传媒发展报告（2015）
著(编)者:强荧 焦雨虹 2015年1月出版 / 定价:69.00元

上海蓝皮书
上海法治发展报告（2015）
著(编)者:叶青 2015年5月出版 / 定价:69.00元

上饶蓝皮书
上饶发展报告（2015）
著(编)者:朱寅健 2015年7月出版 / 估价:128.00元

社会建设蓝皮书
2015年北京社会建设分析报告
著(编)者:宋贵伦 冯虹 2015年7月出版 / 估价:79.00元

深圳蓝皮书
深圳劳动关系发展报告（2015）
著(编)者:汤庭芬 2015年7月出版 / 估价:75.00元

深圳蓝皮书
深圳经济发展报告（2015）
著(编)者:张骁儒 2015年7月出版 / 估价:79.00元

深圳蓝皮书
深圳社会发展报告（2015）
著(编)者:叶民辉 张骁儒 2015年7月出版 / 估价:89.00元

深圳蓝皮书
深圳法治发展报告（2015）
著(编)者:张骁儒 2015年5月出版 / 定价:69.00元

四川蓝皮书
四川文化产业发展报告（2015）
著(编)者:侯水平 2015年4月出版 / 定价:79.00元

四川蓝皮书
四川企业社会责任研究报告（2014~2015）
著(编)者:侯水平 盛毅 2015年4月出版 / 定价:79.00元

四川蓝皮书
四川法治发展报告（2015）
著(编)者:郑泰安 2015年1月出版 / 定价:69.00元

四川蓝皮书
四川生态建设报告（2015）
著(编)者:李晟之 2015年4月出版 / 定价:79.00元

四川蓝皮书
四川城镇化发展报告（2015）
著(编)者:侯水平 范秋美 2015年4月出版 / 定价:79.00元

四川蓝皮书
四川社会发展报告（2015）
著(编)者:郭晓鸣 2015年4月出版 / 定价:79.00元

四川蓝皮书
2015年四川经济发展形势分析与预测
著(编)者:杨钢 2015年1月出版 / 定价:89.00元

四川法治蓝皮书
四川依法治省年度报告No.1（2015）
著(编)者:李林 杨天宗 田禾 2015年3月出版 / 定价:108.00元

天津金融蓝皮书
天津金融发展报告（2015）
著(编)者:王爱俭 杜强 2015年9月出版 / 估价:89.00元

温州蓝皮书
2015年温州经济社会形势分析与预测
著(编)者:潘忠强 王春光 金浩 2015年4月出版 / 定价:69.00元

扬州蓝皮书
扬州经济社会发展报告（2015）
著(编)者:丁纯 2015年12月出版 / 估价:89.00元

长株潭城市群蓝皮书
长株潭城市群发展报告（2015）
著(编)者:张萍 2015年7月出版 / 估价:69.00元

郑州蓝皮书
2015年郑州文化发展报告
著(编)者:王哲 2015年9月出版 / 估价:65.00元

中医文化蓝皮书
北京中医药文化传播发展报告（2015）
著(编)者:毛嘉陵 2015年5月出版 / 定价:79.00元

珠三角流通蓝皮书
珠三角商圈发展研究报告（2015）
著(编)者:林至颖 王先庆 2015年7月出版 / 估价:98.00元

国别与地区类

阿拉伯黄皮书
阿拉伯发展报告（2015）
著(编)者:马晓霖 2015年7月出版 / 估价:79.00元

北部湾蓝皮书
泛北部湾合作发展报告（2015）
著(编)者:吕余生 2015年8月出版 / 估价:69.00元

大湄公河次区域蓝皮书
大湄公河次区域合作发展报告（2015）
著(编)者:刘稚 2015年9月出版 / 估价:79.00元

大洋洲蓝皮书
大洋洲发展报告（2015）
著(编)者:喻常森 2015年8月出版 / 估价:89.00元

德国蓝皮书
德国发展报告（2015）
著(编)者:郑春荣 伍慧萍 2015年5月出版 / 定价:69.00元

东北亚黄皮书
东北亚地区政治与安全（2015）
著(编)者:黄凤志 刘清才 张慧智
2015年7月出版 / 估价:69.00元

东盟黄皮书
东盟发展报告（2015）
著(编)者:崔晓麟 2015年7月出版 / 估价:75.00元

东南亚蓝皮书
东南亚地区发展报告（2015）
著(编)者:王勤 2015年7月出版 / 估价:79.00元

俄罗斯黄皮书
俄罗斯发展报告（2015）
著(编)者:李永全 2015年7月出版 / 估价:79.00元

非洲黄皮书
非洲发展报告（2015）
著(编)者:张宏明 2015年7月出版 / 估价:79.00元

国际形势黄皮书
全球政治与安全报告（2015）
著(编)者:李慎明 张宇燕 2015年1月出版 / 定价:69.00元

韩国蓝皮书
韩国发展报告（2015）
著(编)者:刘宝全 牛林杰 2015年8月出版 / 估价:79.00元

加拿大蓝皮书
加拿大发展报告（2015）
著(编)者:仲伟合 2015年4月出版 / 定价:89.00元

拉美黄皮书
拉丁美洲和加勒比发展报告（2014~2015）
著(编)者:吴白乙 2015年5月出版 / 定价:89.00元

美国蓝皮书
美国研究报告（2015）
著(编)者:郑秉文 黄平 2015年6月出版 / 定价:89.00元

缅甸蓝皮书
缅甸国情报告（2015）
著(编)者:李晨阳 2015年8月出版 / 估价:79.00元

欧洲蓝皮书
欧洲发展报告（2015）
著(编)者:周弘 2015年7月出版 / 估价:89.00元

葡语国家蓝皮书
葡语国家发展报告（2015）
著(编)者:对外经济贸易大学区域国别研究所 葡语国家研究中心
2015年7月出版 / 估价:89.00元

葡语国家蓝皮书
中国与葡语国家关系发展报告·巴西（2014）
著(编)者:澳门科技大学 2015年7月出版 / 估价:89.00元

日本经济蓝皮书
日本经济与中日经贸关系研究报告（2015）
著(编)者:王洛林 张季风 2015年5月出版 / 定价:79.00元

日本蓝皮书
日本研究报告（2015）
著(编)者:李薇 2015年4月出版 / 定价:69.00元

上海合作组织黄皮书
上海合作组织发展报告（2015）
著(编)者:李进峰 吴宏伟 李伟
2015年9月出版 / 估价:89.00元

世界创新竞争力黄皮书
世界创新竞争力发展报告（2015）
著(编)者:李闽榕 李建平 赵新力
2015年12月出版 / 估价:148.00元

土耳其蓝皮书
土耳其发展报告（2015）
著(编)者:郭长刚 刘义 2015年7月出版 / 估价:89.00元

图们江区域合作蓝皮书
图们江区域合作发展报告（2015）
著(编)者:李铁 2015年4月出版 / 定价:98.00元

亚太蓝皮书
亚太地区发展报告（2015）
著(编)者:李向阳 2015年1月出版 / 定价:59.00元

印度蓝皮书
印度国情报告（2015）
著(编)者:吕昭义 2015年7月出版 / 估价:89.00元

印度洋地区蓝皮书
印度洋地区发展报告（2015）
著(编)者:汪戎 2015年5月出版 / 定价:89.00元

中东黄皮书
中东发展报告（2015）
著(编)者:杨光 2015年11月出版 / 估价:89.00元

中欧关系蓝皮书
中欧关系研究报告（2015）
著(编)者:周弘 2015年12月出版 / 估价:98.00元

中亚黄皮书
中亚国家发展报告（2015）
著(编)者:孙力 吴宏伟 2015年9月出版 / 估价:89.00元

中国皮书网

www.pishu.cn

发布皮书研创资讯，传播皮书精彩内容

引领皮书出版潮流，打造皮书服务平台

栏目设置：

- □ 资讯：皮书动态、皮书观点、皮书数据、皮书报道、皮书发布、电子期刊
- □ 标准：皮书评价、皮书研究、皮书规范
- □ 服务：最新皮书、皮书书目、重点推荐、在线购书
- □ 链接：皮书数据库、皮书博客、皮书微博、在线书城
- □ 搜索：资讯、图书、研究动态、皮书专家、研创团队

中国皮书网依托皮书系列“权威、前沿、原创”的优质内容资源，通过文字、图片、音频、视频等多种元素，在皮书研创者、使用者之间搭建了一个成果展示、资源共享的互动平台。

自 2005 年 12 月正式上线以来，中国皮书网的 IP 访问量、PV 浏览量与日俱增，受到海内外研究者、公务人员、商务人士以及专业读者的广泛关注。

2008 年、2011 年，中国皮书网均在全国新闻出版业网站荣誉评选中获得“最具商业价值网站”称号；2012 年，获得“出版业网站百强”称号。

2014 年，中国皮书网与皮书数据库实现资源共享，端口合一，将提供更丰富的内容，更全面的服务。

皮书大事记
（2014）

☆　2014年10月，中国社会科学院2014年度皮书纳入创新工程学术出版资助名单正式公布，相关资助措施进一步落实。

☆　2014年8月，由中国社会科学院主办，贵州省社会科学院、社会科学文献出版社承办的“第十五次全国皮书年会（2014）”在贵州贵阳隆重召开。

☆　2014年8月，第二批淘汰的27种皮书名单公布。

☆　2014年7月，第五届优秀皮书奖评审会在京召开。本届优秀皮书奖首次同时评选优秀皮书和优秀皮书报告。

☆　2014年7月，第三届皮书学术评审委员会于北京成立。

☆　2014年6月，社会科学文献出版社与北京报刊发行局签订合同，将部分重点皮书纳入邮政发行系统。

☆　2014年6月，《中国社会科学院皮书管理办法》正式颁布实施。

☆　2014年4月，出台《社会科学文献出版社关于加强皮书编审工作的有关规定》《社会科学文献出版社皮书责任编辑管理规定》《社会科学文献出版社关于皮书准入与退出的若干规定》。

☆　2014年1月，首批淘汰的44种皮书名单公布。

☆　2014年1月，“2013(第七届)全国新闻出版业网站年会”在北京举办，中国皮书网被评为“最具商业价值网站”。

☆　2014年1月,社会科学文献出版社在原皮书评价研究中心的基础上成立了皮书研究院。

皮书数据库
www.pishu.com.cn

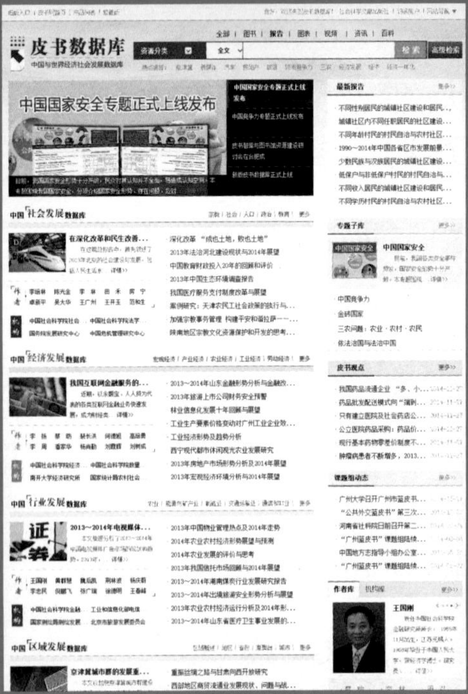

皮书数据库三期

- 皮书数据库（SSDB）是社会科学文献出版社整合现有皮书资源开发的在线数字产品，全面收录“皮书系列”的内容资源，并以此为基础整合大量相关资讯构建而成。

- 皮书数据库现有中国经济发展数据库、中国社会发展数据库、世界经济与国际政治数据库等子库，覆盖经济、社会、文化等多个行业、领域，现有报告30000多篇，总字数超过5亿字，并以每年4000多篇的速度不断更新累积。

- 新版皮书数据库主要围绕存量+增量资源整合、资源编辑标引体系建设、产品架构设置优化、技术平台功能研发等方面开展工作，并将中国皮书网与皮书数据库合二为一联体建设，旨在以“皮书研创出版、信息发布与知识服务平台”为基本功能定位，打造一个全新的皮书品牌综合门户平台，为您提供更优质更到位的服务。

更多信息请登录

中国皮书网
http://www.pishu.cn

中国皮书网的BLOG [编辑]
http://blog.sina.com.cn/pishu

中国皮书网
http://www.pishu.cn

皮书微博
http://weibo.com/pishu

皮书博客
http://blog.sina.com.cn/pishu

皮书微信
皮书说

请到各地书店皮书专架 / 专柜购买，也可办理邮购

咨询 / 邮购电话：010-59367028　59367070　　邮　　箱：duzhe@ssap.cn
邮购地址：北京市西城区北三环中路甲29号院3号楼华龙大厦13层读者服务中心
邮　　编：100029
银行户名：社会科学文献出版社
开户银行：中国工商银行北京北太平庄支行
账　　号：0200010019200365434
网上书店：010-59367070　qq：1265056568
网　　址：www.ssap.com.cn　　www.pishu.cn

权威报告·热点资讯·特色资源

皮书数据库

ANNUAL REPORT(YEARBOOK) DATABASE

当代中国与世界发展高端智库平台

WWW.PISHU.COM.CN

皮书俱乐部会员服务指南

1. 谁能成为皮书俱乐部成员?

- 皮书作者自动成为俱乐部会员
- 购买了皮书产品(纸质书/电子书)的个人用户

2. 会员可以享受的增值服务

- 免费获赠皮书数据库100元充值卡
- 加入皮书俱乐部，免费获赠该纸质图书的电子书
- 免费定期获赠皮书电子期刊
- 优先参与各类皮书学术活动
- 优先享受皮书产品的最新优惠

3. 如何享受增值服务?

(1)免费获赠100元皮书数据库体验卡

第1步 刮开附赠充值的涂层(右下);

第2步 登录皮书数据库网站(www.pishu.com.cn)，注册账号;

第3步 登录并进入“会员中心”—“在线充值”—“充值卡充值”，充值成功后即可使用。

(2)加入皮书俱乐部，凭数据库体验卡获赠该书的电子书

第1步 登录社会科学文献出版社官网(www.ssap.com.cn)，注册账号;

第2步 登录并进入“会员中心”—“皮书俱乐部”，提交加入皮书俱乐部申请;

第3步 审核通过后，再次进入皮书俱乐部，填写页面所需图书、体验卡信息即可自动兑换相应电子书。

4. 声明

解释权归社会科学文献出版社所有

皮书俱乐部会员可享受社会科学文献出版社其他相关免费增值服务，有任何疑问，均可与我们联系。

图书销售热线：010-59367070/7028
图书服务QQ：800045692
图书服务邮箱：duzhe@ssap.cn

数据库服务热线：400-008-6695
数据库服务QQ：2475522410
数据库服务邮箱：database@ssap.cn

欢迎登录社会科学文献出版社官网
(www.ssap.com.cn)
和中国皮书网(www.pishu.cn)
了解更多信息

社会科学文献出版社 SOCIAL SCIENCES ACADEMIC PRESS (CHINA) 皮书系列

卡号：264253897669

密码：

子库介绍
Sub-Database Introduction

中国经济发展数据库

涵盖宏观经济、农业经济、工业经济、产业经济、财政金融、交通旅游、商业贸易、劳动经济、企业经济、房地产经济、城市经济、区域经济等领域，为用户实时了解经济运行态势、把握经济发展规律、洞察经济形势、做出经济决策提供参考和依据。

中国社会发展数据库

全面整合国内外有关中国社会发展的统计数据、深度分析报告、专家解读和热点资讯构建而成的专业学术数据库。涉及宗教、社会、人口、政治、外交、法律、文化、教育、体育、文学艺术、医药卫生、资源环境等多个领域。

中国行业发展数据库

以中国国民经济行业分类为依据，跟踪分析国民经济各行业市场运行状况和政策导向，提供行业发展最前沿的资讯，为用户投资、从业及各种经济决策提供理论基础和实践指导。内容涵盖农业，能源与矿产业，交通运输业，制造业，金融业，房地产业，租赁和商务服务业，科学研究环境和公共设施管理，居民服务业，教育，卫生和社会保障，文化、体育和娱乐业等 100 余个行业。

中国区域发展数据库

以特定区域内的经济、社会、文化、法治、资源环境等领域的现状与发展情况进行分析和预测。涵盖中部、西部、东北、西北等地区，长三角、珠三角、黄三角、京津冀、环渤海、合肥经济圈、长株潭城市群、关中—天水经济区、海峡经济区等区域经济体和城市圈，北京、上海、浙江、河南、陕西等 34 个省份及中国台湾地区。

中国文化传媒数据库

包括文化事业、文化产业、宗教、群众文化、图书馆事业、博物馆事业、档案事业、语言文字、文学、历史地理、新闻传播、广播电视、出版事业、艺术、电影、娱乐等多个子库。

世界经济与国际政治数据库

以皮书系列中涉及世界经济与国际政治的研究成果为基础，全面整合国内外有关世界经济与国际政治的统计数据、深度分析报告、专家解读和热点资讯构建而成的专业学术数据库。包括世界经济、世界政治、世界文化、国际社会、国际关系、国际组织、区域发展、国别发展等多个子库。